南伝
ブッダ年代記
Chronicle of The BUDDHA

アシン・クサラダンマ
Ashin Kusaladhamma
著

奥田昭則
訳

東方出版

●目次

まえがき　K. スリダンマーナンダ長老　7
はじめに　9

第Ⅰ部　出家まで……………………………………………25

第1章　ブッダの過去世　25
01話　スメーダ……未来のブッダ　25
02話　スメーダの大望……一切知者ブッダになる　27

第2章　生誕　31
03話　マハーマーヤー妃の夢　31
04話　生地ルンビニー……菩薩降誕（ごうたん）　32
05話　アシタ仙人……泣き笑いの理由　33
06話　ゴータマ・シッダッタ……命名式　35

第3章　王子の時代　37
07話　こども時代と教育　37
08話　慈しみにみちた若き王子　38
09話　シッダッダ王子の結婚　40

第4章　重大な前ぶれ　43
10話　最初の予兆……一人の老人　43
11話　二番目の予兆……一人の病人　45
12話　三番目の予兆……一つの死体　47
13話　四番目の予兆……一人の僧　49

第5章　出家　54
14話　菩薩の出家　54
15話　髪を切る　58
16話　ビンビサーラ王の申し出を断る　60

1

第Ⅱ部　成道へ　64

第1章　苦行　64

17話　二人の仙人　64
18話　苦行……骨と皮に　68
19話　スジャーターの乳粥　79

第2章　さとり　83

20話　成道……完全なさとり　83
21話　さとりの後の七週間　93

第Ⅲ部　法輪を転じる〜伝道布教へ　99

第1章　初転法輪　99

22話　タプッサとバッリカ……最初の在家の仏弟子　99
23話　最初の説法……「転法輪経」　101
24話　ヤサの出家……伝道説教へ　106
25話　三十賢群王子……探しものは女か、自己か　110
26話　カッサパ三兄弟と獰猛な龍王　111

第2章　サンガ（僧団）　115

27話　ビンビサーラ王……最初のパトロン国王　115
28話　二大弟子……サーリプッタとモッガラーナ　118
29話　最初の比丘集会……諸ブッダの教え　122

第3章　ふるさとへ　124

30話　ブッダの帰郷　124
31話　ヤソーダラー妃の願い　127
32話　一人息子ラーフラ……最初の沙弥　128

目次

第Ⅳ部　ブッダをめぐる人々　131

第1章　さまざまな男たち　131
33話　アナータピンディカ……給孤独長者　131
34話　コーサラ国パセーナディ王……パトロン国王　140
35話　墓場のソーパーカ……七歳の阿羅漢　146
36話　くず拾いのスニータ……賤民の阿羅漢　149
37話　ローヒニー川の水戦争　151

第2章　さまざまな女たち　154
38話　女の出家……比丘尼サンガ成立と八重法　154
39話　美女ケーマー……不浄をさとり、王妃から聖尼へ　157
40話　生母にアビダンマ……三十三天で　160
41話　嘘つき孕み女チンチャマーナヴィカー　162
42話　逆うらみの美女マーガンディヤー　166

第3章　ブッダの一日　170
43話　パーリレイヤカの森の象のように　170
44話　ブッダの一日……定例の時間割　175
45話　心を耕す……カシ・バーラドヴァージャの「労働」　178

第4章　ヴィサーカー信女　181
46話　女性の在家信者で「布施第一」……鹿子母(ミガーラマーター)　181

第5章　在家信者への教え　197
47話　最上の吉祥(きちじょう)とは……ブッダの幸福論「吉祥経」　197
48話　生きとし生けるものを慈しんで……「慈(じ)経」　201
49話　人食い鬼アーラヴァカ……最上の生き方とは？　206
50話　青年への教え……「シンガーラ教誡(きょうかい)経」（六方礼(ろっぽうらい)経）　213

第6章　側近の人たち　220
51話　侍医ジーヴァカ……ブッダを治療した名医　220
52話　侍者アーナンダ……ブッダのことばの管理人　223

3

第Ⅴ部　さまざまな「悪」 229

第1章　殺人事件　229

53話　アングリマーラ……指を花飾りにした殺人鬼　229
54話　美女スンダリーを殺したのは？　235

第2章　邪見の神々　240

55話　龍王ナンドーパナンダを撃退したモッガラーナ尊者　240
56話　永遠論に囚われたバカ梵天　243

第3章　弱き者へ――病いの比丘・嘆きの母　254

57話　病める比丘への慈悲……プーティガッタ・ティッサ　254
58話　幼な子に死なれた母……キサーゴータミー　255
59話　すべて亡くして裸でさまよう女……パターチャーラー　259

第4章　外道――異教徒たち　264

60話　論争家サッチャカ……五蘊の無常・苦・無我をめぐって　264
61話　資産家ウパーリ……ジャイナ教を捨てて　276

第5章　サンガ分裂の陰謀　284

62話　デーヴァダッタ……殺仏・破僧のたくらみ　284
63話　凶象ナーラーギリ……酔象もおとなしく　293
64話　アジャータサットゥ……父王を牢獄で死に追いやる　297

第Ⅵ部　入滅へ 306

第1章　ブッダ最後の旅　306

65話　死への旅立ち……般涅槃へ（最期の一年）　306
66話　アンバパーリー……阿羅漢になった遊女　316

第2章　入滅――B.C.543年　320

67話　大般涅槃（マハーパリニッバーナ）　320

目次

第Ⅶ部　入滅のあとに ……………………………………………………… 340

最終章　ブッダの遺産　340
　　68話　火葬、そして舎利（しゃり）の分配　340
　　69話　仏典結集　346

参考文献　356
原著の参考文献　358
訳者あとがき　363

＜凡例＞

* 『南伝　ブッダ年代記』は、2004年にインドネシアで、著者アシン・クサラダンマ、エーヒパッシコー財団刊「Kronologi Hidup Buddha」としてインドネシア語で出版されたものの元の英文原稿「The Illustrated Chronicle of the Buddha」の全訳です。
* ただし元の英文原稿、インドネシア語版とも、この日本語版のような章立てではなく、1から69まで数字を付しただけのシンプルな構成です。翻訳に当たって読者の理解に資するためⅦ部に分け、かつ各部章立てにする一方、1から69までの数字はそのまま生かし、それぞれ01話、02話としました。また、各部各章の見出しは新たに翻訳者が付けました。地図と三十一世界の表も新たに付けています。2006年に増刷され、同年再増刷、翌年再々増刷、2009年に改訂版が出され、インドネシアでは仏教書ながら異例のベストセラーだったようです。翻訳中にもクサラダンマ長老は再改訂を進められ、その個所はそのつどメールで知らせていただいたので、ほぼそのまま反映させています。
* インドネシア語版は69話すべてにカラーイラストを付し、689ページに及ぶハードカバーの大冊でした。インドネシア語版にある挿絵（ミャンマーの著名画家、チョウ・ピュー・サン氏の水彩）は割愛しました。
* 原文には注がほとんどありません。ブッダの最後の食事や、植物のラテン語表記など、ごく一部です。訳注もつけない方針でしたが、読者の理解に資するために割注などで適宜つけました。
* カタカナのルビを振っている語は原文のパーリ語読みです。同じ語が何度も出てくるときは、ルビを省略しています。ひらがなルビは難読漢字などの読みです。
* 「吉祥経」（47話）や「慈経」（48話）など、経典日本語訳の多くは「日常読誦経典」（日本テーラワーダ協会編）を採用しています。
* ダンマパダ（法句経）から引用されている各偈は、中村元、片山一良、渡辺照宏、正田大観、北嶋泰観の各氏ら先学の訳を参考にしました。
* ブッダの没年は、暦法と雨安居期間の関係などから諸説あります。本書では年表（紀元前544年）と本文（紀元前543年）が相違していますが、著者の意図を確認の上、原文通りにしました。
* 引用されている経典がパーリ経典のどこに属するか原文には示されていませんが、参学のきっかけとなることを想定して示しました。なお本書巻末には注釈書なども含む詳細な参考文献リストがあります。

まえがき

K・スリダンマーナンダ長老

　クサラダンマ比丘の著した強い印象を与えるこの本の序文を書く機会をもてたことを、わたしはたいへん喜んでいる。読者の注目を引きつけるすばらしい書物、とりわけいまだ読書の習慣を身につけていない若い読者の注目を引きつける美しい本が必要である、と長いあいだ感じていたのだが、その思いを満足させてくれたのである。ブッダの生涯は、世界のあらゆる言葉で語られる価値がある。なぜなら、全人類の利益となるからである。ブッダが身をもって示された智慧、勇気、慈悲、そして献身は、今日のマス・メディアの中でもっぱらまき散らされる暴力と憎悪にあまりにも多くさらされている若者に、生じさせる必要がある。それはまたドラマとアクションにみちた物語なのだが、現代の日常文化の中で推奨されている種類のものとは、たいへんちがう。ブッダが示されたお手本は、非暴力と愛と、なかんずく理解をとおして対立が打開され得るために、人類の現在と未来の世代に教訓となるであろう。過去において仏教徒のもろもろの社会では、平和と和合について役に立つレッスンが、たんなる知識教育によってではなく、品格あるストーリー・テリング（語りくち）のアート（技）をとおしてなされてきている。ちょうどこの本でなされているように、である。

　この本が世界の最大多数の人々に届き、不滅の平和のメッセージが、仏教徒のみならず、全人類の心の奥底に届くことが、わたしの切なる願いである。ブッダは、起きるすべての奇跡のなかで、愚かで無知な男たち、女たちが智慧と慈悲の道へ転向することこそ最大の奇跡である、と宣言されている。わたしはこの本が、この奇跡の成就に貢献できることを望んでいる。

　わたしは、この本の制作にかかわったすべてのみなさん、とくに著者ならびに、挿絵画家のチョウ・ピュー・サン、企画統括者のハンダカ・ヴィッジャーナンダ、編集者のヘンドラ・ウィヂャジャの各氏をお祝いしたい。わたしたちがわたしたち自身と朋友に強く望んでいるように、この価値あるプロジェクトの完成にかかわったかれらと、その他のすべてのみなさんが、平和と幸福でありますように。

　生きとし生けるものが幸せでありますように。　　　　　　　　　　2005年

（テーラワーダ仏教マレーシア・シンガポール大サンガ管長）

はじめに

　挿絵入りのブッダの生涯の物語を書く、というアイデアは、ハンダカ・ヴィジャーナンダ氏から、およそ二年前に寄せられた。かれはその原稿を書くようにとわたしに依頼し、ミャンマーの著名な水彩画家であるウ・チョウ・ピュー・サン氏に挿絵の話をもちかけた。それ以来、われわれは手を携えて、親密に協力しながら、このプロジェクトを進めてきたのである。

　現在、ブッダの生涯を扱った書物はたくさんある。そのうちのいくつかはシッダッタ王子の誕生からさとりに達するまでの物語で、他のものでは、入滅まで、などだ。しかしながら、そのどれもが生涯のすべてを順序立てて十分に物語っている、というものではない。もし、本書にブッダの生涯のすべてを盛り込んだ「報告書」を期待されるなら、失望されるだけだろう。ブッダの生涯についての最も完全な権威あるものといえば、仏教徒の聖典（三蔵）そのもの以外にはないのだ。（訳注：三蔵とは、経蔵、律蔵、論蔵。また経蔵とは、長部、中部、相応部、増支部、小部の各経典からなるパーリ五部経典）

　わたしが本書を執筆中の日々を過ごしたミャンマーでは、ブッダの生涯の物語について浩瀚な学術書がある。偉大なる学僧、最高賢者ウィチッタサーラビワンサ、というより、ミングン・サヤドーとして知られている方が書かれたものである。彼の方は、四十冊の分厚い書物からなる三蔵のすべてを完璧に記憶されていた。さらに加えて注釈書（義疏）と復注（注釈の注釈）にも精通されており、ブッダの教理に堪能な達人として最高の名誉称号である持三蔵・法宝の持者を獲得されている。その学術書は *The Great Chronicle of Buddhas*（諸仏大年代記）というタイトルで英訳されている。全六巻十冊からなる。ミングン・サヤドーへのわたしの大いなる尊敬をひとまず脇に置くとして、この浩瀚な学術書といえども、やはり、完全なものではないと見なされる、と言ってさしつかえない。くず拾いのスニータ（本書36話、以下同）、七歳の阿羅漢ソーパーカ（35話）、切り取った指を首飾りにした殺人鬼アングリマーラ（53話）などの話は見当たらないのだ。しかし、それなら「ブッダの生涯の完全な物語なんて、見つからないのではないか？」ときかれるかもしれない。いや、確かに見つけられるのだ。しかし、見つけられるのは、三蔵それ自体の中からのみと、併せてその注釈書と復注の中からなのである。問題は、手に入る材料のすべてがそのような膨大な経典の中に分散しており、初めから終わりまで年代順にそろった物語を得るためには、それらを拾い集め、配列し直す必要がある、ということである。

わたしは、ブッダの生涯の物語を代表する六十九話を選んだ。ブッダがスメーダとして存在していた過去世から話は始まり、菩薩（訳注：さとりに達して覚者（ブッダ）となる以前の修行者）としての最後の生存となるシッダッタ王子の誕生、ブッダとなって以降の伝道教化の四十五年間と般涅槃（パリニッバーナ）（入滅）まで、である。それにはまた、仏弟子たちが、世代から世代へ、二十一世紀に至るまで、ブッダの教えを護り、進め、広めてきたやりかたも含まれている。本書を話から話へと読んでいくことによって、ブッダの生涯の最初から最後まで、その全体像をあなたは得ることができるだろう。かれの生涯、そして仏弟子と仏"敵"たちの多くの面がわかるだろう。さらにまた、ブッダが人生の諸問題についてどのように対処し、説き諭し、解決したか、わかるだろう。それらは二千五百年以上前の人間が直面していた諸問題だが、今日でもいまだにみつかるものである。

　幼い男の子の突然の死で半狂乱になる若い母キサーゴータミー（58話）に、あなたは出会うだろう。夫と夫の両親にひどく嫌われることを恐れ、わが子の死という事実を、彼女は受け入れたくなかったのだ。男の子はただ病気だけ、と自分を納得させ、薬を見つけようと家から家を訪ねて行くのである。この話は、愛するこどもを亡くして落ち込む今日の母親たちを思い起こさせる。ちょうどパターチャーラー（59話）が、夫、こどもたち、その他の家族に次から次へとたった一日で死なれて気が狂い、裸でさまようのと同じように、今日でも愛する両親、夫、妻、こども、ガールフレンド、ボーイフレンド、あるいは財産を失って、気が狂ってしまう人たちを見かけるのだ。

　あの世尊、一切知者でさえ、過去世の行為（業（こう））の果報から逃れられなかった、ということをあなたは知るだろう。弟子が裏切り、暗殺しようとした一方、嫉妬した異教の指導者が、あらゆるやりかたで中傷し、非難し、大勢の人たちの前で論争しようとした。他方、彼の方はまた多くの者たちから敬愛され、賞賛され、礼拝され、崇敬され、尊敬される師である。しかし、生涯の浮き沈みに世尊がどのように対処されたかが、かつて存在した精神的指導者の中でも、彼の方が最も偉大である、と証明しているのである。

　そのうえさらに、世尊の両親、息子、弟子たち、"敵たち"、異教の指導者たちなどへの態度も知ることになるだろう。しかし、あらゆるものごとの中で最も偉大なのは、世尊がわたしたちに最高の幸福への道を示されていることだ。これは仏教独自のもので、他の宗教の教説には存在しない。最高の幸福への道は、民族やカースト、社会的な性差別、国籍、経済的地位、社会的身分、その他の特徴でも差別せず、生きとし生けるものすべてに対して普遍的である。天上界の神々や地獄の悲惨な生命にすら当てはまるのだ。

はじめに

議論のあるポイント

　ここで、わたしが本書を執筆しているあいだに見つけたいくつかのポイント、それには議論があって、まぎらわしいのだが、そのようなポイントについて述べてみたい。すでに述べたようにブッダの生涯の物語とブッダの教えは、多数の三蔵経典、注釈書、復注に分散している。わたしたちは三蔵のみからでは完全な物語を得られない。たとえば、三蔵中のパーリ語のダンマパダ（法句経）は、世尊が口にされた423の美しい偈（韻文、仏教詩）からなる。しかしながらわたしたちは、世尊がそうした偈をどんな状況下で口にされたのかは注釈書でのみわかるのだ。その他の物語も同じである。それゆえ注釈書はパーリ語や文法の説明だけでなく、関連する因縁話も提供しているのである。

1. アーナンダか、王家の象か？

　菩薩の七つの誕生仲間としてアーナンダは、本生物語(ジャータカ)の注釈書と仏種姓経(ブッダヴァンサ)の注釈書で言及されているが、増支部経典の注釈書『マノーラタプーラニー』では王家の象アーローハニーヤの名がアーナンダの代わりに挙げられ、その他の六つは同じである。このまぎらわしさに直面して、わたしは本書ではアーナンダを入れることに決めた。本生物語の注釈書と仏種姓経の注釈書では、生涯の物語に、より関心を寄せている一方、『マノーラタプーラニー』は、より法話の説明に傾いていることを考慮したからである。

（訳注：「七つの誕生仲間」は04話でふれられるが、ヤソーダラー妃、御者チャンナ、大臣カールダーイー、王家の馬カンタカ、アッサッタ菩提樹、黄金の四瓶、そしてアーナンダ尊者。菩薩降誕ときっかり同時に誕生したとされる。従って、南伝ではブッダと侍者アーナンダは同年齢だったと信じられている一方、北伝ではアーナンダ尊者が年下で年齢差は三十歳、などともいわれている。なお、アーナンダ尊者はブッダの従兄弟(いとこ)で、仏弟子中、「多聞第一」。ブッダ晩年の二十五年間、専従の侍者としてお世話した。仏典の第一結集では記憶していた経典すべてを「如是我聞(にょぜがもん)」〈わたしはこのように聞きました〉という始まりで誦出した。仏弟子中、記憶能力第一で、美男だった、とも伝えられている。）

2. セーナーニガマ？

　菩薩がさとりに達する前の朝、スジャーターが一碗の乳粥を献げてくれた。『ブッダとその教え』（ナーラダ長老著、1988年、マレーシア）では、スジャーターは市場町セーナニの長者の娘となっている。しかし、ミングン・サヤドーの『諸仏大年代記』では、スジャーターはセーナーニーという名前の長者の娘で、市場町セーナに住んでいる。中部経典の注釈書『パパンチャスーダニー』は、セーナーニガマとは「市場町セーナ」という意味で、かつて軍隊が駐屯したところ、としている。また、セーナーニガマとはセーナーニ「村（ガーマ）」という意味で、スジャーターの父セーナーニーが住んでいた、とも説明している。相応部経典の注釈書『サーラッタッパカーシニー』は、セーナーニガマとはかつて軍隊が駐屯したところで、その後、スジャーターの父セーナーニーが市場「町（ニガマ）」に住んでいたと説明している。このようなさまざまに異なる解釈から、わたしは『サーラッタッパカーシニー』の説明を選ぶことにした。セーナーニーが長者であり、長者なら一般的にはふつうの「村（ガーマ）」よりはかなり発展した村、すなわち市場「町（ニガマ）」に住んでいたのだろう、と考えたからである。

3. 竪琴の調弦のたとえ

　菩薩はウルヴェーラーの林で六年間、過酷な苦行の実践に身を投じた。その六年間の終わりに、苦行の末、死の瀬戸際にあって、近くを通りがかった少女の一団が竪琴の甘い調べに合わせて歌うのを聞いたのだが、竪琴の弦は弱すぎず強すぎず締められたときのみ甘い調べを奏でる、というのである。このたとえは、ブッダの生涯の物語に関するいくつかの本に書かれている。しかしながらわたしは、それをパーリ正典では見つけられなかった。一つの記録としては、律蔵の大篇には似たようなたとえがある。それによるとブッダは、ソーナ・コーリヴィサ長老に歩く冥想にあまり精励しすぎないように、と諭している。
　（訳注：ソーナ・コーリヴィサ長老はアンガ国の首都チャンパーの長者の子で、出家して猛烈に修行に励んだが、さとれず、還俗を決意したところ、ブッダにこの弦のたとえで諭され、ついに解脱した。仏弟子中、勤精進第一とされる。長老偈（テーラガーター）の十三偈集632〜644に遺偈がある。なお、竪琴は琵琶、箜篌（くご）という訳もあり、ハープ風かギター風か不明だが、弦を指ではじく撥弦（はつげん）楽器の調弦で強弱の両極端ではない「中道」を教示したとみられている。一方、馬場紀寿著『上座部仏教の思想形成──ブッダからブッダゴーサへ』によれば、パーリ正典〈Canon〉とは、五世紀前半

12

にスリランカで活躍したブッダゴーサ長老が確立したパーリ語の三蔵を指す。ブッダゴーサ長老は「清浄道論」と、長部、中部、相応部、増支部の四経典の注釈書の著者。)

4. 五群比丘の預流のさとり

わたしは、注釈書のいくつかの情報がパーリ正典とはちがうことを見つけた。一つの例は五群比丘が預流のさとりに達した件である。律蔵の大篇は、ワッパとバッディアがサーワナ月の満月の後、月が欠けていく時期の初日に預流のさとりに達し、さらにマハーナーマとアッサジも、その二日目に達したとしている。しかし、律蔵の注釈書『サマンタパーサディカー』によれば、ワッパはサーワナ月の満月の後、月が欠けていく時期の初日に、バッディアはその二日目に、マハーナーマは三日目に、アッサジは四日目に、それぞれ預流のさとりに達した。この例を通して、わたしたちは注釈書が必要不可欠とわかるのだが、しかし、注意深く分析する必要もある、ということである。

(訳注：さとりには四段階、四つの階梯(かいてい)があり、預流(よる)、一来(いちらい)、不還(ふげん)、阿羅漢(あらかん)。それぞれのさとりに向かう瞬間と、さとりに達した以降を、計八つにしており、預流道・預流果、一来道・一来果、不還道・不還果、阿羅漢道・阿羅漢果。総称して四双八輩(しそうはっぱい)といわれる。)

5. スッドーダナ王の死

ブッダの初の帰郷の話（30話）で、父王スッドーダナが病気で重態になったとき、世尊がやって来て、真理を説き、阿羅漢のさとりに導くのである。しかしながら、病気と老齢のために在家の阿羅漢として亡くなった。ここでわたしは別の意見を披露したいと思う。(1)『ブッダとその教え』（ナーラダ長老著、1988年刊、マレーシア）、(2)『ブッダ——その生涯と初期仏教の歴史探究』（スリ・ペーマローカ長老、2002年刊、シンガポール）、(3)『ブッダと仏弟子たち』（レーワタ・ダンマ長老、2001年刊、ミャンマー）の三著では、スッドーダナ王は阿羅漢のさとりの至福を経験しつつ七日間過ごしたあと亡くなった、としている。

「ミリンダ王の問い」では、ナーガセーナ長老がミリンダ王(バンハー)に、阿羅漢になった資産家には二つの可能性がある、と説明している。まさにその当日に出家するか、最後の涅槃（入滅）に達するか、の二つである。しかし、このような説明はパーリ正典には見つからない。ほかならぬこのポイントについて、ミングン・サヤドーの

『諸仏大年代記』では、増支部経典の注釈書『マノーラタプーラニー』と同じように、スッドーダナ王は阿羅漢になったあと、黄金宮殿の白い傘の下で最後の涅槃に達した、と短くふれている。

6. 人さし指か、親指か？

　切り取った指が首飾りの殺人鬼アングリマーラ（指鬘(しまん)）の話（53話）で、アングリマーラが犠牲者から切り取った指は、親指か、人さし指か、というもう一つの議論のあるポイントに、わたしはさしかかった。ブッダラッキタ師の著書『栄光の凱旋』（2000年刊、マレーシア）によると、アングリマーラは犠牲者の親指を切り取って首飾りにしたという。ミャンマーで一般的に受け入れられている話によれば、『ブッダの生涯とその教え』（ミン・ユ・ワイ著、2001年刊、ミャンマー）に書かれているように、アングリマーラは犠牲者の人さし指を切り取っているのだ。しかしながら、「アングリマーラ経」（中部経典86）を詳しく読んでみても、アングリマーラが切り取った指が親指か人さし指か、わたしたちには見つからない。アングリマーラは犠牲者の指を切り取った、とのみ書かれているのだ。さらに注釈書と復注にも、これについての正確な情報がない。このまぎらわしさに直面して、わたしは単純に、パーリ正典に従うことに決めた。アングリマーラがじっさいに切り取った指がどっちかは脇に置いておくことにしたのである。

7. 養母マハーパジャーパティー・ゴータミーが出家の許しを求めたのはいつか？

　ナーラダ大長老は著書『ブッダとその教え』で、世尊が釈迦国のニグローダ園（僧院）に在住されて釈迦族とコーリヤ族の争いを静めたとき、マハーパジャーパティー・ゴータミーが世尊に申し出て、僧団に女性が入れるよう求めた、と語っている。それはブッダの五回目の雨安居の直前に起きた、と。

　しかし、わたしが調査しているうち、釈迦族とコーリヤ族が激しい言い争いになり、ローヒニー川の水をめぐって戦争寸前にまでなったのは五回目の雨安居直前だ、とわかった。世尊は川の付近の戦場へ来て、双方の軍勢を鎮め、平和に戻したのである。そのあと世尊は、釈迦族とコーリヤ族の王族の青年五百人とともに釈迦国の首都カピラヴァットゥ（カピラ城）近くの大林へ行かれた。五百人はのちに出家して比丘となった。のちに世尊はヴァッジ国ヴェーサーリー近くの大林精舎へ行かれ、そこで五回目の雨安居に入られたのである。

　ここでわたしは、世尊が争いをおさめるために二度目にカピラヴァットゥを訪

問したあいだ、世尊はニグローダ園ではなく、カピラヴァットゥ近くの大林に滞在されていた、ということを明確にしておきたい。したがって、この期間にマハーパジャーパティー・ゴータミーが世尊のもとに来ることはなかったのである。彼女がニグローダ園に在住されていた世尊に出家を申し出たのは本当だが、そのことが起きたのは世尊が最初にカピラヴァットゥを訪問していたあいだであって、二度目の訪問ではない。それゆえ、マハーパジャーパティー・ゴータミーがじっさいに世尊に出家を申し出たのは世尊の最初の訪問中であるのは明らかで、最終的に出家を許されるまで、彼女はさらにそれから四年待たなければならなかった。彼女と釈迦族、コーリヤ族の王族女性五百人は、世尊がヴァッジ国ヴェーサーリー近くの大林精舎で雨安居中に出家して比丘尼となったのである。

ここで、賢明な読者なら、同じ大林という名前でじっさいには二つの地名があるのに気づき、混同しないだろう。一つ目は、世尊が釈迦族とコーリヤ族間の争いをおさめたあと滞在されたカピラヴァットゥ近くの大林で、ここで世尊は「大集会経」（マハーサマヤスッタ）（長部20）を説かれた。二つ目は、ヴェーサーリー近くの大林精舎で、ここで世尊は五回目の雨安居に入られ、女性が僧団に入るのを許されたのである。

8. 発生時期の特定ができないこと

わたしは、いくつかの話については発生時期をたどれず、特定できなかった。それらは、七歳の阿羅漢ソーパーカ（35話）、くず拾いのスニータ（36話）、病気のプーティガッタ・ティッサ（57話）、亡き子をもとめ半狂乱の若い母キサーゴータミー（58話）、すべてを失い裸でさまようパターチャーラー（59話）、遍歴論争家サッチャカ（60話）、ジャイナ教を捨てた資産家ウパーリ（61話）、「吉祥経」（マンガラスッタ）（47話）、「慈経」（メッタースッタ）（48話）である。

パーリ正典はいつでも発生場所を示す。しかしながら発生時期についてはあまり関心を示さないように見える。それにもかかわらず、わたしたちは、ときには補足的な情報を注釈書から得ることができて、一つの話と別の話を、正確な順序に結びつけられるのである。

わたしはこの件について、一つの出来事が起きた場所を考えに入れながら、世尊に伝道布教が可能である年と関連させようと試みた。他の話とのあいだに入れて一列にならべる前に、関連する出来事が、その前なのか後なのか考慮することによって、関連させるようにしてみたのである。例えば世尊はラージャガハ（王舎城）で雨安居を過ごされたのだが、それは、そこで丸一年のあいだずっと過ごされたということを意味しない、というほうが正確である。比丘たちがひとしく秩序ある正し

い行動をするように監督する原理として置かれた規定である「律」によれば、一人の比丘は雨期のあいだ、ある決まった場所に三か月間、滞在しなければならない。そして残りの九か月間は、場所から場所へ遍歴遊行することだけが許されている。これを考慮すると、わたしのアプローチは完全に正確だとはいい難く、問題がすっかり解消するだろうともいえない。しかしながら、わたしが提示したやりかたはそうした問題を打開する一つの道であり、賢明な読者が分析するため、彼あるいは彼女なりに、より深い調査研究をするための、余地を開くものだ。

　具体例を二つ挙げてみよう。一つ目は、生きとし生けるものへの慈悲「慈経」（48話）である。この話はサーヴァッティ（舎衛城）の祇園精舎で起き、雨安居に入る時期が近いときだった。そして、森林にいた五百人の比丘たちに一つの問題がふりかかったとき、比丘たちはその森林で雨安居するはずだったが、そこを離れ、サーヴァッティにいらした世尊に助言を求めて、やってきたのだ。これでわたしたちは、その当時、世尊がサーヴァッティの祇園精舎に、雨安居のために在住されていた、と知るのである。そして、年代順の配列によれば、世尊がそこで雨安居されたのは、いちばん早い年でも伝道布教の十四年目で、あるいはもっとそれより以降、つまり二十一年目から二十四年目まで、ということになる。この前後関係から、「慈経」が世尊によって説かれたのは伝道布教の最初の二十年（成道後二十年の第一菩提の時代）のある時期であろう、と推定することによって、この話は伝道布教の十四年目のことだと、わたしは結論している。

　二つ目は、最上の吉祥「吉祥経」（47話）で、世尊によってサーヴァッティの祇園精舎で中夜（訳注：およそ午後十時〜午前四時。当時、夜を初夜、中夜、後夜と三つに区分してとらえていた）、使者である一人の麗しい神に説かれた。その神に続いて神々とバラモンたちの大会衆が十方の世界から来ているのである。この経はそれ以上の追加情報がなく、注釈書にもない。ここでは雨安居のあいだかどうかも、わたしたちにはわからない。もしそうであるなら、「慈経」と同じやりかたでこの問題は解決する。加えて、時期を正確に見積もるのがさらにむずかしいのは、世尊が遊行されていた月のいつでも、世尊は祇園精舎に一時的に滞在されたかもしれないのである。それは祇園精舎が建立されたときから始まって伝道布教四十五年目まで、である。ここで、吉祥の叫び声が十二年間続いた、といわれていることを考慮して、わたしはまた、世尊がこの経を説いたのは伝道布教の最初の二十年間のいつかの時期だったのだろう、と推定している。

（訳注：吉祥の叫び声とは、ミングン・サヤドー著『諸仏大年代記』によると、ブッダがいずれ吉祥について説法されると予知した浄居梵天たちが、吉祥を待ち望む人々の思いにも気づいて、十二年間、街道などのいたるところで待望の叫び

声〈鬨の声、喊声〉を上げたこと。この世に存在する五つの叫び声の一つで、吉祥以外の叫び声は、劫、転輪王〈カッパチャッカヴァッティ〉、ブッダ、牟尼位〈モーネイヤ〉〈聖人たること〉。なお、「吉祥経」は在家信者向けのブッダの「幸福論」ともいわれ、最上のめでたいこと、三十八の吉祥が列挙され、上座仏教国ではよく読誦される。）

ブッダ伝道の歩み

　シッダッタ王子はさとりに達して、三十五歳でブッダ（覚者）になられた。そのときからブッダは、真理を四十五年間、たゆみなく教えられた。伝道布教の前半の二十年間は、ブッダはさまざまな場所で雨安居を過ごされた。しかし、後半の二十五年間、ブッダはほとんどサーヴァッティで雨安居された。
　以下はブッダの伝道布教の歩みで、年代順に、雨安居の場所と、その年の主な出来事である。

成道の初年（紀元前588年）ブッダ35歳
　雨安居の場所：バーラーナシー近くのイシパタナ（仙人集会所）・ミガダーヤ（鹿野苑、鹿の園）
　主な出来事：「転法輪経」〈ダンマチャッカパヴァッタナ・スッタ〉（相応部・諦相応2）、「無我相経」〈アナッタラッカナ・スッタ〉（相応部・蘊相応6）、「燃焼経」〈アーディッタパリヤーヤ・スッタ〉（燃火の教え、相応部・六処相応3）を説く。五比丘（五群比丘）の帰依（23話）。比丘僧団と三帰依の成立。ヤサとかれの友五十四人の帰依（24話）。最初の布教者を送り出す。三十賢群王子の帰依（25話）。カッサパ三兄弟と追随者千人の帰依。

伝道4年目まで（紀元前587-585年）36～38歳
　雨安居の場所：ラージャガハ（王舎城）近くの竹林精舎
　主な出来事：ビンビサーラ王との約束をブッダが果たす（27話）。竹林精舎の寄進を受ける。教誡の波羅提木叉を制定。サーリプッタとモッガラーナを第一弟子に指名（28話）。カピラヴァットゥ（カピラ城）訪問（30話）。双神変〈ヤマカ・パーティハーリヤ〉を公開実演する（訳注：水と火を身体から一挙に出してみせる超能力で、ブッダ以外は不可能。二つの冥想を超高速で交互にくり返し、同時に出ているかのようにみせる）。ラーフラ王子とナンダ王子を出家させる（32話）。父王スッドーダナ、養母マハーパジャーパティ・ゴータミー妃、妻ヤソーダラー妃を聖者の流れ（預流）に導いて

定着させる。釈迦族の王族青年六人を出家させる。アナータピンディカ（給孤独）長者と出会う（33話）。祇園精舎の寄進を受ける。コーサラ国のパセーナディ王と出会う（34話）。釈迦族とコーリヤ族の争いを鎮める（37話）。「大集会経」（マハーサマヤスッタ）（長部20）を説く

伝道5年目（紀元前584年）39歳
雨安居の場所：ヴァッジ国ヴェーサーリー近くの大林精舎・重閣講堂
主な出来事：父王スッドーダナの死。養母マハーパジャーパティ・ゴータミーと王族女性五百人に出家を許す（38話）。比丘尼出家の確立。「施分別経」（ダッキナーヴィバンガスッタ）（中部142）を説く。

伝道6年目（紀元前583年）40歳
雨安居の場所：ヴァンサ国の首都コーサンビー近くのマンクラ丘
主な出来事：ケーマー妃が出家し比丘尼となり、ウッパラヴァンナー（蓮華色）とともに比丘尼二大弟子の一人になる（39話）。弟子たちに、かれら個人の利益と威信のための神変（超能力）披露を禁止。双神変を公開実演する。

伝道7年目（紀元前582年）41歳
雨安居の場所：三十三天（忉利天）
主な出来事：双神変を公開実演する。アビダンマを三十三天で生母に教える（40話）。チンチャマーナヴィカーがブッダの子を妊娠したと中傷（41話）。

伝道8年目（紀元前581年）42歳
雨安居の場所：バッガー地方スンスマーラ山（鰐山）のベーサカラー林（恐怖林）
主な出来事：ボーディ王子が布施を納めるため新築のコーカナダ（紅蓮宮殿）に招待する。「プンナ教誡経」（ワーダスッタ）（中部145）を説く。プンナ尊者がスナーパランタ国（訳注：インド西海岸北部地方の国）を訪問。

伝道9年目（紀元前580年）43歳
雨安居の場所：ヴァンサ国の首都コーサンビーのゴーシタ園（美音精舎）
主な出来事：逆うらみの美女マーガンディヤーの復讐（42話）。

伝道10年目（紀元前579年）44歳
雨安居の場所：パーリレイヤカ村近くのラッキタ林（守護林）

主な出来事：コーサンビーの比丘間で長引く争いに出会われ、ブッダは一人でパーリレイヤカ村近くのラッキタ林に引きこもる。パーリレイヤカ象が付き添っていた（43話）。雨安居の終わりに、サーヴァッティの人びとに代わってアーナンダが、ブッダをサーヴァッティに来られるよう招いた。争っていたコーサンビーの比丘たちは、のちにブッダに謝り、争いをおさめた。

伝道11年目（紀元前578年）45歳

雨安居の場所：バラモンの村エーカナーラーの南山精舎
主な出来事：バラモンの耕田ヴァーラドヴァージャ（カシ）の帰依（45話）。クル国カンマーサダンマに行き「大念処経」（マハーサティパッターナ・スッタ）（長部22）と「大因縁経」（マハーニダーナ・スッタ）（長部15）を説く。

伝道12年目（紀元前577年）46歳

雨安居の場所：コーサラ国の都市ヴェーランジャー
主な出来事：ヴェーランジャーのあるバラモンの招きに応じ、雨安居をそこで過ごす。不幸にもこの時期、ヴェーランジャーは飢饉になった。ブッダと弟子たちはいつもなら馬の飼料となる粗末な食べ物を馬喰の一団から提供され、食べざるを得なかった。

伝道13年目（紀元前576年）47歳

雨安居の場所：チャーリヤ岩山
主な出来事：雨安居のあとバッディアに行き、メンダカ長者、その妻チャンダパドゥマー、息子ダナンジャ、義理の娘スマナデーヴィー、召使プンナと七歳の孫娘ヴィサーカーが帰依（46話）。ヴァッジ国ヴェーサーリーの将軍シーハの帰依（訳注：シーハは、六師外道（ろくしげどう）の一人でジャイナ教の開祖ニガンタ・ナータプッタの追随者だった）。「大ラーフラ教誡経」（マハー・ラーフラ・ワーダ・スッタ）（中部62）を説く。

伝道14年目（紀元前575年）48歳

雨安居の場所：コーサラ国サーヴァッティ（舎衛城）の祇園精舎
主な出来事：ブッダの息子ラーフラ、さらに高度の教誡を受ける。「小ラーフラ教誡経」（チューラ・ラーフラ・ワーダ・スッタ）（中部147）、「蟻塚経」（ヴァンミーカ・スッタ）（中部23）、「針毛経」（スーチローマ・スッタ）（スッタニパータ第2章5）を説く。

伝道15年目（紀元前574年）49歳

雨安居の場所：釈迦国の首都カピラヴァットゥ（カピラ城）のニグローダ園（僧

院）
　　主な出来事：ブッダの義父（ヤソーダラー妃の実父）スッパブッダ王の死。

伝道 16 年目（紀元前 573 年）50 歳
　　雨安居の場所：アーラヴィー市（曠野精舎）
　　主な出来事：アーラヴァカ夜叉の帰依（49 話）。

伝道 17 年目（紀元前 572 年）51 歳
　　雨安居の場所：ラージャガハ（王舎城）近くの竹林精舎・栗鼠養餌所（黒リスが飼われ、餌が与えられていた保護区域）
　　主な出来事：若い資産家シンガーラカに「シンガーラ教誡経（ワーダ・スッタ）」（長部 31）を説く（50 話）。遊女シリマーの死。「勝利の経（ヴィジャヤ・スッタ）」（スッタニパータ第 1 章 11）を説く。

伝道 18 〜 19 年目（紀元前 571 〜 570 年）52 〜 53 歳
　　雨安居の場所：チャーリヤ岩山
　　主な出来事：機織り娘の因縁話（ダンマパダ 174）。猟師クックタミッタの因縁話（ダンマパダ 124）。

伝道 20 年目（紀元前 569 年）54 歳
　　雨安居の場所：ラージャガハ（王舎城）近くの竹林精舎
　　主な出来事：波羅夷（パーラージカ）の制定（訳注：出家した比丘が護るべき戒である波羅提木叉（パーティモッカ）は、伝道布教の前半の二十年は弟子に聖者が多く、必要がなかった。しかし、それ以降、問題が起きるたびに徐々に制定され、結局、比丘二二七戒、比丘尼三一一戒となった。比丘戒は八区分され、波羅夷、僧残、不定（アニヤタ）、捨堕（ニッサッギヤ・パーチッティカ）、単堕（パーチッティカ）、悔過（パーティデーサニヤ）、衆学（セーキヤ）、滅諍（アディカラナ・サマタ）。最も罪が重い波羅夷（パーラージカ）は婬・盗・殺人・大妄語の四つで、破戒者は即刻破門される）。アーナンダを終身の侍者に指名（52 話）。医師ジーヴァカとの出会い（51 話）。アングリマーラの帰依（53 話）。美女スンダリー殺害で言いがかりの告発（54 話）。バカ梵天の邪見を正す（56 話）。蛇王ナンドーパナンダを手なずける（55 話）。

伝道 21 〜 44 年目（紀元前 568 〜 545 年）55 〜 79 歳
　　雨安居の場所：サーヴァッティ（舎衛城）の祇園精舎と東園（僧院）・鹿子母講堂
　　主な出来事：プックサーティ王の因縁話（ダンマパダ 101）。「アンバッタ経（スッタ）」（長

部3）を説く。東園（僧院）の布施。ビンビサーラ王の死。デーヴァダッタがブッダ暗殺を企てる（62話）。酔象ナーラーギリをおとなしくさせる（63話）。デーヴァダッタ僧団分裂をたくらむ。デーヴァダッタの死。アジャータサットゥ王の帰依。コーサラ国王パセーナディの死。「帝釈天問経（サッカパンハー）」（長部21）を説く。

伝道45年目（紀元前544年）80歳
　雨安居の場所：ヴェーサーリー近くのベールヴァ村
　主な出来事：資産家ウパーリがジャイナ教を捨てて帰依（61話）。指導者と比丘に七不衰退法を教える；「法の鏡」の教え（65話）。遊女アンバパーリーの提供したマンゴー林を受け取る（66話）。サーリプッタとモッガラーナが亡くなる。四大教法の教え。スーカラ・マッダヴァを食し腹痛に。最後の弟子として遍歴行者スバッダを受け入れる。ブッダの大般涅槃（マハーパリニッバーナ）（入滅、紀元前543年）

　本書の六十九枚の挿絵は、次のようなことを考慮してデザインされた。姿勢、手のしぐさ、ブッダとその相手の年齢、それと同様に、出来事の場所、時間、規模である。ハンダカ・ヴィッジャーナンダ氏はイラストを綿密に構成し、それぞれすべてのストーリーで起きた主要な出来事をつかむ一方、チョウ・ピュー・サン氏がその構想をもとに、かれのみごとな腕前で美しい作品に仕上げた。
　詰まるところ、わたしは、すべての読者が、ブッダが生涯を通して示された偉大な先例に触発されることを希望している。莫大な世界の仏教文学に、この作品がささやかな貢献となりますように。ストーリーを楽しんでください！　イラストを楽しんでください！

　善でありますように。幸せでありますように。

クサラダンマ比丘
2004年11月21日、ミャンマーのヤンゴンにて

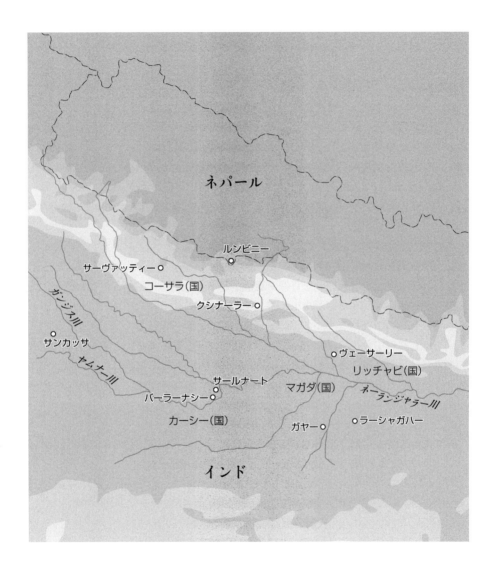

Namo Tassa Bhagavato
Arahato Sammāsambuddhassa

阿羅漢であり、正自覚者であり、福運に満ちた世尊に、
わたしは敬礼(きょうらい)いたします。

Puṇḍarīkaṃ yathā vaggu,
toyena nupalippati,
nupalippāmi lokena,
tasmā buddhosmi brāhmaṇā'ti.

水のほとりで　汚されない
美しく　かわいい　白い蓮の華のように
世のほとりで　わたしは汚されない
それゆえ聖者(バラモン)　わたしは覚者(ブッダ)である

（増支部経典・四法集・第一の五十・4, 輪の章）

第Ⅰ部　出家まで

第1章　ブッダの過去世

01話　スメーダ……未来のブッダ

　はるか昔、そのまたはるかに遠い大昔、宇宙が何度も何度も生まれては消滅する大サイクルを数えきれないほどくりかえした四阿僧祇十万劫(アサンケイヤ)(カッパ)も前のことである。
　華やかに栄える都市アマラヴァティーにスメーダという男の子が住んでいた。裕福なバラモン（最高位の司祭階級）の家庭のその男の子がまだ幼いころ、両親は全財産を残して亡くなった。少年はバラモンとしてバラモン教の聖典である三ヴェーダを学び、ほどなく習熟して奥義をきわめ、よどみなく暗唱できるまでになった。
　スメーダが勉学を終えて成人したとき、家の財産管理人が財産リストをもってきた。スメーダの両親が亡くなって以来ずっと保管していたもので、財産管理人が宝物蔵を開けると、蔵いっぱい、金、銀、ダイヤモンド、ルビー、真珠、そのほかの財宝が詰まっていた。財産管理人は「若主人さま、この財宝は全部、あなたが相続されました。母方と父方、その七代前のご先祖からずっと受け継がれたものです。どうされてもかまいません、お好きなように！」といって、全財産を手渡した。
　ある日、かれが一人ぼっちで脚を組んで座っているうちに、こんな考えが浮かんできた。
　「なんて、みじめなんだろうか。老い、病気、死、に苦しめられるはずの身体の、この生存に生まれついたんだもの。もし、ぼくがこの身体を捨てられたら、それだけでみじめな生・老・病・死から解放されて自由になるだろう。両親、祖父母、先祖にできたのは財産をたくわえることだけだった。でも、死んだときは金貨たった一枚だって持っていけなかった。ぼくもいつか年をとって、病気になって、ついに死んでしまうだろう。この財産を手放し、資産家の暮らしからはなれて、森に入って行者になったらいいだろうな。いのちの束縛から自由へ向かう道を、ぼくは探そう」
　そういうわけで、国王の許可を得たあとに、力強く太鼓が打ち鳴らされ、かれは、アマラヴァティー全市へ大布施のお触れを出した。

第Ⅰ部　出家まで

「わが財産をほしい者たちよ、誰でも来たれ、取っていけ！」
　こうして、さまざまな階層の人びとが、さまざまなところからやってきて、スメーダの財産を好きなだけ取っていった。

行者の暮らしをはじめること

　お布施の大きな行為のあと、スメーダは世を捨て、まさにその日、雪を頂くヒマラヤ山脈へ向かった。ヒマラヤのふもとに着くなり、スメーダは山の峡谷沿いに歩いて、気持ちよく住むのにぴったりの場所を探した。ダンミカ山地域の川辺に、かれは庵(いおり)をみつけた。その草庵が誰のものでもないのを確かめて、住まいとすることに決めた。それから俗世の服を処分し、樹皮布の衣をまとって、みずから行者になった。
　その日以来、手抜きすることなく行者の暮らしを実践した。かれは悪の思考には三つの範疇(はんちゅう)があるとわかっていた。放逸へみちびいてゆく感覚の欲望にもとづいた思考（欲　尋　カーマヴィタッカ）、殺生、破壊、危害へみちびいてゆく悪意の思考（瞋恚　尋　ヴィヤーパーダヴィタッカ）、他者への危害と傷害にみちびいてゆく残酷さにもとづいた思考（害　尋　ヴィヒンサヴィタッカ）の三つである。このことを知って、行者はみずからを、完全な心の離脱と身体の離脱（遠離　パヴィヴェーカ）に捧げたのである。その結果として、かれはその次の日、庵を捨て、樹木の根方へ近づき、そこを住まいにした。
　さらにその次の日の朝、近くの村へ托鉢に入った。村びとたちは熱意をこめて、かれに上等の食べ物を提供した。それを食べたあと、かれは坐ってこう考えた。
　「行者になったのは食べ物や栄養物がなかったからじゃないんだ。ひとが耕して育てた穀物を食べるのは、控えたほうがいいな。木から落ちてくる果物だけで生きていこう」
　そのときから、木から落ちてくる果物だけで暮らした。たゆみなくかれは精進し、坐る、立つ、歩くという三つの威儀（起居動作のふるまい）だけの中にいて、絶え間なく冥想し、横になることはなかった。その結果、七日目の終わりに、八禅定(ジャーナ)（色界四禅定と無色界四禅定）、五神通(アビンニャー)（天眼通、天耳通、他心通、宿命通、神足通）に達したのである。

第1章　ブッダの過去世

02話　スメーダの大望……一切知者ブッダになる

　苦行の実践をやりとげて、スメーダ行者は禅定の至福を味わうことにときを過ごし、ディーパンカラ（燃燈）仏陀のこの世への出現は、まったく知らなかった。
　ある日、ディーパンカラ仏陀は四十万の阿羅漢をともない、ランマヴァティー市に来て、スダッサナ精舎に滞在した。このめでたい機会に、ランマヴァティー市の人びとは世尊に近づき、弟子たちとともに翌朝の朝食に招待した。それからかれらは市内の清掃や飾りつけのような、必要な準備をした。かれらはまた、世尊や弟子たちが市内を通り抜ける道路の修繕につとめた。土で穴をふさぎ、大水のせいで割れたところを直し、でこぼこした泥の地面をならし、真珠のように白い砂で道路をおおった。
　そんなとき、スメーダ行者は庵から空中浮揚して空を飛んでいる間に、ランマヴァティー市の人びとが機嫌よく道路の修繕や飾りつけをしているのを見た。下で何が起きているのか、いぶかしく思って、下降して適当なところに降り立った。それから、かれは聞いてみた。
　「あなたたちはそんなに楽しそうに熱をこめて道を直しているけれど、だれのために道を直しているんですか？」
　人びとが答えて、いった。
　「ああスメーダ行者さま、この世にディーパンカラ仏陀が出現されました。邪悪な五魔の軍勢を退治されて全世界の無上の方であられるのです。わたしたちは彼の方への功徳のために道を直しています」
　スメーダ行者が「ブッダ」（目覚めた者）という言葉を聞くやいなや、かれの心は喜びに満ちあふれた。かれはこう考えた。
　「ブッダの出現は、まさに稀有にして困難だ。わたしが世尊にご奉仕できたら、なんと幸せだろうか。肥沃な土地、すなわちディーパンカラ仏陀に、功徳のすぐれた種子をまくのは、わたしにとって今こそ、まさにそのとき、だ」
　そして、かれは尋ねた。
　「ねえ、みなさん、どうかわたしに、直す道路の一部を割り当ててください！世尊が来られるので道を直しているあなたたちの仕事に、わたしも参加したい」
　「それはいい」と、人びとがいった。そしてかれに修繕のむずかしそうな大きなぬかるみのでこぼこした場所を割り当てた。すごい神通力をもっている行者なら、やさしいだろう、と見なしたのである。
　そのとき、スメーダ行者はこう考えた。

第Ⅰ部　出家まで

「わたしの神通力をこの道を直すのに使うのはかんたんだ。でも、そうしたら、みんな、あまり善くは思ってくれないかもしれない。自分の肉体労働だけで、わたしの務めをやるべきだ」

スメーダ行者がまだ道路を修繕中、ディーパンカラ仏陀と四十万の阿羅漢がやってきた。神々（デーヴァ）とランマヴァティー市の全市民が太鼓を打ち鳴らして歓迎した。そのころ、人間は神々に見え、神々は人間に見えたのである。かれらは世尊をたたえる歌を歌って喜びをあらわした。神々と人びとは、それぞれに楽器を奏でた。神々が、曼荼羅華（マンダーラヴァ）や蓮華（パドゥマ）、黒檀（コーヴィラーラ）の花のような天上の花をいたるところにふりまく一方、地上の人間もまた同じく、チャンパーやサララ樹、ムチャリンダ樹、ナーガ樹、プンナーガ樹、ケータキーのような美しく、かぐわしい花々を世尊に献げた。

スメーダ行者は世尊を見てびっくりした。じっと見つめると、世尊は偉大な人物のしるしである三十二の特相（マハープリサ）と八十の小特相をそなえられていた。栄光の高みにあるブッダの人となりをまのあたりにしたのである。黄金に輝く身体からはきらきらと後光がさし、六色の光線を放射している。

そのとき、かれはこう決めた。

「この泥道の部分の修繕はまだできていないが、世尊はここへ近づいて来られる。彼の方に泥の上を歩かせてしまって、不快な目にあわせてはならない。きょう世尊の御前でわたしの命を犠牲にしよう。世尊と四十万の阿羅漢に、わたしの背中の上を歩いていただき、わたしの身体を道の不快なところを渡る橋としていただこう。そうすることによって、きっとわたしに繁栄と幸福がもたらされるだろう」

それから、どろどろのぬかるみにかれは身を投げ出した。そうしているうち、かれの心に、ブッダになる大望が生じた。

「もしわたしがそう望むなら、すべての腐敗の病根（漏）（アーサヴァ）を除け、あらゆる汚染（煩悩）（キレーサ）をその日まさに根絶でき、阿羅漢になる。しかし、ひとりで自己本位に輪廻（サンサーラ）から解脱（げだつ）する利益とは何だろうか？　わたしの卓越した確信と気力と智慧で、一切知者になるために、有らん限りの精進をしよう。そして、生きとし生けるものを、輪廻から、苦の海から、解放しよう」

人混みのなかにスミッターという若いバラモンの娘がいて、世尊の御前に集まった人びとに加わった。世尊に献げようと、八本の蓮をもってきていた。スメーダ行者がさほど遠くはないところにいるのを偶然見かけた。それは、ちょうど行者がブッダのさとりに達しようと決心しているときだった。行者に視線を注ぐやいなや、スミッターは突然かれへの崇高な愛に心をわしづかみにされた。そのとき五本の蓮を献げて、こういった。

「尊い行者さま、ブッダのさとりに達するための波羅蜜（パーラミー）（訳注：最高の完成を成

就する道、特別に修行する善）を満たしているあいだ中、わたしが伴侶となってもよろしいでしょうか」

　スメーダ行者は蓮をスミッターから受け取った。そしてそれをディーパンカラ仏陀に献げ、一切智者のブッダのさとりに達しますように、と祈った。スミッターも、残っていた三本の蓮を世尊に献げた。

　そのとき、ブッダの稀有の出現をじっと見つづけていたすべての人々もまた、ブッダのさとりに達したい、と切望したが、スメーダ行者だけが、それに必要なすべての資格を授かっていた。ディーパンカラ仏陀が、泥の上に身を投げ出しているスメーダ行者のもとに来て、授記（じゅき）（訳注：ブッダになるという予言）を口にした。

「ああ比丘たちよ、この行者のスメーダは、今から四阿僧祇十万劫の間、バラモン、神々、人間にはゴータマという名前で呼ばれ、ブッダのさとりに達するための波羅蜜を満たしたあと、覚者となるであろう」

　そして、スメーダ行者とスミッターのあいだに起きた光景を目にとめていた世尊は、群衆の真ん中で「おおスメーダよ、この娘スミッターは、そなたの伴侶となるであろう。暮らしを共にして、ブッダのさとりに達するために、そなた同様の熱意と行動でそなたを助けるであろう」との授記も表明された。

　ディーパンカラ仏陀は授記されたあと、四十万の阿羅漢の弟子とランマヴァティー市へ向かって進みはじめたが、スメーダ行者を右側に保って進んだ。同じく神々も人びとも、スメーダ行者にお辞儀して花と香料を献げたあと、立ち去った。

　そのあと、うれしそうにスメーダ行者は投げ出していた身を起こし、献げられた花の山の上に座ったが、かれの心はうれしさと幸せでいっぱいだった。十方の世界からやってきた神々とバラモンたちは、賞賛と激励のこんな言葉を行者にかけた。

「尊い方スメーダさま、つねに励み、懸命に奮闘されますように！　後退あるべからず、前進あるのみ！　必ずブッダになられることを、わたしたちは、まったく疑いません」

　未来のブッダ（菩薩）（ボーディサッタ）スメーダは、ディーパンカラ仏陀の授記の言葉と神々とバラモンたちの激励の言葉に喜んだ。かれは次のように考えた。

「諸仏はあいまいな言葉を語られない。役に立たないことも語らないようになさっている。まちがいだと判明したことは絶対になかった。きっと、わたしはブッダになるだろう」

　それからすぐ、ブッダのさとりには絶対必要なものとして十波羅蜜があることを詳しく調べた。すなわち、①布施波羅蜜（ダーナ）、②持戒波羅蜜（シーラ）、③出離波羅蜜（ネッカンマ）、④慧波羅蜜（パンニャー）、⑤精進波羅蜜（ヴィリヤ）、⑥忍耐波羅蜜（カンティ）、⑦真諦波羅蜜（サッチャ）、⑧誓願波羅蜜（アディッターナ）、⑨慈悲波羅蜜（メッター）、⑩捨波羅蜜（ウペッカー）である。

かれはまた、十波羅蜜では、そのすべてを三段階でやらなければならないと知るようになった。すなわち、①外部（身体以外）のものを放棄する、ふつうの波羅蜜、②その人の手足を放棄する高度の近小波羅蜜、③その人の命を放棄する最高の勝義波羅蜜（パラマッタ）である。

　これより以降、スメーダ菩薩は波羅蜜を、幾多の輪廻の中で、生きとし生けるもの幸せのために、修行した。そして最後から二番目の生存では、兜率天（トゥシタ）に白旗（セータケートゥ）という名の神として再生した。天上のあらゆる楽しみを経験しながら、ブッダになるのにふさわしい時まで、長いあいだ待ったのである。

第2章　生誕

03話　マハーマーヤー妃の夢

　二千六百年以上前、インド北部のヒマラヤ山脈のふもとに、大小多数の王国があった。そのうちの一つが釈迦族の国で、王都はカピラヴァットゥ（カピラ城）と呼ばれた。当時の王はスッドーダナ王といい、王族（武士貴族）だった。
　スッドーダナ王はコーリヤ族のマハーマーヤーという名の美しい王女を第一王妃に迎えた。ふたりは幸福に暮らし、王国の誰もが国王夫妻を敬愛した。なぜならスッドーダナ王は賢明で練達の王、マハーマーヤー妃も同様で、そろって道義にかなう人徳をそなえていたからである。
　しかし、結婚後かなりたっても、こどもに恵まれなかった。とくに、王位の継承が期待される王子が生まれなかった。釈迦族には毎年アーサーラー月（現代暦の七月ごろ）に七日間、恒例の北アーサーラー星祭を祝うならわしがあった。マハーマーヤー妃も祭りに参加したが、この祭りは花や香料、装飾の数々による飾りつけの美しさ、そして禁酒で、きわだっていた。祭りの七日目、アーサーラー月の満月の日に、マハーマーヤー妃は早起きし、香料入りの風呂に入り、最も寛大な布施をして、王妃の教師から受けた八戒を一日中まもった。
　満月のその日の夜、王妃は夢を見た。
　夢の中で、四天王が王妃を持ち上げ、寝椅子に乗せてヒマラヤ山脈のアノータッタ湖（訳注：ヒマラヤ七湖の一つ、無熱悩湖）近くのマノーシラータラへ運んだ。王妃はそこのサーラ樹の下に置かれた。そのとき四天王の妻女たちが近づいてきて、王妃を湖で水浴させた。そして天女の衣装を着せかけ、香料を塗り、天上の花で飾った。妻女たちは、湖からほど遠くない白銀の山の内側の黄金の館に、王妃を寝かせた。夢の中で王妃は、白象が長い、きらめく鼻で、白い蓮の花をもっているのを見た。その象が近づいてきて、王妃のまわりを三度、右回りに歩いて回った。そして、右脇から胎内に入った。最後に象は消えて、目が覚めた……。
　朝早く、王妃は自分が見た夢を王に話した。どのように解釈したらよいのかわからず、王は賢者たち（バラモン僧）を呼び出し、その意味を尋ねた。賢者たちは、こう答えた。
　「偉大なる王よ、ご心配なく！　王妃は、王子を懐妊されたのです。もしや王子が在家の生活を捨てて行者になったとしても、必ず一切知者のブッダになられます」

王も王妃も、ともにこれを聞いて、とても幸福だった。

04話　生地ルンビニー……菩薩降誕(ごうたん)

　懐妊から十か月たったころ、王妃は親族のいるデーヴァダハへ里帰りしたいという気持ちに駆られた。インドではその当時、出産は実家でするのがならわしだった。里帰りの許しをもとめて、スッドーダナ王にこういった。
　「おお偉大なる王さま、わたしは父の都デーヴァダハへ行きとうございます。わたしの赤ちゃんが、今にも生まれそうでございますから」
　王はこれを承認し「たいへん、けっこうなことだ。そなたの旅の十分な準備を命じよう」と、いった。
　王は近衛の従者たちに、カピラヴァットゥからデーヴァダハに至る道をきれいに整え、直し、旗や幟(のぼり)で飾るように命じた。王家の家来たちには、王妃を新しい黄金の輿(こし)に乗せて、大勢のお供を連れていくようにさせた。このように王妃は、王の命じた絢爛豪華な準備のもと、デーヴァダハへ送り出された。
　さて、王妃の旅の行列はカピラヴァットゥとデーヴァダハの中間にあるルンビニー園というサーラ樹（原注：ラテン語 Shorea robusta、沙羅の木）の林にさしかかった。ここは釈迦、コーリヤ両王国の人びとが行楽のためにしばしば訪れるところだった。その夏のあいだ中、ルンビニー園のどのサーラ樹のどこの枝にも、淡い黄色のちいさな花がびっしり一面に咲いていた。
　五色のミツバチの群れがサーラ樹の花の周りをブンブン飛びまわり、たくさんの種類の鳥たちは甘い調べで歌うようにさえずっていた。サーラ樹の花のかぐわしい香りはルンビニー園のあらゆる方向へひろがり、まるでみんなに、その美しさを見にきて楽しんでください、と誘っているかのようだった。そうしたすべてが園全体を神々の王である帝釈天のチッタラター園のように見せているのだった。
　輿が園の中を通っているとき、マハーマーヤ妃はそのみごとな眺めを見て、少し休憩して、サーラ樹の涼しい木陰でしばらく眺めを楽しみたくなった。黄金の輿から降りて、林をそぞろ歩いた。花が満開のサーラ樹の下で、王妃は枝の一つをつかむため右手をさしのべた。ふしぎな出来事が多くのものたちの心を強く動かしたのだが、まっすぐの枝がひとりでに籐の茎のように曲がって王妃の手のひらにまで届いたのである。まさにその瞬間、王妃は分娩の陣痛を感じた。侍女たちは急いで幕を掛け、まわりに引いて、周囲をさえぎった。かくして王妃はサーラ樹の枝をしっ

第2章　生誕

かり握りしめているうちに、立ったままの姿勢で男の子を出産した。紀元前623年、ウェーサーカ月（現代暦の五月ごろ）の満月の日だった。

　清らかな温かい水と冷たい水の二つの噴水がほとばしって、空から降りそそぎ、礼讃のしるしとして、すでに清らかできれいな菩薩と母親のからだの上に落ちた。

　そのとき菩薩はしっかり自分の足で立ち、十方向を調べ、菩薩よりすぐれたものは誰もいないことを確認した。それからすぐに、北へ向いて、七歩前に歩んだ。足跡が着くたび、その地面の上に、蓮の花が一輪ずつ現れた。

　菩薩は七歩目で止まり、右手を頭上に挙げ、なにものをも恐れず、咆哮した。

　"Aggo'haṃasmi lokassa！
　Jeṭṭho'haṃasmi lokassa！
　Seṭṭho'haṃasmi lokassa！
　Ayamantima jāti！
　Natthi dāni punabbhavo！"

「わたしは、この世の頂点に立ってしまった！
　わたしは、この世の最長老になってしまった！
　わたしは、この世で最も勝れたものになってしまった！
　これが最後の生である！
　もはや二度と生まれることはない！」

　菩薩降誕と同時に、他に七つの存在がこの世に誕生した。ヤソーダラー王女（将来の妻でラーフラの母）、アーナンダ王子、御者チャンナ、大臣カールダーイー、王家の馬カンタカ、菩提樹、四つの宝瓶、である。

　男の子の生誕後、マハーマーヤー妃と菩薩はカピラヴァットゥに帰った。この吉報をきいて、スッドーダナ王はとても幸福だった。カピラヴァットゥのすべての人びととともに、王は新王子を、歓喜して迎えたのであった。

05話　アシタ仙人……泣き笑いの理由

　菩薩降誕の喜びは、スッドーダナ王とカピラヴァットゥの人びととだけではなく、アシタ仙人も同じだった。仙人はスッドーダナ王の老師で、カーラデーヴァラという名でも知られていた。喜びにわいている帝釈天を頭目とする三十三天の神々から、王に高貴な王子が生まれた、と聞いていて、仙人もまた幸福になった。

　ただちに仙人は宮殿に行った。賢者である老師が訪れてきたので、王はとても幸

福だった。着座してあいさつを交わしてから、アシタ仙人は、こういった。

「おお偉大なる王よ！　高貴な王子が生まれた、と聞きました。お目にかからせていただきたい」

それで、王は赤ん坊の王子を連れてきて、仙人にお辞儀させようとした。しかしみんなの驚いたことには、赤ん坊の足が動いて仙人の頭に乗ったのである。いま起きたばかりのことにびっくりして、仙人は席から立ち、菩薩のなみはずれた力を思い知った。ぐっと手を握りしめ、菩薩に敬意を表した。この驚くべき光景に、スッドーダナ王もまた、自分の息子に礼拝した。これが、王による最初の敬意の表明だった。

アシタ仙人は、それから赤ん坊の王子の身体を念入りに調べ、偉大な人物のしるしの特相と小特相をみつけた。仙人の智慧をとおして、王子が確実にブッダになるであろうと知ったのである。これを知って、仙人は大きな喜びの中で笑い、そのあと、ひどく泣いた。

この光景を見て、宮廷の臣下たちが仙人にきいた。

「尊い方よ、われらの王子さまに何か危険なことがあるのでしょうか？」

「いや、そうではない。王子には何の危険もないであろう。実際、この方はブッダ、正自覚者になられる。そしてわたしは、この方がさとりに達するのを見るチャンスがないので嘆いておるのだ。これは、わたしには大損失になるであろう」

アシタ仙人の甥ナーラカ —— 沈黙の聖者

仙人は、王子がさとりに達するまでは生きていないだろう、とはっきりわかっていた。それで、かれの親族にブッダをみるチャンスがありそうな者がいないか、じっくり考えた。甥のナーラカなら、あるだろう、と予感した。宮殿から退出したあと、妹の家を訪れた。甥に、今すぐ出家し、三十五歳でさとりに達するはずの菩薩に成り代わって行者になるように、と強く勧め、その気にさせた。

若いナーラカは伯父を信頼していて、伯父が役に立たないことを自分にうながすはずがない、と考えたのだ。かれはただちに行者の衣と托鉢の碗を市場で入手して、髪の毛と髭をそり、衣を着けた。ヒマラヤ山脈で時を過ごし、修行に没頭した。

そののちヒマラヤ山麓の丘陵で三十五年待ったあと、ナーラカは菩薩がブッダになったと知った。それは世尊が五比丘に最初の説法「転　法　輪　経」を説かれてから七日後で、かれが世尊に会いに行ったとき、世尊はバーラーナシーの仙人集会所の鹿野苑に住まわれていた。世尊は、四聖諦にみちびく高貴な実践で、心中の感情が滅する正しい牟尼行（聖なる沈黙行）をかれに教え、ほどなくナーラカは阿羅漢に達したのだった。

第 2 章　生誕

06話　ゴータマ・シッダッタ……命名式

　菩薩降誕の五日後、スッドーダナ王は宮殿で命名式を開いた。学識あるバラモン百八人が命名式に招かれた。王はバラモンたちに居心地のよい席を用意し、美味な食べ物でもてなした。

　バラモンたちの中では八人が傑出していた。ラーマ、ダジャ、ラッカナ、マンティー、ヤンニャ、スボージャ、スヤーマ、スダッタである。王はかれらに、赤ん坊の王子の身体のしるしから、将来を予言させた。身体のしるしを調べて、八人中七人がめいめい指二本を挙げて、こういった。

　「偉大なる王よ、われらには王子に起きる二つの可能性が見えます。もし、在家の人生を選ばれましたら、武器を用いず正義だけで世界を統治する理想の帝王、転輪聖王（てんりんじょうおう）となられるでありましょう。もし、出家されましたら、ブッダになられます」

　しかし、いちばん若く、いちばん賢明なヤンニャ・バラモン、かれはコンダンニャ・バラモンとしても知られていたのだが、このヤンニャが指一本だけ挙げて、きっぱり、こう予言した。

　「可能性はたった一つでございます。王子は出家なさって、確実にブッダになられます」

　身体のしるしをこのように読み解いた若いバラモン、コンダンニャの予言が他のすべてのバラモンに受け入れられた。それで、学識あるバラモンたちもまた、王子が俗世の暮らしを捨てて出家するようになるだろうと述べた。そして、それは四つの予兆のあとで、四つとは、老人、病人、死骸、僧であるという。

　王子がブッダのさとりに達するであろう、と予言してから、バラモンたちは王子に「シッダッタ」と命名した。「望みをかなえる」（義の成就、目的を完成する）という意味で、全世界の利益のために任務をうまく果たすだろうということを、それとなく示す一つの予兆としての名前だった。王家の姓は「ゴータマ」で、従ってシッダッタ・ゴータマと呼ばれた。

生母マハーマーヤー妃亡くなる

　菩薩降誕の七日目、生母のマハーマーヤー妃が亡くなった。菩薩出産後の肥立ちが悪かったのではなく、それが寿命だったのである。王妃は兜率天に生まれ変わり、マーヤーデーヴァプッタ（サントゥシタ）という名の神（男神）になった。王妃の妹はマハーパジャーパティー・ゴータミーで、第二王妃であったが、マハーマーヤー

妃の死で第一王妃となった。王子のこども時代、養母として世話し、王子の二、三日後に生まれたわが子ナンダ王子よりも世話をした。実のわが子は乳母に任せ、菩薩をほんとうのわが子のように面倒をみた。たいへんな愛情をそそぎ、ほとんどの時間を菩薩の世話に当てた。

国王犂耕祭(りこう)で幼い菩薩が禅定に

毎年恒例の国王犂耕祭という季節の祭りがあった。王家だけではなく、都市のすべての人びともまた同じく参加した。大臣や家来、警護の者ら随行のお供を多数引き連れ、王が野辺に出向いた。幼い王子もいっしょに連れていき、王子を蒲桃（原注：パーリ語 jambu(ジャンブ)、ラテン語 Eugenia jambolana(エウゲニア ジャンボラナ)）の涼しい木陰(こかげ)に置いて、子守りたちに面倒をみさせた。

さて、王みずから犂(すき)で田を耕して祭りの口火を切った。金の犂を引く、美しく飾った去勢雄牛の最初の二頭を、王が駆りたてた。王に続いて家来が、銀の引き具をつけて銀の犂を引く去勢雄牛たちを駆りたてた。祭りは盛大に挙行された。

幼い王子は、祭り見物に夢中の子守りたちに放ったらかしにされている自分に気づき、起き上がって、静かに足を組んで坐った。瞑想を開始し、出息・入息(アーナ パーナ)の修習(バーワナー)に集中した。たちまち色界(ルーパワチャラ)第一禅定(ジャーナ)に達した。そのとき、菩薩が坐っていた蒲桃の木陰は、もとのままの涼しい木陰だった。木陰は自然の太陽の運行と同調するようには動かなかったのである。

子守りたちがやっと自分たちの務めを思い出し、あわてて戻ってきた。幼い王子の姿を見つけて驚き、王に報告した。

「国王陛下、王子さまがひっそり、静かに坐っておられます。ほかの木の木陰は太陽につれて場所が変わっているのに、王子さまが身じろぎもせず坐り続けておられる蒲桃の木の木陰は、もはや真昼を過ぎてしまったのに、円形のそのままになっております」

スッドーダナ王はただちにそこへ行って、幼い王子に何が起きているか、目撃した。その奇跡を見て、王は「おお、わが親愛なる息子よ、これは父の二回目のそなたへの礼拝である」と、敬意を口にして礼拝したのであった。

第3章　王子の時代

07話　こども時代と教育

　シッダッタ王子のこども時代、子守りの侍女と近習(きんじゅ)の男たちが昼も夜も最大限の世話をした。そうした従者はすべて若く、眉目(みめ)うるわしく、目鼻立ちととのい、体つきのきれいな者たちだった。もし、かれらが病気になれば宮殿にいることは許されず、別の者と交代した。王子は、さまざまな種類の花飾りや香料、芳香のする装身具で、全身を飾られた。ターバン、ゆったりした筒型のチュニック上衣、下着、肩をおおうケープは、すべて最高級品の産地として知られるカーシ国から取り寄せたものだった。音楽や舞踊をする者たちは王子を楽しませようと、あらゆる妙技で終日演じた。王子がどこへ行こうと、従者は大きな日傘をかざし、一日中、陽の光が直接あたらず、埃(ほこり)や露で不都合が生じないようにした。

　スッドーダナ王は、宮殿内に三つの蓮池を家来に掘らせた。青蓮池(ウッパラ)には青い蓮の花、紅蓮池(パドゥマ)には赤い蓮の花、白蓮池(プンダリーカ)には白い蓮の花がそれぞれ栽培され、花ひらくのだ。これらはひとえにシッダッタ王子を喜ばせるためにつくられ、美しく飾りつけられたものだった。

　シッダッタ王子が七歳のとき、教育がはじまった。王がかつて王子の未来を予言させるために招いた名高い八人のバラモンが、最初の先生たちだった。かれらの知っているすべてを王子に教え終えたあと、スッドーダナ王はサッバミッタという別の先生のもとへ王子を送った。

　サッバミッタ・バラモンは名高い家柄の、優れた血筋の人で、ウディッチャ地方に住んでいた。言語学者にして文法家で、バラモン教の聖典ヴェーダと、音声学、韻律学、文法学、語源学、天文学、祭式学からなる六つのヴェーダ補助学に精通していた。かれが菩薩（訳注：シッダッタ王子のこと）の二番目の先生で、たくさん生徒がいた。高貴な家柄の生徒たちだったが、菩薩はすべての科目で、他の誰よりも早く習得できた。かくして、何においてもいちばん巧みで、いちばんよくできた。全科目に非凡な成績で、先生を上回るまでになった。もっとも知力に優れ、先生や年長者にたくさん質問した。体力はクラス最強、身長も最高、いちばん眉目(びもく)秀麗だった。決してなまけなかった。決して不作法な真似をせず、教師に対して決して反抗することがなかった。誰でも愛し、誰からも愛された。あらゆる種類の人びとの友であった。動物にさえ友好的で、決して害することがなかった。

王子は、決して時間をむだにすることがなかった。時間があればいつでも静かなところへ行き、冥想した。友人たちにすらいっしょに冥想するように、と勧めたが、誰もまともにとりあわず、そんな王子を笑った。
　王子は武士貴族の階級に属していたので、軍事学の教育も受けた。拳闘、格闘技、剣術、馬術などの武術も練習した。弓術や武器の使い方の訓練もしたが、生きものにけがを負わせることは好まなかった。また、ウサギやシカのように無害な動物の殺生や虐待も避けた。
　シッダッタはもっとも賢い生徒で、王子でもあったのだが、先生たちをないがしろにすることは絶対になく、礼儀正しく、当然払うべき尊敬を忘れなかった。先生たちの教えからのみ、人はまさに偉大な価値ある知識を獲得できる、とかれは信じていたのである。

08話　慈しみにみちた若き王子

　シッダッタ王子が友人たちともっとも違っていたのは親切さだった。それはあらゆる行為に示された。人が人によって搾取されているのを見るのを、かれは好まなかった。
　あるとき、友人たちと父王の農園に行った。農夫らは土地を耕し、木を伐採し、そのほかの手仕事をしていた。服装はみすぼらしく、灼熱の日ざしの下で働いている。顔、手足、からだの全体が汗だらけ。このみじめな光景を見て、かれの心は強く動かされた。ある者が別の者を搾取するのは果たして正しいことかどうか、友人たちにきいたが、答えはなかった。
　シッダッタ王子は貧しい人びとや生きもののことをつねに考えた。かれらの主人が楽に暮らしている一方、苦しい仕事をしなければならないのである。かれらの主人や王子自身のように、なに不自由なく幸福に暮らせる道を王子は考えた。友人たちの中で王子の冥想的な性質はきわだっていた。
　ある日、一本の木の木陰で坐っていたとき、地面の裂け目からトカゲが這い出てくるのを見た。辺りを歩きまわり、小さな昆虫を舌で捕らえて食べた。トカゲは小さな昆虫を捕らえるのに忙しく、ヘビが呑み込もうとして近寄ってくるのに気づかなかった。一瞬のうちにヘビはトカゲの頭に嚙みつき、少しずつ呑み込んだ。ヘビがトカゲを呑み込んでいるとき、タカがサァーッと舞い降りて、ヘビをつかみ、引き裂き、食べてしまった。

第3章　王子の時代

　シッダッタ王子はこの出来事を、驚きをもって目にした。深く考え、何度も心の中で反芻した。
　「おお、なんと命とは悩ましいものだろうか！　もし、強い生きものがつねに弱いものを餌食にするのなら、こうした弱いものは、つねに強いものからの大きな危険の中で生きていくのだろう。なぜ両方が仲よく和合して生きられないのだろうか？」
　また、こんなふうにも理解した。
　「もし、すべてがこのようであるなら、人生で美しいといわれているものも確実に、このような醜さを隠しているのだろう。いまわたしは幸福だけれど、大きな苦しみも、そこに隠されている。それは、あらゆる生きとし生けるものにとっても真実なのであろう」
　シッダッタ王子は人びとに限らず、動物やその他のものにも同様に、たいへん親切だった。あらゆる生きものに対してかれの慈悲深い性質は目立っていた。かつて従者が杖でヘビをたたいているのを見て、王子はただちに止めて、たたいてはいけない、と諭したのである。
　それとは別のときだが、王子は林で友だちといっしょに遊んでいた。友だちの中にはシッダッタ王子の従弟（いとこ）のデーヴァダッタがいて、手に弓をもち、矢を何本か入れた矢筒を背負っていた。休憩しているあいだ、王子は一本の木の下で、静けさと自然の美を楽しんでいた。突然、白鳥が一羽、空から落下してきた。ちょうど目の前のほど遠からぬところに落ちた。デーヴァダッタが射落としたのだとわかった。シッダッタは立ち上がり、急いで白鳥を助けに行った。デーヴァダッタも追いかけて走ったが、シッダッタの方がデーヴァダッタより速く走れた。矢は白鳥の片方の羽根を刺し貫いていたが、幸いまだ生きていた。ていねいにやさしく矢を抜いてやった。そして薬草を摘みとり、その汁を搾って傷口にかけ、出血を止めた。注意深くなでさすって、おびえきっている白鳥をなだめた。自分の胸に抱いて、温もりと安心感を与えたのである。
　ちょうどそのとき、やっと着いたデーヴァダッタが、シッダッタに抱かれている白鳥を見た。それを渡せ、とデーヴァダッタが要求したが、シッダッタは応じず、断った。デーヴァダッタが怒り、白鳥をつかみとろうと突っかかってきた。「それは、ぼくのだ！　射落としたのは、ぼくだ。ぼくに返せ！」と怒鳴った。
　しかし、シッダッタ王子は胸に抱いたまま渡そうとはせず、「きみには渡さないよ、絶対に！　もし、殺してしまっていたら、きみのものかもしれない。でも、この白鳥はけがをしただけで、まだ生きている。わたしがいのちを助けたのだ。だから、これは、射落としたきみではなくて、助けたわたしに所属している」

このような口論になり、いい争った。とうとうシッダッタが「賢者たちの法廷に行って、この争いの裁きをしてもらおう。どっちがほんとうに白鳥を受け取るのにふさわしいか、きこう」というと、デーヴァダッタは同意した。

賢者たちの法廷で、いきさつを詳しく話した。すると、賢者たち同士で議論になった。ある者は、鳥はシッダッタ王子に所属する、なぜならいのちを助けたからだ、といい、一方で別の者は、デーヴァダッタが所有者であるべきだ、猟の獲物は殺した者がそれを所有するというのが決まりだから、と考えた。最後に、賢者たちの一人が、こう宣告したのである。

「すべての生きとし生けるものは、いのちを助け、護る者に所属すべきです。いのちは、破壊しようとする者には所属できないのです。この傷ついた白鳥はまだ生きていて、シッダッタ王子に救われた。したがって、この白鳥は確かに、救い手であるシッダッタ王子に所属しています」

09話　シッダッタ王子の結婚

スッドーダナ王はアシタ仙人がいったことと、コンダンニャ・バラモンの予言が、いつも気になっていた。したがって王子がつねに快適で、幸福であるようにした。わが息子に、最高のものを与えたのである。すべてを注意深く調整して、王子が決して四つの予兆を見ることがないようにした。老人と病人は王子の目の届くところから遠ざけた。しおれゆく花や葉でさえ、王宮の庭から取りのぞかれ、衰弱を連想するどんなものも、王子が見ないようにさせた。誰であっても、病気や老齢、死や僧について語ることすら許さなかった。さらに王子の季節ごとの住まいとして、三つの宮殿を建てさせた。冬はランマ宮殿（楽美の宮）、夏はスランマ宮殿（善楽の宮）、雨期はスバ宮殿（浄福の宮）である。これらすべてはシッダッタ王子の心が変わらず、王位を継承して、転輪聖王となることを確かなものにするため、王によってなされたのである。

いまやシッダッタ王子は学業を終えて十六歳になっていた。凜々しく、活力にみちた、ひとりの若者に成長したのだ。しかし、もの思いにふけりがちで、無量の慈悲心あふれる性格は、よりいっそうきわだっていた。快適さと贅沢のまっただなかで、すべてのものごとに共通する悲哀を実感していたのだ。王は、この息子のふるまいが心配だった。それで王の顧問たちに、王子がブッダになってしまう代わりに王位継承することを確実にする何か他の方法があるか、ときいた。ほんのしばらく

相談した後、顧問たちは次のように提案した。

「陛下、ご令息はいまや十分に成長されましたので、王子が王位継承を忌避されるのを防ぐためには、いちばん美しい娘を探して、その娘と王子がご結婚されるのが最善でございます。甘い結婚生活を経験されますと、王子のお心が在家生活からそれることはもはやなくなるでしょう。将来、王冠を授けたいとの陛下のお望みは、満たされるでありましょう」

スッドーダナ王は、この助言に賛同した。それから、八万の釈迦族の親族に通知するように命じ、かれらの娘たちを宮殿にさし出して王子が妃を選べるようにしてほしい、と要請した。ところが残念なことに、王から出された通知に対して、釈迦族の親族から思わしくない反応が出された。かれらがいうには「シッダッタ王子は、感じのよい容姿で、男前だし、裕福だとしても、他の武士貴族の王子のように、戦闘や狩猟の技を訓練場でみせてくださるようには見えない。もし、そうした戦士としての生きる技をもっていないのなら、どのようにして家族を養っていけるだろうか？ いや、われらは意気地なしに娘をやれません」

そんな答えを受けて、スッドーダナ王はひどく動揺した。わが息子のもとにやって来て、事情を話した。シッダッタ王子はそれを聞いて、釈迦族王家の青年男女の前で、弓をはじめどんな競技でも身をもって技を示してみせる、と父王にいったのである。

競技会当日、招待客がやってきて、旗や幟で飾られた王宮広場の周りに用意された席に座った。馬術の競技ではシッダッタ王子の手綱さばきがもっとも巧みだ、とわかった。剣術の競技では、王子が、最強の剣士さえ、しのいだ。

最後の競技の弓術では、釈迦族の名のある弓の名人の誰も持ち上げることすらできない競技会のために用意された大きな弓を、シッダッタ王子だけはつかんで、左手で持ち上げた。王子は比類のないすばらしい弓術の技を披露した。たとえば、一つの目標を電光石火の間に何回も命中させて射抜く技である「不時貫通」、動物のしっぽの毛ぐらい細い一つの目標を真っ二つに射抜ける技である「犀利貫通」、別の者が先に射た一本の矢に命中させる技である「箭貫通」、見ずに音を聴くだけで一つの目標を射抜く技である「音響貫通」、飛んでくる矢を止めたり、かわしたりする技である「箭除の法」などだ。

このような戦闘技術の数々の披露によって、シッダッタ王子が戦士階級に属していること、そして、ほかの競技者より、まさっていることを証明した。釈迦族の王女たちの父親はたいへん満足し、もはや王子を疑わなかった。それに加えて釈迦族の王女たちは、競技の結果を知って、とても喜んだ。同時に、王子が選んでくれるほど自分が十分にきれいかどうか、心配したのだった。

このような釈迦族の王女たちの中で、シッダッタ王子は最後に、ヤソーダラーを選んだ。コーリヤ国のスッパブッダ王とアミター妃の娘で、アミター妃がスッドーダナ王の妹なので、王子の従妹に当たる美しい娘だった。贈り物として王子は、非常に美しい黄金の首飾りを与えた。ほかの王女たちに与えたものよりずっと価値のあるものだった。スッドーダナ王は、王子がヤソーダラーを妻として選んだので、たいへん幸福だった。そしてわが息子に、彼女と結婚することを祝福したのである。

第4章　重大な前ぶれ

10話　最初の予兆……一人の老人

　シッダッタ王子とヤソーダラー妃の結婚生活は、ふたりが十六歳の年に始まった。スッドーダナ王は王子がつねに幸福であるようにと、たいそう注意を払った。王子が四つの予兆を決して見ることがないように、王は宮殿と庭園のまわりに高い壁を造るように命じた。それはひとえに王子が宮殿内で、快適で贅沢な生活を楽しむのを確実にするためであった。

　しかしシッダッタ王子が二十八歳になったとき、身のまわりを取り囲むすべての贅沢と娯楽がもはや王子の心を楽しませなくなった。退屈して、宮殿の中の贅沢な暮らしがむしろ牢獄のように感じられるのである。外の世界を見たくなったのだ。宮殿の壁をこえた、向こう側の人びとの暮らしやものごとを知りたかった。それである日、父王のもとに行って、こう頼んだ。

　「父上、わたしはこんなに長く、ずっと宮殿内におりました。でも、いずれ王位を継ぐ王子として、宮殿の外のわが国の民がどのように暮らしているか、わたしも知っておくべきです。どうか父上、外へ出て歩いてみることをお許しください」

　「よかろう、わが息子よ。そなたは宮殿の外へ行ってみて、どのようにわが国の民が美しい都で暮らし、そしてかれらがどのように王立庭園で休息をとっているか、見るがよい。しかしながら、まず、あらゆる準備をしておかなければならないな。わが息子の王子が、快適に、ちゃんと行けるようにするために」と、王は答えた。それから王は大臣に指示して、都のどの家もきれいにさせ、旗や幟で飾るようにさせた。

　王子が宮殿の外に出て行く当日には、人が働いているのを誰にも見られないようにさせた。誰でも美しい服を着なければならなかった。癩病の人たち、病人、老人、盲人、手足の不自由な者らは家にいるようにさせたのだ。

　準備万端ととのい、御者のチャンナがお供して、シッダッタ王子は出かけた。純血種の白馬の引く、きらびやかに飾られた王の馬車に、王子は乗って行った。馬車は宮殿から外に出て、街を進んだ。道の両側に人が群がり、歓呼して王子を迎えた。大勢が手をふる一方、道に花を撒く者もいた。このように馬車の旅はお祭り気分になっていた。

　しかし、しばらく過ぎてから突然、一人の老人が美しい王子に歓呼している群

衆の中から出てきた。老人は道に沿って歩いているのだが、誰も止められなかったのだ。白髪で、汚い襤褸(ぼろ)を着ている。しなびた口には歯が一本もない。眼はどんより曇り、濁っている。しわだらけの顔。もはや真っ直ぐに立てず、背中がひどく曲がって、丸い。痩せこけた体はふるえ、手にした杖にたよらないと、歩けない。まわりの人たちに食べ物をねだりながら、通りに沿って歩いていた。なにか言おうとしているようだが、ほとんどききとれない。もし、きょう食べる物がないと、まちがいなく飢え死にしそうだ。

　王子は、いま見ている光景に、ほんとうに衝撃を受けた。あっけにとられ、目がくらむ思いだった。こんな老人を見たのは生まれてこのかた、まったく初めてだ。老人とはどんなものか、知らなかったのである。

　王子は御者にきいた。

「チャンナ、あれは何なのだ？　きっと人間じゃないよ。もし人間なら、ほかの人とちがって、なぜ、腰があんなに曲がっているんだ？　なぜ、体がふるえているんだ？　なぜ、ほかの人とちがって、髪が白いんだ？　なぜ、眼が濁って、顔がしわくちゃなんだ？　歯はどこに行ったんだ？　チャンナ、かれは何という名で知られているのか、わたしにいってくれないか？」

「殿下、『老人』と呼ばれております」とチャンナが答えた。

「老人？」

　王子はつぶやいて、再び馭者にきいた。

「チャンナ、わたしは、あのような生きものを見たことがないぞ。『老人』とは、どういう意味なんだ？　あんなふうに生まれる者もいるのか？」

　チャンナが王子に、こう語った。

「もう長くは生きられない者が老人として知られております。かれはこの世にあんなふうに生まれてきたのではございません。ほかのみんなと同じく、かれも若いころは強く、真っ直ぐに立っておりました。髪は黒く、両眼は明るく澄んでおりました。歯も生えそろっておりました。しかし、そのあとかれは、寄る年波で老いたのでございます。体つきも変わりました。それは誰も止められません」

　王子がつづけてきいた。

「わたしたちはみんな長いあいだ生きたあと、かれみたいに変わる、とでもいうのか？」

　チャンナが答えた。

「そのとおりでございます、殿下！　われらはみんな、誰ひとり例外なく、老齢に支配されます。誰ひとり、老化の性質を乗りこえられません。おお、王子さま、動揺されませんように。なぜなら、たんにこの老人の問題なのでございますから！」

第4章　重大な前ぶれ

　シッダッタ王子はすぐさまチャンナに命じて、馬車を宮殿に戻らせた。もはや、とうてい街をめぐる気分ではなかったからである。王子はひどく落ち込んだ。王子の心は先ほど見た光景によって、ひどくかき乱されたのだ。
　その夜、従者たちがおいしい食事や音楽、舞踊でかれを慰めようとしたが、自分や妃のヤソーダラー、父王、義母ら、王子が愛する人びとのすべてが老いるのだと考えると、そうした慰めには興味がもてず、幸福でもなかった。王子はこの老いを止められ、乗りこえられる者が誰かいないのか、知りたかった。
　わが息子の王子に何が起きたのかをきいて、父王は困惑し、悲しんだ。家来たちに周囲の場所の護衛の数をふやし、女性の従者と踊り子をさらに置いて、王子をつねに楽しませるように命じたのだった。

11話　二番目の予兆……一人の病人

　四か月過ぎた。シッダッタ王子の、宗教的なものへ駆りたてられるような思い、それは出生や老いの性質に対しての嫌悪から生じたものだが、その思いは、父王によって手配され、調達された娯楽や贅沢では、もはや抑えることができなかった。
　ある日、王子は再びもう一度、外出を願い出た。しかし今回は、ふつうの人びとが日常の生活をどのように過ごしているかを含めて、あらゆるものごとを見たいという意図から、街の人びとには知らせず、準備もさせないように求めた。スッドーダナ王はしぶしぶ承諾したが、前回の王子の外出で起きたことには、いまだに心配していた。今回は王子がふつうの人びとをたくさん見るであろうし、かつて老賢者が予言したことがまさに現実にならないだろうか、と王は恐れ始めていたのである。とはいえ、息子である王子への愛情と思いやりから、自分の心のしこりをおさめた。だから不愉快なものごとが王子の眼に入らないように、と同時に願いつつ、二度目の外出を許したのだった。
　その日がきた。シッダッタ王子はチャンナをお供にして歩いて宮殿を出た。街の人びとに気づかれず、注目されないように、裕福な家の若者によくある目立たない装いにしていた。街のふだんのようすは、前回の外出で見たものとはちがっていた。今回は旗も幟も花もなく、特別に着飾って王子を待ちかまえ、通りに沿って歓呼する人びともいなかった。その反対に、街の人びとは、自分の暮らしの糧を得るための活動に忙しくしていた。鍛冶屋は汗をたらしながら鋼鉄の鎚で鉄片を何度もたたいて、犂や包丁、鎌などをつくっていた。宝石店では金細工師が、首飾りや耳飾り、

腕輪、指輪にダイヤモンド、ルビー、サファイヤなどの貴重な宝石をあしらっていた。ほかのところでは、布を色とりどりに染めて、乾かすために干していた。パン屋では上手にパンや焼き菓子を焼いて、買い物に来ている人たちに売っていた。それぞれの才覚でせっせと働いている人びとを見て、王子はとてもうれしくなり、満足していた。

　ところが王子が歩いていた最中に突然、男がひどい痛みで大声をあげ、泣き叫んでいるのが聞こえた。その声がどこから聞こえるのか、王子は見まわして探した。男が一人、地面に横たわって自分のおなかを抱えながら、激痛で右に左に転げまわっている。起き上がろうとするたび、また地面にドサッと崩れ落ちる。顔も体も黒い斑点だらけだ。痛みのせいなのか、じっとしていられず、あえぎつづけて、息を詰まらせている。助けをもとめているのだが、誰も応えない。無視すらしていた。

　その光景は王子には衝撃だった。これで二度目である。慈悲心あふれる王子は、急いで男に近づいた。それを見たチャンナはあわてて王子の手をつかもうとしたが、止めることはできなかった。王子は男を抱え上げ、男の頭を自分の膝の上に乗せた。男の頭をやさしくなでて、慰めた。それから王子は「どこか具合が悪いのですか？ どこが悪いのですか？」ときいた。男は何かいおうとしているようだが、ひとことも口に出せない。ただ、泣くばかりだった。

　「おお、チャンナよ、この男はどうなっているんだ？ おなかが、どうなったんだ？ どうか、わたしにいってくれ！ なぜ、かれはこうなっているんだ？」と王子がきいた。

　「かれの体は弱っていて、ふるえている。なぜだ？ それに、なぜ、息をするのがむずかしいんだ？ なぜ、話せないのだ？ かれの体は、どうなっているんだ？」

　王子はチャンナに、矢つぎばやに質問を浴びせかけた。

　王子のふるまいを見て、チャンナはぞっとして叫んだ。

　「かれにさわってはなりません！ 病気です！ その男を、そのように抱えてはいけません！ かれの血は毒で、血管を通じて毒が全身に広がっております。毒血症で、体全体が燃えています。それで息をするのもむずかしくなって、最後は息が止まります。情けなく泣いているのはそのせいで、口がきけないのです」

　「しかし、この男のように苦しんでいる者は、ほかにいないのか？ わたしはどうなんだ？ わたしも、こんなふうになるのか？」と王子がきいた。

　「そのとおりでございます、王子さま。かれみたいな病気の者は、ほかにもおります。そして、あなたさまも、もしかれをそのように抱えたまま、近くで接触されましたら、かれのように病気になります。どうか王子さま、その男を寝かせて、さわらないでください！ さもないと男の体の毒があなたさまに移り、かれみたいに

第4章　重大な前ぶれ

病気になってしまわれます！」
　「チャンナ、これによく似た病気か、これよりもっと重いものもあるのか？」
　「ええ、王子さま、このほかに、かなりたくさんの病気がございます。いつでも知らないうちに襲ってきて、同じように痛みがあったり、はるかにひどい痛みだったり致します」
　「そのような病気を治すのを、助けられる者はいないのか？　みんな、病気になるのか？　病気が襲ってきたとき、それにわたしたちは勝てるのか？　あるいは、病気になるのを防げるのか？」
　「わが親愛なる王子さま、われらの両親も、愛しい者も、殿下もわたしも、この世の誰であっても、病気にかかってしまうのは、ありえることで、ありふれたことです。われらはいつでもどこでも、病気になるかも知れないのです。そのときわれらは苦しむことになりましょう。病気の予防はできましても、完全に避けることはできないのでございます」
　シッダッタ王子は、この世の現実を知ってひどく落ち込んでしまった。もはやこれ以上、外出をつづける気がなくなり、王子はチャンナと一緒に宮殿に戻った。
　スッドーダナ王はチャンナを呼び、前と同様にきいた。そしてまた、王は息子に何が起きたのかを知って困惑し、悲しんだ。それから四方に配置する護衛をいっそうふやすように、と命じた。さらに宮殿の従者と踊り子もふやすように、と手配したのだった。

12話　三番目の予兆……一つの死体

　二度目の外出から王子が帰ってきた後、スッドーダナ王は、王子が出家して世捨て人にならないようにと、気晴らしになる催し物をたくさん手配した。このためシッダッタ王子は、宮殿生活の娯楽や贅沢を楽しんで時を過ごし、宗教的なものへ駆りたてられる思いは、いくぶんか弱まった。
　しかしながら約四か月後、また再びシッダッタ王子は、宮殿から外出してもっと街を見たい、と願い出た。王は不承不承、応じた。わが息子の外出を止めるのはもはや無駄で、ただ不幸にするだけだろう、と王は考えたのである。
　この前の外出のように、シッダッタ王子は上流家庭の若者になりすました。お供はチャンナだけで、かれも素性を隠すために身なりを変えていた。その朝、ふたりは宮殿から出て、カピラヴァットゥの都を歩いた。王子は楽しそうに人びとの活動

を見た。じっくり人びとの活動を見るため、何度か、店や人ごみに立ち寄ったりした。いくつかの店の主人は、いらっしゃいと声をかけ、何か買うのか、ときいてきた。商っている物をみてください、と呼びかける者がいる一方、王子だと気づかず、仕事を続けたまま無視する者もいた。とはいえ、もくろみどおり変装が功を奏していたので、このような自然な応対のすべてが王子を幸福にさせるだけであった。

　そのあとの道すがら、王子は人びとの行列が通りにやってくるのを見た。前のふたりと後のふたりで担架をもち、その上に、とても細い男が横たわったまま動かず、布がかけられている。残りの者たちはたいへん悲しそうな表情を浮かべながら、それに続いて歩いているのだ。そのうちの何人かは悲しみを抑えきれず、声を上げて泣いている。にもかかわらず、かれらは目的地に向かって歩いているのだった。

　何が起きているのか分からず、王子はお供の御者に尋ねた。

　「チャンナ、あの行列を見ろよ！　あれは何をやっているんだ？　なぜ、行進しながら、嘆いているんだ？　なぜ、板の上に寝ている人は、ひとことも言わず、四人の男たちが持ちにくそうに運んでいるんだ？」

　「殿下、あの男は死んでおります。かれらが持ちにくそうに運んでいることなど、何も知らないし、何も言いません。あの男の家族や親族は、これから男を火葬に致しますが、そのあとはもう、お互い見ることもないのです。それで、あのように泣いているのでございます」

　「死んでいる？　ふーん……それは奇妙にきこえるな、わたしには」と、王子はつぶやいた。それでもやはり、行列をずっと見ていた。

　火葬場に着くと、用意されていた山積みの薪の上に男をのせ、薪に火をつけた。

　王子は、死んでいる男にかれらがしたことを見ながら、ほんとうに衝撃を受けた。ぎゅっと自分の手を握りしめ、夢ではないか、と確かめるために、眼をこすった。一方、死者の親族は死体のまわりを囲み、とうてい抑えられない悲しみで泣き叫んでいて、それが誰の心にも響いた。悲嘆にくれて、何かいいながら髪をかきむしり、胸をたたいているのだ。

　まさに自分の目の前で起きていることにすっかり目がくらみ、王子は火葬の儀式を胸が引き裂かれるような思いで見ていた。しばらく、ひとことも話せなかった。そのあと、ふるえる声で御者にきいた。

　「チャンナ、『死』って、ほんとうにどういう意味なんだ？　なぜ、あの男は動かないまま、あそこに横たわっているんだ？　そして、なぜ、自分が親族によって焼かれるがままにしているんだ？　焼かれているとき、痛みを感じないのか？」

　「殿下、ひとは死ぬと意識がなくなり、もはや体になにも感じなくなるのでございます。眼があっても何の形も見えません。耳があっても何の音も聞こえません。

鼻があっても何の匂いもしません。舌があっても、どんな食べ物の甘味、苦味、酸味、塩味もわかりません。そして、体があっても、熱い、冷たい、柔らかい、硬いといった感触を感じません。どんなものの意識もなく、すでに死んでいるので、どんな感触も、まったく感じないのです」

「しかしチャンナよ、わたしもまた、あの男のように死を免れないのか？　父も、母も、妻のヤソーダラーも、わたしの知っているすべての人たちもまた、死を免れないのか？　死の性質を乗りこえられる者は誰もいないのか？」

「はい、そのとおりでございます、わが親愛なる王子さま！　生きている者は誰でも、いつかあの男のように死ぬのです。死がやってきたとき、避けたり、止めたりする道はありません。誰も永遠には生きられません。そして誰も死を乗りこえられません。お父上の王さま、お母さま、お妃さま、殿下ご自身、そしてすべての愛しい親族の方がた、わたしも含めて、いつか死にます。そうした方々はいずれ、殿下を見られなくなりますし、殿下もある日、見られなくなるのでございます」

この不愉快な光景は、誰かふせぐことのできる者がいない限り、起きてしまうのだ。それはこの三度目の外出で、シッダッタ王子の心に深く響いた。王子は、もはや外出をつづける気分ではなくなった。お供のチャンナが後につづいて、王子はひっそりと宮殿に戻り、それから、ひとりで自分の部屋に入った。坐りこみ、見たものを深く考え、みずからに、こういった。

「誰でもいつか死なねばならず、誰もそれを止められない、とは。ほんとうに、おぞましいな。これを乗りこえる道がきっとあるにちがいない。父、母、ヤソーダラー、愛しい親族のすべてが、老いや病い、死に見舞われない道をわたしはみつけよう」

チャンナは、死体を見て王子が急いで戻ってこられた、と王に報告した。これをきいて王はたいへん悲しみ、困惑した。息子が不愉快なものごとを見ないようにと最大限の配慮をしてきたにもかかわらず、予想外の事態が三度目の外出で起きたのだ。それは、八人のバラモンが予言していたことだった。

13話　四番目の予兆……一人の僧

シッダッタ王子は引きこもって、外出のときに見た三つの光景についてもの思いにふけることがさらに多くなった。あまりに何度も考えたので、ついには人びとが生まれ、老いて、病気に圧迫され、最後に死んでしまうことを完全に把握した。そ

ういうわけで、生命の性質について広い判断力を獲得した。生命の連鎖から誰も逃れることができないことに王子は気づいたのだ。しかしそれを知るだけでは満足せず、まだ見ていない生命の別の側面について、もっと知りたい、という強い好奇心があった。このようなすべての恐ろしい現象を乗りこえる道が絶対にない、などとは、王子は受け入れられなかったのだ。

一方、王子が三つの光景について考えることから心をそらすようにと、スッドーダナ王はどんなときにもたくさんの娯楽を手配した。それは二、三か月間、ずっとつづいた。しかし好奇心から知りたがり、もの思いにふけりがちな王子の性格は、そうした娯楽でかんたんに左右されないほど、そのときまでに生命の理解がすでに広くなっていた。

四か月後、またも王子は父王に願い出て、宮殿をはなれて王立庭園へ見物に出かける許可をもとめた。生命の別の面を見るためである。王には、王子の礼儀正しい願いを拒絶する理由が、もはやなかった。

その幸先のよい日、王子はチャンナをお供にして王立庭園に出かけた。カピラヴァットゥの都を通り抜けて行ったが、街は活気にあふれ、いくつか新しい店も開店していた。王国の経済が発展し、人びとの生活も繁栄しているのがわかり、王子は幸福だった。街の暮らしで場ちがいなものは何ひとつないと感じながら、王立庭園までの道のりを王子は歩いた。

王立庭園はこの日とても美しく見えた。木々には花が咲き、実がなって、庭園に魅力ある印象を添え、美しさを引きたたせている。やわらかいさわやかな微風(そよかぜ)が吹き、小鳥たちがつぎつぎに囀っている。まるでみんなに、その鳴き声の調べの美しさを楽しむためにきてください、と招待しているかのようだった。こうしたすべてが庭園の雰囲気に生気を与え、いのちを吹きこんでいた。

王子が坐って庭園を楽しんでいる最中、頭と髭をきれいに剃った男が、はるか向こうからやってくるのが見えた。晴ればれとした顔で、穏やかな表情をしている。ほかの者が着ているようなものではなく濃い黄のサフラン色のゆったりした外衣をまとい、心身のはたらきがみごとに制御されているらしく、ひっそり歩いているのだ。このすばらしい風景に王子はびっくりし、男を注意深く観察して、いったいどういう人なのだろうか、と思った。

好奇心から、お供の御者にきいた。

「チャンナよ、ご覧! あの方は、ほかの人とちがうよ。きれいに頭と髭を剃っている。サフラン色の外衣を着て、托鉢の碗を手に持っている。晴ればれとして感じのよい穏やかな顔をしている。ひっそり歩き、視線は下方へ向いて、伏し目がちだ。おおチャンナよ、あの方は誰なんだ?」

第4章　重大な前ぶれ

「殿下、僧でございます」とチャンナが答えた。

王子は驚いて、つづけてきいた。

「僧？　いったい『僧』って、どういう意味なんだ？」

「僧とは家庭生活をはなれた者でございます。献身のしるしにサフラン色の外衣をまとっております。心の中ではつねに功徳ある行為をしようと思っておりまして、それはなぜかというと、非難するところがない、と知っているからでございます」と、チャンナは説明した。

シッダッタ王子は、僧とはほんとうにどんなものか知りたい、と駆りたてられるような思いを感じた。王子には、この僧はほかの者たちとちがって、立派で品格があるように見えたのだ。チャンナの短い説明ではもの足りず、満足できなかった。そこで、王子は立ち上がり、僧に近づいて、このようにきいた。

「そこの方、お見かけしたあなたの姿は、ほかの人とちがいます。頭がほかの人のようではありません。衣もまたほかの人のようではない。あなたは、どういう方なのですか？」

「殿下、わたしは僧でございます」

王子はとても驚いた。変装しているにもかかわらず、きいた者が誰なのか、この僧は知っているのだ。ともあれ、つづけてきいてみた。

「どうか、わたしに、もっと話してください！　僧とは、どういう意味なんでしょうか？」

「わたしは、在家の生活から外に出家した者です。髪と髭を剃りおろして、サフラン色の外衣をまといました。この世のすべての不幸を引き起こす生まれ、老い、病い、死、を乗りこえる薬を探すために、この世の快楽を捨てたのです。この世の苦から解脱する道を探していて、あらゆる有情の幸せの増大のために、はたらいています」

王子は好奇心に駆られて、さらにきいた。

「それで、どのように生きていらっしゃるのですか？　どこにお住まいか？　あなたはとても幸福そうに見える。生命の性質への悩みはないようだ。なぜですか？」

「わたしは林の中にいるか、あるいは僧院にいることもあります。そして信仰心の篤い家々に、乞食（こつじき）のための托鉢に、毎日まわります。お布施していただいた食べ物で、わたしのいのちを養っています。限られた持ちものと必要なもので満足し、簡素に生きています。道をわきまえているので、わたしは幸福で、生命の性質の悩みはありません。土地から土地へ行って、人びとに、どのようにして幸福な人生を生きるかを教えることに、わたしのいのちを捧げています。生きものをいじめず、善行為をして、心を清らかにするのです」

僧とはどんなものか、このように説明してくれたのである。

息子ラーフラの誕生

　立派で品格ある僧に会って、王子はとても幸福だった。僧が説明してくれたように、みじめな生命を乗りこえる真の道がある、と知ったからだ。宮殿に戻るかわりに、その日を庭園で静かに過ごしつづけた。王子の心は、僧になってきれいで清らかな生き方をする、という考えでいっぱいになった。
　王子が涼しい木陰の下に坐って僧になるという考えを反芻している最中に、スッドーダナ王から使者がきて、次のように知らせた。
　「殿下、よきお知らせをお持ちしました。お妃さまが、かわいい男の子を出産された、とご承知おきくださいませ」
　よろこびを見せるどころか、王子はその知らせをきいて、幸福ではなかった。そしてことば少なく、このようにいった。
　「障礙（rāhu）がわたしに生まれた。
　大きな束縛がわたしに生じた。」
　それは障礙だった。なぜなら王子は家族を愛し、新しく生まれた息子を愛しているのだから。家族と息子への愛着は、僧になると決めたその決意の固さの妨げになる、と王子は考えたからである。
　知らせを受けたとき王子が発したことばを知って、スッドーダナ王は赤ちゃんに「ラーフラ」と名づけた。

キサー・ゴータミー姫の歓喜の恋歌と真珠の首かざり

　宮殿への帰り道、シッダッタ王子は釈迦族のキサー・ゴータミー姫の邸宅に通りかかった。姫は魅力と美貌の持ち主だった。ちょうどそのとき、姫は邸宅のテラスの上にいて、王子が通りがかるのを見ていた。若く、外見すぐれ、落ちついた王子の容姿に、姫は感銘をうけた。たいへん感激し、姫の心には歓喜の波が押し寄せた。みなぎる思いのままに、姫は幸福感を恋歌で表現したのだった。
　　やすらぎと幸福は　まさに幸運な母のこころ
　　やすらぎと幸福は　まさに幸運な父のこころ
　　やすらぎと幸福は　まさに幸運な娘のこころ
　　そんな娘の夫になるお方は　かくの如きかれ
　この歓喜の恋歌をきいて、そのような人物が母や父、妻に与えるやすらぎと幸福

の光景を王子は思い描いた。それは束の間、たまゆらの幸福に過ぎない、と王子は気づいていた。もし、情熱の炎、憎悪の炎、妄想の炎、そしてうぬぼれ、邪見などの心の汚れが消滅したなら、そのときひとは真の幸福と真の心のやすらぎを経験するであろう、と。キサー・ゴータミー姫が感じのよいことばで述べたやすらぎの要素は、すべての苦の滅尽によって真実になるだろうと。それは、まるで王子が滅尽の要素「寂静(ニップティ)」を探求しに行くことをまた思い起こさせるかのようだった。

　王子はそのとき十万金の価値のある美しい極上の真珠の首かざりを首からはずして、感謝のしるしに姫に与え、贈り物にした。こうして王子は、永遠のやすらぎと幸福である「涅槃(ニッバーナ)」を探求するために、僧になる決意を、さらに固めたのである。

　しかしキサー・ゴータミー姫はまちがった印象をもってしまった。シッダッタ王子がすてきな贈り物をくれたのは、姫に気があるからだ、とかんちがいして大喜びしたのである。

第5章　出家

14話　菩薩の出家

　四つの予兆が、次から次に起きた。ちょうど丸木が柵(しがらみ)のない川を流れ流れて確実に大海に着いたようなものであった。八人の学識あるバラモンの予言していたことが実際に起きたのである。

　住まいにしている宮殿でスッドーダナ王は豪華な祝宴をひらかせた。盛大な晩餐が用意され、王子をもてなすために、美しい侍女が配置された。音楽、舞踊、歌のそれぞれ妙手の女たちは、天女のような美貌と姿態の持ち主ばかりであったが、この朝生まれたスッドーダナ王の孫息子のラーフラの誕生を祝賀して、王子を楽しませよう、と待ちかまえていたのである。

　王子は、幸先のよい外出から帰ってきたばかりで、それ以前の外出にくらべて、はるかに幸福そうにみえた。そのため宮殿の誰もが誤解した。わが子ラーフラが誕生したので王子は幸福なのだ、と思ったのだ。しかし、実のところ、世を捨てて僧になることによって、ほんとうの幸福にみちびかれてゆく、という道を知ったために幸福だったのだ。

　とはいえ王子は、父王を失望させたくなかった。晩餐を静かに食べ、歌や踊りにはあまり関心を払わなかった。そのあと王宮の長椅子があるところへ行って、その端に座った。歌い手や踊り子のすべてが王子の行くところについて行った。楽器の演奏にあわせて、演者たちは美しい踊りや妙なる調べの歌を披露した。王子は、踊りを見ても、歌をきいても、楽しくはなく、心ひかれるわけではなかった。実のところ、終日の外出で疲れていたし、王子は老、病、死のすべての苦しみ、悩み、みじめさから有情を解放する、という考えに心を奪われていたのである。

　しばらくすると、王子はたいへん疲れてしまった。もはや歌や踊り、音楽のような娯楽には何の喜びもなかった。それから右脇を下にして横になり、すぐ眠りに落ちた。眠っている王子を楽しませるのは無駄だと知って、歌い手や踊り子、演奏者たちは上演をやめた。王子が目をさますまでしばらく休める、と思ったのだ。かれらもまた、疲れきっていたので、寝室を照らす香油の灯りはそのままにして、たちまち眠ってしまった。

第5章 出家

王宮をはなれる

　真夜中ごろ、シッダッタ王子は目覚めた。長椅子の上で足を組んで坐り、あたりを見まわした。眼に入ったものにぎょっとした。踊り子、歌い手、演奏者のすべてが、寝室の床いっぱいに寝ていたのだ。

　ほんの少し前には美しく、なまめかしく、王子をもてなしていた女たちが、いまや、その魅力を失っている。口をあけたまま眠る女、口からよだれを垂らして頬にシミをつけている女。飢えた妖怪みたいに歯ぎしりする女、ブウーブウーッと豚みたいにいびきをかく女、ぺちゃくちゃ寝言で話す女。しどけなく着物がはだけ、裸体をさらしている女がいる一方、寝乱れて、束ねていた髪がほどけ、バラバラになった女もいる。いずれも醜悪で、胸が悪くなるような、恥ずべき醜態をさらけ出していた。

　王子はこの光景に反吐(へど)が出そうな思いであった。墓地にころがっている死体と、なんら変わらないではないか。

　菩薩であるシッダッタ王子は、感覚の喜びの五つの対象（色、声、香、味、触）から、さらにはなれていった。それはほんとうの幸福ではなく、いっそうの苦しみと悩みを生み出していくのだ。このとき王子は、激しい思いを口にした。

　　おお、なんと悩ましいことか！
　　おお、なんと煩わしいことか！

　シッダッタ王子は、在家の生活から脱出するのは、今こそまさにその時だ、とさらに強く思うようになった。王宮の長椅子から起き上がり、踊り子や歌い手、演奏者の誰も起こさないように、そっと寝室をはなれた。それから、戸の敷居を枕にして寝ているチャンナをみつけ、こう指示した。

　「チャンナよ、今夜こそ、わたしは、この世を捨てたい。誰にも知らせるな！速く静かに行って、わが無双の白馬カンタカに鞍をつけ、少しきつく締めてくれ！」

　チャンナはうなずいて「かしこまりました、殿下」と、いった。すばやく馬具とほかの装備を持って、チャンナは王宮の厩舎に向かった。チャンナがいくぶんきつくしてカンタカに鞍をつけると、この馬は、ふだんとちがう鞍だな、と気づいた。王子がまさに今夜、自分に乗り、まちがいなく出家して僧になる、とわかったのである。王子の気高く貴い出家（大出離(マハービニッカマナ)）のために王子が自分を選んでくれたので、カンタカは大喜びだった。喜びの余り猛烈にいなないたので、カピラヴァットゥの都中に響きわたったが、神々はそれを静めて、誰にもきこえないようにした。

　一方、シッダッタ王子は生まれたばかりのわが子を出家前に見ておくべきだ、と感じていた。それでヤソーダラー妃の寝室に行き、そっと扉をあけた。香油の灯り

55

第Ⅰ部　出家まで

に照らされた寝室で、妃がやすらかに眠っている。妃が、横に赤ちゃんを寝かせ、片手を頭の上につけて顔を包みこむようにしているのを王子はみつけた。心の中にあふれる愛情から、王子は扉のところに立ったまま母子を見ていた。あえて妃の手をとりのぞいて、わが子を抱きしめようとはしなかった。心より、ほんとうにそうしたかったのだが、しなかったのである。王子はあれこれ考えをめぐらせていた。

「もし、わたしが妃の手をとりのぞいたら、妃を起こしてしまうだろう。そして妃が起きたら、いまやろうとしているわたしの出家の計画は頓挫するだろう。妃はきっと、わたしが土宮を去るのを許さないだろうから。わが子をまだ見ていないけれど、わたしがこの世の苦からの解脱の道をみつけたあとに、そして老、病、死を乗りこえる薬をわたしがみつけたあとに帰ってきて、息子とその母親に会うだろう」

このように断固たる決断を下して、王子は寝室から出て行き、扉をそっと閉めた。

チャンナとカンタカは準備を終え、住まいの宮殿の前で王子を待っていた。王宮から降りてきた王子はカンタカに近寄り、このように指示した。

「カンタカ、今夜わたしの大出離、気高く貴い出家へ、道案内してくれ！　おまえの手助けは、確実に大きな功徳となる。さとりに達したあと、わたしはすべての有情を輪廻の苦から解脱させて救い出し、かれらを涅槃の最上の幸福へみちびくであろう」

紀元前594年、アーサーラ月（現代暦の七月ごろ）満月の日の真夜中、シッダッタ王子はカンタカの背に乗って、ひっそり王宮をはなれた。王子と同時刻にこの世に誕生したチャンナがお供だったが、チャンナは馬のしっぽをしっかり握りしめて、ついて行った。

ひと群れの厚い雲が急に現れ、まるで泣き出すかのように空を覆った。しかし、まもなく消えた。皎々たる月の光が夜の静寂を照らし、空は明るく澄みわたった。

菩薩のこども時代以来、スッドーダナ王は多数の見張りの番兵に、正門を護衛するよう指示していた。王は、八人の学識あるバラモンが予言していた予兆を菩薩が見ることのないようにと、いっそうの警戒を望んだ。しかしいまや四つの予兆が起きてしまったあとなので、王都の正門警護をさらに強化しよう、と王は考えたのだ。このため、正門から気づかれずに外に出るのは、王子には不可能になっていたのだった。

菩薩とチャンナとカンタカのいずれも、王都の正門警護が強化されている、と知っていた。しかし、正門が開かないなら、カピラヴァットゥの都から脱出するためには、高い城壁を跳び越えて行こう、という心づもりを、いずれも同じように持っていたのだ。ところが菩薩が積んでいた功徳のおかげで、門を護護する神々は、

第5章　出家

菩薩が門を通り抜けられるように、喜んで開けたままにしておいたのである。

悪魔の自在天の引きとめ
　かくして菩薩が王都の正門に着いたとき誰ひとり外に出るのを妨げる者はなく、やすやすと通れた。しかし、正門を通り抜けたまさにそのとき、悪魔の自在天が制止した。天界の六欲天の最上位にある他化自在天の住み処から、折りたたんだ腕を可能なかぎり速く伸ばすように、一瞬のうちに人間界に降下してきたのだ。かれは有情が輪廻転生から解脱するのをいつも妨害しているのだった。さてこの悪魔の自在天は、菩薩が前進しようとしているのに対して、そんな努力は中止するのが身のためで、さらにはみんなのためになる、と信じさせてだまし、思いとどまらせるためにやって来たのである。
　悪魔がこんなふうに菩薩を制止しようとしたので、カンタカは気分を害して両方の後ろ足をはねて空に向かって跳び上がり、両方の前足で蹴ろうとしたのだが、悪魔は持ち前の魔力を使って避けることができた。それから空中浮揚しているあいだに悪魔は菩薩に、こう語りかけた。
　「おお、若く勇敢な菩薩よ、世を捨てるな！　僧になる必要はない。なぜならきょうから七日後に、聖なる輪宝があなたの前に現れるだろう。わたしは約束するが、あなたは転輪聖王になって富と権力をもつだろう。宮殿に戻りなさい、殿下！　戻りなさい！」
　「おまえは誰だ？　どういうわけで、あえてわたしの出家を思いとどまらせようとするのか？」と菩薩がきいた。
　「殿下、わたしは悪魔の自在天です」と、悪魔が答えた。
　菩薩は、こんな大胆な返事をした。
　「消え失せよ、悪魔！　わが道を、これ以上妨げるな！　わたしは、おまえなどより前に、聖なる輪宝が確かにわたしに現れると、すでに知っていた。だが、わたしには転輪聖王になりたいという望みがこれっぽっちもないのだ。なぜなら、さとりに達することこそ勝っているからである。ブッダの偉大な力によって、わたしはあらゆる有情を生老病死の苦難から解脱させるために助けるであろう。かれらを涅槃の無上の幸福にみちびくであろう」
　そこでただちに、悪魔は菩薩を脅迫した。
　「おお、若い王子よ、いまの言葉を絶えず心に保っておけ！　これからの七年間、しっかり、おまえにつきまとってやろう。おまえの心が肉欲、怒り、害意に満たされるたびに、わたしが誰なのか、思い知らせてやろう。おまえの心のエネルギーの

流れに汚れが生じる、まさにその現場で、わたしはおまえを即座に殺してやろう」

15話　髪を切る

　白馬カンタカにまたがり、菩薩はとびきりの速さで駆けた。しかし、いくらか距離を稼いだあと、カピラヴァットゥの都をひとめ見ておこう、という考えが浮かんだ。馬を止め、ふり返り、これを都の見おさめとした。カンタカが止まったところは聖なる場所（霊場）として「カンタカ振り返りのチェーティア」と呼ばれる聖廟が、のちに立てられた。菩薩はこのあとも旅をつづけ、釈迦、コーリヤ、マッラの三国を通りすぎ、ひと晩で三十ヨージャナ（訳注：約四百キロ前後。ヨージャナは当時の長さの単位）進んだ。最後に着いたのはアノーマー川の岸辺だった。川のほとりで馬を止め、御者にきいた。
　「チャンナ、この川は何という名前なんだ？」
　「アノーマー川でございます、殿下」
　菩薩は、川の名前の意味するものが、自分の出家の意味を証明するものであるかのように思って、一つの願いごとをした。「わが出家は、劣ったものではなく、勝れたものでありますように」と。アノーマーとは劣っていない、つまり勝れた至高のもの、という意味だからである。それから菩薩はカンタカの腹をかかとで蹴って、川を跳びこすように、と命じた。するとカンタカはただちに、はるか向こうの対岸へ、ひとっ跳びの大跳躍をした。
　夜明けだった。川岸の白い砂が、朝の陽の光でキラキラ輝いている。風が吹いて、新鮮な朝の空気が流れていた。草や茂み、木々の葉は夜露にぬれたままだ。目覚めたばかりの鳥たちが巣から起きだしてチュンチュン、チッチッチッと騒がしくさえずり、まるでみんなに、一日が始まったよ、と告げているかのようであった。
　菩薩はカンタカの背から降りた。白い砂地の上に立って、チャンナに話しかけた。
　「わが友チャンナよ、目的地にわたしは着いた。これから僧になるのだ。どうかカンタカをつれて、わたしの冠など、王家の徽章をカピラヴァットゥへ持って帰っておくれ！」
　「殿下、こどものときから、いつもずっと、わたしはお供して参りました。わたしも殿下と同じく、僧にならせてください。そうしたら、いつまでもお供できますから！」と、チャンナは懇願した。
　「だめだ、チャンナ。おまえが僧になるのをわたしは許さない。ともかくカピラ

ヴァットゥへ帰れ！」と菩薩は許さず、このあとカンタカと装身具をチャンナに託した。

それから、菩薩は黄金の剣を右手にもち、左手で自分の長い髪をつかんだ。いっきに、それを切り落とし、その髻(もとどり)と冠を結んだ。残った頭髪は指二本の幅の長さで、もはやそのままで生涯の終わりまで伸びなかった。このとき厳粛な決意を固めた。「もし、わたしがブッダになる定めなら、この髪は空中に浮かんだままになれ！さもなければ、地上に落下させよ！」と。そして髪を上空に投げた。驚くべきことに、空中に浮かんだままになったのである。

髻がついた冠が空中に浮かんでいるのを見た神々の王である帝釈天は、ただちにそれを宝石箱に収納し、その宝石箱を安置するため「髻の宝珠のチェーティア」という聖廟を建立したのであった。

ふたたび菩薩は、こんなことを思いめぐらせていた。いま着ている王家の衣装は、修行者にはふさわしくないのではないかと。ガティカーラ梵天がそんな菩薩を見ていた。ガティカーラ梵天は、過去七仏の第六でゴータマ仏の一つ前のブッダであるカッサパ仏の生存中に、たまたま菩薩と親友だったのだが、このまさに大出離、気高く貴い出家の日に、天界から見ていたのである。ガティカーラ梵天の住まいは天上の色界十六天最高位の有頂天(しきょうてん)（色究竟天(しきくきょうてん)）であるアカニッタ梵天だが、そこから人間界に降下して、旧友の王子のために、僧に必要な八つの要具をもってきて提供してくれたのだった。八つの要具とは、大衣、上衣、内衣、鉢、剃刀、針、帯、水こし袋である。

阿羅漢果の聖者のしるしともいえるきちんとした修行者の衣をまとって、菩薩はこれまで着ていた王家の衣装を空中へ放り投げた。それをガティカーラ梵天がつかみ、収納のため「衣服のチェーティア」と呼ばれる聖廟をアカニッタ梵天の住まいに立てた。

ひとりの僧となって、菩薩はチャンナに、ただちにカピラヴァットゥに帰れ、と指示した。

「チャンナよ、お別れのときがきた。父王スッドーダナ、母のマハーパジャーパティー・ゴータミー妃、妻のヤソーダラー妃に、わたしからのお別れのあいさつを届け、わたしは元気であると伝えておくれ！」

チャンナはうやうやしく菩薩にお辞儀して、菩薩の装身具をもち、カンタカをつれて別れた。だがチャンナが行こうとしても、カンタカは拒んだ。この馬は、地面に脚を踏ん張って突っ立ったままであった。これからはもうわが主人に会う機会がないのだ、と思うと、立ち去りがたかったのである。菩薩は馬に近づき、とてもやさしく頭をなでた。そして、こう諭した。

第Ⅰ部　出家まで

「カンタカ、チャンナといっしょに行っておくれ！　もう、わたしを待つな！ わたしは一切知者になってから、またやって来るであろう」
それからチャンナとカンタカの両方とも、顔に涙しながら去った。しばらく行ったあと、カンタカが止まり、菩薩の見おさめをしようとふり返った。さらにいくらか距離を稼ぐと、もう互いに見えなくなった。カンタカは嘆きつづけ、あれほど慕っていた菩薩との別離の深い悲しみに耐えられなくなった。かくしてカンタカは失意の傷心で亡くなった。ふたりの親しい友との別れで、チャンナはカピラヴァットゥへの帰路を、声を上げて泣きながら歩みつづけた。
シッダッタ・ゴータマはこのとき二十九歳、若く凜々しく、力にあふれ、ただひとりの釈迦国の世継ぎであった釈迦族の王子は、この世の生活の贅沢と娯楽すべてからはなれ、人間社会のために、生老病死が引き起こす苦を乗りこえる道を探すため、僧になった。このとき以来、托鉢して命をささえ、樹木の下やひとけのない洞窟で眠って疲れをいやし、気高く貴い探求にみずからをささげる家なき遍歴をした。「偉大な出家」として知られていることは、このように起きたのである。

16話　ビンビサーラ王の申し出を断る

僧になって最初の七日間、菩薩はアノーマー川からそれほど遠くないアヌピヤというマンゴー樹林の近くで、瞑想と行者生活の至福を楽しむことですごした。八日目にそこをはなれ、マガダ王国の首都ラージャガハ（王舎城）へ向かい、南方に三十ヨージャナの旅をした。王国はビンビサーラ王が統治し、第一王妃のコーサラ・デーヴィーはマハー・コーサラ王の娘でコーサラ国パセーナディ王の妹、そしてかれらの息子はアジャータサットゥ王子だった。ビンビサーラ王の別の妃はケーマーという名で、のちに比丘尼となり、世尊によって女性の第一弟子に指名される。
托鉢に出かけた日の朝、菩薩はガティカーラ梵天がくれた衣をきちんとまとい、乞食の鉢をもって、ラージャガハへ東門から入った。信仰心の篤い家から家へお布施の食べ物を受け取って、ラージャガハの通りを歩いた。菩薩が宮殿敷地の脇を通りすぎているとき、ビンビサーラ王が、まる一週間続いた祭りのあとに人びとへ閉幕の指示を出そうとしていた。王は宮殿の高殿のテラスに立っていて、菩薩を見た。感官をよく制御して、ひっそり静かに歩いていたのである。
菩薩の托鉢に食べ物を布施した信仰心篤い家の人びとと、宮殿の敷地に集まっていた人びととの両方とも、ほかの行者とはちがう菩薩のひときわすぐれた外見にびっ

くりした。それを見た誰もが、まだとても若く、凜々しく、はれやかで明るい表情をして、衣をきちんと着ているのに驚いた。落ちつきのある感じのよい人相をしていて、視線は下方に向けられ、わずかに六足分（二メートル弱）の先を見ている。歩くときはいつでも、手を伸ばすときや曲げるときも、つねに上品だった。たとえようもなく優雅で気品のある菩薩の物腰をラージャガハの人びとは口々に興奮して話しはじめ、ほんのわずかの間に大騒ぎになった。

一方、優雅な行者の登場を知った王宮の従者たちは、ただちにビンビサーラ王のもとへ行って、こう報告した。

「陛下、行者の衣をまとった若い男が、托鉢して通りを歩いております。凜々しく、清らかで、きちんとして、もの静かで落ちつきがあり、感じがよく、わたしどもがよく見かける通常の行者とは異なっております。しかし誰もかれのことを何も知りません」

これをきいて、つい先ほど菩薩の姿を見たばかりの王は、もっと知りたくてしかたがなくなった。三人の王の使者に「行者を追え！　何をしているか注意深く監視して、居場所を突き止めよ！　話せる機会があれば、まずあいさつをして、丁重にきけ」と指示した。

一方、この日の托鉢で十分な食べ物を得た菩薩は、街をはなれ、東門を通って、ふだん行者たちが滞在しているパンダヴァ山（白善山）に向かった。東側の斜面に着いて、山の洞窟の入り口の木の下の木陰に坐り、托鉢で得た食べ物を食べる準備をした。托鉢の鉢のふたをあけて見て、非常に衝撃を受けた。ラージャガハの街の家々でもらったごはんとカレーで、それが混ざってぐちゃぐちゃなのだ。胸が悪くなる見かけで、これまでの半生でこんな食べ物を見たことがなかった。

王子としてふだん、きれいで、白い、香りのよいごはんに、たくさんのおいしく料理されたおかずや、食欲をそそる付け合わせを食べていた。見るだけ、匂いをかぐだけでも食欲が増したのに！　ところがいま、この鉢の中のごはんとカレーを食べなければならないのである。食欲を失い、胸が悪くなる思いだった。ごちゃごちゃの見かけと、ひどく不快な臭いに、気分が悪くなった。そして、まさにひと口食べようとして、ほとんど吐き出しそうになった。

そのとき、自分に、こういいきかせた。「シッダッタ、おまえが最高の快楽と力のある王子だったとき、僧になりたい、と思ったのではないのか？　王立公園で見た僧のように、托鉢にまわって得た食べ物を食べられる自分を想像しなかったのか？　おまえは、多くの有情のために、生老病死を乗りこえる薬を探すために僧として気高く貴い道を歩もう、と決めたのではないのか？　いまやおまえの願いがかなったのに、なぜ、行者の生活にがっかりして、いまだに王子にふさわしい暮らし

を夢見ているのか？」

　このように考えながら、食べ物を、ひたすら体を維持し、純潔な暮らしをささえる滋養物としてみるように集中することに決めた。かれは、もはや嫌悪感もなく、鉢の中の食べ物を食べたのである。

　王の使者たちが菩薩の居場所を突き止めたとき、その三人のうちの二人が一定の距離をおいて監視をつづける一方、残りの一人は王に知らせるために帰り、「陛下、行者は托鉢にまわって食べ物を得たあと、パンダヴァ山の東側の斜面に向かい、山の洞窟の入り口付近の木のドの木陰で、食べました。かれはそこでいま、静かに坐っております」と報告した。

　それをきいてビンビサーラ王はすぐさま興奮し、おしのびで王の馬車に乗って、菩薩のいる場所へ向かった。馬車がもはや入れないところまで行くと、歩いて進みつづけた。菩薩に近づいていき、許しを得て横に坐った。菩薩の外見に、王はたいへん強い印象を受けた。そして、親しくあいさつを交わし、元気かどうかきいた。王は「あなたはまだお若く、すばらしい容姿だ。完全な身体のしるしと特徴をおもちである。しかし、お若いのに行者になられた。あなたはどういう方なのか、お話ください！」といった。

　菩薩は自分が何者か、明らかにした。

　「陛下、わたしはカピラヴァットゥ地域から参りました。ヒマラヤ（雪山）山脈のふもとで、コーサラ族の国内にあります。父はスッドーダナ王で、その地域を統治しており、太陽の種族の血脈に属しています。したがって、わたしは太陽の種族の一員です。そしてわたしの栄光ある出生によって、わたしは釈迦族に属していて、『サーキャ』とは、われらの先祖であるオッカーカ王が、"道理にかない有能な"子孫のために、と新たに名づけたのです。わたしの名はシッダッタ、姓はゴータマです」

　このとき以来、菩薩は人びとに「ゴータマ行者」として知られるようになった。

　ビンビサーラ王は、さらにたずねた。

　「なぜ、あなたは行者になられたのですか？　お父上と、けんかされたのですか？」

　「いいえ、偉大な王よ、父とけんかしておりません。その反対で、わたしは両親、妻、息子、あなた、そのほかみんなを慈しんでおります。わたしが行者の生活をはじめたのは、僧になることによって涅槃に達するためです」と、菩薩は答えた。

　「尊い方よ、あなたは純粋に支配者階級の出でいらっしゃる。この世から隠遁されてはいけません！　わが国の首都へ来て、滞在してください！　王の楽しみと財産を、あなたにできる限り提供しましょう。アンガとマガダの二国をわたしは支配

第5章 出家

しております。その支配権の半分をあなたにさしあげましょう。王になって、統治してください！」と、ビンビサーラ王は申し出た。

菩薩は丁重に断り、こう言った。

「たいへんありがとうございます、陛下！ わたしは、あらゆる物質的な楽しみには、何の欲望もありません。そんなものは望めば実際に得ることもできましたが、望まなかったのです。しかし、すべての有情のために聖なる生活を送っている僧に出会ってからは、かれのように僧になって、気高い道をたどろうと決めたのです。そうすることによってわたしは、あらゆる有情を生老病死の苦難から救うことができるようになるでしょう」

この説明をきいて、王は答えた。

「尊い方よ、あなたは栄光と権力にみちた王座を手に入れようとしていらしたのに、それをためらいもなく、まるで唾みたいに捨てられた。人間社会のために僧になられている。あなたの目的は何と崇高であることか！ あなたの涅槃への大望をわたし自身が知ってしまって、あなたはブッダになられると、わたしは確信しています。尊い方よ、わたしはもはや、あなたのお時間を取らせませんが、一つお願いをさせてください。あなたが完全なさとりを実現されたらただちに、どうか、わが首都ラージャガハへ、最初に来てください」

菩薩が承諾後、王は都へ帰った。

第Ⅱ部　成道へ

第1章　苦行

17話　二人の仙人

アーラーラ・カーラーマ

　その当時、現在のインドにあたる中部地方(マッジマデーサ)には宗教指導者がたくさんいた。それぞれの実践と教義の方法で、弟子たちに、かれらの庵で教えていた。

　菩薩は崇高な平安である涅槃という無上の境地をもとめる旅に出発した。パンダヴァ山からおりて、ヴェーサーリーの街に行った。そこには偉大な宗教指導者といわれていたアーラーラ・カーラーマが弟子たちとともに住んでいたのだ。かれは卓越した師で、とても尊敬されていた。いくつかの精神的な達成をなしとげ「無所有処」(アーキンチャニャーヤタナ)という精神集中の高度の段階に達した、と信じられていた。菩薩がその庵に着いて、かれに近づき「おお、友カーラーマよ、あなたの教えにしたがって聖なる修行生活をしたい、とわたしは望んでおります」といって許可をもとめた。

　そこですぐにアーラーラ・カーラーマはこれを許し「あなたはここに滞在されてかまわない、おお、貴い友よ。この教えは、理解力があって実践する人なら時間がかからず、ありのままの知見をとおしてみずからを師としてみずからさとれ、そうすれば至福のうちにとどまることができます」と、心から励ました。

　とびきり上等の知性である菩薩はたちまちアーラーラの教義に通じた。ほどなくかれの教えを智慧と確信をもって朗唱でき、復唱できるようになった。しかし、それによってでは最高の真理のさとりに至らなかった。そのとき、こんな考えが菩薩に浮かんだ。「アーラーラ・カーラーマはかれの教えを、ただの信念としてだけでは表明していないように見える。たしかにかれは、みずからありのままの知見をとおしてそれを得たので、その達成を持続しているにちがいないのだ」と。

　そこで、かれはふたたび師のもとへ行って、きいた。

　「友カーラーマよ、あなたはこの教えに、どこまで、みずからありのままの知見をとおしてさとり、到達されたのですか？」

これについてアーラーラ・カーラーマは、無所有処定(アーキンチャニャーヤタナジャーナ)(存在無の根底への精神的没入)にまで至る世間の色界(四段階)と無色界(三段階)の七段階の禅定すべての説明によってみずから実現した実践の智慧を教えた。そのとき、こんな考えが菩薩に起きた。(信、精進、念、定、智慧は、アーラーラ・カーラーマがもっているだけではなく、わたしもまた、これらの徳をもっている。みずからさとって、そこに至福のうちにとどまっている、というかれの教えを実現するために、もしかしてわたしは、努力してみたらどうであろうか！)
　そこで菩薩は熱心にこころみ、二、三日のうちにさとり、ありのままの知見をとおして無所有処定の教えにまで到達し、そこに至福のうちにとどまったのだが、それによってでは最高の真理のさとりには至らなかった。
　ふたたびアーラーラ・カーラーマのもとへ行って、きいた。
　「おお、友カーラーマよ、みずからさとり、そこのなかに至福のうちにとどまっている、とあなたがいったこの教えは、これで全部、これですべて、なのですか？」
　アーラーラ・カーラーマが、そうだ、とうなずくと、菩薩は、こう告げた。
　「友よ、わたしはこの実践的なやりかたで熱心に精進して、教えをさとり、そこのなかに至福のうちにとどまっています」
　アーラーラ・カーラーマは、このすぐれた弟子がさとりを達成したときいて、たいへん幸せだった。嫉妬やわがままのない真に貴い人間にふさわしく、かれは菩薩を公明正大に、こうほめた。
　「われらは運がいい、友よ！　われらがじつに運がいいのは、あなたのように鋭敏で、機敏で、たとえようのない知性をもった貴い同輩の行者がみつかったことです！　だから、わたしがみずからありのままの知見をとおしてさとり、達成した教えを、あなたは、ありのままの知見をとおしてさとり、そこのなかに至福のうちにとどまっているのです。そして、みずからありのままの知見をとおしてさとり、達成した教えを、わたしは、そこのなかに至福のうちにとどまっているのです。だから、あなたはわたしが知っている教えを知っているのです。わたしはあなたが知っている教えを知っているのです。わたしがそうであるように、あなたもそうなのです。あなたがそうであるように、わたしもそうなのです。さあ、友よ！　この集団をいっしょに指導しましょう！」
　アーラーラ・カーラーマは弟子たちに、集まるように、といって、こう語りかけた。
　「おお、弟子たちよ、わたしは七段階の禅定を達成した。同様に、この貴い同輩の行者も、そうだ。だから今後、おまえたちの半分はこの貴い同輩の行者の教えを受けるべきである。そして残りはわたしから教えを受けるべきである」

このようにアーラーラ・カーラーマは自分の弟子である菩薩を、かれ自身と同等に位置づけ、そして弟子の半分を託すことにしたのである。

菩薩はすぐに、この世でかれの達成したことの性質とその利益が来世ではどうなるのか、よく考えてみた。そしてこの世でかれの達成したことの性質とその利益と、無所有処で起きるはずの来世の無色界梵天の住まいでのかれの再生がわかってきた。そこで、こう考えた。「この教えは、冷静、煩悩の漸減、苦悩の滅尽、心のやすらぎ、あるがままの智慧、明智、涅槃にみちびかない」と。

菩薩は、かれの教えに満足できなくなった。精神的な高度の集中へみちびくだけで、生と死、老い、病いといったかれの心をつねに占めている問題への答えにはならないのだ。まず先に、みずからを完成させる、ということがないのに、行者の集団を指導する、という師が寛大にも申し出てくれたことには熱心になれなかった。最終的にかれは、アーラーラ・カーラーマに丁重にいとまごいをしたのである。

ウッダカ・ラーマプッタ

これとは別の有力な宗教指導者をみつけることは菩薩にはむずかしくなかった。なぜならその当時、中部地方にはおびただしい数の宗教指導者がいて、何世紀も前から発展させてきた伝統をもち、それを継承していく弟子たちをとおして、すっかり定着していた。こうした者らすべてが、聖なる修行生活を送ることによって精神的な向上に到達したい、という気にさせるのにふさわしい環境を提供していた。

菩薩はただちにヴェーサーリーをはなれ、歩いてマガダ国へ向かった。マヒー川を渡り、わずかな道のりのあと、川岸にある別の庵に着いた。その庵は、ウッダカ・ラーマプッタ（訳注：パーリ語で「ラーマの息子ウッダカ」の意味）という名のたいへん尊敬されている宗教指導者が住み処にしていた。

菩薩は、かれのもとに近づき、教えにしたがって聖なる修行生活をしたい、と許可をもとめた。かれは喜んで弟子として受け入れた。それから、かれの教えを菩薩に詳しく説明して、菩薩もまた、聡明な人としてすぐに教えをさとり、幸福のうちに生きるであろう、と励ました。

それ以降、時をむだにすることなく、菩薩は教えと実践の過程を熱心に学んだ。きわめて聡明な人として、ほどなく教えをやすやすと会得した。しかし、それは最高の真理のさとりをもたらさない、とわかったのだ。だから、かれはウッダカのもとへ行って、こうきいた。

「おお、友よ、あなたの父のラーマは、この教えのどの程度までさとって、とどまっている、といったのですか？」

ウッダカは「わが父、達人ラーマは非想非非想処定(対象を想念する意識作用が、あるでもなく、ないでもない状態の根底への精神的没入)にまで至る世間の色界(四段階)と無色界(四段階)の八段階の禅定の達成をみずからさとっていたのです」と、答えた。

　ウッダカ自身はまだ、非想非非想処定までの高度の集中はさとっていなかった。幸運なことに、かれの父が死去する前に、その達成への実践的な知識を受け継いでいたのである。そこで、父のラーマから教わったことを菩薩に説明した。

　冥想のやりかたにはっきり確信をもっていた菩薩は、最高の努力をして気づき、集中と智慧を実践に注ぎこんだ。いくらもたたず、かれは世間の禅定の最高段階である第八段階の非想非非想処定をさとった。

　聡明な弟子が達成した、ときいたウッダカは歓喜の叫び声をあげて、ひたむきに菩薩にこう頼んだ。

　「われらは幸福です、友よ！　われらがじつに幸福なのは、このように鋭敏で、機敏で、たとえようのない知性をもった貴い同輩の行者と会えたことです！　ラーマが知っている教えをあなたは知っている。あなたが知っている教えをラーマは知っている。ラーマがそうであるように、あなたもそうなのです。あなたがそうであるように、ラーマもそうなのです。さあ、友よ！　これからはあなたがこの行者の集団を指導するべきです」

　このように菩薩の前の師アーラーマとはちがって、ウッダカは菩薩を尊重して師となるように頼みこみ、しかも弟子すべてを任せる、とまで言ったのである。

　しかしながら菩薩はすぐに、かれの達成は大望したことではない、とわかった。この達成によってでは非想非非想処定で起きるはずの来世の無色界梵天の住まいに再生するだけで、究極の目標は、はるか先なのだ。かれの心からの大望は、かれが学んだものの大望よりはるかに高いものだった。

　いまや、かれが探していることを教えてくれる者はいない、とわかったのである。最高の真理である涅槃に達するのには誰も頼れる者がいない、とわかったのだ。世間の禅定で達したものには満足できず、指導してもらったことすべてと、便宜をはかってもらったこと、尊重してもらったことへの満足を表明したあと、ウッダカ・ラーマプッタの庵を去った。

第Ⅱ部　成道へ

18話　苦行……骨と皮に

　菩薩は明智を探しもとめる旅をつづけた。マガダ国を遍歴し、ついにウルヴェーラーの森に近い市場町セーナーニに着いた。森を念入りに調べ、まわりが静かで穏やかで、うっとりするほど美しい、魅力ある場所をみつけた。森のなかにはきれいに澄みきった清流のネーランジャーラ川が流れている。気持ちのよい平らな砂岸があり、泥や沼はない。森の近くに村があり、森に住んでいる行者たちは托鉢で容易に食べ物が得られるのだ。こうした特色を見て、かれはこう考えた。「善家の子息が涅槃をめざして懸命に取りくむにはまさにぴったりの場所だ」と。したがって、このウルヴェーラーの森に落ちつこうと決めたのである。ここが、かれの精神的な目標を完成させるために、六年もの長きにわたって厳格な修行を実践する場となった。

おそろしく、こわい感情に遭遇する

　菩薩はウルヴェーラーの森にいて、こう考えた。
「まさしく遠くはなれた密林の繁みに住むことを耐え忍ぶのはむずかしい。完全に遠離をまっとうするのは、むずかしい。孤立して住むのを楽しむのもむずかしい。なぜなら、心の統一集中がない者には、密林が心を奪うにちがいないからだ」
「仮に、ある行者かバラモンが、こころ、ことば、からだの活動が清らかでないか、邪悪な暮らしをしていて、肉欲、敵意、害意の思考をもち、放逸で、よく気づくことがなく、こころが統一集中せず、混乱し、正知を欠いている、としてみよう。そんな行者かバラモンが、森のなかの遠くはなれた密林の繁みを住まいにするときは、そうした欠点によって、気味悪いおそろしさやこわさを呼びだしてしまうのだ」
「しかし、わたしは、そうした欠点があるものの一人として、森のなかの遠くはなれた密林の繁みを住まいにするのではない。わたしは、そんな欠点がない気高く貴いものの一人として、森のなかの遠くはなれた密林の繁みを住まいにするのだ。そうした欠点から自由なわたし自身の内部を見ていて、森に住むのは大きな慰めだ、とわかる」
　そこにいるあいだ、菩薩もまた、おそろしさやこわさの感情に遭遇した。
「満月とか新月とか、そして月の八日目の四半分の弦月の特別な聖夜、わたしはかつてそんな夜を、もっとも厄介な、恐怖でぞっとする果樹園で、密林の繁みで、

大樹の下で、こわい光景や出来事、夢を見ながら、髪が極限まで逆立つような思いをして過ごした。そこにいたときには、鹿が近寄ってきたり、孔雀が枝をバサッとはたいたり、風が葉末を揺すってカサコソさせたりした。そんなときわたしは考えたのである。『確かにこれは、おそろしさやこわさがやってきているのだ』と」

「そんな瞬間に、わたしは薄気味悪く感じたのだが、こんな思いも心に浮かんだ。『なぜわたしは、おそろしさやこわさを、つねに待ち受けているのだろうか？　おそろしさやこわさを、いまわたしがとっている姿勢を持続することで、静めてみてはどうであろうか？』」

「それから、歩いているあいだにおそろしくなったときはいつでも、わたしは、立つことでも坐ることでも横になることでもなく、歩くことを持続することによっておそろしさやこわさを静めた。立っているあいだにおそろしくなったときはいつでも、わたしは、歩くことでも坐ることでも横になることでもなく、立つことを持続することによって、おそろしさやこわさを静めた。坐っているあいだにおそろしくなったときはいつでも、わたしは、歩くことでも立つことでも横になることでもなく、坐ることを持続することによって、おそろしさやこわさを静めた。横になっているあいだにおそろしくなったときはいつでも、わたしは、歩くことでも立つことでも坐ることでもなく、横になることを持続することによって、おそろしさやこわさを静めた」

五群行者が菩薩に合流する

　生後五日の赤ちゃんだった菩薩を、いつかブッダになるだろう、といちばん若いバラモンのコンダンニャが予言してから、およそ二十九年たっていた。コンダンニャはシッダッタ王子の出家の日を待ちつづけていたのである。そしてその間はいつも、王子が世を捨てたかどうか、かれはきいていたのだ。いまやもう、かなり老人になっていたが、自分の予言を確信しており、待ち続けることに希望を失っていなかったものの、将来を予言した八人のバラモンのうち、かれ以外の七人はすでに亡くなっていた。アーサーラー月の満月の日に王子が出家した、と伝え聞いたとき、ついに幸福な日がやってきたのである。亡くなったほかのバラモンの息子たち四人に、ただちに話をもちかけた。ワッパ、バッディヤ、マハーナーマ、アッサジである。かれらに、いっしょに世を捨て菩薩に合流しよう、と説得したのだ。
　それからこの五人の行者はいくつかの王国の村や市場町を訪れ、菩薩を探し、ついにウルヴェーラーの森でみつけた。かれらは菩薩に側近として仕えたが、菩薩はもっとも厳しいかたちの苦行に従事して、ほどなくブッダになり、解脱の道を教

えてくれるだろうという強い希望をもっていた。ウルヴェーラーの森で六年の間、かれらは菩薩の付き人として、まわりの掃除や、お湯や水をもってくるなどの務めを果たしたのだ。

火起こし～三つのたとえ

　ある日、菩薩の心に、三つのたとえが自然発生的に浮かんだ。それは、これまできいたことがないものであった。
　「たとえば、ある男が摩擦発火の火起こし棒で、水の中にひたされ、樹液を含んで濡れている木片をこすって火をつけようと思っても、火をつけることはできない。なぜなら木片は濡れていて、水にひたされているからだ。そのかわりにくたびれてへとへとになり、失望するだけだろう。ちょうどそのように、この世に肉体的にも精神的にも官能の欲望や感覚の対象からはなれていない行者やバラモンがいるのだが、かれらは熱心に修行して、苦しく、苛酷で、身を刺すような思いをしているのに、道や果のさとりを得ることはなく、みじめになるだけだろう」
　これが第一のたとえで、自然発生的にかれに浮かんだのだが、これまできいたことがなかった。このたとえは《妻子持ち（妻帯）出家(サプッタバリヤー)(パッバッジャー)》と呼ばれる行者の類型を示している。すなわち禁欲主義のかたちをとりながらも、そんな行者やバラモンは、妻やこどもとの在家の生活を、そのまま送っているのだ。
　「また、たとえば、ある男が摩擦発火の火起こし棒で、水から遠くはなれた地面の上に置かれ、樹液を含んで濡れている木片をこすって火をつけようと思っても、やはり火をつけることはできない。なぜなら木片が水から遠くはなれた乾いた地面の上に置かれていても樹液を含んで濡れているからだ。そのかわりにくたびれてへとへとになり、失望するだけだろう。ちょうどそのように、この世に肉体的には官能の欲望や感覚の対象からはなれている行者やバラモンがいるのだが、精神的にはそうではないのだ。かれらは熱心に修行して、苦しく、苛酷で、身を刺すような思いをしているのに、道や果のさとりを得ることはなく、みじめになるだけだろう」
　これが第二のたとえで、自然発生的にかれに浮かんだのだが、これまできいたことがなかった。このたとえは《バラモン持法者（邪教信者）の出家(ブラーフマナダンミカー)》と呼ばれる行者の類型を示している。すなわち禁欲主義のかたちをとり、在家の生活や妻子を捨てていながらも、そんな行者やバラモンは、誤った実践にみずからを捧げているのだ。
　「さらにまた、たとえば、ある男が摩擦発火の火起こし棒で、水から遠くはなれた地面の上に置かれ、樹液がなく乾いた木片をこすって火をつけようと思うと、火

をつけることができて容易に熱を生じさせられる。なぜなら木片が水から遠くはなれた乾いた地面の上に置かれていて、樹液を含まず、乾いているからだ。ちょうどそのように、この世に肉体的にも精神的にも両方とも官能の欲望や感覚の対象から完全にはなれている行者やバラモンがいるのだ。かれらは熱心に修行して、苦しく、苛酷で、身を刺すような思いをしていても、いなくても、どちらでも正しい実践をして、道や果のさとりを得るだろう」

　これが第三のたとえで、自然発生的にかれに浮かんだのだが、これまできいたことがなかった。このたとえは《菩薩の出家》と呼ばれる行者の類型を示し、菩薩自身が実践しているものだった。

止息禅定の開発実践

　ウルヴェーラーの森で菩薩は、もっとも厳しい種類の苦行すべてを実践することで、明智をめざして悪戦苦闘した。苦行とは「なしがたい行為（ドゥッカラチャリヤ）」と呼ばれ、ふつうの人には実践がむずかしいものだ。かれは四重の強い決意をした。それは「精勤精進（パダーナヴィリヤ）」と呼ばれ、次のようなものである。

　「わが皮膚のみ残れ！　わが筋のみ残れ！　わが骨のみ残れ！　わが肉と血は干からびよ！」

　この決意によって、かれは一瞬たりとも退却せず、実践において、全力をあげて奮闘したのである。

　そのとき、次のような考えがかれに浮かんだ。「もしわたしが歯を食いしばり、舌を口蓋に押しつけ、健全な心で不健全な心を制御し、制圧し、破壊したら、それは善いことだろう」と。

　かくして、ちょうど強い男が弱い男の頭や肩をつかんで押さえ込むように、かれは歯を食いしばり、舌を口蓋に押しつけ、健全な心で不健全な心を制御し、制圧し、破壊した。かれが悪戦苦闘している間、汗が腋の下からポタポタ滴った。

　そのとき力の入れ具合が弱まったのではなく、かれのなかから強い活力が勢いよく生まれてきたのだ。かれの気づきは確立され、混乱はなかった。しかし苦しい努力によって、かれの全身は極度に興奮し、平穏ではなかった。苦しいという感情がかれのなかに生まれはしたが、奮闘をつづける意思はびくともせず、ひるまなかった。

　このとき菩薩は、こう考えた。「わたしは無呼吸による止息禅定をこころみてはどうであろうか！」

　そこで必死の努力で、口と鼻から、吸うのと吐くのを止めた。出入りの機会がな

くなって、息は両耳をとおして抜けたが、特別にうるさい音をたてた。ちょうど鍛冶屋のふいごが特別な轟音をたてるように、かれの両耳から出入りする息が轟音をたてたのである。

また、かれに考えが浮かんだ。「わたしはまた、無呼吸による止息禅定を、こころみてはどうであろうか！」

そこで必死の努力で、口と鼻と耳から、吸うのと吐くのを止めた。口と鼻と耳からの出入りの機会がなくなって、息の風がかれの頭を打ち、刺し、ひどく苦しめた。ちょうど強い男が鋭くとがった錐で頭を突き通すように、かれの頭を息が強烈な暴力でひどく苦しめた。

さらにまた、かれに考えが浮かんだ。「わたしは、無呼吸による止息禅定を、こころみつづけてはどうであろうか！」

そこで必死の努力で、前のように、口と鼻と耳から、吸うのと吐くのを止めた。かれがそうしたとき、激しい痛みが頭のなかに生まれた。ちょうど強い男が硬い革ひもをかれの頭に巻いて棒切れでねじってギリギリ締めつけるかのようであった。

それでもまた、かれに考えが浮かんだ。「わたしは、無呼吸による止息禅定を、それでもこころみつづけてはどうであろうか！」

そこで必死の努力で、前のように、口と鼻と耳から吸うのと吐くのを止めた。その後すぐに、猛烈な息の風がかれのおなかを切り刻んだ。ちょうど手際のよい肉屋かその徒弟がウシの腹肉を鋭利な刃物で切り刻むかのようで、そのように、たっぷりの息がかれのおなかを刺した。

もう一度、かれに考えが浮かんだ。「わたしは、無呼吸による止息禅定を、それでもこころみつづけてはどうであろうか！」

そこで必死の努力で、前のように、口と鼻と耳から、吸うのと吐くのを止めた。かれがそうしたとき、全身が猛烈に灼けつくような熱病にかかった。ちょうど強い男ふたりが、ひとりの弱い男の両手をつかんで、真っ赤に熾っている石炭の凹みで炙(あぶ)っているかのようだった。

このようにかれが止息禅定をさらにさらに過酷にやるたびに、かれに奮起する力が生まれつづけた。だからかれの気づきは確立され、混乱はなかった。しかしながら苦しい努力によってかれの全身は極度に興奮し、平穏ではなかった。苦しいという感情がかれのなかに生まれはしたが奮闘をつづける意思はびくともせず、ひるまなかった。

かれの全身はあまりに極端な強い熱に打ちのめされ、歩いているうちに卒倒して、崩れ落ちて坐位になった。そのとき、かれがそのように崩れ落ちるのを見た神々は「沙門ゴータマは死んだ」といった。別の神々は「沙門ゴータマは死んではいない

が、かれは死につつある」といった。さらにまた別の神々は「沙門ゴータマは死んでいないし、死につつあることもない。沙門ゴータマは阿羅漢であり、尊者であり、そのような道に阿羅漢は持ちこたえてとどまる」と、いったのである。

断食の実践

ほんの少しのあいだ、気が遠くなった後、意識が戻ってきた。そして活力と気づきも戻った。そのときかれは、からだをちょっと新鮮にするため、長く吸って吐く深呼吸を何度かした。そのあと立ち上がり、樹下のかれの坐所に行った。その瞬間、こう考えたのだ。「わたしは完全な断食の実践をしたらどうであろうか！」と。

そのあとすぐに、ある神々がかれに近づいてきて、こういった。

「おお、気高く貴い沙門よ、完全な断食の実践をなさいませんように！ 食べ物をまったく食べないのなら、われらは神の食べ物をあなたの毛穴から注入することになりましょう。その食べ物で、あなたは命を持ちこたえるでしょう」

神々がかれにどのようにするのかをきいて、菩薩はこう考えた。「もし、わたしが完全に食べ物を食べないと決めたら、これらの神々はわたしの毛穴から神の食べ物を注入することになろう。わたしはそれによって命を持ちこたえるであろうが、そのときわたしは偽りをいっていることになろう」と。

だからかれは断って「必要ありません」といったのである。

それから、こんな考えがかれに浮かんだ。「もし、わたしが一日の食事を、ほんの少しずつ食べるのなら、それは善いことではなかろうか。たとえば少量のインゲン豆のスープか、少量の穀物のスープか、少量の扁平なレンズ豆のスープか、少量のエンドウ豆のスープを！」

そこでかれがそうしてみると、からだがだんだん痩せてやつれ、極度の羸痩（るいそう）（やせ衰えた）の状態になった。栄養の欠如から、からだと手足の関節が突き出ていた。まるで、茎が節くれだっているニワヤナギか大きな藺草（いぐさ）（訳注：アーシーティカやカーラと呼ばれる草か蔓）のようであった。かれの臀部は指が二本のラクダの蹄のようになり、肛門は凹んでしまった。かれの背骨は大きな数珠玉が数珠つなぎに浮き出ているかのようであった。肋骨の間の肉は落ちこんで、肋骨が古い家の垂木のように突き出ていた。両目の眼球は眼窩に落ちこみ、ちょうど深井戸の奥底に映る二つの星のようであった。頭皮はしなびてしおれ、末成り瓢箪（うらなり）が風に吹かれて日に晒されて、しなびてしおれたみたいであった。

もし、かれが自分のおなかにさわると、背骨にまでさわってしまうほどであった。そしてもし、背骨にさわると、おなかにまでさわってしまうほどであった。おなか

の皮が栄養物の欠如のせいで背骨にまとわりついていたのである。かれが排泄のためにしゃがむと、キンマの果実である檳榔子（びんろうじ）（訳注：長さ六〜八センチの卵形）くらいの大きさの固い玉が、せいぜい一、二個、なんとか排出されるのだ。小水もまた、まったく出なかった。小水になるのに足りるほど水分のある食べ物が、おなかになかったのである。からだがあまりに弱っていて、以上のようなことをすると、顔を下にしてばったりその場に崩れ落ちた。もし、かれが自分のからだを落ちつかせるために両手で手足をこすると、肉と血から十分に栄養がまわっていないために、体毛がぽろぽろ毛根からはがれ落ちてしまうのであった。

　そんなとき、かれを見た人びとは、このようにいった。「沙門ゴータマの顔は真っ黒だ」別の人びとは「沙門ゴータマの顔は真っ黒ではない。茶色だ」その他の人びとは「沙門ゴータマの顔は真っ黒でも茶色でもない。黄褐色だ」輝くばかりに明るい黄金色であったかれの顔の色は、あまりにも食べ物を食べていないために、ひどく劣化していたのである。

　ある日、かれが歩いて行ったり来たりしているとき、またも気が遠くなり、顔を下にして崩れ落ちた。耐えがたい熱に悩まされ、栄養が足りていないせいだった。ウルヴェーラーの森の近くに住んでいる人びとは菩薩がもう何日も、ほとんど何も食べていないことを知っていたのだ。そんなとき、ひとりの羊飼いの少年が、菩薩が倒れた場所にたまたま通りかかった。かれは菩薩があまりに断食をしすぎたので、もう死にかけているのだ、と思ったのだ。かれはすぐさま菩薩に近寄り、起こそうとした。菩薩が意識を取り戻したあと、かれは菩薩の頭をひざの上に乗せ、山羊の乳を飲ませた。菩薩は感謝の思いを伝え、羊飼いの少年が健康で幸福でありますように、と祈ったのである。

「悪魔の十軍」を制圧する

　出家から六年後、菩薩は危機的な局面に至った。かれはほとんど死の瀬戸際だった。しかしながら、かれはいまだに最高度の精勤（パダーナ）の意思があった。ネーランジャーラ川に近いウルヴェーラーの森で、止息禅定をくりかえしこころみていたのである。
　この情況を読みとって、悪魔のナムチ（マーラ）がただちに見せかけの善意とあわれみを装い、かれに近づいて、こういった。
　「おお気高く貴い王子よ、あなたはいまやひどく痩せている。あなたのからだはまばゆい光彩を失い、ひどく衰えた。死が間近に来ている。生きながらえる見こみは千に一つだ。生きよ、おお気高く貴い王子よ！　生きるのが、より好ましい道だ。もし長生きすれば、功徳を積める。禁欲行の清らかな生活をして、生け贄供養の護

摩の儀式をいとなめる。そうすれば、さらに多大な功徳が得られるであろう。この苦行の実践は何の役に立つのか？　この古い径（みち）は耐えがたい！　あなたの目標は達成しがたい！　この実践には確かさがない！　まさに、こんな道を歩んでゆくのは実行可能なことではない！」

　悪魔の誘惑に答えて、菩薩が大胆に、はっきりこういった。

「おお、悪しき者よ、おまえはいつでも有情を輪廻の転生に縛りつけ、いつでも有情の解脱を邪魔している。おまえがここにきたのは、ただ自分の利益のためだけだ」

「わたしは苦の輪廻にみちびく世間の善業を微塵も必要としていないのだ。悪魔よ、そのような世間の善業を切望する者たちだけ、おまえは誘惑すればよいのだ」

「わたしの確信（サッダー）は堅固で、まもなく確実に涅槃をさとるであろう。わたしには精進（ヴィリヤ）があふれんばかりで、草ぼうぼうの汚らしいがらくたは燃やして灰にできる。わたしの智慧（パンニャー）はくらべるものがなく、岩山の如き無明（アヴィッジャー）をこなごなに砕ける。わたしの念（気づき）（サティ）は偉大で、わたしが覚者（ブッダ）になるようにみちびき、無思慮から自由にする。わたしの定（統一集中）（サマーディ）は須弥山のように揺らがず、嵐にもびくともしない」

「おお、悪魔よ、止息禅定を開発する激しい修行によって起きたわたしのからだのこの風は、ガンジス、ジャムナー、アチラヴァティー、サラブー、マヒーというインド五大河の流れでも干あがらせることができるのだ。だから、このような苦行中に、わたしの心は涅槃に向けられているのに、体内のわずかな血を、なぜわたしが干あがらせられないことがあろうか？」

「もし、血が干あがったら、胆汁、痰、小水、栄養成分も干あがる。そして肉も、たしかに消耗するだろう。しかし、胆汁、痰、小水、栄養成分がこのようになくなれば、わたしの心は、さらにきれいになる。念も慧も定もさらに育ち、確かなものとなる」

「わたしは極度の苦痛を経験し、わたしの全身はほとんど炎を噴き出さんばかりの程度まで干あがり、それによってわたしは完全に消耗しているが、わたしの心は絶対に官能の肉欲によっては横道に逸れていない。おお、悪魔よ、おまえが見ているものは、最善の性質を満たしている比類なき人間の心の清浄と高潔さである」

「おまえの第一軍は〈愛欲〉（カーマ）だ。第二軍は禁欲行の清らかな生活への〈反感〉（アラティ）で、第三軍は〈飢えと渇き〉（クッピーパーサー）だ。第四軍は〈渇愛〉（タンハー）、第五軍は〈無気力と眠気〉（ティーナ・ミッダ）、〈恐怖〉（ビール）が第六軍、〈疑うこと〉（ヴィチキッチャー）が第七軍である。第八軍は〈偽善と強情〉（マッカ・タンバ）で、第九軍は不正な〈利得、名声、尊敬〉（ラーバ・シローカ・サッカーラ）、第十軍は〈自画自賛と他者毀損〉（アットゥッカンサナ・パラヴァンバナ）である」

「悪魔のナムチよ、これがおまえの十軍だ。その威力で、人間、神々、バラモン

が苦の輪廻から解脱することを邪魔しているのだ。偉大な確信、意欲、精進、智慧をそなえた勇者以外、悪魔の十軍を征圧できる者はいない。その勝利が、道と果のさとりと涅槃をもたらすのである」

　この当時の戦士は決死の覚悟を示す誓いのしるしとしてムンジャ草の葉を身につけて戦いに挑んだ、といわれているが「降参して退却しないしるしとして、わたしはムンジャ草を身につけている。もし、わたしが戦いから退却せざるをえなくなり、おまえに敗北してこの世に生きながらえたら、それは不名誉で、ぶちこわしで、みっともないことであろう。おまえの軍勢に打ち負かされて敗北を認めるくらいなら、むしろ戦場で死んだほうがはるかにましだ」

　「この世には煩悩の戦場に行く行者やバラモンがいるが、抵抗力はなく、おまえの十軍(キレーサ)に制圧されている。かれらはまるで灯りなしに闇に入ってしまった者のようだ。道理にかなった正道を知らず、そこを歩みもしないのだ」

　「おお、悪魔よ、おまえの軍勢を四方八方すべてに配置しても、わたしは微塵もこわくない。さあここで、わたしはおまえと戦おう。おまえは、わたしがいまいる場所からわたしを追い払うことはできない。おまえの軍勢に、世間はそのすべての神々とともに勝てないが、わたしはいま、わたしの智慧で、悪魔の十軍を滅ぼすであろう。ちょうど石一つで、火がとおっていないナマの土の鉢を粉々に砕くように」

　菩薩が発したこんな勇ましいことばをきいて、悪魔はひとことも答えられずに、その場を去ったのであった。

明智への別の道を熟考する

　ある日の午後、前日に気が遠くなったあと菩薩は羊飼いの少年が飲ませてくれた山羊の乳のおかげで生気を取り戻し、気分がよくなったことを思い返していた。あれがなければ死んでいたかもしれない。

　そう考えていたとき、街へ向かう少女の一団が近くを横切った。歩きながら、このように歌っている。

　　もし、わたしたちが弦をゆるめすぎれば、竪琴(たてごと)の音は出ないでしょう。
　　もし、わたしたちが弦をきつく締めすぎれば、竪琴はバラバラにこわれるでしょう。
　　もし、弦を弱すぎず強すぎず締めれば、竪琴は甘い調(かな)べを奏でるでしょう。

　少女たちの歌う歌詞が、かれの気持ちを深く動かした。まだ宮殿で暮らしていたときは、あまりにもあらゆる感覚の楽しみにふけっていた。ちょうど竪琴の弦のゆ

るめすぎのように、みずからの気ままな放埓をとおしてだと、明智はさとれないのである。ちょうど竪琴の弦のきつく締めすぎのように、みずから死の淵の手前までいく苦行をとおしてだと、明智はさとれないのである。

　紀元前588年、ウェーサーカー月（訳注：現代暦の五月ごろ）の新月から満月へ月が満ちていく最初の日、菩薩に、こんな考えが浮かんだ。「過去の行者やバラモンは苦行の実践では、しょせんこの程度が最大限である痛みとつらさを体験することができたにすぎない。かれらは、わたしがいま耐えているつらさ以上には体験できなかったのだ。だから未来の行者やバラモンも同じで、現在のかれらも同じである。しかし、みずから死の淵の手前までいく苦行のこの激しい実践では、気高く貴い者の智慧と洞察にふさわしい、人間の置かれた条件より高度な超越の道へ、わたしは達することができなかった。明智への別の道があるのではないだろうか？」

　そのとき、かれはこども時代のめでたい祭り「国王犂耕祭」のことを思い出した。父王スッドーダナは幼い王子を連れていき、蒲桃の木の涼しい木陰に王子を置いて、子守りたちに面倒をみさせたのだ。かれは官能の欲望からも、不健全なことからも、まったくはなれていた。そのときかれは冥想をはじめ、出息・入息の修習をして、遠離から生まれた幸福と喜びとともに、考えつつ、探求しつつ、色界の第一禅定に達したのだった。このことを思い出したすぐその後で、かれは「ああ、あれが明智への道だ」と、わかったのである。

　かれはさらに、よく考えた。「なぜ、わたしは、そのような喜びを恐れるべきであろうか？　純粋に出離から生じた至福で、官能の欲望からまったく離れているのだ。わたしは確かに出息・入息修習の禅定の至福を恐れてはいない」

　そのときまた、かれはさらに考えつづけた。「からだがこれほど衰弱していては出息・入息の修習をして禅定の至福の達成をするのは不可能だ。この実践を真剣にやる前に何か身のある食べ物か粗食でも、たとえば炊いたご飯とパンを食べて、衰弱したからだに活力を取り戻したほうがよさそうだ」

　このように考えて、それからは菩薩は市場町セーナーニへ托鉢に行き、毎朝、食事した。そのようにすることによって衰え弱ったからだを維持した。二、三日後には体力を回復し、大人相の特徴も回復した。それは苦行の実践以来、消えていたものだったが、また、はっきりと現れたのである。

五群行者が菩薩から去る

　菩薩の側近として仕えていた五行者は、六年間、大きな希望をもって「どんな真理であれ、菩薩がさとられたことはわれらに分かち教えてくださるだろう」と、考

えていた。しかしいまや、菩薩がどんな粗食であれ提供されたものは食べるというやりかたに変えたのを見てがっかりし「菩薩は放埒になってしまわれた。闘いを放棄して、贅沢に戻られた」と、不平不満をこぼしたのである。

　したがって、五行者はかれのもとを去り、バーラーナシー近くの仙人集会所にある鹿野苑（鹿の園）(イシパタナ)(ミガダーヤ)へ行った。側近の付き人だった五行者に見捨てられ、菩薩はウルヴェーラーの森に、ひとりで住んだ。五行者の存在は明智への偉大な闘いで助けにはなったのだが、ひとりになったいま、かれは気落ちしていなかったどころか、このほうが好都合であった。かれはひときわ目につく孤独を得た。その孤独は、尋常ならざる進歩の達成にみちびいてゆく力があり、精神統一を強めるものであった。

　菩薩が苦行をしていたのは数日数か月ではなく、六年もの長いあいだ、連続してやっていたのである。あまりに厳しく徹底した実践であったために、栄養の欠如で、かれの筋肉や腱はしなびて縮み、血は干あがり、両目は落ちこんだ。体内から発する熱で黄金色の皮膚は黒ずんだ。かくして骨と皮しか見えなくなっていた。生ける骸骨であった。苦行の実践において他のどんな行者も凌駕することはできなかった。そして、そうしたすべての困難と苦痛を体験したにもかかわらず、かれは決してそれを嘆き悲しむことがなかった。それどころか特異だったのはかれの顔で、痩せこけているのにつねにほほえみを浮かべ、まるでどんな苦痛にも悩まされていないかのようであった。

　そのつらいときのあいだ、かれの心に、次のような考えは決して浮かばなかった。「この長きにわたって、すべてのわたしの体力と能力を使ってきた。そしてこの長きにわたってすべて耐え、最も過酷な痛みにも耐えた。しかし、一切智を達成していないのだ！　まさに、わたしがやったことは役に立たない！　わが宮殿に帰ろう！　カピラヴァットゥの王座はわたしのもので、唯一の王位継承者だ。そしてわたしは大人相の特徴をもっているので転輪聖王に確実になるであろう。宮殿で、わたしは美しい妃ヤソーダラーと、まだ生きている母、父、八万人の親族と幸福に暮らすであろう。神のようにすべての贅沢を楽しむことができる。なぜ、わたしはこの森で時を無駄にしなければならないのか？」

　かれのなかには安易にみずから気ままで放埒な生活をもとめる考えなどは、これっぽっちもなかったのである。

19話　スジャーターの乳粥

菩薩の五大夢

　みずから極端な苦行をやるのと、みずから極端な放埒にふけるのと、その両極端を避けることによって菩薩は実践のやりかたを変えた。菩薩は中道をたどり、冥想で意義深い進歩を得ることが可能になった。紀元前588年のウェーサーカー月（現代暦の五月ごろ）の月が満ちていく十四日目、夜明けが近づいているとき、菩薩は五大夢を見た。それは、近く目標を達成しそうな菩薩にのみ見られる前兆としての夢だった。
　五大夢とは、それぞれの夢の意味が、かれみずからによって、次のように解釈されている。
　(1) 大地を寝台にして、山々の王・ヒマラヤ山脈を枕に、かれは寝ている。左手は東の大洋に、右手は西の大洋に、両足は南の大洋に、それぞれ置かれている。
　この最初の夢は、かれが至高の明智をさとり、人間、神々、梵天のあいだで目覚めた者（ブッダ）となるであろう、ということを予告していた。
　(2) ティリヤ草（訳注：軛（くびき）ほどの大きさの赤みを帯びた茎をもつ蔓草の一種。軛は牛車をひく二頭の牛の首をつなぐ弓状の器具）が、かれの臍から現れ、高く高く天に届くまで育ち、何千ヨージャナ（何万キロ）もの上空にとどまっている。
　この二番目の夢は、かれの聖八正道と中道の発見を予告していた。そしてまた、かれが人間と神々にそれを教えることができるであろう、ということを予告していた。
　(3) 白い胴体に黒い頭部のウジ虫の大群がかれの足のつま先から膝小僧まで覆って、のろのろと這っている。
　この三番目の夢は、純白の服を着たものすごい数の人びとがブッダを崇拝し、ブッダの生涯の間に、偉大な帰依をするであろう、ということを予告していた。
　(4) さまざまな色、つまり青、金、赤、灰の四種の色の鳥が四方から飛んでくる。舞い降りるとかれの足もとにひれ伏し、どれも白くなっている。
　この四番目の夢は、戦士階級、司祭階級（ブラーフマナ）、商人階級（ヴェッサ）、貧民階級（スッダ）という四つのカースト（生まれによる身分制度）が、ブッダの教えを喜んで受けいれるであろう、ということを予告していた。かれらは比丘となって阿羅漢になるであろう、と。
　(5) 巨大な糞の山の上で、それにまみれることもなく、かれが行ったり来たり、

歩いて往復している。

この五番目の夢は、世尊が衣、食、住、薬の出家の要具を得てもそうしたものの危険を知って、目的をわかったうえで、強欲や錯覚や執着なく、それらを使うであろう、ということを予告していた。

スジャーターが乳粥を献上する

夜明けになって、菩薩はからだを洗い清めてから、山羊飼いのバニヤン樹（原注：パーリ語では ajapāla nigrodha、ラテン語では Ficus bengalensis）のもとへ行った。托鉢へまわりに行くまでのあいだ、その木の下に坐った。かれのからだは輝かしい光を放ち、バニヤン樹全体がその光で照明された。

市場町セーナーニにはスジャーターという心の寛やかな女性が住んでいた。この町のセーナーニー長者の娘で、およそ二十年前、バニヤン樹のもとへ行き、こう祈願したのだ。

「ああ、守り神さま、もし、わたしが同じカーストの裕福な家に嫁げて、息子を授かりましたら、お礼に参りまして、乳粥を毎年献上いたします」

スジャーターの願いは満たされ、毎年ウェーサーカー月の満月の日にお礼参りをして、乳粥をバニヤン樹の守り神に献上した。

スジャーターは守り神にお礼参りをするに当たって、乳粥の献上のために、いささかの準備をした。

味の濃い、風味ある、滋養ゆたかな乳を得るために次のような手順を踏んだのである。①まず、千頭の牛を甘草林に放牧する。それらから得た乳を、別の五百頭の牛に飲ませて育てる。②この五百頭の牛の乳を、別の二百五十頭の牛に飲ませて育てる。③この二百五十頭の牛の乳を、別の百二十五頭の牛に飲ませて育てる。④この百二十五頭の牛の乳を、別の六十五頭の牛に飲ませて育てる。⑤この六十五頭の牛の乳を、別の三十二頭の牛に飲ませて育てる。⑥この三十二頭の牛の乳を、別の十六頭の牛に飲ませて育てる。⑦この十六頭の牛の乳を、別の八頭の牛に飲ませて育てる。

そのウェーサーカー月の満月の日、スジャーターは乳粥を献上するために朝早く起きた。乳搾りしなければならない牛は八頭ある。乳搾りすると、こんなふしぎな出来事を見た。牛の乳房の下に乳鉢を置くと、搾りもしないのに乳が次々にたっぷりあふれ出てくるのだ。それから、みずから乳粥をこしらえた。

スジャーターが乳粥の調理をしていたときは、神々と梵天は彼女に姿を見せることなく手伝っていたので、ひたすらふしぎな出来事だと思っていたのである。調理

中、下女を呼んで、こう命じた。
　「プンナー、急いでバニヤン樹のもとへ行って、木の下の守り神のお住まいを掃除しておいで」
　「かしこまりました、奥さま」と、プンナーは答え、すぐさま大急ぎでバニヤン樹のもとへ行った。着くと、菩薩が木の下で東へ顔を向けて坐っている。木全体が菩薩のからだから発する光で黄金に輝いていた。プンナーは深い畏敬の念を抱き、こう思った。「バニヤン樹の守り神が降りてこられている。乳粥の献上をご自身の両手で受けとられるみたいだわ」
　それで彼女は急いで飛んで帰り、スジャーターに出来事を報告した。
　「ああ、奥さま、わたしはバニヤン樹の守り神が木の下で冥想して坐っておられるのを見ました。奥さまの献上をご自身の両手で受けとられるために、木から降りてこられています。きょうは奥さま、とっても幸運でございます」
　スジャーターはその知らせをきいて、とても幸福だった。喜びにあふれて下女とともに踊り、下女にふさわしい着物や装飾品を与えた。それから、調理した乳粥を黄金鉢に入れた。黄金鉢は十万金の値打ちがあるもので、きれいな白い布に包んだ。盛装に身を包んで飾り、黄金鉢を頭の上に乗せ、プンナーをつれてバニヤン樹のもとへ行った。
　菩薩が木の下で冥想して坐っているのを見るやいなや、彼女の心は喜びにみたされ、あふれんばかりであった。みばえがして、もの静かで、からだ全体が、輝く光をバニヤン樹のまわりに放っているのだ。彼女は実のところ、守り神が菩薩だとは知らなかった。目に入った場所からうやうやしく近づいて行った。それから適当なところに坐り、頭の上の黄金鉢を下げおろし、蓋をあけた。
　アノーマー川の岸辺で菩薩が出家したとき、ガティカーラ梵天が提供してくれて、そのまま今まで持っていた土製の鉢が突如消えた。その鉢を見ることもなく、菩薩は両手をのばして黄金鉢の乳粥を受けとった。心づくしの強い思いと大きな喜びを感じながら献上しているあいだに、彼女はこう言った。
　「尊い方よ、この黄金鉢の乳粥をどうぞお受けとりくださいませ」
　それから祈願のことばを発した。
　「わたしの願いが満たされましたように、あなたさまの大望もすべて、どうぞ満たされますように」
　もう一度お辞儀をして席から立ち上がり、数歩あとずさって踵を返し、帰宅した。
　菩薩もまた、席から立ち上がり、鉢を取り、ネーランジャー川の岸辺に向かった。鉢を脇にもって、スッパティッディタ沐浴場で水浴びした。沐浴場から出てくると、黄金鉢をもち、木の下の涼しい木陰に坐った。まず乳粥を四十九口に分け、それか

らじっくり考えた。「七週間のあいだ、この四十九口の乳粥が、どうぞわたしのからだを支えてくれますように」そして、食べ始めた。

　食べ終わってから黄金鉢を川にもっていき、こう心に決めた。「もし万一、きょうわたしがブッダになるのなら、どうぞこの黄金鉢が上流へ流れて行きますように。もし、きょうわたしがブッダにならないのなら、この黄金鉢は流れとともに下流へ流されるがままになりますように」そしてかれは黄金鉢を川に浮かべた。黄金鉢が水の上に置かれるやいなや、奇跡のように流れを横切り、川の中ほどへ動いた。流れに抗して上流へ八腕尺（約四メートル）ほど流れ、渦の中へ、龍王カーラの住み処へ、と沈んでいったのであった。

第2章　さとり

20話　成道……完全なさとり

　菩薩は、それからネーランジャー川の岸辺のサーラ（沙羅）林へ行った。そこでしばらく休息し、この日の残りは、出息・入息の修習にみずからを集中させながら、サーラ林の涼しい木陰で過ごした。黄昏どきになって大気が冷たくなり、微風（そよかぜ）が吹いていた。かれはガヤーの森の菩提樹（原注：パーリ語では assattha（アッサッタ）、ラテン語では Ficus religiosa（フィクス レリギオサ））の根もとに向かった。さまざまな精霊たちが付き添ってきた。

　その途中で、反対の方向から草を運んでやってきたソッティヤ（吉祥）という名の草刈り男に、かれは出会った。ソッティヤは菩薩の輝かしい外見に心を打たれた。草がいくらかほしいという菩薩の願いを知って、八つかみの草を献上した。

　菩提樹のもとに着いて、菩薩はあたりを調べ、冥想するのにふさわしいところを探した。菩提樹の東側が、これまですべての過去仏が明智に達した勝利の吉祥の場所だとわかった。それから、八つかみの草をかれの座として置いてひろげると、その瞬間、宝石の大きな玉座（金剛座）に変わった。十四腕尺（約七メートル）もの大きさだった。

　その後すぐに、菩薩は、東に向いて、菩提樹の下の玉座に、足を組んで坐った。そして、次のように固い決意をした。「たとえ骨と皮と筋だけになるにしても！　たとえ全身の肉と血が干あがって萎縮してしまうにしても！　さとりに達するまで、わたしは決してこの座から立たないであろう！」

悪魔（マーラ）の自在天（ヴァサヴァッティ）を打ち負かす

　菩薩がこのような固い決意と強い意思で、明智をもとめて菩提樹の下で懸命に坐ったとき、一万の大世界から帝釈天、パンチャシカ（五髻（ごけい））天、スヤマ天、兜率天、サハンパティ梵天（ブラフマー）、マハーカーラ龍王ら神々と梵天が八万の龍女の踊り子とともに、菩薩に敬意を表するためにやってきた。菩薩がさとりに達するのを目撃するために大いに喜び勇んでやってきたのだ。かれらは菩提樹のまわりで、この、およそめったにない機会を待ちかまえているのである。

　感情の世界の権力者たる悪魔は、菩薩が苦行をしていた丸六年の間中、そのあとにぴったりついて追いかけてきたのだが、菩薩が肉欲、怒り、害意といった不健全

な思考を心に抱きはしないだろうか、と待っているのである。悪魔は、こう考えた。「シッダッタ王子はこの六年間、いっさい過ちなく送った。そしていま、さとりに達するために菩提樹の下へ到着した。かれは確かにわが監視から脱しようとしているが、もう逃げられるところはないのだ。すり抜けて行かせないぞ！」

さて、悪魔は、欲界天の最上位の他化自在天の住み処から魔の戦闘軍を招集し、指揮していた。「おお、わが無双の兵士たちよ、おまえたちはさまざまな戦闘隊形に変化せよ！　殺傷兵器を各自持って、シッダッタ王子を巨大奔流がほとばしるように圧倒的に急襲せよ！」かれみずから千本の腕にそれぞれ殺傷兵器を持つ恐ろしい魔王に変身した。

魔王はギリメーカラ（山帯）という牙のある凶暴な象に騎乗していたが、この象の高さは百五十ヨージャナ（訳注：ヨージャナは当時の長さの単位。一日歩いて疲れるくらいの距離が原義で、人によって異なるため一ヨージャナ七キロ説から二十キロ説まであり、約十数キロとすると二千キロ超）もあり、その象の上から軍勢を指揮した。かれの軍勢は前方、右、左へ十二ヨージャナ（二百キロ弱）広がり、後方へは大世界の端にあって大世界を囲んでいる輪囲山まで、上空へは九ヨージャナ（百キロ強）広がっていた。巨大な魔軍が脅えさせるために発する威嚇の吠え声、唸り声、叫び声は千ヨージャナ（一万数千キロ）先からも聞こえた。魔軍は菩薩を打ち負かし、打ち壊し、動揺させるために進軍したのだが、菩薩の心は深い冥想に没入したままであった。

悪魔とかれの軍勢を見て、菩薩に敬意を表するために菩提樹のまわりに集まってきていたすべての天神たちは、一閃のうちに消えた。帝釈天はヴィジャユッタラ法螺貝を背にかけて走り去った。同様にパンチャシカ天、スヤマ天、兜率天も去った。大梵天は、かれの白傘を大世界の端に放り投げて、梵天の住まいへ戻った。マハーカーラ龍王は、龍女の踊り子すべてを見捨てて地中へ潜っていき、龍の住み処であるマンジェーリカへ向かった。菩薩と菩提樹の近辺にあえてとどまった神々や梵天は誰もいなかった。みんなあたふたと、散り散りばらばら、あらゆる方向へ逃げ去ったのである。

悪魔襲来の不吉な前ぶれ

悪魔とかれの軍勢が直接、菩薩に遭遇する前に、以下の十の不吉な前ぶれが現れた。

（1）何千もの流星が猛烈に、ものすごく落下し、（2）立ち昇るかすみとともに完全な闇が支配し、（3）大洋と地球が猛烈に揺れ、（4）大洋に霧がかかり、（5）多

くの川が逆流して上流へ流れ、(6) 山の頂上が地上へ崩れ落ち、(7) 木々が倒れ、(8) 嵐と風が猛烈に吹き、(9) 猛烈な嵐と風が恐ろしい音をたて、(10) 太陽が闇の中に消え、頭のない胴体たちが空中を駆けめぐる。

しかしながら菩薩は、ほかの猛獣たちの中で静かに坐っている獅子王ケーサラジャのように、ほんのわずかの恐れもなく、静かに坐ったままであった。

一方、悪魔とかれの軍勢は徐々に近づいてきた。しかし、かれらは菩薩を攻撃するために菩提樹の周辺（菩提壇）に入ってくることはできなかった。かれらは勢いよく出てきて菩薩のまわり全部を取り囲んだ。悪魔は鬨の声を上げるだけしかできなかった。「捕まえろ！　攻撃しろ！」しかしかれ自身は、菩提壇へ躙り寄ることもできなかった。かれの手勢に「われらは前面から攻撃ができない。後方から攻撃しよう！」と命じたのである。

そのとき、菩薩は、かれのまわりにはまったく何もいない、とわかった。なぜなら神々や梵天はすべて逃げ去っていたからである。かれはまた、悪魔の大軍勢が四方八方から、いままさに攻撃しようとしているのを見た。そのときかれは、このように考えた。「こんなたいへんな努力をして、悪魔とかれの軍勢はわたしを襲撃している。ここには、わたしの父も母も兄弟も、わたしの親族もいない。ただ十波羅蜜がわたしの仲間として、唯一の防衛として、役に立ってくれるだろう。十波羅蜜はわたしがこんなにも長く修養し、実践してきたものだ。こうした悪魔の大群を撃退するのに、わが波羅蜜の武器以外、ほかの何ものにも頼ることはできない」それから、隔離された住み処の中に住んでいる偉大な梵天がまったくひとりで坐っているかのように、かれは十波羅蜜の功徳を思い浮かべながら坐ったままでいた。

九つの致死兵器を次々にくりだす悪魔

まるで何事もなかったかのように菩薩に無視されて、悪魔はさらに怒り狂った。菩薩を殺すために、さまざまな致死兵器を次々と繰り出すつもりだった。「この九つの致死兵器を連続して繰り出し、骨を粉々に砕いてやろう」と考えた。

最初に猛烈な旋風を巻き起こした。山々の頂上を破壊して吹き飛ばし、木々や密林の繁みを根こそぎにして、周辺地域の村や町を粉砕することができる旋風である。しかしながら、旋風が菩薩に近づいてくると無力になり、衣の端を波立たせることすらできなかった。

菩薩が坐りつづけたまま、しっかり立っている門柱のように揺らがないのを見て、悪魔はとても狼狽した。そのとき第二の致死兵器を放った。急いで巨大な雲を造りだしたのだ。雲はたちまち洪水のような豪雨に変わり、大地をこそげとって大きな

穴をあけた。周辺の森や谷や木を押し流し、激流が菩薩の近くまで届いた。しかしそのとき、かれの衣の糸一本たりとも濡らすことはできなかった。

菩薩を殺すのに失敗して、悪魔は大きな怒りとともに、熱い石の雨を造りだして攻撃を継続した。何千もの石が粉塵のガスを発しながら空中から転がり落ちてきた。しかしながら石が菩薩に近づいてくると、大きな天の花輪と花球に変わった。

またもや失敗したのだ。そこで悪魔は熱い兵器の雨を造りだして再び攻撃した。熱い兵器は槍や刀、剣、鉈、刃物、矢で、ガスと炎を噴出し、なんでも木っ端微塵に切り刻めるのだ。しかし菩提壇に入ってくると、さまざまな天の花に変わって落下した。

悪魔は、菩薩が巨大な岩のようにかすり傷ひとつなく、まだ坐っているのがわかって、驚異の念に打たれた。そのあと、真っ赤に熾っている炭火を造りだして降り注いだ。しかし炭火が菩薩に近づいてくると、さまざまな天の花の雨に変わって菩薩の足もとに落下し、まるで祝福しているかのようであった。

悪魔は引きつづき執拗に、菩薩に激しく攻めかかった。ひとかたまりのとても熱い、火のような灰を生みだし、空から降り注いだ。しかし菩薩の足もとに届いたときには天の白檀の粉に変わっていた。

再び熱い砂の雨を造りだして、空から降り注いだ。しかし再び、菩薩の足もとに落ちたのは、天の花の、たいへん柔らかく細かい粉だった。

そのあとで蒸気と炎をともなった熱い泥のシャワーを生みだし、空から雨のように降り注いだ。しかし菩薩の足もとに落ちたのは、香りのよい天の練り膏だった。

ついに悪魔は、シッダッタ王子の勇気をくじくために、九つ目の致死兵器である大暗黒を発射した。ちょうど新月の夜、厚い雲が垂れこめているとき、深い森の中に男がひとりいて、ぞっとして怖くなるように、そんな恐怖が暗闇のせいで起きるかもしれないだろう。それどころか悪魔の致死兵器の大暗黒は、だれにも耐えられない恐ろしい現象なのだ。しかし菩薩のいるところにそれが到着すると、太陽の光にかき消されるように暗闇が消えたのである。

悪魔の最終兵器

菩薩を殺すために悪魔は九つの致死兵器をくりだしたが、無効だと証明された。こうした迫害者の極悪非道なふるまいに何の注意も払わず、菩提樹の下で巨大なダイヤモンドの山のように無敵の玉座（金剛座）に坐りつづけている菩薩を見て、悪魔はたいへん腹を立てた。

またもや大憤激し、悪魔は菩薩を攻撃した。空から流星群を落下させて攻撃した

のだが、ガスと煙をともなった流星群は一万の大世界を完全に造れるほどであった。雲がないにもかかわらず、空は雷でゴロゴロ鳴った。何千もの稲妻がぞっとするくらいに走った。しかしこれもまた、菩薩には何の害も与えなかった。

　さて悪魔は、かれの最終兵器であるチャッカーヴダ（輪宝）を菩薩にたたきつけた。この最終兵器はあまりにも強力で、もし万一、大地に投げられたら、十二年間というもの、草が生えないのである。もし空中へ発射されたら、日照りになってまるまる十二年間、雨粒は一滴たりとも降らなくなるのだ。もし須弥山に向けられると、山は真っ二つに割れてバラバラになるだろう。シッダッタ王子の頭を粉々にできると信じて、ただちにチャッカーヴダを繰り出した。恐ろしい雷鳴の咆哮を放ちながら空から降りてきた。しかし、菩薩に近づいてくると、菩薩をおおって垂れ下がる天蓋であるかのように、とどまっていた。

　かれの最終兵器が菩薩の肌にほんのひとかすりもできない、とわかって、悪魔の自尊心が傷ついた。激しい怒りでひどく逆上した。しかし、ほかに何ができるかもわからず、かれの軍勢に大声でわめいた。

　「おまえたちはなぜ、突っ立って見ているだけなんだ？　このシッダッタ王子を攻撃しろ！　切り刻め！　押しつぶせ！　さとりに達する、どんな好機も与えるな！」

　まもなく悪魔の軍勢はさまざまな恐ろしい格好になって姿を現し、菩薩をぞっとさせるような多くのやりかたで攻撃をしかけた。ギリメーカラ象の背中に坐っていて、かれもまた菩薩に戦いを挑んだ。

　「おお、シッダッタ王子よ、無敵の玉座から降りろ！　今すぐおまえを殺してやる！」

　思いやりのある父親が、腕白小僧にいつでもやさしく、たたいたり、蹴ったり、怒ったりせず、父親の愛情と好意で胸に抱きしめて守り、眠らせてやるように、菩薩は怒りをまるで見せなかったどころか、よこしまな悪魔とその軍勢の攻撃に忍耐を示した。悪魔を恐れることなく、慈悲の心で見たのである。

　そのとき菩薩は、こういった。

　「おお、悪魔よ、もしわたしがそう望むなら、おまえとおまえの軍勢を、わたしは指をパチンと弾くだけで捕まえ、木っ端微塵にできるのだ。しかし、わたしは、他の生命をとることは、ほんのわずかもうれしくない。それは悪行だからだ」

　「おお、悪魔よ、わたしが与えなかった布施はない。戒でわたしが守らなかったものはない。苦行でわたしが多くの輪廻転生をとおして多くの過去世で実践しなかったものはない。わたしは三十波羅蜜を永劫の中で成しとげ、三十七菩提分法も成就した。もしおまえにわたしの腕力をつかってみせても、何の功徳も生まれない

とわかっている。その代わりに、おまえにはわたしの智力で対応したのである。おまえはわたしを無敵の玉座から、微動だにさせることができないのだ！」

　悪魔が波羅蜜を完成した証拠をもとめるやいなや、菩薩は、かれの波羅蜜から生まれる無量の蓄積の神聖な功徳の無双の力を呼び起こし、公然と宣言した。

「この大地に意思作用はないのだ。それはおまえにも、わたしにも公正で公平である。おまえにも、わたしにも公明正大である。この大地をわたしの目撃者にしよう！」

　そういって菩薩は衣の中から栄光の右手を出して、大地にふれた。まさにその瞬間、空に稲妻が光って雷が鳴るような大音響をともなって、まるで陶工の轆轤(ろくろ)のように、地球が急速にグルグル回転したのである。一万の大世界が猛烈に回転して創りだす恐ろしくも激しい音響で、火事の竹林のようにパチパチ音をたてて弾け、破裂するのだ。雲のない空一面にゴロゴロ雷鳴が轟き、断続的にドカンと落雷がすさまじい音を立てる。悪魔とかれの軍勢は大地と空のはざまに閉じ込められ、絶え間のない騒音と喧噪で非常に脅かされ、逃げ場も救助もなかった。悪魔は軍旗を投げ捨て、一万の兵器を捨てて、象を見捨てて逃げ去った。ギリメーカラ象は去る前に、菩薩の前でひざまずいた。象に乗っていた主人が逃げ去ったのを見て、悪魔の大軍は、四方八方へばらばらに散乱した。まるで嵐が灰を吹き飛ばすかのように、あたふたと逃げ去ったのである。

　悪魔とかれの大軍の到着で逃げ出していた神々と梵天は、遠くから戦闘を見ていたのだが、どっちが勝ったのか興味津々だった。菩薩が悪魔を打ち破り、勝利者として登場した、とわかり、かれらは声をそろえて「サードゥ、サードゥ、サードゥ！（善き哉(かな)、善き哉、善き哉）」と叫んだ。

　ガヤーの森の雰囲気はまた静かになり、神々と梵天が戻ってきて、菩薩が坐ったままでいる菩提壇に集まった。悪魔に対する勝利の吉報は一万の大世界の隅々まで急速にひろがった。神々と梵天は、この知らせをきいて大喜びだった。かれらは菩薩の前に平伏して、花や香、よい匂いの練り膏をささげて祝福し、数多くのさまざまなやりかたで、めでたい賛辞や頌徳(しょうとく)の歌を歌ったのである。

三つの明智に到達

　邪悪な悪魔への勝利は、満月と太陽の日没との併置で刻印された。満月は東の地平線から昇り、太陽は西の地平線へ赤い球となって沈んでゆく。菩薩はそのとき、まさに今こそ至高の明智達成への挑戦を続けるときだ、とさとった。紀元前588年のウェーサーカー月（現代暦の五月ごろ）の満月の夜、菩提樹の下の無敵の玉座の

上に足を組んで坐り、菩薩はまことに優雅に見えたが、さまざまな冥想の段階を発展させていたのだ。一万の大世界から来ているすべての神々と梵天は、この宇宙に群がって集まり、菩薩に敬意を表したのだが、菩薩はかれらを気にもとめず、法（真理）（ダンマ）の実践のみに集中していたのである。

　菩薩がそうしているとき、不屈のエネルギー（精進）（ヴィリヤ）がかれの中に喚起され、かれの気づき（念）（サティ）は不動かつ明晰になった。かれの身体は穏やかで混乱がなかった。かれの心は集中して統一（一境性）（エーカッガター）していた。かれの心は、まったく障碍（蓋、（ニーヴァラナー）訳注：心に蓋をして人の能力を奪い、善を成就させない要素で煩悩の異称。五種類あり、五蓋＝貪欲、瞋恚、惛沈・睡眠、掉挙・後悔、疑、と呼ばれる）から自由で、感覚の快楽（事欲）（ヴァットゥカーマ）と感覚の欲望（煩悩欲）（キレーサカーマ）から離れていた。

　かれは初禅に入って、とどまった。初禅には適用された思考（尋）（ヴィタッカ）と持続された思考（伺）（ヴィチャーラ）、そして遠離から生じる歓喜（喜）（ピーティ）と快楽（楽）（スカ）がともなっていた。

　そして再び、菩薩は適用された思考と持続された思考を静めて、第二禅に入って、とどまった。

　第二禅には自信と専心があり、適用される思考はなく（無尋）（アヴィタッカ）、持続される思考もない（無伺）（アヴィチャーラ）のだが、集中から生じる喜と楽はあった。

　かれがつづけて進めていくと、喜と楽は薄れていき、心の均衡状態（中捨）（タトラマッジャッタター）が浸みこんでくるのだ。かれは気づきをつづけ、きちんと観察し、楽の中にのみとどまっていた。このように、かれは第三禅に入って、とどまった。かれの気づきはかなり明晰になり、かれの洞察はたいそう研ぎ澄まされた。

　心身の楽と苦の両方を放棄し、これに先行した喜と悩の消失で、かれは第四禅に入って、とどまった。第四禅には不苦不楽（捨）（ウペッカー）と心の均衡状態にもとづく気づきの清浄があった。

　かれの集中統一した心が、このように清らかに、明るく、汚れなく、不完全さが除去され、しなやかで、巧みで、沈着冷静さに達していたとき、かれはみずからの心を過去世回想の智慧（宿住随念智）に向けたのである。かれは自分の多様な過去の輪廻転生を回想した。つまり一つの生涯を、二つの生涯を、三つの生涯を、四つの生涯を、五つの生涯を、十の生涯を、二十の生涯を、三十の生涯を、四十の生涯を、五十の生涯を、百の生涯を、千の生涯を、一万の生涯を。それから、幾多の大世界（宇宙）の解体を、幾多の大世界（宇宙）の進化を、そして、幾多の大世界（宇宙）の解体と進化とを。

　かれはこのように理解した。「わたしはあの場所ではそんな名前で、こんな一族で、こんな外見で、こんな食べ物を食べ、こんな楽と苦の経験をして、何年の生涯だった。わたしはその場所を去って別の場所での生存に来て、そしてそこでもまた、

第Ⅱ部　成道へ

わたしはそんな名前で、こんな一族で、こんな外見で、こんな食べ物を食べ、こんな楽と苦の経験をして、何年の生涯だった。そのようにしてそこを去って、ここの生存に来ているのだ」と。

　このように、かれは自分の多様な過去の輪廻転生の細部と詳細を回想した。これこそまさに菩薩が夜の初更（初夜）に達成した最初の真の智慧であった。無知が消えた。そして真の智慧が生じた。闇が消えた。そして光が現れた。不放逸と、熱意と、そして不屈を堅持している者に、これが起きたのである。

　再び、かれの集中統一した心がこのように清らかに、明るく、汚れがなく、不完全さが除去され、しなやかで、巧みで、沈着冷静さに達していたとき、かれはみずからの心を一切衆生の消滅と再生の智慧（天眼智または死生智）に向けたのである。透徹した洞察力であり、清浄かつ人の視力を超越しており、かれは一切衆生の消滅と再生、優劣、美醜、幸不幸を見たのである。

　一切衆生がどのようにかれらの行為によって変遷していくか、かれは次のように理解した。「身語意の不善行為をする、聖者たちの悪口をいう、邪見をもっている——これは邪な行為に影響を与える——こうした衆生は、肉体の衰滅で死後、剥奪困窮の状態に、悪趣に、堕地獄に、地獄にさえ再生する。しかし身語意の善行為をする、聖者たちの悪口はいわない、正見をもっている——これは正しい行為に影響を与える——有徳の衆生は、肉体の衰滅で死後、善趣に、天界にさえ再生する」と。

　このように超常の透徹した洞察力で、かれは一切衆生の消滅と再生、優劣、美醜、幸不幸を見たのである。そしてかれは一切衆生がどのようにかれらの行為によって変遷していくか、理解したのだ。これがまさに、かれによって夜の第二更（中夜）に達成された第二の真の智慧であった。無知が消えた。そして真の智慧が生じた。闇が消えた。そして光が現れた。不放逸と、熱意と、そして不屈を堅持している者に、これが起きたのである。

　そして再び、かれの集中統一した心がこのように清らかに、明るく、汚れがなく、不完全さが除去され、しなやかで、巧みで、沈着冷静さに達していたとき、かれはみずからの心を、汚れ（漏）の破壊の智慧（漏尽智）に向けたのである。かれはものごとのありのままを知った。かれは《これは苦である》《これは苦の起源（集）である》《これは苦の滅である》《これは苦の滅にみちびく道である》と知った。したがって同様に、かれはまた《これは漏である》《これは漏の起源（集）である》《これは漏の滅である》《これは漏の滅にみちびく道である》と、知ったのであった。

　このようにかれは、かれの心が、官能の欲望の汚れから、憎悪の汚れから、無知の汚れから、自由であると認識し、知覚した。そしてかれが解脱したとき「わたしは解脱した」という智慧が来たのだ。

かれは直接的に、このようにさとった。
「生まれは尽きた。梵行（仏道の実践）は完成された。なすべきことはなされた。もはやこの状態の他に行くことはない」
これがまさに、かれによって夜の最終更（後夜）に達成された第三の真の智慧であった。無知が消えた。そして真の智慧が生じた。闇が消えた。そして光が現れた。不放逸と、熱意と、そして不屈を堅持している者に、これが起きたのである。

さとりに到達

菩薩が阿羅漢道をさとったとき、すべての束縛（結）は根こそぎなくなった。そしてかれの心には漏尽智が現れ、四つの汚れ（漏）が完全に破壊された。四つとは、官能の欲望の汚れ（欲漏）、存在への執着の汚れ（有漏）、邪見の汚れ（見漏）、無知の汚れ（無明漏）である。そして無間のうちに（まったく時を置かずに）、かれは阿羅漢果をさとった。それはかれに完全に清浄な心の状態をさずけた。このように菩薩は全知（一切知智）を獲得することによって完璧な自覚明智者（正自覚者）に到達し、「ブッダ」（覚者、目覚めた人）の称号にふさわしい方となられた。

かれの明智のさとりは、至高の智慧である「四聖諦」、四重の分析智である「無碍解智」、六重の独自の智慧である「不共智」で、これらが十四重のブッダの智慧を構成している。さらにまた、四重の勇敢な智慧「四無所畏智」、十の智力「十力智」、十八の特別な資質「十八不共法」もある。

菩提樹の下の無敵の玉座の上に足を組んで坐り、菩薩はまことに優雅に見えた。かれの身体の黄金色は菩提樹の高貴な光背をつくり、周辺地域のあらゆる動くものと動かないものが、流れる黄金の光線に浸されているように見えた。このように、紀元前588年、ウェーサーカー月の満月の日の早朝にかけて、菩薩は三十五歳で全知（一切知智）に到達し、三世界（欲界、色界、無色界）のブッダとなられたのである。その瞬間、明るく輝く光がかれの身体から放射され、一万の大世界が震動し、鳴り響いた。

そのころ、一万の大世界全体が、美の極致に達した。あらゆる種類の花咲く樹々が、季節とかかわりなく、いっせいに花開いた。あらゆる種類の果実のなる樹々もまた、季節とかかわりなく、いっせいにたっぷり果実をつけた。ふしぎなことに、花々もまた、木の幹や枝、蔓草で、花開いた。そして空中の見えない植物から花々がいっぱい垂れ下がった。まさにその瞬間、一万の大世界（生誕刹土）が、やさしく揺れたのである。

第Ⅱ部　成道へ

歓喜のことば「ウダーナ」── 自説経

　明智のさとり当日の夜明け、ブッダの心は歓喜（喜〔ピーティ〕）でいっぱいになった。ブッダは解脱（涅槃）の永続する平安と幸福を発見することができる、それは長い間探し求めていたものだ、とじっくり考えていた。生命にかかわる本質をさとれ、その成功はみずから達成されるもので、どのような外部の権威、影響力、いわゆる全能の神の力添えもなかったのだ。生老病死を乗りこえる薬がみつかったのである。かくして今やブッダは生きとし生けるものすべてを、生と再生の循環（輪廻）の莫大な苦しみから解放する助けができるようになったのであった。

　そのときブッダは、みずからの幸福を、歓喜の凱歌として二つの偈（感興偈〔ウダーナ〕）で発した。それはブッダの卓越した徳の勝利と精神内部の経験を生き生きと描写している。

"Anekajātisaṃsāraṃ, Sandhāvissaṃ anibbisaṃ;
（アネーカジャーティサンサーラン　サンダーヴィッサン　アニッビサン）
　Gahakārakaṃ gavesanto, Dukkhā jāti punappunaṃ."
（ガハカーラカン　ガヴェーサントー　ドゥッカー　ジャーティ　プナップナン）
"Gahakāraka diṭṭhosi, Puna gehaṃ na kāhasi;
（ガハカーラカ　ディットーシ　プナ　ゲーハン　ナ　カーハシ）
　Sabbā te phāsukā bhaggā, Gahakūṭaṃ visaṅkhataṃ;
（サッバー　テー　パースカー　バッガー　ガハクータン　ヴィサンカタン）
　Visaṅkhāragataṃ cittaṃ, Taṇhānaṃ khayamajjhagā."
（ヴィサンカーラガタン　チッタン　タンハーナン　カヤマッジャガー）

"無数の生涯をあてどなくさまよってきた、
　家の作者を探し求めて。さらにさらにと転生するのは苦しい。"
"家の作者よ、おまえの正体は見られた。もはやおまえが家を作ることはない。
　すべてのおまえの垂木（たるき）は折れた。棟木（むなぎ）は壊れた。
　形成するはたらきから心は離れ、渇愛を滅尽したのだ。"

　これらの偈に、ブッダは明智に達する前のことを述べている。数え切れない年数を、一つの生存から別の生存へとさまよってきた。不放逸に、この家の作者である肉体（五蘊）を探し求めていた。しかし見つけられなかった。再生はほんとうに悲しいことだ、とわかった。なぜなら生まれ変わった肉体は、老、病、死に悩まされることが避けられない。しかし最後の生となる菩薩で行者になった。瞑想を実践しているあいだ、かれの直感智によって家の作者を、実体のない建築家を、おぼろげながら見つけたのだ。官能の欲望への渇愛（欲愛）、存在への渇愛（有愛）、非存在への渇愛（非有愛）である。それらが心のエネルギーの流れのうちに潜在的な汚れとして流れているのだ。それがこの渇愛で、粗大かつ繊細に、輪廻の転生をくりかえすことにみちびき、あらゆるかたちの生命に固執させるのだ。

ブッダになって、一切知智をさずかり、かれは明確に渇愛を識別したので、もはや心に忍びこむことはなかった。家の垂木とは十種類の心の汚れ（煩悩）だ。貪、瞋、痴、慢、見、疑、惛沈、掉挙、無慚、無愧が十煩悩である。家の棟木とは無明で、あらゆる感情の根源であり、垂木を支えている。道智のまさかりが、すべての煩悩の垂木と無明の棟木を粉砕した。かくして家の解体で、阿羅漢に達することによって、家を再建する材料がもはや力をもっていないのだ。そしてこの状態に到達したとき、ブッダの心は清らかになり、無為の状態、涅槃に到達したのである。

21話　さとりの後の七週間

さとりの後、世尊は七週間、七つのさまざまな場所で過ごされた。菩提樹の下と、その周辺である。この期間は、どんな食べ物も摂られなかった。世尊のからだはスジャーターが献上した乳粥の滋養物によって維持された。

菩提樹の下の最初の一週間……跏趺の七日間

世尊は菩提樹の下で足を組んで坐り、解脱の至福を味わいながら、その姿勢のまま、丸一週間とおして変えなかった。七日目に集中状態から出て、夜の初更に縁起の順観を観察した。
「これ有るとき、かれ有り。これ生ずれば、かれ生ず」
これすなわち「因縁の教え―順観」で、以下の十二因縁である。
「無明に縁って行が生じる。
行に縁って識が生じる。
識に縁って名色が生じる。
名色に縁って六処が生じる。
六処に縁って触が生じる。
触に縁って受が生じる。
受に縁って渇愛が生じる。
渇愛に縁って固執が生じる。
固執に縁って有が生じる。
有に縁って生が生じる。

第Ⅱ部　成道へ

　　　生(ジャーティ)に縁って老、死(ジャラーマラナン)が生じ、
　　　愁、悲、苦、憂、悩(ソーカパリデーヴァドゥッカドーマナッサウパーヤーサー)が現われる。
　　このようにして、このすべての苦蘊(くうん)の生起がある」

　世尊がこの教えをこのようにつぶさに考えていたとき、その意味をさらにはっきり理解した。その後に歓喜の偈頌(げじゅ)を発した。

　「熱心に冥想する聖者に、
　　真理がすっかりあらわになる。
　　そのとき、かれの一切の疑惑は消え去る。
　　なぜなら、それぞれの現象には原因がある、と知っているのだから」

　夜の第二更に、縁起の逆観を観察した。

　「これ無いとき、かれ無し。これ滅すれば、かれ滅す」

　これはすなわち「因縁の教え—滅観」で、以下の十二因縁である。
　「無明(アヴィッジャー)こそが滅することに縁って行(サンカーラ)が滅する。
　　行(サンカーラ)が滅することに縁って識(ヴィンニャーナ)が滅する。
　　識(ヴィンニャーナ)が滅することに縁って名色(ナーマルーパ)が滅する。
　　名色(ナーマルーパ)が滅することに縁って六処(サラーヤタナ)が滅する。
　　六処(サラーヤタナ)が滅することに縁って触(パッサ)が滅する。
　　触(パッサ)が滅することに縁って受(ヴェーダナー)が滅する。
　　受(ヴェーダナー)が滅することに縁って渇愛(タンハー)が滅する。
　　渇愛(タンハー)が滅することに縁って固執(ウパーダーナ)が滅する。
　　固執(ウパーダーナ)が滅することに縁って有(バヴァ)が滅する。
　　有(バヴァ)が滅することに縁って生(ジャーティ)が滅する。
　　生(ジャーティ)が滅することに縁って老、死(ジャラーマラナン)が滅し、
　　愁、悲、苦、憂、悩(ソーカ パリデーヴァドゥッカドーマナッサウパーヤーサー)が滅する。
　　このようにして、このすべての苦蘊の滅がある」

　さらに世尊がこの逆観の教えをつぶさに考えていたとき、その意味をさらにはっきり理解した。その後に歓喜の偈頌を発した。

　「熱心に冥想する聖者に、
　　真理がすっかりあらわになる。
　　そのとき、かれの一切の疑惑は消え去る。
　　なぜなら、もろもろの原因は滅する、と知覚したのだから」

　夜の第三更に、縁起の順観と逆観を観察した。

　「これ有るとき、かれ有り。これ生ずれば、かれ生ず
　　これ無いとき、かれ無し。これ滅すれば、かれ滅す」

第2章　さとり

これはすなわち「因縁の教え─順観と滅観」で、以下の十二因縁である。
「無明(むみょう)に縁って行(ぎょう)が生じる。
　行に縁って識(しき)が生じる。
　　（中略）
　生に縁って老、死が生じ、
　愁、悲、苦、憂、悩が現われる。
　このようにして、このすべての苦蘊(くうん)の生起がある。

　無明こそが滅することに縁って行が滅する。
　行が滅することに縁って識が滅する。
　　（中略）
　識が滅することに縁って名色が滅する。
　生が滅することに縁って老、死が滅し、
　愁、悲、苦、憂、悩が滅する。
　このようにして、このすべての苦蘊の滅がある」

　世尊がこの教えを順観と逆観でつぶさに考えていたとき、その意味をさらにさらに、はっきり明瞭に理解した。その後に歓喜の偈頌を発した。
「熱心に冥想する聖者に、
　真理がすっかりあらわになる。
　そのとき、かれは悪魔の軍勢を蹴散らして敗走させる。
　あたかも太陽が天空を輝かせるがごとく」
　この最初の一週間は跏趺(パッランカ)（結跏趺坐(けっかふざ)、坐る冥想）の七日間として知られている。なぜなら世尊は菩提樹の下の無敵の玉座（金剛宝座）の上に七日間坐り続けたからである。

菩提樹を見つめる二週間目……無瞬目の七日間

　八日目に世尊は、無敵の玉座で坐っている姿勢から立ち上がり、北東方向に若干の距離を踏み出した。それから一本の黄金柱のようにしっかり立ち、眼を閉じないまま一週間ずっと菩提樹を見つめ続けた。
　世尊は、動かないものである菩提樹にさえ、さとりへ向けてみずから格闘しているあいだに木陰でおおってくれたことへ深い満足を示すことによって、わたしたちに偉大な功徳の行為を教えられているのである。この一週間は無瞬目(アニミサ)（まばたきなし）の七日間として知られている。そして世尊が立っていた場所はアニミサ・

チェーティア（廟）と呼ばれている。

この世尊の高貴な態度は全仏教徒が継承して、オリジナルの菩提樹だけでなく、その子孫の菩提樹にも敬意を払うべきだ。世尊がこのように動かないものにさえ深い満足を払われたように、わたしたちはさらにもっと、ほかの生きとし生けるものにも真摯な満足を示すべきなのだ。

宝石の経行処の三週間目……経行(チャンカマ)の七日間

二週間が過ぎた。しかし世尊は菩提樹の周辺に滞在したままであった。神々のうちのある者は世尊がなぜ、まだそこにいるのか、ふしぎがった。かれらは世尊のさとりを疑った。二週間目の立つ冥想から出られて、世尊の心の眼でかれらの考えを知られた。かれらの疑いを取り除くために、世尊は空中に宝石の経行処(ラタナチャンカマ)を創りだされ、行きつ戻りつ、歩く冥想をされた。それと同時に世尊は真理についてつぶさに考えられ、阿羅漢果の達成の中に没入していかれた。このように世尊は、三週間目のすべてを過ごされた。それは経行（訳注：冥想しつつ反復歩行すること。禅宗では"きんひん"と訓む）の七日間として知られている。

宝石の家の四週間目……宝石の家の七日間

神々の疑いを取り除いて、四週間目の世尊は、神々によって菩提樹の北西の場所に創られた宝石の家の内側で七日間、足を組んで坐った。

その場で世尊は、ブッダの"高度な"または"特別な"教えを納めた籠という意味の論蔵(アビダンマ ピタカ)を熟考した。その集成は七つの論書、すなわち「法集論(ダンマサンガニー)」「分別論(ヴィバンガ)」「界論(ダートゥカター)」「人施設論(ブッガラパンニャッティ)」「論事(カターヴァットゥ)」「双論(ヤマカ)」「発趣論(パッターナ)」である。七つのうちのはじめの六つの論を調べているときは、世尊のからだは光線を出さなかった。しかしながら「発趣論」に至って世尊の全智は壮大な輝きを見せる機会を確実に得ている。ちょうど巨大魚である呑舟の大魚(ティミラピンガラ)（訳注：舟をまる呑みするほどの大きな魚）は深さ八万四千ヨージャナ（百万キロ超）の広大な大海原の中でしか泳いで遊ぶ機会を得られないように、世尊の全智は大論書の中にのみ真実のふさわしい空間をみつけているのだ。

このように世尊は大論書「発趣論」についてつぶさに微妙(みみょう)かつ甚深(じんしん)の真理を無限数の方法で考察され、世尊の心身はあまりに清浄となり、青(ニーラ)、金(ピータ)、赤(ローヒタ)、白(オーダータ)、橙(マンジッタ)、そしてこの五色混合によるまばゆい極光浄(パッパッサラ)という六色の光線が世尊のからだから放射されたのである。六色それぞれの色はブッダの気高く貴い性質を象徴している。

青は信を、金は聖を、赤は智を、白は純粋を、橙は無貪を、そして極光浄はこうした気高く貴い性質の結合を、それぞれ象徴している。

この四週間目の論蔵についての想起、沈潜は、宝石の家の七日間として知られている。

山羊飼いのバニヤン樹のもとの五週間目……アジャパーラの七日間

菩提樹近辺で四週間過ごしたあと、世尊は菩提樹の東側にある山羊飼いのバニヤン樹（アジャパーラ榕樹）の根もとへ行かれた。その樹下で足を組んで坐り、解脱の至福にひたりながら七日間過ごされた。

そのころ高慢な性格のバラモンが世尊に近づいてきた。礼儀正しく親しみのあるあいさつを交わしたあと、かれは一隅に立ち、世尊に尋ねた。

「おお、尊い方ゴータマよ、いったいどんな美徳によって人はバラモンになるのでしょうか？　そして、どのような条件が人をバラモンたらしめるのでしょうか？」

このバラモンの質問の意義を明確に理解されて、世尊は歓喜の偈頌を発された。

「悪徳を取り除き、
　傲慢から自由になり、汚れなく、自制する。
　智慧の極致となり、清浄行の実践を完成する。
　その人こそ、この世のどこにおいても
　真の『聖者』と呼ばれる」

この週のあいだも、悪魔の三人娘である渇愛（タンハー）、嫌悪（アラティ）、貪欲（ラーガ）は世尊を誘惑しにやってきていた。肉体の美しさを見せつけたり、誘惑する言葉をかけたり、気をひくような魅力的な踊りをしてみせたり、そのほか心を惑わせるしぐさをしてみせたりした。こうしたあらゆる誘惑に注意する代わりに、世尊は眼を閉じて冥想を続けたのである。

このように世尊は、アジャパーラの七日間として知られる五週間目をアジャパーラ・バニヤン樹の下で過ごした。

ムチャリンダ樹のもとの六週間目……ムチャリンダの七日間

七日目の終わりに、世尊は坐る冥想の集中から立ち上がり、アジャパーラ・バニヤン樹の近くのムチャリンダ樹（原注：ラテン語：Barringtonia acutangula（バーリングトニア　アクタングラ））の根もとへ行った。ムチャリンダ樹の下で世尊は足を組んで坐り、解脱の至福にひたりながら七日間過ごされた。

この間、季節はずれの大嵐が発生した。嵐は大雨、冷風、暗天をともなって七日間続いた。大雨到来を知って豪腕の龍王ムチャリンダが龍宮からやってきた。大蛇のコブラのような龍王は世尊のからだを七重巻きにして頭についている大きな幌（鎌首）で世尊の頭を保護した。「世尊が、寒さや暑さ、虻や蚊、風、日差し、地面を這うものに害されないように」と考えながら、そうしたのである。

七日間の終わりに空が晴れ、雲が消えた。もはや世尊を保護する必要がなくなったのでムチャリンダはグルグルとぐろを巻いて保護していたのをほどいた。みずからの姿かたちを消して、若いバラモンの身装りになって世尊の前に立ち、尊崇の思いから両手を合わせた。

その後すぐに、世尊は二つの厳粛な法悦の偈を発した。

「足るを知る（知足）者にとって、遠離は楽しい。
　真理を聞いて見ている者にとって、
　この世で慈悲は楽しい。
　生きとし生けるものに害意を自制するのも楽しい」

「この世で感情から離れるのは楽しい。
　もろもろの感覚の快楽を乗りこえる者にとって、
　『我がいる』という慢心をなくすことは、
　じつに何よりも最上の楽しみである」

このように六週間目は、世尊が龍王ムチャリンダに七重巻きになってその中で過ごされたときで、ムチャリンダの七日間として知られている。

ラージャーヤタナ樹のもとの七週間目……ラージャーヤタナの七日間

この週のあいだ、世尊は冥想の集中から出られてムチャリンダ樹のもとから菩提樹の南側のラージャーヤタナ樹（原注：ラテン語：Buchanania latifolia）のもとへ行かれた。世尊は樹下で足を組んで坐り、何のわずらいもなく、解脱の至福にひたりながら日々を過ごされた。かくて、世尊はラージャーヤタナの七日間として知られる七週間目をラージャーヤタナ樹の下で過ごされたのである。

第Ⅲ部　法輪を転じる～伝道布教へ

第1章　初転法輪

22話　タプッサとバッリカ……最初の在家の仏弟子

　そのころウッカラ（訳注：現在のインド東南部オリッサ州）地方のポッカラヴァティー市に兄弟二人が住んでいた。二人は行商人の息子で、大きな隊商を組んで荷物を運び、売り買いしていた。兄はタプッサ、弟はバッリカ。かれらは家を構え、父親の仕事を継いでつづけた。さて、かれらは五百台の牛車とともに自宅を出て中部地方へ商いの旅に出た。
　ブッダがさとりをひらいてから八週目の最初の日だった。朝早く、世尊がひっそりラージャーヤタナ樹の下で坐りつづけていると、兄弟の商人二人が樹からそれほど遠くない主街道を通りかかった。そのとき、牛車が突然、泥にはまって立ち往生したかのように、停まった。しかしながら地面に水気はなく、平らなのに、である。
　この出来事は、過去世でかれらの母であった神が起こしたものだった。その神は、世尊が四十九日間の断食の後、生き延びるために食べなければならない、とわかっていた。そして息子二人がラージャーヤタナ樹からそれほど遠くないところにいるのを知って、世尊に食べ物のお布施をするのに都合がよく、ぴったりだ、と考えたのである。それで神は牛車の牛を、神通力を使って停めたのだ。
　二人はこの出来事に当惑した。原因を調べるうちに、神が木の枝の上で正体を現し、話しかけた。
　「息子たちよ、ここにさとられたばかりの世尊がいらっしゃる。四十九日間、何も食べずに解脱の至福にひたられ、いまだラージャーヤタナ樹の下で坐っていらっしゃる。行って、食べ物のお布施をして礼拝しなさい！　この功徳ある行いは、おまえたちに長いあいだ、繁栄と幸福をもたらすであろう」
　この知らせを聞いて二人の心は喜びであふれんばかりであった。ただちに旅に持ってきていた米菓子と蜂蜜を携えて世尊のもとへ行った。うやうやしく世尊に礼拝し、適切なところに坐り、話しかけた。
　「尊い方よ、世尊がこれらの米菓子と蜂蜜をお受け取りなさいますように。それ

によってわたしたちが長いあいだ、繁栄して幸福でありますように」
　その後すぐに世尊は、こう考えた。「過去仏すべてが決して手では布施の食べ物を受けとらなかった。この米菓子と蜂蜜をわたしは何で受けとるべきだろうか？」世尊の思いを察知して、東の持国天、南の増長天、西の広目天、北の多聞天（毘沙門天）という四方の四天王が、かれらの住み処からそれぞれ緑色の花崗岩を持ち寄り「尊い方よ、世尊が米菓子と蜂蜜をこれらでお受けとりなさいますように」と、いったのだ。世尊はその四つの碗を時宜にかなった贈り物として受けとられた。それぞれ一つ一つ上に乗せて、世尊は一つの決定をされた。「これらは一つになるように」と。このように世尊が決められるやいなや、花崗岩の碗は四つの縁がある一つの碗になった。
　それから世尊は米菓子と蜂蜜を新しい托鉢の碗で受けとられた。それを食べて世尊は商人兄弟に感謝の言葉をかけられたが、兄弟は強い印象を受けた。それにつづけて、かれらは、こういった。
　「尊い方よ、わたしたちは世尊と法に帰依いたします。世尊がわたしたちを在家の仏弟子として受け入れてくださいますように。わたしたちはきょうから命終わるまで、生涯、帰依いたします」
　かくしてタプッサとバッリカは、仏と法の二帰依によって最初の二人の在家仏弟子（優婆塞）となった。そのころ僧団は、まだ成立していなかったのだ。
　旅を続けるときになって、かれらは世尊にお願いした。
　「尊い方よ、世尊が憐れみをもって、わたしたちが毎日思いを新たにして畏敬することができる何かをお授けください」
　それで世尊は頭を右手でこすり、巻き髪の房八つをかれらに与えたのである。かれらはその形見の毛髪（髪舎利）をうやうやしく両手で受け取り、黄金の小箱に納めた。それから大喜びでその場を離れた。商売の取引を終えてすぐさま、ふるさとのウッカラ地方のポッカラヴァティー市に帰り、その形見の毛髪を納めるチェーティア（廟）を建立した。布薩日（安息日）の日々にはチェーティアは青い光線を放つ、といわれている。
　のちに、世尊が最初の説法をされたあと、ラージャガハにいらしたとき、かれら二人は世尊を訪ね、説法を聴いた。タプッサは預流者となり、バッリカは僧団に入って、阿羅漢となった。

23話　最初の説法……「転法輪経(てんぽうりん)」

　二人の商人兄弟が去って行ったとき、世尊は坐っていたラージャーヤタナ樹の根方から立ち上がり、アジャパーラ・バニヤン樹の根方へ行った。そのとき、次のような考えが世尊に浮かんだ。
　「わたしが理解したこの真理は深遠で、まことに微妙(みみょう)で、見がたい。単なる推論では到達できない。賢者にしか差異を見分けられないものだ。愛着に喜びを見いだす者たちには、あらゆる条件づけられたものごとの滅尽である涅槃というこの真理の差異を見分けることはほんとうにむずかしい。万一わたしが真理を神々や人々に教えても、かれらは納得しないか、理解できないであろう。真理を神々や人々に教えるのは、わたしにはひたすら疲れるだけで、面倒なだけであろう」
　世尊の心中を知って、サハンパティ梵天は、こう考えた。
　「この世は失われるであろう。この世はすっかり失われるであろう。なぜなら世尊が生きとし生けるものに真理を教えないつもりなのだから」
　そのとき、ちょうど、強い男が曲げた腕をさっと伸ばすか、伸ばしていた腕をさっと曲げるか、するかのように、かれは梵天界からさっと消えて、即座に世尊の前に現れた。みずからの衣を一方の肩にかけて整え、右膝を地面につけて、世尊にしっかり手を合わせて礼拝して、こういった。
　「尊い方よ、世尊があらゆる生きとし生けるものに、人間に、神々に、梵天に、真理を教えられますように。尊師が憐れみをもってあらゆる生きとし生けるものに、人間に、神々に、梵天に、真理を教えられますように。眼に汚れのないものもおります。かれらは世尊の説かれる真理を聴かないことで多大の損失をこうむるでしょう。世尊が教えられる真理を理解できる者はおります」
　世尊はサハンパティ梵天の勧請(かんじょう)をきいた。そして大いなる憐れみをもって、ブッダの眼でこの世界を見渡された。幾人かは、おおまかに概略を説明するだけで真理を理解できる者もいると世尊ははっきりご覧になられた。ちょうど池のさまざまな蓮のように、水面から高く上に立ち、朝の光がさしたあと、その日のうちに花ひらくものもあるのだ。世尊はまた、幾人かは教えを受けて詳しく説明されたあとには真理を理解できる者がある、とご覧になられた。ちょうど水面に浮かんでいる蓮が次の日に花ひらくように。さらに世尊は、幾人かは有能な師に教えを受けて、実践に打ち込んでやり抜き、真理をさとるのに何日も何か月も何年もかけた後、真理を理解できる者がある、とご覧になられた。ちょうど水面下にひっそり沈んだままの蓮が三日目に花ひらくように。そしてさらに世尊は、幾人かは、今生ではついにさ

第Ⅲ部　法輪を転じる〜伝道布教へ

とらないが、真理についてたくさん聴き、実践し、未来の生存で功徳を得るであろう、とご覧になられた。ちょうど水面下に沈んだままの蓮が、水面から上に立つことなく、花ひらくこともなく、ついには魚と亀の餌になってしまうように。

こうした四種類の人々をご覧になって、世尊に真理を広く伝道したい、という熱い思いが起きてきた。

その後に世尊は、梵天勧請への同意を表明され、このように語られた。

「不死の涅槃への扉はいま開いている。わたしは生きとし生けるものに真理を説くであろう。そうすればかれらは信を持ち、善き聴聞をして、ひとしく功徳を得るかもしれない」

遍歴行者ウパカと出会う

それから世尊は、真理を教えてほしいという梵天の勧請を受けいれたあと、よく考えてみた。

「まず、誰に、わたしは真理を最初に教えるのだろうか？　誰がこの真理をすぐ理解するだろうか？」

それから、こうも考えた。

「アーラーラ・カーラーマは賢明で、学識があり、見識がある。かれはまた長いあいだ眼にほとんど塵埃(ちりほこり)がなかった。もしわたしが真理を最初にかれに教えたら、かれはたちまち理解するだろう」

しかしそのとき、眼には見えない神が世尊に語りかけた。

「尊い方よ、アーラーラ・カーラーマは七日前に亡くなりました」

世尊はすぐさま、そのとおりだ、とわかった。

それから世尊は、もう一人の師であったウッダカ・ラーマプッタのことを考えたが、またもや眼には見えない神が世尊に、かれは昨夜亡くなった、と語りかけた。そのとおりだ、と知って、世尊は両方の師が亡くなったのはたいへんな損失だ、と考えた。なぜなら、もし、かれらが真理をきけば、たちまち理解するはずであったからである。

最後に世尊は、ウルヴェーラーの森で苦行の実践をしていたころ、仕えてくれた五人の行者のことを考えた。そして神聖にして清浄、人の視力をはるかに凌駕している世尊の天眼で、かれらがバーラーナシー（ベナレス）のイシパタナ（訳注：仙人集会所、高度な修行を積んだ行者たちのたまり場）の鹿野苑（ミガダーヤ、鹿の園）にいるとわかった。このようにして世尊はウルヴェーラーの森に望む限りのあいだ滞在した後、十八ヨージャナ離れたバーラーナシーへ歩いて行ったのである。

この途中、菩提樹とガヤーの中間で、世尊は遍歴行者のウパカに出会った。世尊のたたずまいを見た途端、ウパカはびっくりして、そして聞いた。

「あなたの挙措動作は落ちつきがあって穏やかです、友よ。あなたのお顔は冴えざえとして明るい。どなたのもとで修行されたのですか？　あなたの師は誰ですか？　誰の教えを信仰されているのですか？」

こういわれて、世尊が答えられた。

「わたしは一切を超越した。だから一切を知る全知者である。
　わたしは一切のものごとから離れた。だから一切からの解脱者である。
　わたしは一切の渇愛を滅尽して、わたしはしっかり涅槃に確立した。
　わたしはみずからの智慧によって一切を理解した。他の誰を師と呼ぶべきであろうか？」

「わたしに師はいない。わたしに比肩する者はない。
　神々をふくむこの世界に、わたしに匹敵する者はない。
　わたしはこの世界の阿羅漢である。
　わたしは比類なく、卓越した天人師（神々と人間の先生）である。
　わたしは正自覚者である。
　煩悩の火をわたしは消尽した。
　わたしはいまカーシ国の町に行き、真理の輪（法輪）を回し（転じ）始める。
　この盲闇に包まれた世界で、わたしは不死の太鼓を打ち鳴らすであろう」

世尊の発言を聞くやいなや、ウパカ行者はこう尋ねた。

「もし、あなたのいうことがほんとうだとしたら、では友よ、自分は無限の勝利者だ、といいたいのですか？」

すると世尊は答えられた。

「わたしのような勝利者は、ウパカよ、煩悩の消尽を達成した者たちである。わたしは一切の悪しき諸法に勝利した。そのことをもってわたしは勝利者と呼ばれるのだ」

その後すぐに、ウパカ行者は短く、こう言った。

「そうかも知れませんね、友よ！」

かれは首を振ってうなずき、脇道をとって、去った。

五人の行者と出会う

ウパカとの問答の後、世尊はバーラーナシーへの旅を順を追ってつづけた。紀元前588年のアーサーラー月（現代暦の七月ごろ）の満月の日の涼しい夕方、世尊は

第Ⅲ部　法輪を転じる〜伝道布教へ

仙人集会所(イシパタナ)の非常に大きな鹿の園である鹿野苑に到着した。
　そのとき五人の行者（五群行者）は世尊がやってくるのを見て、かれらのあいだでこんなふうに申し合わせた。
　「見ろ、友よ！　ゴータマ行者がやってくるぞ。かれは苦しい修行を放棄して、放逸になってしまい、安易で気楽な生活に逆戻りした。話しかけるのはやめよう。そしてお辞儀するのさえやめよう！　かれの鉢と外衣を受けとる必要はない。そればかりか席を用意することもない。坐りたければ坐ってもいいが、さもなければ立たせておけばいい！　かれみたいなだらしない行者に仕えて、誰が喜ぶだろうか？」
　しかし世尊がしだいに近づいてくるにつれて、ウルヴェーラーの森で六年間仕えたゴータマ行者とは似ても似つかない、とかれらは気づいた。世尊のからだは、比類なく輝き、静けさにみちて、穏やかな印象が感じられるのである。かれらのうちの誰も何が起きているのかわからず、一致したはずの合意を守ることはできなかった。かれらはただちに立ち上がった。そのうちの一人が世尊に近づいて世尊の鉢と外衣をとり、別の一人が席を用意し、また別の者たちが足を洗うための水と足台とタオルを準備した。そして世尊が坐られた後、礼拝して「友よ(アーヴソー)！」と歓迎したのである。
　それから世尊は、かれらに語りかけた。
　「おお五群たちよ、わたしに、名前であるとか『友よ』とか、呼びかけてはならない！　わたしは修行を完成し、完全にさとりをひらいた。聴け、おお五群たちよ、わたしは不死を実現したのだ。わたしはそなたたちに真理を教え、示すであろう。もし、そなたたちがわたしの教えに従い、実践するなら、そなたたちはすぐにも聖なる修行の究極の目的を実現し、まさにこの生存で、生と死を超越するであろう」
　そのすぐ後に、五人の行者は答えた。
　「友ゴータマよ、あなたがなしとげた最も難しい苦行の実践でさえも、人間の状態より高度な聖者の智慧と洞察にふさわしい明らかなちがいを達成していない。苦しい修行を放棄した後、安楽で快適に暮らして、あなたはどのようにして、そんな高度な状態を達成できたのですか？」
　そのとき世尊が答えた。
　「わたしは苦しい修行を放棄していないし、安楽で快適に暮らしてもいない。よく聴きなさい！　わたしは不死を実現したのだ。わたしはそなたたちに真理を教え、示すであろう。もし、そなたたちがわたしの教えに従い、実践するなら、そなたたちはすぐにも聖なる修行の究極の目的を実現し、まさにこの生存で、生と死を超越するであろう」
　二度目も三度目も、五人の行者は世尊に同じことをいって、そのたびに世尊は同

じ答えをした。とうとう世尊は尋ねた。
「五群たちよ、わたしがおまえたちに、このように話したことが以前あったであろうか？」
「いいえ、尊い方よ」
　五人の行者は、なかった、と認めた。かくしてかれらは世尊を信頼したのである。そのときかれらは沈黙して坐り、世尊から教えを受ける準備ができたのだ。

最初の仏弟子――五比丘

　世尊は最初の説法をした。真理の輪（法輪）を回し（転じ）始める説法「転法輪経」（ダンマチャッカパヴァッタナ スッタ）である。この説法のなかで、世尊は五人の行者に、二つの極端な修行があり、それはわがままな快楽行と、みずから苦難を求める苦行で、世を捨てている者は両方とも避けるべきである、と説かれた。世尊は中道の実践を指示されたのだ。八つの要素からなる「聖なる八支の道（八正道）」である。世尊はまた「四聖諦」を三転十二行相（訳注：四聖諦それぞれに示転、勧転、証転の三種の観察を合計十二回行う。理論的な理解の示転、その実践の勧転、そして、その体得の証転によって如実知見を実現する）とともに説かれた。

　五人の行者は注意深く聴き、世尊の教えに心をひらいた。そしてこの説法を聴いている最中に、純粋で無垢な真理の洞察がコンダンニャに生じた。かれはこう理解したのだ。

「およそ生じる性質をもつものは、すべて滅する性質をもつ」
（Yaṃ kiñci samudayadhammaṃ sabbaṃ taṃ nirodhadhammaṃ）
（ヤン キンチ サムダヤダンマン サッバン タン ニローダダンマン）

　かくてかれは説法の終わりに四聖諦を洞察し、さとりの最初の階梯である預流に達したのである。それゆえ、かれはまた「さとったコンダンニャ」（アンニャータ）として知られた。そのとき、かれは世尊の許しを求め、仏弟子としての出家（具足戒）を懇願した。それに応じて世尊は戒を授け「来たれ、比丘よ！　法はよく説かれた。聖なる清浄行をして苦の完全な滅尽に導け」と説かれた。このようにしてかれはブッダの教えで「来たれ比丘具足戒」（エーヒ ビックウパサンパダー）（善来比丘具足戒）によって最初の比丘となったのである。

　つづけて、他の三比丘が托鉢に出かけているあいだに、世尊はワッパ、バッディアに法を説いた。かれらの心は清まり、預流の階梯に達した。ただちにかれは世尊の許しを求め、比丘としての出家を要請した。それに続く日、マハーナーマとアッサジもまた法を洞察し、預流者となった。そして遅滞なくかれらもまた世尊の許しを求め、比丘としての出家を要請した。かくて五人の行者は世尊の最初の仏弟子として五比丘となり、「五群比丘」としても知られている。そのとき以来、「比丘

僧団（サンガ）」が成立したのである。

　註釈書によると、ワッパは預流果に達して、サーワナ月の満月が欠けていく最初の日に比丘出家した。バッディアはその二日目に、マハーナーマは三日目に、アッサジは四日目に、それぞれ比丘出家した。

　五比丘が預流者として確立したあと、世尊は五日目に「無我相経」（アナッタラッカナ スッタ）を説かれた。世尊と、高貴な五比丘のあいだの問答を解説したものだ。その核心は、世尊が色受想行識の五蘊は無常である、そして無常は苦（ドゥッカ）（不満足）である、と述べられたのである。それから、これら無常、苦であるどんなものも変化していくもので、正しい理解（正知）によって次のようにありのまま見るべきである、と。

　「これは、わたしのものではない。（n'etaṃ mama）ネータン ママ
　これは、わたしではない。（n'eso'hamasmi）ネーソーハマスミ
　これは、わたしそのものではない。（na m'eso attā）」ナ メーソー アッター

　世尊の言葉をきいて五比丘は満足し、喜んだ。そして世尊がこの説法をしたとき、かれらの心は煩悩から解脱し、執着がなくなった。かれらは阿羅漢になったのだ。

24話　ヤサの出家……伝道布教へ

富豪の御曹司——ヤサ

　そのころバーラーナシーに、ヤサという名の富豪の御曹司が住んでいた。かれは市場町セーナーニのスジャーターの息子で、そのスジャーターは菩薩がさとりをひらく前に乳粥を献上した女性であり、バーラーナシーの富豪の妻だった。ヤサはこどものころから繊細に育った。両親はかれのために三つの宮殿を建てた。一つは夏用、一つは雨季用、一つは冬用であった。

　ヤサは当時、雨季用の宮殿に滞在していた。かれは舞踊、音楽演奏、歌それぞれの妙手の侍女たちにかしずかれていた。侍女たちはかれが望むどんなときにも楽しませるのだ。このようにヤサは外出する必要もなく、宮殿内で心地よい娯楽を楽しんでいた。

　ある夜、ヤサが娯楽を楽しんでいる最中、まだ夜は浅かったが、疲れを感じ、眠りに落ちた。これを知って踊り子、歌い手、音楽演奏者たちの誰も上演をやめ、眠ってしまった。しかし会場は夜通しずっと油の灯明で照らされていた。それで、ヤサが早朝に眠りから覚めたとき、会場の床いっぱいに侍女たちが見苦しい格好で

寝ているのを見てしまった。かれは嫌悪感に打ちのめされた。かれの大きな宮殿が、まるで死体置き場のように見えたのである。そんな恐ろしい現象に胸を打たれ、黄金のサンダルをはいて宮殿を離れ、「おお、じつに悩ましい！　おお、じつに煩わしい！」と嘆いた。

　ヤサは仙人集会所の鹿野苑へ歩いて行ったが、そこでは世尊が、五比丘と雨季の滞在（雨安居）をしていた。朝はまだ早く、世尊は空き地で行きつ戻りつして歩く冥想をしていた。ヤサが世尊に近づいたとき、かれはまた「おお、じつに悩ましい！　おお、じつに煩わしい！」と嘆いた。

　すると世尊が、こういわれた。

　「おお、ヤサよ、ここには悩ましいものはない。ここには煩わしいものはない。ヤサよ、ここへ来て、坐りなさい！　法を説いてあげよう」

　ヤサは喜び、世尊の発せられた、悩ましいもの、煩わしいものがない、という言葉にうれしくなった。それからかれは黄金のサンダルを脱いで、世尊に近づいた。世尊に礼拝し、かたわらに坐った。世尊はそのとき次第説法を説かれた。寛大な布施の法話（施論）、道徳の法話（戒論）、天上の住まいのような幸福な運命の法話（先天論）、官能の快楽の危険、虚栄、汚染の法話（愛欲不利益論）、世俗放棄、出家の祝福の法話（離欲利益論）である。

　ヤサはその法を注意深く聴いた。そしてかれの心は、世尊が四聖諦について説法されるのを受けいれて、障碍なく、熱心に、信頼して聴ける準備が整ったのである。この法話の終わりには、ヤサは真理をさとり、預流者となった。

ヤサの父——三帰依で最初の在家仏弟子に

　朝のうちに、ヤサの母スジャーターは宮殿内で息子を見つけられず、心配になった。夫にそのことを話すと、夫は急いで配下を四方八方へ送り出し、息子を捜させた。みずからも地面に残されていた黄金のサンダルの足跡をたどって鹿野苑に行った。

　ヤサの父が遠くからやってくるのを世尊が神通力でご覧になって、世尊はヤサを父に見えないようにされた。富豪の商人が来て、うやうやしく世尊に、息子を見なかったか、と尋ねた。世尊が答えられた。

　「どうぞ、ここに坐りなさい！　ここに坐っているあいだに、あなたの息子も、ここに坐っているのを見ることができるでしょう」

　その後すぐに、世尊はヤサにされたのと同じように、ヤサの父にも次第説法を説かれ、四聖諦を説かれた。説法の終わりにはヤサの父は法をさとり、預流者となっ

た。その後にヤサの父は、感じ入って、こう語った。

「偉大なる尊い方よ！　偉大なる尊い方よ！　法が、世尊によって、さまざまなやり方で明らかにされました。まるで世尊は、顚倒を正しく直し、隠されていたものを露わにし、迷っている者に道を示し、暗闇の中でもののかたちが見えない者たちに灯明を掲げて見えるようにされました。わたしは仏法僧に帰依致します。尊い方よ、世尊がわたしを、きょうから命終わるまで、在家の仏弟子として受けいれてくださいますように」

かくてヤサの父は、三帰依した最初の在家の仏弟子となったのである。

法が父に説かれているあいだに、ヤサは預流果より高い階梯の三つの道（一来道、不還道、阿羅漢道）をさとり、阿羅漢になり、一切の煩悩から解脱した。そのとき、世尊が神通力を控えられたので、ヤサの父は横に坐っている息子の姿を見ることができた。ヤサはもう在家の暮らしに舞いもどることはなく、もはや感覚の快楽にふけることがないであろうことから、富豪の商人は、世尊と、世尊の従者としてのヤサと、世尊の弟子たちを食事の布施に招いた。

ヤサの父が去ってすぐ、ヤサは出家することを世尊に求め、具足戒を懇願した。かくてヤサ尊者は比丘となり、このときに、この世で阿羅漢は七人となったのである。

ヤサの母ら——三帰依で最初の女性の在家仏弟子に

朝になって、世尊は弟子六人をつれ、招きに応じて富豪の商人の家に行った。ヤサの母とヤサの出家前の妻が世尊に近づき、礼拝後、それぞれふさわしい場所に坐った。それから世尊はかれらに、ヤサとヤサの父になさったのと同じように法を説かれた。説法の終わりにはヤサの母とヤサの出家前の妻は法をさとり、預流者となった。その後にかれらは仏法僧に帰依した。かくてかれらは、三帰依した最初の女性の在家仏弟子となったのである。

ヤサの友だちが僧団に入る

ヤサ尊者には四人の親友がいた。ウィマラ、スバーフ、プンナン、ガヴァンパティである。いずれもバーラーナシー有数の商人家庭の子息だった。かれらは、ヤサが髪と髭を剃り落とし、黄衣をまとい、出家した、と伝え聞いたとき、世尊の教義と道徳（法と律）は比類がない、と信じた。それからヤサ尊者に申し入れ、世尊に紹介してもらった。世尊がかれらに説法後、かれらの心は煩悩から解脱して、阿

羅漢になった。その後、かれらは望んで出家し、具足戒を受けた。

　バーラーナシー近郊の田舎に、ヤサ尊者の友だちで、一流と二流の家庭の子息が五十人いた。かれらもまた同様に友だちのヤサが出家した、と伝え聞き、世尊の説法と助言を得て、阿羅漢に達した。そしてかれらもまた出家を願い、世尊の御前で具足戒を受けた。

　かくしてそのとき、この世には六十一人の阿羅漢がいらっしゃった。つまりブッダ、五群比丘、ヤサ尊者、そして五十四人の友だちの計六十一人である。

最初の仏教徒の伝道布教へ

　三か月の雨安居が終わるまでに、世尊は六十三人をさとらせた。その中には阿羅漢に達して具足戒を受けた者六十人、他方、ヤサの父、母、そして前妻は預流者として確立し、命を終えるまで生涯、在家の仏弟子として過ごした。そのとき世尊は、宇宙の一切の生きとし生けるものに、広く法を伝道布教するつもりであった。神々か人々か、上位カーストか下位カーストか、アウトカースト（不可触賤民）か、王族か家来か、にかかわらず、貧富、美醜、健康病気、合法非合法を問わず、そのつもりであった。

　したがって世尊は、阿羅漢六十人に、こう呼びかけた。

「比丘たちよ、わたしは生きとし生けるもの、神々や人々を縛っている一切の束縛から解脱した。さあ行け、比丘たちよ、多くの者たちの繁栄と、多くの者たちの幸福のために、この世への憐れみから、神々と人々の利益、繁栄と幸福のために二人で一つの道を行くことなかれ！　出だしがすばらしく、途中がすばらしく、結末がすばらしい意義と修辞の両方がそなわった教えを説け。聖なる生活を、ひとえに完全で純粋な修行を、しっかり顕現せよ。この世には眼に塵埃（ちりほこり）がほとんどない人々もいるが、かれらは法を聴かないがゆえに堕落してしまうであろう。法を理解する人々はいるであろう。わたしは、比丘たちよ、セーナーニのウルヴェーラーへ行って法を説くであろう」

　かくて世尊は、さとりをひらいた仏弟子六十人を各地へ遍歴移動するように、と派遣された。これが人類史上、最初の伝道布教を印したものであった。かれらは崇高な法を他者への憐れみから、そしてどのような見返りも期待しないで、広く布教したのである。かれらは道徳を教え、冥想を指導し、清浄行の優越を示して、人々を向上させたのである。

第Ⅲ部　法輪を転じる～伝道布教へ

25話　三十賢群王子……探しものは女か、自己か

　伝道布教のため阿羅漢六十人を四方八方の各地へ派遣したとき、世尊はバーラーナシーの仙人集会所の鹿野苑に、カッティカ月（現代暦の十一月ごろ）の満月の日まで、まだ滞在されていた。その後、ウルヴェーラーへ出発された。その出発までのあいだ、六十人の阿羅漢によって教えられ、利益と幸福を感じる程度にまで経験した後、出家して聖なる修行を望む人々に、世尊は具足戒を授け、さらなる教えを説かれた。

　ウルヴェーラーまでの道中に、世尊は道からはずれてカッパーシカという森に入られ、ある樹の下の木陰で休まれた。そのとき賢群として知られる三十人の王族の青年たちがいた。かれらはそれぞれの妻といっしょで、森で特別な宴をしていた。しかしながら、そのうちの一人は結婚しておらず、そのため遊女をつれてきていた。かれらは食べ物、飲み物などを楽しんでいて、不注意で、無防備だった。その様子を見て、遊女はかれらの貴金属宝石類を盗み、やすやすと逃げ去った。しばらくたって、かれらがハッと気づくと、貴重品が消えていた。遊女のしわざだった。

　かれらはただちに森の中で女を捜した。そして森の中を歩きまわっていると、世尊が樹の下で坐っているのを見た。世尊に近づいて、尋ねた。

　「尊い方よ！　女がこのあたりを通り過ぎたのを世尊はご覧になりましたか？」

　「青年たちよ、その女をどうしようというのだ？」と世尊は尋ねた。

　かれらが世尊に出来事のいきさつを話したあと、世尊はさらにかれらにきいた。

　「青年たちよ、女を捜すのと、自己を探すのと、どちらが、そなたたちのために善いのか？」

　「尊い方よ、自己を探すのが、わたしたちのために善いことです」と青年たちが答えた。

　「そうか、それでは坐りなさい！　わたしが法を説いてあげよう」と世尊が言われた。

　「ありがとうございます、尊い方よ」と、かれらは答えた。世尊に礼拝後、かれらは、その御前に坐った。

　そのすぐ後、世尊はかれらに次第説法と四聖諦を教えた。説法の終わりにはかれらは法をさとり、洞察した。全員、さまざまな聖人の階梯に達した。第一階梯（預流）の者や、第二階梯（一来）の者、そしてある者は第三階梯（不還）に達したのである。

　その後、かれらは世尊に「尊い方よ、われらの出家を受けいれ、世尊から具足戒

を授けてください」と懇願した。

「来たれ、比丘たちよ！　法はよく説かれた。苦の完全な滅尽のため、聖なる修行生活を送れ！」と、世尊は語られた。かくして賢群王子は比丘僧団に入ったのである。後にかれらは、世尊がラージャガハ近くの竹林精舎に滞在されているあいだに「無始経」(アナマタッガスッタ)（相応部・因縁篇・無始相応）を聴いた後、阿羅漢になった。

26話　カッサパ三兄弟と獰猛な龍王

　三十賢群王子に具足戒を授けて出家させたあと、世尊は伝道布教の旅を続け、順調にウルヴェーラーに到着した。

　ウルヴェーラーの森には三人の結髪外道(ジャティラ)（訳注：特別な髪の結い方をしたバラモン）の行者が追随者千人を従えて住んでいた。最年長者はウルヴェーラ・カッサパといい、川岸の土手に弟子五百人と住んでいた。かれの弟のナディー・カッサパは、そこから少し下流に弟子三百人と住み、そして末弟のガヤー・カッサパは、さらに下流のところに弟子二百人と住んでいたのである。

　世尊がそこに着いたのは、すでに夕方もかなり遅くなってからで、ウルヴェーラ・カッサパの庵に行って、こう頼んだ。

　「カッサパよ、よければそなたの聖火堂に一晩泊めてもらえないか？」

　「よろしいとも、偉大な比丘よ。しかし獰猛な龍王がそこに住んでいます。超自然の怪力をもち、恐ろしい猛毒がある。あなたに危害を加えるかもしれない」とウルヴェーラ・カッサパが答えた。

　世尊は二度、三度と頼んだが、同じ答えであった。そのとき世尊は「たぶん、そいつはわたしに危害を加えないであろう、カッサパよ。聖火堂に泊まらせてほしい」と、いった。

　ウルヴェーラ・カッサパは「それではあなたは好きなだけ泊まってもかまいません、偉大な比丘よ」と、同意した。

　その後すぐ世尊は聖火堂に入り、草の敷物を敷いてひろげ、足を組んで坐り、背筋を伸ばし、冥想を始めた。世尊のその姿を見て、龍王は怒り、世尊に熱い炎の煙霧を絶えまなく吹きかけて、殺そうとした。

　そのとき世尊は「かれの火に対抗して火を吹きかけ、けがをさせないようにしてはどうであろうか」と考えた。そこで、龍王の熱い炎の煙霧の攻撃よりはるかに猛烈に熱い炎の煙霧を対抗して吹きかけ、けがをさせないようにした。すると、龍

王は激怒して、口から燃えあがる炎を吹きつけた。聖火堂は世尊と龍王が吐き出した膨大な炎に包まれて炎上しているように見えた。龍王は持っているすべての力を使って世尊を攻撃したが、世尊の身体にひとかすりもできなかったのである。かくして世尊は龍王をけがさせることなく、神通力でおとなしくさせ、龍王を托鉢の鉢に入れてしまった。

聖火堂の中の猛烈な炎を見て、弟子たちとともに外で待っていたウルヴェーラ・カッサパは絶望して、こういった。

「あの立派な偉大な比丘は、龍王によって滅ぼされてしまった」

夜が明けて日がさしたとき、ウルヴェーラ・カッサパとかれの弟子たちは聖火堂に近づき、中で何が起きたのか見てみた。驚いたことに、そこに静かに坐っている世尊をかれらは見たのである。そのとき世尊は坐っていたところから立ち上がり、托鉢の鉢を手にした。ウルヴェーラ・カッサパの正面で托鉢の鉢のふたを開けた。

「これがおまえの龍王である、カッサパよ。わたしはかれの火を、わたしの火でおとなしくさせたのだ」

その龍王を見てウルヴェーラ・カッサパは恐怖のあまり叫び、走り去った。弟子たちも同様だった。それにもかかわらず、かれは考えた。「あの偉大な比丘は強く、力があって龍王を圧倒したが、かれはわたしのような阿羅漢ではない」それからウルヴェーラ・カッサパは、世尊に滞在するようにと招待して、食べ物をこれからずっと提供する、と約束した。

その後、世尊はカッサパの庵からほど遠くない森の中に住まわれた。それにつづく何夜か、四方の神々の王（四天王）、帝釈天（神々の支配者）、サハンパティ梵天が、それぞれ法を聴くため世尊の御前に現れた。こうしたすべての出来事にウルヴェーラ・カッサパは気づいたが、それでも世尊は自分のような阿羅漢ではない、とずっと思っていたのである。

経典に述べられているところによると、世尊はそこに滞在されていた間、ウルヴェーラ・カッサパの邪見を正すために、少なくとも十六回、超能力の奇蹟として神通神変をやってみせなければならなかった。しかし依然としてかれは、世尊は自分みたいな阿羅漢ではない、と思いつづけていた。世尊はウルヴェーラ・カッサパの心に気づいてはいたが、みずからを抑え、忍耐して、ウルヴェーラ・カッサパの感知能力が成熟するのを待っていた。

ほぼ三か月近くたったころ、ウルヴェーラ・カッサパの邪見を正してみせる適切なときがやってきた、と世尊は見られた。世尊がかれに、こういわれた。

「カッサパよ、そなたは阿羅漢でもなければ、阿羅漢になる道を歩んでもいない。そなたがしていることで阿羅漢になれるかもしれないことは何もなく、阿羅漢にな

る道へ入ることも何もない」

　その後すぐ、ウルヴェーラ・カッサパに宗教的衝動の強い感覚が生まれた。かれはただちに頭を世尊の足につけてひれ伏し、懇願した。

　「尊い方よ、世尊がわたしに出家を許し、比丘の戒を授けてくださいますように」
　世尊は、すぐかれに具足戒を授ける代わりに、このように求めた。

　「カッサパよ、おまえは五百人の結髪外道行者の指導者で、首領で、頭目で、代表である。おまえがまずかれらに話して、かれらの気持ちがすっきりするようにしなければならない」

　そこでウルヴェーラ・カッサパが五百人の弟子たちにこのことを告げて、世尊のもとで聖なる修行をしたい、と話すと、弟子たちは「おお、偉大な師よ、われらは偉大な比丘に長いこと信を抱いておりました。もし、あなたさまが世尊のもとで聖なる修行をされるのなら、われら全員も、そのようにいたします」と、応じたのである。

　それからウルヴェーラ・カッサパとかれの五百人の弟子たちは、頭髪、結髪、身の回りのもの、火の供犠のための備品を取りはらって、それらをみんなネーランジャー川へ放りこみ、流されるままにした。

　その後、かれらはつどって世尊に近づき、頭を世尊の足の上につけて額ずき、出家と比丘の受戒を懇願した。かくてウルヴェーラ・カッサパと五百人の結髪外道の行者たちは比丘となった。

　川の下流に住んでいるナディー・カッサパは結髪外道の行者たちの持ちものがたくさん川に流されてきたのを見て、かれとかれの弟子三百人は、何が起きたのか探るために、兄のウルヴェーラ・カッサパの庵に向かった。そこに着いてナディー・カッサパは、かれの兄と兄の弟子たちが、比丘になっているのをみつけた。そこでかれはきいた。

　「おお、兄のカッサパよ、この比丘の境地は、最も高貴で賞賛に値するものでしょうか？」

　「そうだ。この比丘の境地は、最も高貴で賞賛に値するものである」

　そのときナディー・カッサパと結髪外道の弟子三百人は、ウルヴェーラ・カッサパと五百人の結髪外道の追随者がとった道に従った。かれらもまた行者の持ちものすべてをネーランジャー川へ投げこみ、世尊の立ち会いのもと、比丘となった。

　カッサパ三兄弟中、最も若いガヤー・カッサパと結髪外道の弟子二百人もまた、兄二人の例に従った。

　かれらは世尊の立ち会いのもと、比丘となった。

　世尊がカッサパ三兄弟とかれらの追随者千人を邪見から解放し、比丘に転向させ

たあと、かれら全員はウルヴェーラーの森を離れ、ガヤーシーサ山（象頭山〈ぞうずせん〉）へ出発した。そこでは、カッサパ三兄弟と比丘千人に付き従われて、世尊は大きな石板の上に坐られた。そのとき「燃焼経〈アーディッタパリヤーヤスッタ〉」（相応部・六処相応一切の章）を説かれたのである。

　この説法の中で、世尊は十二の感覚の基盤（十二処）―眼耳鼻舌身意〈げんにびぜつしんい〉、色声香味触法〈しきしょうこうみそくほう〉―は絶え間なく燃えている、と説かれている。まさにそのように六つの意識のかたち（六根）、六つの接触のかたち（六境）、そして接触を通して起きる十八種類の感情（十八界）は燃えているのだ。それらは十一種類の火とともに燃えているのである。すなわち、貪・瞋・痴／生・老・死／愁・悲・苦・憂・悩である。このように見て、賢明で高貴な弟子は、すべてのものごとに無執着になるのだ。そして無執着であると、かれの貪りは衰滅していく。貪りの衰滅とともに、かれの心は解脱して自由になる。かれの心が解脱して自由になったとき「生は尽きた、梵行（聖なる修行）は完成された、なすべきことはなされた、もはやこの状態の他にはない」という洞察がやってくるのである。

　そして、この説法がなされているあいだに、カッサパ三兄弟と比丘千人の心は、無執着によって汚染から解放され、かれらすべてが阿羅漢に達したのであった。

第2章 サンガ（僧団）

27話　ビンビサーラ王……最初のパトロン国王

　ガヤーシーサ山（象頭山）から、カッサパ三兄弟と比丘千人をともなった世尊は、マガダ国の首都ラージャガハ（王舎城）へ向かった。かつてカッサパ三兄弟と比丘千人は全員、結髪外道の行者であったが、いまや世尊に従っていたのである。世尊がこの都市を最初に訪れたのはビンビサーラ王との約束を果たすためだった。一行はそこに到着して、「善住」霊場にある大きな「杖の林園」（訳注：オウギヤシの若木の森）に滞在した。

　ビンビサーラ王は、世尊が到着されたという吉報をきいて、十二万人のマガダ国のバラモン・資産家たちをともない、ただちに世尊のもとへ行った。王は世尊に礼拝後、一隅に坐った。しかし十二万人のマガダ国のバラモン・資産家たちのうち、ある者は世尊に礼拝後、一隅に坐った。ある者は世尊に礼拝して礼儀正しく公式なあいさつをした後、一隅に坐った。ある者は世尊に合掌して礼拝して、一隅に坐った。ある者は世尊の御前でみずからの姓名を名乗った後、一隅に坐った。ある者は沈黙を保ったまま、一隅に坐った。

　バラモン・資産家たちが世尊とウルヴェーラ・カッサパ尊者を見たとき、かれらはとまどった。なぜならウルヴェーラ・カッサパは、それまで偉大な宗教指導者として知れわたっていたからである。それにもかかわらず、かれらはまた、偉大な比丘ゴータマの令名が最近ひろがって、評判になっているともきいていた。かくして、かれらは「偉大な比丘ゴータマはウルヴェーラ・カッサパのもとで聖なる修行をしているのだろうか、それともウルヴェーラ・カッサパの方が、偉大な比丘の下で聖なる修行をしているのだろうか？」と、いぶかったのである。

　しかしながら、世尊はかれらの思いに気づき、ウルヴェーラ・カッサパ尊者に、こうきいた。

　「おお、カッサパよ、何がそなたに火まつり（拝火の祭祀）を捨てさせたのか？」

　ウルヴェーラ・カッサパ尊者は「五つの官能の快楽の汚れを見てしまい、同様に火まつりの褒美に女が約束されているのを見てしまって、わたしは火まつりと供犠（く ぎ）は、もはやわたしに喜びを与えない、とさとったのです。このため、おお、尊い方よ、わたしは火まつりを捨てたのです」と、答えた。

　「しかしカッサパよ、もしそなたがもはやこうしたものに歓喜しないなら、それ

第Ⅲ部　法輪を転じる～伝道布教へ

ではいま、この神々と人の世で、何がそなたの心の歓喜であるのか？」

「わたしは涅槃の境地の安らぎをさとりました。それは汚染から自由で、みずからさとりの『道』を通してのみ達成でき、変化に支配されず、生への欲望や執着から自由です。この至高の法をさとって、おお、尊い方よ、わたしは火まつりを捨てたのです」と、ウルヴェーラ・カッサパ尊者は答えた。

その後すぐに、ウルヴェーラ・カッサパ尊者は座席から立ち上がり、かれの衣を一方の肩に整え、世尊の足に額ずいて「尊い方よ、世尊はわが師で、わたしは弟子です。世尊はわが師で、わたしは弟子です」と、認めたのである。

このウルヴェーラ・カッサパ尊者の自認でバラモンたちのとまどいは消えた。そして、かれらは、ウルヴェーラ・カッサパ尊者は世尊のもとで聖なる修行をしている、と確信したのだった。疑いが晴れてかれらの心が自由になり、教えを受ける準備ができたとき、世尊は次第説法と四聖諦を説かれた。法を聴いた後、かれらの心は障碍から自由になった。清らかに喜ばしく、説法の終わりには、ビンビサーラ王に率いられた十一万人のバラモンは聖者のさとりの第一段階（預流果）に達した。残る一万人のバラモンは在家の篤信者となり、仏法僧への三帰依を確立したのだった。

そのとき、ビンビサーラ王もまた法を洞察しており、預流者となって、世尊に、こう申し上げた。

「尊い方よ、わたしが若い王子であったとき、五つの大望を抱き、それがいま叶えられました。第一の大望は『マガダ国の国王になれますように』というものでした。第二の大望は『わたしが王となったとき、完全にさとられた阿羅漢がわが王国を訪れますように』というものでした。第三の大望は『世尊を礼拝できますように』というものでした。第四の大望は『世尊がわたしに法を説いてくださいますように』というものでした。第五の大望は『わたしは世尊の法を理解できますように』というものでした。そして、こうしたすべての大望がいま、叶えられたのでございます。偉大なる尊い方よ！　偉大なる尊い方よ！　世尊によって法が多くのやりかたで明らかにされました……尊い方よ、きょうのこの日より、わたしの命が終わるまで、わたしを生涯、在家の弟子にしてくださいますように。そして尊い方よ、世尊が比丘の僧団とともに、あすの食事の布施をわたしからお受けくださいますように」

竹林精舎をビンビサーラ王が寄進

朝になって、多くの比丘らにともなわれた世尊は、ビンビサーラ王の食事の招待

を受けるため、ラージャガハの市内に入った。世尊を上首とする僧団に、王は双手で給仕した。そのあと、王は一隅に坐った。それから、王はこのように考えた。

「世尊は、五つの特徴をそなえた適切なところに住まわれるべきだ。街から遠すぎても、近すぎてもいけない。出入りする街路がなければいけない。世尊にお目にかかりたい人たちが、来やすくなければいけない。昼間混みあわず、夜間は静かでなければいけない。そして騒音に乱されてはいけない。遠離の雰囲気をそなえ、人びとから隔離され、冥想にふさわしくなければいけない。世尊にふさわしい、そんな場所は、どこにあるだろうか？」

それから、王は次のように、よく考えてみた。

「われらには竹林がある。あそこはそのような特徴をそなえている。世尊が上首をなさっていらっしゃる比丘の僧団に、竹林を寄進したら善いのではないだろうか？」

そのようによく考えた末に、王は世尊に申し上げた。

「尊い方よ、世尊が長をなさっておられる比丘の僧団が、竹林をお受け取りなさいますように。その竹林は住む場所として、すべての条件をみたしております」

このように申し上げているあいだに、王は黄金の壺から花の香りがする水を、世尊の手に奉仕のしるしとして注いだ。そのとき世尊は、竹林を精舎として寄進する、という王の申し出を高く評価なさって、説法された。世尊は竹林精舎で、二回目と三回目、四回目、十七回目、二十回目の雨安居を過ごされたのである。

餓鬼がつきまとった王宮の夜――回向（えこう）のいわれ

その夜、ビンビサーラ王は生涯で最悪の恐怖の一夜を過ごした。王は眠れなかった。なぜなら、宮殿周辺でひと晩中、餓鬼（ペータ）の恐ろしい叫び声が聞こえたからである。おそろしいうなり声を聞いて、王はぞっとした。鳥肌が立った。髪が逆立った。叫喚によって完全に震えあがり、おびえ、悶々と悩んだ。夜が明けて、ビンビサーラ王は不安になり、ただちに世尊のもとへ行った。礼拝して一隅に坐り、世尊に申し上げた。

「尊い方よ、昨夜、わが宮殿で恐ろしい叫び声を聞いたのでございます。いったいわたしに何が起きるのでございましょうか？」

「恐れることはありません、おお、偉大な王よ！　それで危害が及ぶことは一切ありません。実のところ、あなたの親族は餓鬼界に生まれ変わっているのです。ブッダ出現までの間ずっと、功徳の果報を分かち合うことをかれらは待ちつづけ、正自覚者への偉大な寄進をあなたがした後に、それを期待していたのです。し

かしきのう、あなたひとりだけで『どこに世尊がお住まいになるべきか？』と考えて、偉大な功徳となる行いをされた。あなたはその功徳を親族と分かち合わなかった。それで希望が叶えられなかったので、かれらは失望し、あのような恐ろしい叫び声をあげたのです」と、世尊は慰めたのである。

その後にビンビサーラ王は、こう尋ねた。

「尊い方よ、もし、わたしがいま寄進をすれば、そして功徳を分かち合えば、かれらはこれから功徳を得ることができるのでしょうか？」

「もちろんですとも、偉大な王よ、かれらは功徳を得ることができます」と、世尊は答えられた。

「もし、そうでしたら、世尊と比丘の僧団は、わたしの寄進をきょう、お受けくださいますように。わたしは功徳を積んで、それを親族に回向いたしましょう」

ビンビサーラ王はこのように招待し、それから宮殿に戻り、準備した。

その後すぐ、時間が来て、世尊と比丘の僧団は宮殿へ行き、用意された席に坐った。それと同じく、王の親族である餓鬼たちも、そうした。かれらはやって来て、壁の外に立ち、王による功徳の回向を待っていた。

世尊が神通力をつかわれて、王の親族である餓鬼たちを王が見られるようにされた。それから、王は水を献上するにあたって「この献上が親族のためになりますように、わたしの親族が幸せでありますように」と、献げられたのである。

まさにそのとき、餓鬼たちのために蓮の池が現れた。かれらはそこで、かれらの悩み、疲れ、渇きがいやされるまで水浴びし、水を飲んだ。かれらの顔の色つやは金色になった。さらに王が食べ物と衣装と住まいを比丘の僧団に献上したとき、この功徳を餓鬼の親族に回向する、と明らかにした。そしてそれと同時に、天の食べ物、衣装、住まいがかれらのために生じた。そして、かれらがそうしたものを楽しむにつれて、かれらの外見は新鮮で健康になり、そしてまた、幸福で繁栄したのである。これを見てビンビサーラ王は、とても喜んだ。

食事をすまされて世尊は、王の功徳ある行いを祝福し、評価して「戸外経（ティロークッダ スッタ）」（小部・小誦）を説かれたのであった。

28話　二大弟子……サーリプッタとモッガラーナ

菩薩がブッダとなる前、ラージャガハに近いウパティッサ村で、ルーパサーリーという名のバラモンの女性で村長の妻が、男の子を産んだ。なおウパティッサ村は

ナーラカ村という名でも知られている。村長の息子なのでウパティッサと名づけられた。その赤ちゃんの母親はルーパサーリーなので、サーリプッタとも呼ばれた。これもラージャガハに近いコーリタ村で、ウパティッサが生まれたのと同じ日に、村長の息子が生まれた。その赤ちゃんも村長の息子なのでコーリタと名づけられた。母親はモッガーラーという名なので、モッガラーナとも呼ばれた。男の子たちは、ふたりともすくすく育った。いずれも裕福な家で、なに不自由なく贅沢に養育された。ふたりは幼いころから親しく、育っていくうちに親友になった。

　ある日、ふたりは毎年恒例のギラッガ・サマッジャ山上祭を見物していた。芝居の出し物を見てふたりは楽しんだ。しかしながら二、三日たった後、喜劇役者の演じる芝居をもはや楽しめず、恐怖芝居も、もう怖くなくなってしまった。見るべきものが何もなくなったのである。これらすべては束の間の幸福を与えてくれるだけだ、と感じたのだ。再生と死の輪廻からの解放へみちびいてくれるものは何か、と考えていた。そのとき輪廻から解脱するために何らかの精神生活の方法を探求しよう、とふたりの意見が一致したのだ。

　そのころ遍歴行者のサンジャヤが、弟子二百五十人とともにラージャガハに住んでいた。ウパティッサとコーリタは、サンジャヤのもとで聖なる修行をしようと合意した．短期間のうちに、ふたりは師の教義を理解して、そのありのままを知ることができた。しかしながら、それ以上、先に進めなかった。到達したことに満足できず、ふたりはサンジャヤのもとを去り、他のバラモンや行者から、より高度の知恵を探求した。ふたりはとても多くの場所を遍歴し、師から師へ次々に学んで歩いたが、それでも輪廻からの解脱へみちびいてくれる道をみつけることができなかった。それで、ふたりはそれぞれのふるさとの村へ帰り、どちらであれその道を最初にみつけたら互いに知らせよう、と申し合わせたのである。

　ある朝、アッサジ尊者がラージャガハの通りに沿って托鉢していたとき、遍歴修行者のウパティッサが通りかかった。ウパティッサはアッサジ尊者の往き帰りの動き、行く手を見るのと脇を見るその視線の動き、両手を曲げ伸ばす動き、どのように眼を伏し目にするか、どのように品よく優雅に動くのか、注意深く観察した。そして、アッサジ尊者の立ち居ふるまいに深く印象づけられた。とても気品があり、気づきにみち、気配りがあり、安らぎにみちているのだ。このような行者を見たことがなかった。かれは、こう考えた。「この行者は阿羅漢に達しているか、阿羅漢に至る道を実践されているにちがいない」

　ウパティッサは、もっとこの人のことを知りたくなった。しかし、いまは尋ねるのにふさわしいときではない、と考えて、アッサジ尊者の少し後ろから跡をつけて行き、ふさわしいときを待った。

第Ⅲ部　法輪を転じる〜伝道布教へ

　アッサジ尊者が托鉢を終えたとき、ウパティッサは尊者が坐る席を用意した。尊者が食事をしたとき、持っていた水差しから水を注いだ。ひとりの門下生としての義務を果たして、親しみをこめてあいさつし、こういった。
「友よ、あなたの挙措には落ちつきがあり、あなたの顔は晴れやかで、輝いています。友よ、どなたのもとで、あなたは歩んでこられたのでしょうか？　どなたが師なのですか？　あなたは、誰の法を信奉されているのですか？」
「友よ、わたしは世尊のもとで歩んできました。サーキャ（釈迦）族の方で、この世を捨てられ、比丘となられた方です。世尊が、わが師です。世尊の法に従い、実践しています」と、アッサジ尊者は答えた。
　それからウパティッサがきいた。
「しかし、あなたの師は何をいわれているのですか？　世尊は何を教えていらっしゃるのですか？」
　アッサジ尊者が答えた。
「友よ、わたしはこの法や戒律について新参者に過ぎません。あなたに法を詳しく教えられません。でも、その意味をかいつまんであなたにお話しましょう」
　ウパティッサは、こういった。
「どうぞ尊者さま、お願いします。あなたの可能な限り、多少であっても、本質的な意味だけ、お話ください。なぜなら本質的な意味以外には、わたしには必要がありませんので」
　そこでアッサジ尊者は、因果法則について世尊の教えを要約した四行の偈を朗唱したのである。

　　イェー　ダンマー　ヘートゥッパバワー
　　"Ye dhammā hetuppabhavā
　　テーサン　ヘートゥン　タターガトー　アーハ
　　tesaṃ hetuṃ Tathāgato āha
　　テーサンチァ　ヨー　ニロードー
　　tesañca yo nirodho
　　エーワン　ワーディー　マハーサマノー
　　evaṃ vādī mahāsamaṇo"

　　"諸法（もろもろのものごと）は因により生じる。
　　如来はそれらの因を語られた。
　　また、それらの滅も。
　　このように、偉大な沙門（修行者）は説かれた。"

　ちょうど水面から上に顔をのぞかせて育っている一輪の蓮の花が、朝の陽の光にふれて、ただちに花弁を開くように、鋭敏な頭脳で賢明なウパティッサは、偈の最初の二行を聴いて真理を完全に理解し、預流果に達したのだった。
　ウパティッサは、真理を示して世尊の本質的な教えを理解させてくれたアッサジ尊者に最高の敬意を表した。それ以降、ウパティッサは、アッサジ尊者がどこに住

んでいても、必ずその場所の方向に拝礼することで、師に対して感謝の思いを表した。そしてまた、その方向には足を向けては寝ず、頭をその方向にして寝たのである。

　世尊が竹林精舎に住まわれている、と知ったので、アッサジ尊者に礼拝してから、ウパティッサはかれの友コーリタのもとに行き、みつけたことを知らせた。コーリタは、ウパティッサの落ちつきのある様子をふしぎに思った。晴れやかで、輝かしい顔をしているのだ。すぐさま、かれは、ウパティッサが解脱への道をみつけたのか、ときいた。するとウパティッサは、何が起きたのか、コーリタに話して、それからアッサジ尊者から聴いた四行の偈をくりかえした。偈のすべてを聴いたあと、コーリタは預流果に達した。

　竹林精舎へ二人で向かう途中、師の遍歴行者サンジャヤに会うため、最初に師のもとへ立ち寄った。そして吉報を伝え、いっしょに行って世尊に会おう、と誘った。サンジャヤは拒否した。しかしながらサンジャヤの二百五十人の弟子たちはウパティッサとコーリタに頼って生きていたので、世尊の住まわれている竹林精舎へついて行った。サンジャヤはそこにひとり残され、落ちこみ、口から熱い血を噴き出した。

　世尊がサンガ（僧団）の真ん中に坐って説法していると、ふたりの友と二百五十人の遍歴行者たちがやってきた。世尊に礼拝してから、かれらは次のように申し上げた。

　「尊い方よ、われらは世尊立ち会いの御前で出家し、受戒を望んでいます」

　そこで世尊はかれらにこう言って戒を授けた。

　「来たれ、比丘たちよ！　法は高らかに説かれた。苦の完全な滅尽のために聖なる修行をしなさい」

　そして、世尊が二百五十人の比丘たちそれぞれの知能の程度や性格に合わせて、適切な説法を十分にして、ふたりの友を除いて、全員が阿羅漢に達した。

　コーリタはみずからの受戒後からはモッガラーナ尊者として知られているが、カッラヴァーラプッタと呼ばれる小さな村へ行った。そこで聖なる修行を非常に熱心に実践したので、七日目には疲れを感じて坐り込み、眠気に負けてしまった。世尊は要素の分析の教え（界業処）によってかれを起こした。教えについていくことで、モッガラーナ尊者はその日のうちに阿羅漢に達することができた。

　しかしながら、サーリプッタ尊者はまだ阿羅漢に達していなかった。受戒から半月後、ラージャガハに近いギッジャクータ山（鷲峰山）のスーカラカター窟に世尊とともに滞在しているあいだに、尊者は世尊の遍歴行者ディーガナカへの説法「感受摂受経（ヴェーダナーパリッガハ　スッタ）」——これは「ディーガナカ（長爪）経」（中部第74）としても知ら

れているが——聴かれた。世尊の後ろに立って扇であおいでいる間、教えに心を集中してよく考えてみた。そしてかれの心は汚染から解放されたのである。かれは阿羅漢になった。

　比丘たちの教団内で、サーリプッタ尊者は、偉大な智慧では第一人者の弟子（智慧第一）であり、一方、モッガラーナ尊者は、偉大な神通力では第一人者の弟子（神通第一）である。

29話　最初の比丘集会……諸ブッダの教え

　マーガ月（現代暦の二月ごろ）の満月の日に、世尊は遍歴行者ディーガナカに、教えと三帰依で授戒された。この日はまた、サーリプッタ尊者が阿羅漢に達したのと同じ日であった。まさにその日のたそがれ前に、世尊はギッジャクータ山から竹林精舎に降りてこられた。

　夜になって、満月の明るい月の光の下で、次の四つの特徴のある大集会（四特色集会）が起きた。
1. 集会は、マーガ月の満月の日に行われる。
2. 千二百五十人の比丘は、事前の招きなしに、竹林精舎に集まる。
3. かれらはすべて六神通をもった阿羅漢である。
4. かれらはすべて「来たれ、比丘たちよ（善来比丘）」と呼ばれる。
　　なぜなら世尊みずから授戒されたからである。

　この集会で世尊は、サーリプッタ尊者に世尊の右側に位置する人として、モッガラーナ尊者に世尊の左側に位置する人として、それぞれに第一弟子の称号を与えた。

　そのとき、世尊は教えを与えるちょうどよい機会を見いだされ、教誡波羅提木叉を高らかに説かれた。それは世尊の教えの真髄を代表するもので、次の三つの偈からなっている。

"Khantī paramaṃ tapo titikkhā
Nibbānaṃ paramaṃ vadanti Buddhā
Na hi pabbajito parūpaghātī
Samaṇo hoti paraṃ viheṭhayanto"

"忍耐・忍辱は最上の修行である。
涅槃は至高のものと諸ブッダは説きたもう。
他人を害する人は出家者ではない。

他人を悩ます人は沙門（修行者）ではない。"

"Sabbapāpassa akaraṇaṃ
　サッバパーパッサ アカラナン
Kusalassa upasampadā
　クサラッサ ウパサンパダー
Sacittapariyodapanaṃ
　サチッタパリヨーダパナン
Etaṃ buddhāna sāsanaṃ"
　エータン ブッダーナ サーサナン

"一切の悪行為を行わないこと　　（諸悪莫作）
善に到る（善行為を行う）こと　（衆善奉行）
みずからの心を清めること　　　（自浄其意）
これが諸ブッダの教えである。　（是諸仏教）
　　　　　　……訳注：『七仏通誡偈』と称される"

"Anūpavādo anūpaghāto
　アヌーパワードー アヌーパガートー
Pātimokkhe ca saṃvaro
　パーティモッケー チャ サンヴァロー
Mattaññutā ca bhattasmiṃ
　マッタンニュター チャ バッタスミン
Pantañca sayanāsanaṃ
　パンタンチャ サヤナーサナン
Adhicitte ca āyogo
　アディチッテー チャ アーヨーゴー
Etaṃ buddhāna sāsanaṃ"
　エータン ブッダーナ サーサナン

"罵らず、害わず、
波羅提木叉（戒律）において己を護り、
食事について適量を知り、
辺地でひとり臥し、
心について精勤する、
これが諸ブッダの教えである。"

　世尊は、伝道布教の最初の二十年（第一菩提時）のみ、教誡 波羅提木叉を復誦された。それから、修行規則（学処）を定めはじめたとき、世尊は復誦をやめられた。世尊は、弟子たちに二週間に一回、布薩の日ごとに戒律を復誦するよう教えられた。その戒律は威力波羅提木叉と呼ばれた。

　今日では、わたしたちは毎年、マーガ月の満月の日に、この行事をマーガ供養として守り、記念している（訳注：布薩とは、サンガに所属する比丘らが、月二回、新月と満月の日に集まり、具足戒〈波羅提木叉〉の戒本を読み上げ、違反していないか確認し、反省・懺悔する儀式）。

第Ⅲ部　法輪を転じる～伝道布教へ

第3章　ふるさとへ

30話　ブッダの帰郷

　シッダッタ王子が世を捨てて七年近くたったとき、父王スッドーダナはそれまでずっと息子を周到に見守っていたのだが、王子がさとりに達し、いまや竹林精舎を主宰している、と耳にした。世尊を王都カピラヴァットゥ（カピラ城）に招くため、王はただちに九人の大臣を、それぞれ千人の従者とともに次々と派遣した。しかしかれらが世尊の法を聴いたとき、阿羅漢に達して、比丘となった。阿羅漢に達した後、大臣たちは俗事に無関心となり、王の招きを世尊に伝えもしなかった。
　ついにスッドーダナ王は、ある大臣の息子カールダーイーを派遣した。かれは世尊と同じ日に生まれ、遊び友だちとして育ったのだ。カールダーイーはこの任務を、僧団に入る許しを得てから引き受けた。
　かれが従者千人とともに竹林精舎に到着したとき、世尊は説法している最中だった。かれらは、立ったまま熱心に聴いた。説法の終わりには全員が阿羅漢に達して、比丘となった。
　そのころは、冬が終わり、春が訪れ、寒すぎもせず、暑すぎもしなかった。旅にはよい季節だった。カピラヴァットゥへの道は、花や果実のなっている木立ちの森林が陰影をつけていた。そのとき、カールダーイー尊者は、いまは世尊がカピラヴァットゥの王家の家族を訪問するにはちょうどよい時期だ、と考えて、王の招きを世尊に伝えた。かれは、世尊がカピラヴァットゥ訪問をするための懇願として、六十の偈を唱えた。
　その六十の偈をきいて、世尊はカールダーイー尊者の願いを受けいれた。まもなく世尊は竹林精舎を二万人の阿羅漢とともに発ち、カピラヴァットゥまでの六十ヨージャナの距離を二か月かけて旅した。旅の途中、カールダーイーは神通力によって空中を飛び、毎日王宮へ行って、旅の進み具合を知らせ、王宮からは世尊に献げる鉢いっぱいの特別な食べ物を持ち帰ってきた。
　到着して、世尊と弟子たちはサーキャ（釈迦）族のニグローダ王子所有の園林に滞在した。少年少女、王子王女、そして、サーキャ族の人びとはニグローダ園（僧院）に世尊を歓迎するために出かけた。しかしながら、誇り高さで知られていたサーキャ族の年配者は、こう考えた。「シッダッタ王子はわれらの若き弟、甥っ子、孫だ」と。かれらは若き王子たちに「おまえたちは、世尊に礼拝してよいぞ。われ

第3章　ふるさとへ

らは、おまえたちの後ろに坐るであろう」と、告げた。

　世尊がさとりに達したことをわかっていない親族たちの無益な尊大さを抑えるために、世尊は空中に浮かび上がり、身体のさまざまな部位から、同時に外へ、水と火を噴きだす「双神変」をやってみせたのである。スッドーダナ王はこの異様な現象に驚いて、世尊に礼拝し、こういった。

　「ああ、息子よ、そなたに礼拝するのは、これで三度目である」

　サーキャ族のすべての家族もまた、世尊に礼拝した。

　かれらの尊大さを抑えた後、世尊は説法を聴こうとしている王家の親族たちを見た。そのとき、世尊は空中に、宝石を鏤めた小径（ちりばこみち）（訳注：宝珠経行処（ほうしゅきんひんじょ）、歩く冥想の場所）をつくられた。その上で行きつ戻りつして歩かれているあいだに、それぞれの精神的な機根に応じて、四聖諦の説法をされた。そのあとで、世尊は宝石を鏤めた小径から、世尊のために用意された席に降りてこられ、「仏種姓経」（ブッダヴァンサ）（小部14）を説かれた。

　そのとき、にわか雨が降った。すべてを生き生きとよみがえらせたが、そう望む者だけに降ったのである。人々が驚きをみせたとき、世尊は「ヴェッサンタラ本生（ジャータカ）」の物語をされ、過去世でも雨は王家の親族をよみがえらせるために降ったのだ、と話された。（訳注：ヴェッサンタラ本生はジャータカ最終話・第547話で、ヴェッサンタラ王子が一切知智の獲得を目的に、二人の子と妻を施与後、蓮の雨が降った、という過去世の物語。捨身、布施の物語として有名で、「布施太子本生物語」とも訳される。詩人・童話作家の宮沢賢治の作品に大きな影響を与えた、といわれる。）

　王家の者たちすべてが世尊の法で喜びにあふれ、世尊と比丘の教団を翌日の食事の布施に招かずに去った者は誰一人いなかった。

　翌朝、世尊と弟子たちは托鉢のためにカピラヴァットゥに入った。バルコニーから世尊と弟子たちが托鉢にまわっているのを見て、ヤソーダラー妃はただちにそれをスッドーダナ王に知らせた。王は衝撃を受けた。世尊に会うため急いで外に出て、こういった。

　「わが息子よ、なぜそなたは托鉢にまわるような、そんなわたしにとって恥ずかしいことをするのだ？　そなたのような王子にとって、そんなことをするのはふさわしくない。わたしがそなたと弟子たちに、十分な食べ物を与えられない、とでも思っているのか？」

　「父上、わたしは父上にとって恥ずかしいことをしておりません。家から家へ戸別に托鉢を受けるという実践は、わが出自のならわしなのです」と、世尊が答えられた。

第Ⅲ部　法輪を転じる〜伝道布教へ

「どうして、そんなことがあり得ようか？　わが息子よ、われらは王族の出自で、先祖代々、家から家へ戸別に托鉢してまわったことなど、決してなかったのだ」と、スッドーダナ王が応じた。

それで、世尊が説明された。

「父上、それは父上の王族の出自のならわしではなく、わたしのブッダの出自のならわしなのです」そして、通りに立っているあいだに、世尊は王に知らされた。

「わが父王よ、比丘は家の戸口に立っていて、不適切なやり方で托鉢の食べ物を受けるべきではないのです。そして比丘は高潔な生活を送るべきです。この実践を修養する比丘は、今世でも来世でも幸福に暮らします」

この偈をきいて、王は真理をさとり、聖者の最初の階梯である預流に達した。それから王は托鉢の鉢を世尊の両手から取り、世尊と弟子たちをかれの宮殿へ案内し、用意していた特別な食事を献げた。

世尊と弟子たちが食事を終えた後、世尊は王に、こう強く勧めた。

「わが父王よ、比丘は高潔な生活を送るべきです。そして不適切なやり方で托鉢の食べ物をもとめるべきではありません。この実践を修養する比丘は、今世でも来世でも幸福に暮らします」

この偈の終わりに、スッドーダナ王は、聖者のさとりの第二の階梯、一来になった。そして、世尊の育ての母マハーパジャーパティー・ゴータミーは、聖者のさとりの最初の階梯、預流に達したのである。

別の機会に、王の息子（訳注：世尊の異母弟で、養母マハーパジャーパティー・ゴータミーの子）のナンダ王子が出家後、そして王の孫ラーフラ王子が教えの手ほどきを受けた後に、王は世尊にこんな話をした。

世尊が世を捨て、そして厳しい苦行を実践しているころの一夜、ある神が王のもとにやって来て、王の息子は死んだ、と告げたのである。しかし王は神がひと山の骨を見せて示したときですら、息子の死を信じることを拒否した。王は、息子は目的を達しない限り死ぬことは絶対にない、といったのである。

このために、世尊は王に「大法護本生」（ジャータカ第447話）の物語をされた。その終わりにスッドーダナ王は、聖者のさとりの第三の階梯、不還になった。

スッドーダナ王は高齢になって亡くなった。そのとき、世尊は、ヴェーサーリーで五回目の雨安居に入っていた。世尊が、父王重病、ときかれたとき、世尊はカピラヴァットゥを訪れた。世尊は父王に法を説かれ、それによって王は阿羅漢にみちびかれた。しかしながら病気のため、王は、在家の阿羅漢として亡くなったのである。

31話　ヤソーダラー妃の願い

　シッダッタ王子との十三年間の結婚生活を過ごし、王子二十九歳の年に、ヤソーダラー妃は一人息子ラーフラを産んだ。まさにその日に、愛する夫シッダッタ王子は世を捨てた。妻の妃と生まれたばかりの子を残して、生きとし生けるものへの解脱の道を探求するために世を捨てたのだ。七年後、王子は堂々たる輝かしいブッダとして、帰ってきたのである。

　世尊と弟子たちが食事したとき、ヤソーダラー妃を除くすべての王家の人々と廷臣たちがやってきて世尊に礼拝した。しかしながら、侍女たちが世尊のもとへ行くようにもとめたのに妃は自室にいたままであった。ヤソーダラー妃は、バッダカッチャーナー、ビンバー、ラーフラマーター（ラーフラの母）といった名でも知られているが、こう考えた。「もし、わたしが、何か満足に値する特別な奉仕をしてさしあげていたのであれば、尊い方御みずから、わたしの前に来られるでありましょう。そのときだけ、わたしは世尊に礼拝することに致しましょう」

　世尊は、ヤソーダラーが王家の人々の中に見えないことに気づいておられた。世尊はただちに、王にきかれた。

　「父上、ヤソーダラーが見えません。どこにいるのでしょうか？」

　「尊い方よ、妃は自室におります」

　それから、世尊は托鉢の鉢を王に手渡した。筆頭の弟子ふたりをともなって、世尊は妃の部屋に行かれた。そこで、世尊は「ヤソーダラー妃がわたしに礼拝している間、誰も妃をじゃませず、ひとこともしゃべらないように！　妃の思うままに、させるように！」と、いわれた。それから世尊は用意されていた席に坐られた。

　世尊が来られるときいて、ヤソーダラー妃は侍女たちに、黄色の衣装で妃を盛装するように命じた。それから妃はすばやく世尊の御前にやってきて、世尊の足もとに身を投じた。両手で世尊のくるぶしを握りしめ、世尊の足の上に額を置き、世尊の足が涙で濡れるまで声を上げて泣いた。世尊は静かに坐っておられ、妃の熱い思いがみたされるまで、誰も止めようともしなかった。その後で、妃は世尊の足をきれいにふき、うやうやしく坐った。

　スッドーダナ王はそれから、ヤソーダラー妃の貞節ぶりを話題にした。

　「尊い方よ、わが娘はそなたが黄衣を着られたときいて以来ずっと、黄色の衣装を着ているのだよ。そなたが一日一食で生きている、ときいたとき、娘もまた一食にした。そなたが贅沢な寝椅子で寝るのをやめた、ときいたとき、娘も粗末な寝椅子で寝るようにした。そなたが花と香をやめた、ときいたとき、娘もよい香りのク

リームを塗るのと、花で飾るのをやめた。尊い方よ、そなたが世を捨てたとき、娘の親族の王子たちが、愛をもとめ、思いやり、気を引く言伝てを寄こしてきたが、そのどれも見ようとすらしなかった。わが娘はまさに、そのように貞節であったのだよ」

世尊は、こう応じた。

「わが父王よ、ヤソーダラーが誠実さと気品を今までもってきたのは、驚くことではありません。なぜなら過去世でもわたしに対して誠実で忠実に身を守ったからです。智慧においてはいまだ未熟で、保護者がいなかったとはいえ、そうしたのです」

そしてそのとき、世尊は「チャンダ・キンナラ本生」(ジャータカ第485話)を物語られた。過去世においても妃の誠実さは至高のものであったことを示すためである。

のちに、世尊が女性も出家してよい、と許されたとき、ヤソーダラーは、マハーパジャーパティー・ゴータミーのもとで出家して比丘尼となった。瞑想の実践でたゆまず努力して、ついに阿羅漢に達した。

あるとき、世尊がサーヴァッティの祇園精舎に住まわれていたころ、このように宣言された。

「比丘たちよ、わが比丘尼の弟子たちの中で、大神通力をもっているのはバッダカッチャーナー比丘尼(ヤソーダラー)が第一である」

これが宣言されたのはバッダカッチャーナー比丘尼が阿僧祇(不可算年数)(アサンケイヤ)十万劫以上までの前世の輪廻転生を思い出せるからであった。

バッダカッチャーナー比丘尼が七十八歳で亡くなる直前、世尊にお別れを告げ、そして、さまざまな神変(奇蹟)をやってみせた。パーリ語「譬喩経」(アパダーナ)(小部13)には一万八千人の阿羅漢の比丘尼仲間も同じ日に亡くなった、と記されている。

32話　一人息子ラーフラ……最初の沙弥(サーマネーラ)

世尊がカピラヴァットゥに帰郷したとき、若き王子ラーフラは七歳だった。母のヤソーダラーと祖父スッドーダナ王に育てられたのだが、その間、生まれたその日に世を捨てた父のシッダッタ王子とは、一度も会ったことがなかった。

カピラヴァットゥに帰郷して七日目に、世尊と弟子たちはふたたび王の宮殿で食事の布施を受けた。そのときヤソーダラー妃は若き王子を立派な服装に身支度させ、

第3章　ふるさとへ

世尊の御前につれていき、このように言った。

「わが愛する息子よ、あの上品な比丘をごらんなさい。梵天のように金色の外見をしていて、二万人の比丘たちにかしずかれています！　あの方があなたのお父さまです。たいへんな財産をお持ちでしたが、世を捨てられたのと同時に消えてなくなりました。あなたのお父さまの近くに行って、次のように申しあげて財産相続をお願いしなさい。『お父さま、わたしは若き王子で、いずれ王位に就きます。わたしには王にふさわしい財産と宝物が必要です。そのような遺産の相続をしてくださるようお願い致します。息子はどんなときでも父の遺産の継承者となりますから』と」

すぐさまラーフラ王子は世尊に近づき、そして、父への愛情をしみじみと感じた。王子の心は喜びにあふれた。王子は、母から言いなさい、と言われたことをすべて言った上に、このように付け加えた。

「おお、比丘のお父さま、あなたの影法師ですらわたしを喜ばせます！」

食事の後、世尊は布施食の提供の功徳について説法され、宮殿を去って二万人の阿羅漢の弟子たちとニグローダ園に向かわれた。ラーフラ王子は「わたしに財産相続してください、おお、比丘よ！　わたしに財産相続してください、おお、比丘よ！」と言いながら、世尊のあとについて行った。王子は園林までの道のりの間中、そうくりかえした。しかしながら、誰もそれを止めず、世尊も止めなかった。

世尊が園に着いたとき、こう考えられた。「ラーフラ王子は父の財産の相続を望んでいるのだが、この世の財産、遺産は、終わりなき輪廻転生の苦しみへみちびくだけであろう。わたしは王子に『七聖財』を与えた方がよいであろう。すなわち信、戒、慚、愧、聞、施、慧で、すべてわたしがさとりをひらくため格闘していた間に発見したものである。王子を卓越した相続財産の持ち主にしてやろう」それから世尊は、サーリプッタ尊者にラーフラ王子を沙弥(見習い僧、小僧)として初歩の手ほどきをするよう頼んだ。かくてラーフラは、ブッダの教えによる最初の沙弥となったのである。

孫のラーフラ王子が沙弥としての手ほどきを受けた、と聞いて、スッドーダナ王は、たいへん悩み、苦しみ、心身ともに、とてもつらい思いをした。その後すぐに世尊のもとに行った。世尊に礼拝した後、ふさわしい席に坐って、こう言った。

「尊い方よ、世尊に一つお願いがあります。聞いてくれますか？」

「おお、父王よ、完全者たちはさまざまな願いをかなえないまま、後に残して行きました」

と世尊は答えられた。

王は言った。「わたしは、妥当で、非難される余地のない一つの願いごとをしま

すから」

「それでは話してください。偉大な王よ！」と世尊は答えられた。

スッドーダナ王は説明して、このように頼んだ。

「尊い方よ、わたしはそなたが最初に世を捨てたとき、少なからぬ悲しみで苦しみました。しかし、それから、わが息子ナンダも比丘として出家し、受戒しました。そしてとうとう、わが孫ラーフラまで、沙弥としての手ほどきを受けたのです。いまやわたしの惨めさは、はかりしれません。尊い方よ、こどもたちへの愛情は、外皮を貫き通します。それは内皮まで突き刺し、肉を、筋を、骨を、骨髄までも突き刺すのです。尊い方よ、もし尊者が親の同意なしにはこどもの出家を許さないのであれば、その方がよろしいのです」

世尊はそのとき、王に法を教え、促し、奮い立たせ、励ました。そのあとで、スッドーダナ王は席から立ち上がり、世尊に礼拝し、世尊から右回りに（右繞して）退出した。

王の願いごとについて、世尊は申し出た理由を受けいれ、比丘戒として次のように制定された。

「比丘たちよ、おまえたちは、親の同意なしに、こどもの出家を許してはならない」

世尊はいつでもたくさんの経典を手引きとしてラーフラに教え、沙弥自身も、世尊と他の先生たちから教えを受けることに熱心であった。ラーフラはいつも朝早く起き、ひと握りの砂を手にして「きょうも、この砂粒のように、先生たちからたくさんの指導の言葉を受けとれますように」と、口にしたのであった。

ラーフラが七歳のとき、世尊は「アンバラッティカ・ラーフラ教誡経」（ワーダスッタ）（中部61）をかれに説法し、その中で、たとえ戯れにも嘘をついてはならない、と忠告している。そして、ラーフラが十八歳のとき、世尊は「大ラーフラ教誡経」（マハー・ワーダスッタ）（中部62）を説かれ、その中で、精神活動の修養について深遠な議論を説明されている。二十歳の年にはラーフラは比丘戒を受けられた。そして世尊がアンダ林で説かれた「小ラーフラ教誡経」（チューラ・ワーダスッタ）（中部147）を聴いたときは、説法の終わりに、いっしょに聴いていた十万クロール（訳注：一兆。クロールはインド特有の単位で一千万）の神々とともに、阿羅漢に達したのである。

第Ⅳ部　ブッダをめぐる人々

第1章　さまざまな男たち

33話　アナータピンディカ……給孤独長者

アナータピンディカの帰依

　コーサラ国の首都サーヴァッティ（舎衛城）に、アナータピンディカ（訳注：漢訳は給孤独長者。孤独な貧しい人々に食べ物を気前よく施す資産家という意味の通称。在家の男性信者で布施第一とされる）として知られる富豪が住んでいた。本名はスダッタだが、惜しみなく施し与えるので、そう呼ばれていたのである。
　ある折、アナータピンディカはサーヴァッティの品物を五百台の荷車に積んで、マガダ国の首都ラージャガハ（王舎城）へ商いの旅に出かけた。ラージャガハに着くと、いつもなら大喜びで迎えてくれる義弟（妹婿）が、無視するかのような態度に見え、食事の提供の手配と準備に忙しくしていた。そのとき、かれは、こう思った。
　「嫁とりか、婿とりをしているのだろうか？　それとも、何か大きな供犠か？　それとも、あすはビンビサーラ王を招待して、お供の者たちも含めて全員にごちそうするのだろうか？」
　富裕な商人である義弟は召使いたちに指示し終えてから、アナータピンディカのもとにやって来て、これまでと変わらぬように大喜びで迎えてくれた。アナータピンディカが先ほど思ったことを義弟に話してみると、義弟は、こう答えた。
　「結婚式をするわけでもなく、あすビンビサーラ王を招待して、お供の者たちも含め全員にごちそうするのでもありません。そうではなく、あす世尊であるブッダを上首とする比丘僧団に、四つの資具（衣食住薬）を布施する祭礼の準備をしているのです」
　アナータピンディカが「ブッダ」という言葉を耳にしたとき、喜びでいっぱいになった。耳にした言葉が「ブッダ」であったのかどうか自信がもてなかったので、義弟にもう一度確かめた。

「いま、『ブッダ』と、いったのかい？」

「そうです。『ブッダ』と、いいました」と、義弟は答えた。

三回確かめて、三回とも同じ答えであった。アナータピンディカは、こう考えた。「『ブッダ』という言葉を耳にするのは、ほんとうに珍しい。そして、『ブッダ』がこの世に来られるのは、さらにむずかしいことだ。いま義弟がいったように、世尊はラージャガハ近くの寒林（死体を葬る林）シータヴァナに住まわれている。いますぐ世尊に会いに行ってはどうであろうか？」

しかしながら義弟が、もう夜はふけていて、この時間には行かない方がいい、と忠告してくれた。あすの朝早くに行った方がいい、と勧められたのである。それでアナータピンディカは自分の部屋に行って、こんなふうに考えていた。「あすの朝早く、阿羅漢であり、正自覚者である世尊に、わたしはお目にかかれるであろう」と。

寝台に横になり、ずっと世尊のことを考えつづけた。世尊のもとに訪れたい、という望みがあまりにも強く、もうそろそろ夜明けか、と思って、夜中に三度も起きた。このように、世尊に深く傾倒する感覚がなみはずれて大きくなり、身体から光線を発するほどであった。

夜明け前の朝早くにアナータピンディカは起きて、寒林へ向かった。ラージャガハの街の門に着いたときは、シーヴァカ夜叉と呼ばれる守護精霊がすでに開門していた。街の外に出て、アナータピンディカの身体から発していた光線は消え、闇が目の前にあった。恐怖、不安、戦慄が身体の中から起きた。引き返したかったが、シーヴァカ夜叉がみずからの姿を眼に見えるようにせず、次のように言って、勇気づけてくれた。

「百の象も、百の馬も
　ラバに牽かれた戦車も
　宝石と耳環でかざった百千の乙女がいてもイヤリング
　これらすべて、一歩前進する十六分の一にも及ばない。
　前進せよ、おお、長者よ、前進せよ！
　引き返すより、前進するがよい！」

この詩句をきいて、アナータピンディカの恐怖はおさまった。そして世尊に心身とも委ねた信頼がよみがえり、ふたたびそれが強まった。かれの身体はまた光を放ち、闇が消えた。

しかしながら、墓地を通りすぎるとき、多くの死体の臭気と、野犬と野狐（ジャッカル）の吠える声がして、歩きつづける意欲をくじいた。身体から発する光が消え、前のように闇が落ちてきた。しかし、道中ずっと付き添っていたシー

ヴァカ夜叉が、ふたたび勇気づけてくれた。

またもやアナータピンディカに恐怖、不安、戦慄がわき起こり、これで三度目だったが、シーヴァカ夜叉が危難の克服をすべて助けて、世尊への信頼を回復させてくれたのであった。

とうとう寒林に到着したとき、世尊は起きていて、野外で歩く冥想をされていた。世尊がアナータピンディカを見たとき、歩く冥想からはなれ、席に坐られた。それから世尊は「来たれ、スダッタよ！」と、呼びかけられた。

アナータピンディカは世尊が本名で呼んでくださったのをきいて、うれしかった。世尊に近づき、足もとに礼拝し、おききした。

「尊い方よ、よくお眠りになられましたか？」

世尊は、煩悩すべてを根絶して涅槃に達した聖者は心が平安で、いつでもつねにぐっすり眠れるのだ、とお答えになった。引きつづいて、世尊は次第説法と四聖諦を説かれた。説法の終わりには、アナータピンディカは真理をさとり、預流聖者となった。そのとき、仏法僧に帰依することを決めた。世尊と弟子たちを次の日に、食事に招待した。世尊は無言のまま、同意された。

アナータピンディカが義弟に起きたことを話したとき、義弟は、食事の提供の手配をすべてやってあげましょう、と申し出たが、丁重に断った。同じく、市場町の首長、ビンビサーラ王が、それぞれ世話すると申し出たが、布施の食事は自分一人でやれる、といって、申し出を断った。

次の日、アナータピンディカは手ずから食事の給仕をして、世尊と弟子たちに多くの種類のおいしい食べ物をふるまって接待した。食事後、アナータピンディカは、こんな招待もした。

「尊い方よ、世尊と比丘僧団の方々が、サーヴァッティで雨安居されますように」

世尊は同意して、こういわれた。

「完全者は遠離の場所をよろこびます、長者よ」

アナータピンディカは「わかりました、世尊。承知しました、最勝者さま」と、応じた。それから世尊に礼拝して、右回りしながら去った。

祇園精舎の建設

アナータピンディカはラージャガハでの仕事を終えたとき、急いでサーヴァッティに帰った。帰宅途中、世尊が道に沿ってやってくる、と人々に知らせた。かれらに指図して、庭園をつくらせ、住まいを建てさせ、布施の手配をさせた。

サーヴァッティに着くなり、アナータピンディカは、ただちに世尊を上首とする

比丘僧団のための精舎の適地を探した。ようやく、ジェータ王子の所有する園林をみつけた。精舎に必要なすべての品格をそなえていた。しかしながら王子に、園林を買いたい、という意図を話したとき、王子は、もし、アナータピンディカが、園林中の隅々まで百千の金貨を敷き詰めないなら、売るのは断る、と言ったのである。アナータピンディカはこの条件で園林を買うことに同意した。しかし王子は、売らない、と言い張った。この争いは裁判に持ち込まれ、そこにおいて仲裁調停の役人が、アナータピンディカに好都合な裁定を下した。

アナータピンディカは金貨を荷車で運び、ジェータ王子の園林をそれで敷いた。しかし最初に運んだ金貨だけでは、園林の全面を敷き詰めるのには足りなかった。門の近くの小さな空地が、敷けないままで残ったのである。アナータピンディカは配下の男たちに、空地に敷けるよう、帰って、もっと金貨を持ってくるように、と命じた。これをきいてジェータ王子は、こう思った。「アナータピンディカは、これほどまで莫大な金貨をつかっているのだ。たしかに、これは特別な、高貴な慈善行為にちがいない」と。そこでアナータピンディカに、こう告げた。

「もう十分だ、長者よ、十分だ！　あの空地に、金貨を敷くな！　わたしにそこを残して、精舎入り口にアーチ付き通路を造らせてくれ！」

アナータピンディカは「このジェータ王子はとびぬけて有名な人だ。このように有名な人が万一、世尊の教えに確信を得るとしたら、大きな利益をもたらすことになるだろう」と考えた。そこで、その空地はジェータ王子のために残すことにした。

かくしてジェータ王子の園林は、十八クロール（一億八千万）の金貨でアナータピンディカが買った。また別の十八クロールの金貨で、壮麗な精舎を建てた。さらにまた別の十八クロールの金貨は、九か月間の僧院落慶法要につかった。かくして祇園精舎は合計五十四クロール（五億四千万）の金貨をつかって建設されたのである。

世尊はこの祇園精舎で十四回目の雨安居を過ごされた。さらにまた二十一回目から四十四回目までの雨安居はサーヴァッティで過ごされ、そのうち十八回は祇園精舎で、そして、残る六回はヴィサーカー信女が寄進した東園鹿子母講堂で、過ごされた。

参拝対象——聖地の三つのタイプ

世尊がサーヴァッティに滞在されるたびに、アナータピンディカは世尊のもとを訪れた。世尊が伝道布教の旅でサーヴァッティからはなれているときは、アナータピンディカは、直接ふれられる参拝の対象がなくて、さびしく感じた。このため、

ある日、アーナンダ尊者に、聖地を建設したい、という願いを告げた。アーナンダ尊者が世尊にお尋ねすると、世尊は、三つのタイプの聖地がある、と言われた。第一は、舎利聖地（サーリーリカ）だ。身体関連の対象を納める聖地で、すなわち世尊の般涅槃の後、身体の遺物（訳注：骨、歯、髪など）を聖廟に納める。第二は、遺品聖地（パリボーギカ）。私的に使われた遺品を参拝対象とする。すなわち世尊みずからが使われた托鉢の鉢や、衣、そして菩提樹などである。そして最後は指示聖地（ウッデーシカ）で、世尊をしのばせるものを尊崇対象とする。すなわちブッダの画像（仏像・仏画）など眼に見える象徴である。世尊はまた、三種類の聖地の中に、菩提樹についても語られた。その樹下で菩薩はさとりに達したのだ。世尊がまだ生きているあいだと、亡くなった後の両方で、世尊を思い起こす記念物としての菩提樹である。

したがって、菩提樹を祇園精舎に植えてもよい、という世尊の許しを得て、アーナンダ尊者はモッガラーナ尊者に、元の菩提樹から実をもってきてもらうよう頼んだ。神通第一のモッガラーナ尊者は、ただちに樹から落ちてきた実を一つ取ってきて、アーナンダ尊者に手渡した。そこでアーナンダ尊者は、パセーナディ王に記念植樹するようにと、それを提供した。しかし王は、王侯にふさわしい謙虚さで、今世では王としての務めという一人の世話役としてのみ奉仕する、と答えたのである。その実を神聖に植樹するには、世尊の教えに、より密接な関係をもつ誰かがはるかにふさわしいであろう。王とともにアーナンダ尊者は、その実をアナータピンディカに手渡した。そこで、アナータピンディカが祇園精舎の入り口付近の場所に植えた。後に菩提樹は成長し、すべての敬虔な信者たちの尊崇の対象となっている。

アナータピンディカの家族たち

アナータピンディカはプンニャラッカナーという名の女性と結婚した。ラージャガハの裕福な商人の妹である。プンニャラッカナーはたいへん貞淑な女性で、「福徳の特相をもつ女」という意味の、その名に恥じない生き方をした。一家に、よき家風をもたらしたのである。使用人の面倒をよくみて、托鉢にくる比丘たちにも気を配った。アナータピンディカはつねに五百人の比丘のために、毎日、托鉢の食べ物を提供した。それに加えて、病気の比丘やそのお世話をしている比丘、旅に出ようとしている比丘、サーヴァッティに着いたばかりの比丘、来客、貧しい人々、障碍者・虚弱者らにも托鉢の食べ物を用意した。そして不意の来客にも間にあうように、座椅子五百が自宅にあった。

アナータピンディカには娘三人と息子一人のこどもがいた。三人娘の上のふたりはマハー（大）スバッダーとチューラ（小）スバッダーである。父親同様、敬虔な

信者で預流聖者に達していた。一方、末娘スマナーは深い智慧において家族でも抜きん出ていた。ブッダから説法を一つ聴くなり、さとりの第二の階梯である一来果に達した。

　アナータピンディカのたった一人の息子カーラは当初、法(ダンマ)についてまったく知りたいと思わず、商売一本槍の仕事漬けであった。ある日、アナータピンディカが、もし休息日に休むなら一千金をやろう、といってみた。カーラは父の申し出に同意して、丸一日仕事を休み、家族といっしょに過ごした。アナータピンディカは、もしカーラが精舎に行って世尊の説かれる一節を暗記したら、別に一千金やろう、といった。カーラは一つの偈を学ぶたび、世尊の真意がわからず、それでひどく集中して、くりかえし聴かねばならなかった。その意味を理解しようと格闘しているあいだに、突然、世尊の教えに深く鼓舞され、預流果に達したのである。かくて、父の巧みなみちびきによって、カーラは敬虔な信者の息子となり、教団への大後援者の一人となった。

「七妻女」——悪妻、良妻、妻の七つのタイプ

　カーラは名の知られた在家篤信者ヴィサーカーの姉妹の一人、スジャーターと結婚した。ある日、アナータピンディカの家で托鉢の食事後、世尊が説法されていると、大きな叫び声、わめき声が別の部屋からきこえてきた。世尊は説法をやめ、アナータピンディカに騒ぎの理由を尋ねた。まるで漁師たちが叫んでいるかのようであったからである。アナータピンディカが答えた。

　「尊い方よ、あれはスジャーターでございます。わが義理の娘、すなわち息子の嫁で、いっしょに住んでいます。そのスジャーターが使用人を叱っております。裕福な家から嫁いできて、家柄をとても誇りにしています。誰でもぞんざいに扱い、使用人をたたき、その行くところはどこでも、恐れ、おののきが広がります。夫の両親にも夫にも気くばりをまるでしません。托鉢には布施せず、信心も信仰もなく、いつでもずっと争っております。尊師を崇めず、敬わず、尊びません」

　そこで世尊は、彼女を呼ぶようにもとめた。世尊のもとに来ると、世尊がきかれた。

　「スジャーターよ、そなたは『七妻女』のどれになりたいのか？」

　「尊い方よ、世尊のお尋ねの意味がわかりません。その『七妻女』とは何でしょうか？」

　そこで世尊が、このように説明された。

　「スジャーターよ、心が邪(よこしま)で、無慈悲、夫以外の男たちを好み、夫をないがしろ

にし、娼婦で、夫を悩ませると心に決めている。そんな妻は『人殺しのような妻(ヴァダカバリヤー)』と呼ばれます」

「夫が自分の手先の技術や、商い、農作業で稼いだとき、その中からいくらかくすね、へそくってわが物にする。そんな妻は『泥棒のような妻(チョーラバリヤー)』と呼ばれます」

「ものぐさで大食らい、いっさい何もしないと決め込んで、がさつで、あこぎ、口の利き方はぶっきらぼう、勤勉によく働く者には居丈高で尊大。そんな妻は『暴君のような妻(アイヤバリヤー)』と呼ばれます」

「いつも助けてあげて、親切、夫をたったひとりの息子のように守り、夫が稼いでたまった財産を大切にする。そんな妻は『母のような妻(マートゥバリヤー)』と呼ばれます」

「夫を深く尊敬し、妹が年上の兄や姉に対するようにふるまい、夫の願いには従順である。そんな妻は『妹のような妻(バギニバリヤー)』と呼ばれます」

「夫を見るとうれしがり、友だちを歓迎するように、ひたむきで、貞節、献身的である。そんな妻は『友だちのような妻(サキーバリヤー)』と呼ばれます」

「怒りがなく、もの静か、夫のすることすべてを我慢し、心情は清らか、憎しみがなく、夫の願いには従順である。そんな妻は『召使いのような妻(ダーシバリヤー)』と呼ばれます」

「人殺しや泥棒、暴君のようなタイプの妻はだめで、不都合です。こうした種類の妻たちは、身体がこわれたら地獄に再生します。しかし母や妹、友だち、召使いのような妻はよくて、賞賛に値します。こうした種類の妻たちは、道徳的にしっかりしていて節度があります。身体がこわれたら天界に行きます」

「これらが、スジャーターよ、男が妻とするかもしれない『七妻女』です。そなたは、どれですか？」

スジャーターは世尊の言葉に深く胸をうたれ、こう答えた。

「尊い方よ、世尊はわたしを、きょうからは『召使いのような妻(ダーシバリヤー)』として、ご承知くださいますように」

かくてスジャーターは悪い態度を改め、夫に対して良妻であるよう懸命に努めた。後に彼女は世尊の忠実な弟子となり、世尊に救われたことをずっと感謝したのである。

アナータピンディカへの説法

世尊が祇園精舎に住まわれたときはいつでも、アナータピンディカは定期的に日に二回、世尊にお目にかかるためにやってきた。ときには友人多数といっしょで、つねに若い沙弥（新参の見習い僧）たちに托鉢食を与えた。しかしながら、世尊が

お疲れになってはいけない、と心配して、質問を一切しなかった。けれども世尊は、みずからの意思でアナータピンディカにさまざまな説法をされ、そのうちのいくつかが増支部経典にある。

あるとき、世尊は「得業経」（パッタカンマ スッタ）（増支部・四集・得業の章1）をアナータピンディカに説かれた。

「長者よ、これら次の四つの状態は実現が望ましく、大切で、とてもうれしく、そして世間で得がたいものです。その四つとは何か？　こんな願いです。『合法的な手段で富がわたしのもとに来ますように！』、『親族と先生のあいだに、わたしのよい評判がありますように！』、『長生きできて、たいへんな高齢まで生きられますように！』、『身体がこわれて、死んだ後、天界に再生できますように！』」

「さて長者よ、これら四つの状態を勝ち得るには、四つの状態への助けとなるものが四つあります。その四つとは何か？　信の完成（信具足）、戒の完成（戒具足）、施の完成（施具足）、慧の完成（慧具足）です」

また別の機会に、世尊は「無債経」（アーナニャ スッタ）（増支部・四集・得業の章2）をアナータピンディカに説かれた。

「長者よ、これら次の四種類のこの上ない喜びは、在家者によって勝ち取るべきものです。所有の楽、受用の楽、無債の楽、無罪の楽です」

「所有の楽とは何か？　ここに、長者よ、良家の若い男がいて、精力的にがんばって富を得たとします。かれの腕力で富をかき集め、額に汗して富を勝ち得て、公正に合法的なやり方で得たものです。そこで、こう思いつく。『富はわたしのものだ。精力的にがんばって得た。合法的に得た』と。この上ない喜び、満足が、かれにやってきます。これは、長者よ、所有の楽、と呼ばれます」

「受用の楽とは何か？　ここに、長者よ、良家の若い男がいて、精力的にがんばって得た富で、その富を使って楽しむのと、功徳ある行為をするのと、両方やるとします。そこでこう思いつく。『精力的にがんばって得た富で、その富を使うのと、功徳ある行為をするのと、両方わたしは楽しんでいる』と。この上ない喜び、満足が、かれにやってきます。これは、長者よ、受用の楽、と呼ばれます」

「無債の楽とは何か？　ここに、長者よ、良家の若い男がいて、その大小を問わず負債がない、とします。そこでこう思いつく。『わたしには大小を問わず誰にも負債がない』と。この上ない喜び、満足が、かれにやってきます。これは、長者よ、無債の楽、と呼ばれます」

「無罪の楽とは何か？　ここに、長者よ、高貴な弟子が、身体の過ちなき行為、言葉の過ちなき行為、思考の過ちなき行為に恵まれている、とします。そこでこう思いつく。『わたしは身体の過ちなき行為、言葉の過ちなき行為、思考の過ちな

行為に恵まれている』と。この上ない喜び、満足が、かれにやってきます。これは、長者よ、無罪の楽、と呼ばれます」
　これらが在家者によって勝ち取るべき四種類のこの上ない喜びです。

アナータピンディカの死

　アナータピンディカは死の直前、まさに亡くなろうとしていたとき、従者に世尊のもとへ代わりに行って、世尊の足もとに礼拝し、アナータピンディカが重病である、とお知らせするように、と頼んだ。そしてまたサーリプッタ尊者に、恐れ入りますが、お慈悲によって家まで来てくださいますように、と懇願してくれ、とも頼んだのである。

　そこでサーリプッタ尊者はアーナンダ尊者をともない、床に臥しているアナータピンディカを訪問した。サーリプッタ尊者はアナータピンディカを慰め、「アナータピンディカ教誡経」（中部143）と呼ばれる法話を説いた。

　この法話の終わりには、アナータピンディカの両眼から涙がこぼれ落ちた。アーナンダ尊者は、あわれみ深くアナータピンディカの方に向いて、気持ちが落ちこんでいるのですか、と尋ねた。ところが、アナータピンディカは「おお、アーナンダ尊者さま、わたしは落ちこんでいるのではありません。わたしは尊師とお弟子たちに長いあいだお仕えしましたが、それでも、あれほどの深遠な法話を聴いたことがありませんでした」と答えたのである。

　そうするとサーリプッタ尊者が「あのような深遠な法話は、長者よ、白衣の在家者には明解ではないでしょう。かれらには理解できないでしょう。しかし、修行の進んだ弟子たちには十分に明解なのです」と、応じた。

　アナータピンディカは「サーリプッタ尊者さま、あのような真理についての法話を、白衣の在家者にもしてください。眼にちょっとしたごみがついているだけの者たちがおります。もし、かれらがそうした教えを聴かなかったら、かれらは滅びます。幾人かは理解できるでありましょう」と願ったのである。

　それから、サーリプッタ尊者とアーナンダ尊者が去って行き、ほどなくアナータピンディカは亡くなった。そしてただちに兜率天（訳注：六欲天の第四で、七宝でできた宮殿がある。ブッダはここから降下してマハーマーヤー妃の胎内に宿って生誕したとされている）に生まれ変わったのであった。

　アナータピンディカは心底からひたむきに仏法僧に傾倒していたので、天の神に生まれ変わったその日の夜、祇園精舎に一人の若い神としてあらわれ、天の光であたりをくまなく照らした。世尊のもとに近づき、礼拝後、サーリプッタ尊者の徳を

褒めたたえる偈を口にして、精舎に住まわれている世尊と弟子たちにお目にかかった喜びを表現した。

　　このジェータの園林（祇園）こそ、
　　見者たち（比丘僧団）の住むところ、
　　法の王（ブッダ）が住みたまい、
　　わたしに喜びをあたえるところ。

　　行為と智慧と正義によって、
　　徳と一つの最上の命によって、
　　これによって、人びとは清まる。
　　生まれの姓にもよらず、富にもよらずに。

　　それゆえ、賢明なる者は
　　自己の利益をよく見ることから、
　　入念に法を吟味せよ。
　　かくて、かれはそこにて清まる。

　　サーリプッタこそまさしく、智慧と、
　　徳と、心の内なる安らぎを授かっている。
　　誰であれ比丘が彼岸に趣(おもむ)くならば、
　　最上にてやっとサーリプッタと同等になれよう。

このように偈を唱え、天の神アナータピンディカは、世尊に礼拝し、右回りしながら、たちまちのうちに消え去ったのであった。

34話　コーサラ国パセーナディ王……パトロン国王

　サーヴァッティ（舎衛城）が首都のコーサラ国は、マガダ国の北方に位置していた。マハー・コーサラ王の統治時代、息子の若きパセーナディ王子はタッカシラー（訳注：ブッダ在世時の十六大国の一つ、ガンダーラ国の学芸都市。現在はパキスタン北東部、インダス川上流域のタキシラ遺跡）へ高等教育を受けるために遊学に

出かけた。学友の中にはヴァッジ国の首都ヴェーサーリーのリッチャヴィー王の息子マハーリ・リッチャヴィー王子や、クシナーラー（訳注：マッラ国の西の中心地。ブッダ入滅地で四大聖地の一つ）のマッラ族の王の息子バンドゥラ王子がいた。教育が終わって、かれらはそれぞれ国に帰った。

パセーナディ王子はサーヴァッティに帰ってまもなく、父王の前で習得し上達したさまざまな学問・技芸を披露した。それを見て王子の技量と能力に満足したマハー・コーサラ王は、パセーナディ王子にコーサラ国の王位に就かせ、それ以降、王子はコーサラ国パセーナディ王として知られることになる。

第一王妃はマッリカー妃で、生花の花輪飾り屋の娘だった。王に深く愛された。自分より妃の智慧の方がはるかに優れていると認め、多くの難題解決に当たって、パセーナディ王は、しばしばマッリカー妃に助言を求めた。

パセーナディ王の帰依

ラージャガハで二度目の雨安居を終えてから世尊はサーヴァッティに向かい、アナータピンディカの招きを受けいれて祇園精舎に滞在された。パセーナディ王が世尊に会ったのは、そのときが最初だった。その折、王は、こう尋ねた。

「尊師ゴータマよ、あなたは年若く、出家してまだ日が浅いのに、どうして無上正等覚に達した、と宣言されたのですか？」

世尊が答えられた。

「偉大な王よ、若いから、小さいからといって見下げたり、軽蔑すべきではないものが四つあります。その四つとは何か？　王族、蛇、火、比丘です。王族の王子は若いからといって、暴君かもしれず、他者に害をなすかもしれません。小さな蛇は、他者に噛みつき、死なせてしまうかもしれません。パチパチと小さな火花を出している火は、大火事になって家や森を燃やすかもしれません。そして比丘は、まだ若くても、徳において卓越しているかもしれないのです」

パセーナディ王は、世尊が口にされた答えに満足して、喜んだ。世尊への確信が生じ、世尊は智慧にみちている、と信じたのである。そのとき、王は、仏法僧に帰依し、みずからのいのちのつづく限り、生涯にわたって世尊の信者となる決心をした。それ以来、王はブッダと比丘僧団の後援者、パトロン国王となった。

ブッダとパセーナディ王の関係

世尊とパセーナディ王は同い年で、それゆえ会話は親密で、温かいものであった。

ある日、パセーナディ王は朝食を食べた後、祇園精舎に出かけた。王は、一かごの四半分の大量のご飯（約三キロ）といっしょに肉カレーを毎日食べていたが、この食習慣のためにたいへん太っていた。それで、世尊の説法をきいている間にとても眠くなり、ほとんどの時間、うとうと居眠りしていた。その居眠りを見て、世尊は、毎日、ほんの少しずつ食べる量を減らすように、そして、もともと食べていた量より、計量秤（はかり）で十六分の一にまで減らして制限するように、と勧めた。王はいわれたとおりに実行し、少食になるにつれて痩せていったが、たいへん身体が軽快になった、と感じ、はるかに健康になった。

パセーナディ王は世尊から直接、説法を聴ける機会が多くあったので、ビンビサーラ王よりは幸運であった。相応部経典のパーリ有偈篇第三部にはコーサラ相応として、世尊がパセーナディ王に説かれた二十五経からなる特別編がある。また、長部経典、中部経典、増支部経典、小部経典にも、世尊、あるいは弟子たちが、王に説いた教典がある。

ブッダの女性に対する態度

パセーナディ王が世尊と話していたあるとき、使いの者がやってきて、マッリカー妃が王女をお産みになられました、と王にささやいた。王は、王位を継承する王子の誕生を期待していたので、この知らせをきいて喜べなかった。他の宗教的な指導者とちがって、世尊は王に、こんな助言をされた。

「おお、偉大な王よ、女性のうちのある者らは、まさしく、男性よりすぐれています。智慧をそなえ、戒をそなえ、姑を天とし（夫の母を神のように大切にし）、夫に仕える（夫に貞淑な）女性です。そのような女性は、王となって王国を統治する立派な息子を産むかもしれません」

供犠（動物の生け贄）への異議

アジャータサットゥがあるとき、父のビンビサーラ王を弑逆（しぎゃく）して王位を簒奪し、マガダ国の新しい王となった。夫のビンビサーラ王の不慮の死に、コーサラデーヴィー妃は深い悲しみに陥った。悲しみの挙げ句、ほどなく妃は亡くなった。パセーナディ王は、姉であるコーサラデーヴィー妃の死を知って、カーシ村の税収を没収した。その税収は、コーサラデーヴィー妃のビンビサーラ王への嫁入り道具としての持参金の一部だった。アジャータサットゥ王はこれを怒り、叔父のパセーナディ王に宣戦布告した。両者はカーシ村へ進軍し、そこで叔父と甥が戦った。最初

の三回の戦闘では、若く、強力なアジャータサットゥ王が年長の叔父を打ち負かし、パセーナディ王はサーヴァッティへ退却を余儀なくされた。

世尊がこの知らせをきかれたとき、このようにいわれた。

「勝利は怨みを引き起こし、
　敗者は苦悶に生きる。
　勝利と敗北を捨てて、
　安らぎの心をもつ者は幸福に生きる」（コーサラ相応・第一戦争経）

四回目の戦闘でパセーナディ王は勝利し、甥のアジャータサットゥ王を捕虜にした。パセーナディ王は甥の象、馬、戦車、歩兵すべてを没収したが、甥は生かしておいた。パセーナディ王はアジャータサットゥが、二度と攻撃しない、と誓約するまで解放しなかった。

これを知って世尊は、国同士の戦争に関する真実を反映した二つの偈を口にされた。これらの偈は、現代でもいまだに通用するものである。

「それが自分に役立つ限り、ひとは必ず略奪する。
　しかし、他の者らが略奪するとき、
　奪ったかれは奪い返される。
　悪の果が熟さぬ限り、
　愚か者は幸運だと思う。
　しかし、悪が熟するとき、愚か者は不運に見舞われる」

「殺せば殺す者を得て、
　勝てば勝つ者を得る。
　また、罵れば罵る者を得る。
　また、悩ませば悩ます者を得る。
　かくて、業が転じることによって、
　奪ったかれは奪い返される」（コーサラ相応・第二戦争経）

最初のはかりごと──王子出生の秘密

パセーナディ王が世尊の在家信者となった後、王は僧団と親密になりたいと望んだ。世尊がサーキャ族（釈迦族）であることを知って王は釈迦国へ使いを送り、王族の娘を輿入れさせるように、と求めた。釈迦族の人びとは、王族の娘を釈迦族以外に輿入れさせることもできず、釈迦国がコーサラ国の属国であるため断ることもできなかった。（訳注：釈迦族には独特の通婚ルールがあり、父の姉妹または母の兄弟の子同士が結婚する『交差いとこ婚』が行われていた。このため、血の穢れ

となる異民族との通婚を忌避していた。）そのとき、釈迦族の人々は、釈迦族のマハーナーマ王子と奴隷女のナーガムンダーの娘、ヴァーサバカッティヤーを輿入れさせるというはかりごとをたくらんだ。そうとは知らずパセーナディ王はたいへん喜び、ただちに妃として迎えた。こどもができ、パセーナディ王は息子ヴィドゥーダバ（訳注：後のヴィドゥーダバ将軍。瑠璃王子）を得た。

　あるとき、ヴィドゥーダバ王子がカピラヴァットゥを訪れると、釈迦族の王子の誰もが自分に敬意を払わなかった。そして、自分の祖母が奴隷女である、と出生の秘密を知ってしまったのである。王子は非常に驚き、自分が王になった日には釈迦族のすべてを殺してやる、と復讐を誓った。この消息を知ったパセーナディ王は激怒し、王族の礼節をかなぐり捨て、王子とその母の妃を奴隷の身分に落とした。しかしながら世尊が王に助言され「カッタハーリカ本生」（ジャータカ第7話）を語られた後、パセーナディ王は王族の礼節を取り戻して、母子の身分を元通りにしたのであった。

二番目のはかりごと——密告で誅殺

　タッカシラーへの遊学から帰郷して、バンドゥラ王子は学芸の上達ぶりを、マッラ族の王侯貴族の前で見せたい、と望んだ。しかし親族たちによって欺かれ、かくして公開披露には失敗した。その裏切りを発見して、王子は、全員殺す、自分を王にせよ、と脅した。しかし、両親は説得して思いとどまらせた。親族たちに失望したバンドゥラ王子は、友であるパセーナディ王のもとで生きようとして、サーヴァッティに向かった。王は歓迎して受けいれ、王子を軍の総司令官（将軍〈セーナーパティ〉）に任命した。

　バンドゥラ王子はクシナーラーのマッラ王の娘マッリカーと結婚した。二人は十六組の双子の男の子を設けた。その三十二人の息子たちは、父に似てさまざまな学芸に巧みで、それぞれ従者千人を擁していた。

　ある日、バンドゥラは、裁判で誤審が起きた、と聞いた。その裁判の審理を改めて行い、下した判決はたいへんな喝采を浴びた。これを聞き及んだパセーナディ王は喜び、バンドゥラを裁判官に任命した。しかしながら、前の裁判官たちが怒り出し、バンドゥラに嫉妬した。かれらは、はかりごとをたくらみ、パセーナディ王に、バンドゥラが王位簒奪という大それた望みをもっている、と欺いた。王はかれらを信じて、バンドゥラが反逆を企てるのではないか、と心配した。かくして国境地帯で暴動が起きたとき、王はバンドゥラと三十二人の息子たちを反乱の鎮圧に派遣した。バンドゥラとともに王が選抜した将軍たちを付き添わせ、その将軍たちに、帰

第1章　さまざまな男たち

還時にバンドゥラと息子たち全員を殺害するように、と命じたのである。
　マッリカーは、主要弟子二人にみちびかれた五百人の比丘に自宅で布施食をふるまっていたとき、夫と息子たちの虐殺の悲報を受け取った。彼女はその手紙を読み、ふところに入れて、まるで何事もなかったかのように穏やかに自分の務めをはたした。ちょうどそのとき、女中が食卓にギー（訳注：乳製の液状バター）を入れた碗を持ってきていて、誤って手を滑らせ、割ってしまった。これを見て、サーリプッタ尊者はマッリカーに、割れものの碗が割れたことで心を乱さないように、と諭した。その後すぐ、彼女はふところから手紙を取り出し、夫と息子たちの死という残酷な知らせを受け取ったばかりなのです、と言った。そうであっても、彼女は自分の心が悲報に乱されないように、とみずからを許さなかったのである。さらに加えて、三十二人の嫁たちに、悲しみ、嘆き、憂いでふさぎこまないように、王に対して怒りを根にもち、怨みを抱かぬように、といいきかせたのであった。

三番目のはかりごと——釈迦族の滅亡

　パセーナディ王は、送りこんでいた密偵から、マッリカーのみせた態度をきいた。王は、軍総司令官のバンドゥラ将軍がじつは無実だったのだ、と理解し、自責の念に駆られた。マッリカー宅に行って、マッリカー本人と三十二人の嫁たちに謝罪した。彼女たちに王は贈り物をしただけでなく、バンドゥラの甥ディーガカーラーヤナを軍総司令官に任命した。
　パセーナディ王はできる限りの償いをしたのだが、それでも自責の思いは消えなかった。それ以来、気力を失い、王としての贅沢には喜びを見出せなくなった。ある日、世尊がメーダールパに滞在されていたとき、いまや八十歳になったパセーナディ王は世尊のもとを訪れた。世尊の部屋に入る前に、王は国王の徽章（身分を表すしるし）を軍総司令官のディーガカーラーヤナに預けて、ひとりで入った。
　その後すぐ、部屋のなかで世尊が王に説法されている間に、叔父のバンドゥラが王に誅殺されたことを決して許していなかったディーガカーラーヤナは、馬一頭と侍女一人を残し、国王の徽章をサーヴァッティに持ち帰った。そして、コーサラ国の新王としてヴィドゥーダバ王子に戴冠して即位させたのである。
　「法尊重経（ダンマチェーティヤスッタ）」（中部89）を世尊から聴いて、パセーナディ王は大いに喜んだ。しかしながら王は僧院から出たとき、馬一頭と侍女一人を除き、従者全員がいなくなっているのを見て、衝撃を受けた。何が起きたのか侍女から知らされ、アジャータサットゥ王を頼ってマガダ国のラージャガハへ急いだ。
　ラージャガハに着いたとき、夜もふけて街の城門はすでに閉まっていた。老いた

145

王は長旅で疲れきっていたが、翌朝、甥のアジャータサットゥ王に会うつもりにして、城外のお堂で夜を過ごすほかなかった。

その夜、ひどい消化不良の胃痛に苦しみ、とても衰弱した。侍女のみに看取られて、パセーナディ王は明け方に亡くなった。世尊入滅に先立って死んだのである。

いまやコーサラ国王となったヴィドゥーダバ王子はみずから復讐を誓ったことを覚えていた。大軍を率いて戦争をしかけ、釈迦族を滅ぼそうとした。しかし、その途中で、王子は釈迦族を穏健に保護される世尊に出会った。これを知って、王子は軍を引き上げさせた。王となってから三度、釈迦族撃滅の遠征軍を派遣したが、三度とも世尊に出会い、軍を撤退させたのである。それでもやはりヴィドゥーダバ王が四度目の進軍をしたとき、世尊はもはや保護されなかった。世尊は、釈迦族の過去の悪業(あくごう)をご覧になって、それがいまや果を結ぶであろう、と知られたのである。

（訳注：アルボムッレ・スマナサーラ著、サンガ刊『日本人が知らないブッダの話』によれば、かつて釈迦族が河中に毒を投じて漁を行い、下流の生命まで長く苦しみ続ける悪業をなした果報で釈迦族は滅亡した、というのが註釈書による説明で、個人ではなく「集団の業」について語られた珍しいくだり、とみられるが、パーリ経典にこのような記載はない、という。）

釈迦族は殺生に反対していたのだが、コーサラ国軍の侵入に直面せざるをえなかった。釈迦族の弓の技量を駆使して、ヴィドゥーダバ王の軍に矢を射こんだ。それも、誰も負傷させることなく、ただ威嚇して追い払うために、だった。しかしながらヴィドゥーダバ王は、釈迦族が殺そうとして矢を射ている、と考えて、自分の祖父であるマハーナーマと、その一族を除いて、釈迦族全員を殺せ、と命じた。

サーヴァッティへの帰途、軍隊はアチラヴァティー川のほとりで、夜に野営しなければならなかった。しかし、その夜、突然の洪水があり、ヴィドゥーダバ王と軍隊を大海原まで押し流し、全員、魚と亀の餌食となってしまったのである。

35話　墓場のソーパーカ……七歳の阿羅漢

ブッダ在世当時のあるとき、ラージャガハ（王舎城）の墓守の家に男の子が生まれた。その子の名はソーパーカ。生後四か月で父親が病気で急死した。それで、かわいそうなソーパーカはおじさんの家に引き取られて、育てられることになった。そこでは、いとこにあたるおじさんの子といっしょだった。しかしながら、おじさんは自分の息子しか愛さず、ソーパーカには残酷で、不親切で、意地悪だった。母

第1章　さまざまな男たち

　親が不在のときはいつでも、ちいさなソーパーカは、心やさしく、無邪気で、行儀がよいのに、つねにおじさんに叩かれ、叱られるのだった。
　ある日、ソーパーカはいとこと喧嘩した。おじさんは怒って、こう考えた。
　「あいつはわしの息子と喧嘩しやがった。まったく、ほんとうに迷惑な奴だ！ あいつをたたき出さない限り、この家には平和がない。しかし、母親はあいつをとても愛している。母親があいつのそばにいるあいだは何もできん。このわしのもくろみを実行するのに、ちょうどいいときを見つけよう」
　ある日の夕方、おじさんがソーパーカを招き寄せた。
　「わしの大事な息子よ、今夜の天気は暑くもなく寒くもないだろうな。ちょっと外に散歩に出かけて新鮮な空気を吸おうか」
　七歳のソーパーカは、おじさんが突然とてもやさしくなり、猫なで声で話すのにびっくりした。そこで、こう考えた。
　「ああ、たしかにこれはお母さんのせいだろうな。お母さんがおじさんに、わが子と同じようにぼくを扱って、と頼んでくれたのかもしれない。もし、ぼくがおじさんにやさしくしたら、お母さんもうれしいだろう。ぼくは、お母さんをがっかりさせないようにしよう」
　このように思って、ソーパーカはおじさんの後に必死でついていった。
　街をいくらか歩きまわった後、おじさんは街の外の墓地の方へ向かって行った。ソーパーカはこわかったのだが、おじさんの後について行くほかなかった。墓地の真ん中に着いたとき、ひどい悪臭のする腐敗した死体がいくつもあった。おじさんはソーパーカをつかみ、両手を一つの死体にしっかりくくりつけた。それからおじさんは、そこにソーパーカひとりを残して「獣たちに喰われてしまえ！」と言い放ったのである。ソーパーカは泣き出して、「ああ、おじさん、ぼくをひとりにして置いて行かないで、お願いだから！　この腐りかけの死体にくくりつけないで！　ああ、おじさん、ぼく、こわいよ！　ああ、お願いだから、どうぞ家に連れて帰ってよ、おじさん！」と必死に訴えたが、おじさんは去って行った。
　ソーパーカは縛られたひもを解いて逃げようとしたのだが、どうしてもできなかった。夜になって、あたりが暗くなり、こわくなってきた。それに死体の臭いは、まさに胸が悪くなるくらいだ。野生の獣が近寄ってきたり、木の枝から飛び立ったりしている。ザワザワと風が木の葉をゆらす。これらすべてが恐ろしく、身の毛がよだった。まもなく野狐（ジャッカル）のうなり声が、次から次に遠くの方からきこえてきた。獲物をもとめて墓場の方へ、だんだん近寄ってくる。
　ソーパーカはあらん限りの声で泣き叫んだが、涙は両目からひと粒も出ず、ちょうど夏に干上がったアチラヴァティー川のようであった。しかし冷や汗がしたたり

落ち、全身ずぶ濡れになるまでになった。だがソーパーカが過去世に積んだ功徳のおかげで、あえてソーパーカを獲物にしようとするジャッカルはいなかった。

　ソーパーカは打ちひしがれ、絶望を感じた。近くに誰も助けてくれる者がいなかったのだ。「おお、ぼくのどんな悪業が、墓地の真ん中で縛られているという、こんな結果をもたらしたのだろう？　ぼくの親族か、それとも見知らぬ人でも、誰か親切にぼくを無事安全にしてくれる人がいないものだろうか？」と、ソーパーカは嘆いた。

　まさにそのとき、世尊が、まばゆくかがやく光を墓地の暗闇のなかに送って、ソーパーカが繋がれている辺りを明るく照らした。世尊はかれを落ちつかせた。ソーパーカが心の落ちつきを取り戻したとき、世尊はやさしく語りかけられた。

　「来たれ、おお、ソーパーカよ！　恐れるな！　如来を見つめよ！　わたしはそなたを助けています」

　そしてブッダの偉大さによって、ソーパーカはやすやすと縛られていたひもを解くことができ、たちまち僧院の世尊がいらっしゃる香房の前に立っていた。そして過去世に積んだ功徳のおかげで、まさにその瞬間、真理をさとることができて、預流者となったのである。

　一方、家ではソーパーカの母がわが子を捜していた。おじさんが帰ってきたとき、こう尋ねた。

　「あなたはソーパーカと出かけたんでしょ。でも、ひとりで帰ってきた。あの子はどこにいるの？」

　気のないようすでおじさんは冷ややかに答えた。

　「知らんなあ。わしからスルッとはぐれた後、先に帰った、と思っていたよ」

　ソーパーカの母はひと晩中、眠れなかった。ソーパーカが無事なのか、気がかりでいっぱいだった。いなくなった息子のことを思って、大声で泣いた。朝早くに、彼女は、こう考えた。

　「世尊はあらゆることを、過去であれ、現在も未来もご存じだ、といわれている。世尊のもとへ行って、いとしいあの子を見つけてください、とお願いした方がいい」悲しみを隠せないまま彼女は僧院へ向かった。そこに着いたとき、世尊はみずからが持っておられる超自然の力で、ソーパーカの姿を彼女に見えないようにされた。世尊が彼女にきかれた。

　「おお、そなたはなぜ泣きながらここへ来たのか？」

　「おお、尊い方よ、わたしの息子のおじさんが昨晩、息子を街へ連れて行きました。でも、おじさんが帰ってきたとき、息子を連れていませんでした。息子はいなくなってしまった。いまも見つけることができません。帰っても来ません。おお、

第1章　さまざまな男たち

尊い方よ、どうかわたしの息子を見つけてくださいませ！」
　そのとき、世尊は彼女を慰めて、次の偈を口にされた。
「こどもは避難の逃げ場として、そこに居るのではない。
　　父親も、親戚も、また同じだ。
　　死に襲われる者に、
　　親族も、避難の逃げ場は与えられない」　（ダンマパダ288）
　世尊のことばを注意深くききながら、彼女は真理の本質を洞察することができ、預流果に達したのであった。他方、ソーパーカはさとりの階梯のさらに三段階を発展させ、世尊のことばの終わりには七歳にして阿羅漢に達したのである。その後すぐに世尊は、みずからの超自然の力でソーパーカの姿を母親に見せた。母親はたいへん喜び、息子にまた再会できて幸せだった。彼女は息子が僧団に入ることを許した。
　しばらくしてから世尊は、ソーパーカがまだ二十歳より年下であるにもかかわらず、比丘の具足戒を授けることを望まれた。世尊は「一とは何か？」で始まる十段階の質問をされた。そして、ソーパーカの答えは「生きとし生けるものすべては栄養で支えられている」で始まる「童子の問い」（小部・小誦4）として知られている。世尊はそうした答えに満足され、問答釈具足（クマーラパンハー）（パンハビャーカラヌーパサンパダー）を許された。（訳注：「童子の問い」は「一とは何か？」から「十とは何か？」までの十問で、答えは順に、栄養、名と色、苦・楽・不苦不楽、四聖諦、五取蘊、六内処、七覚支、聖八正道、九有情居、十の支分をそなえた阿羅漢。「童子の問い」は簡潔ながら透徹した明智による教理問答と見られる。）

36話　くず拾いのスニータ……賤民の阿羅漢

　ラージャガハ（王舎城）の街に、しおれた花やごみの掃除屋の一団に属するスニータという名の男が住んでいた。この生存ではかれはみじめな生活を送っていた。なぜなら、かれの過去世で独覚ブッダ（訳注：独りでさとった聖者、辟支仏（びゃくし））に対して貶めるようなことを口にしたからである。社会的な身分がアウトカースト（訳注：インドの世襲的な身分制度カーストの最下層の不可触賤民）である者の一人として、よい仕事でよい賃金をもらうことは不可能だった。暮らしを支えるために街路の掃除夫として働き、ごくわずかな賃金を得ていた。自分の稼ぎでなんとかやりくりしていたが、それでも着る物や薬、ただの木の小屋といったような生活必需品

すら賄えなかった。水っぽい粥をすするだけで毎日、精いっぱいだった。たまに豆のスープと砕け米のご飯のましな食事にありついたが、それはかれが掃除の奉仕をした家の人が、親切にも与えてくれるときだった。身につけているのは下半身をおおう布だけ。夜になると、家がないので、道ばたで眠った。

スニータはまた、ほかの人びととこだわりなく交際したり、行き来したりすることは禁じられていた。上位のカーストの人が街路にやって来るたび、そこからはなれて遠ざからなければならなかった。スニータの影がやって来る人の上にかかったりしないようにするためで、もしもそんなことになると怒られ、こっぴどく罰せられるのだ。かれにとってもっともみじめであったのは、どんなことも学ぶ機会がなく、どんな宗教的な場所にも、宗教的な活動にも、参入することを完全に禁じられていたことである。

ある日、夜の最終更（後夜）に、世尊は坐られながら大悲定の至福に深く没入されていた。世尊は仏眼で世界を見渡され、なにか役に立つはたらきができないか、ご覧になっていた。そしてスニータの解脱の機が熟していることを見られた。托鉢に行く時間になって、世尊は衣をまとわれ、托鉢の鉢と大衣を持たれ、弟子たちとラージャガハへ向かわれた。

そのころ、スニータは街のごみ、落ち葉、通りに落ちているどんな汚物でも掃除して、くずを拾って籠に集めていた。身体は汗ばみ、ほこりまみれだった。そのとき、遠くの方から、世尊と弟子たちが通りに沿ってやって来るのが見えた。ごみを急いで籠に入れ、捨てるために頭の上に乗せて運んだのだが、世尊と弟子たちがどんどん近づいてきた。かれの心は恐れと驚きでみたされた。待避する場所が見つからず、籠と箒を地面に下ろし、両手を胸の前に組み、壁にもたれて身体を硬直させて立った。

その後、世尊が近寄ってこられ、スニータに思いやりを示されて尋ねられた。

「スニータよ、そなたはこの厳しい暮らしをはなれて、比丘になる気はないか？」

この問いをきいたとき、スニータは興奮で身体がふるえた。心に大きな喜びと幸福があふれ、両眼に涙が光った。このように話しかけてもらったことが以前にはなく、あまりにも深く感動して、ひとことも話せなかった。夢を見ているのではないか、と自分をつねってみた。かれの人生を通じて、他人からは命令か、罵りか、叱りか、それぐらいしか受けとったことがなかったのだ。しかしいまや、かつてかれが決して期待したこともない世尊からのやさしい声と慈しみをもって、尋ねられたのである。

スニータは、こう答えた。

「尊師よ、わたしはいつでも命令されているのですが、このようなご厚意をいた

だいたことはありません。もし、あなたさまが、わたしみたいな汚くて、もっともみじめなくず拾いを受けいれてくださるのなら、なぜ、わたしがこの厳しくて汚い仕事をはなれないわけがありましょうか？　どうぞ、尊い方よ、わたしを比丘にしてください！」

　かくて、そこに立ったままであったが、スニータは世尊によって「来たれ、比丘よ！」（善来比丘具足〈エーヒビックウパサンパダー〉）ということばとともに入団戒を授けられたのである。それから世尊は、スニータ尊者を他の比丘とともに僧院に連れて行った。世尊はかれに冥想の主題（訳注：業処〈カンマッターナ〉＝仕事場となる対象）一つを教え、それによってスニータ尊者は辛抱強く実践した。そしてほどなく、かれは阿羅漢に達した。多くの人々と神々がかれのもとに礼拝し、スニータ尊者は、その達成までの歩みをかれらに説法したのである。

37話　ローヒニー川の水戦争

　サーキャ国（釈迦国）とコーリヤ国は、ローヒニー川という小さな川で隔てられていた。（訳注：釈迦族とコーリヤ族は祖先が同じで、両国はローヒニー川をはさんで隣接、西に釈迦族、東にコーリヤ族の国があった。シッダッタ王子時代のヤソーダラー妃はコーリヤ族出身だった。）川の両側の人びとは、農業の耕作に川の水を利用した。川をまたぐ堰がつくられ、それによって水を平等に利用していた。

　しかしながら、ジェッタ月（訳注：現代暦では５月中ごろから６月中ごろ）のあるとき、川の水位が下限にまで達し、農作物に十分な水が得られなかった。両国は水の配分問題を議論するため、会議を開いた。

　その席で、コーリヤ国の農民が、こう述べた。

　「友人たちよ、ローヒニー川の水がいま、とても限られております。もし水を分けあえば、われわれの誰も田んぼに十分な水を得られない。しかし、友人たちよ、われらの作物はいまや実ろうとしている。そして、われらの見積もりでは、あともうちょっと水を注いで灌漑すれば実が成熟するには十分だろうと見ているのです。だから、あなた方に、この限られた水をわれらが利用する許可をもとめたい」

　釈迦国の農民が、こう答えた。

　「友人たちよ、われらの作物もまた、実ろうとしている、ということをご理解いただきたい。そしてまた、実が成熟するには水が必要なのです。さもないと、われらは作物を収穫できないでしょう。もし、あなた方が水を全部使ったら、きっと十

分に収穫を楽しめることでしょう。しかし、われらはどうなりますか？　われらはあなた方の家の一軒一軒に、お米をもとめて籠とお金をもって行く、なんていうことはできません。その一方で、あなた方みんな、米蔵にお米を十分蓄えて、楽に暮らせるのですよ」

　穏やかで協調的な雰囲気で始まった会議は、双方の議論によって沸騰した。お互いに主張し、罵倒し、それを言い返して、やりあった。誰も折れようとはしなかった。言葉のやりとりだったのが、最後には手が出て、殴り合いになった。一方のひとりが攻撃しはじめると、他方が同じようにやり返す。敵意がふくらんで、双方の王の氏族の出自を罵るまでになった。

　それぞれの国に帰って、釈迦族の農民代表とコーリヤ族の農民代表が、それぞれこの件について自国の農業大臣に報告した。それから、国会議員に持ちこまれ、国の懸案となった。最終的には両国は戦うために、戦争の準備をしたのである。

　そのころ、世尊はサーヴァッティの祇園精舎に住まわれていた。朝早く、全世界を仏眼で見渡されて、釈迦族とコーリヤ族間の血なまぐさい戦争が一触即発の危機にある、とご覧になられた。この戦争は両国にとって悪い影響を与えるだけである、と見られて、世尊は互いが殺し合って血の川になるのを防ぐために戦場へ趣かれた。

　敵対する両国軍はローヒニー川の水際の戦場へ進軍しており、世尊がそこに到着したのは夕方だった。ローヒニー川をはさんで対峙する両国軍の真ん中の川の上空で、足を組んで坐られた世尊が、頭髪から暗い青の光線を放射すると、日はまだ落ちていないのに辺りに暗闇が広がった。この異様な現象を見て、川の両岸にいた全軍勢はあっけにとられ、驚き脅えた。そのとき世尊は、身体から六色の光線を放って、みずからの姿をかれらにはっきり見せられたのである。

　釈迦族が世尊を見たとき、話し合って、このように決めた。「世尊のいらっしゃる前でコーリヤ族の人たちの身体に武器で襲いかかるのは、われらにふさわしくない。コーリヤ族の人たちが望むのであれば、われらを殺すなり捕まえるなり、させてやろう」

　それから釈迦族の軍隊は武器をすべて捨て、世尊に敬意をこめて坐り、礼拝した。

　コーリヤ族も釈迦族と同様に決めた。コーリヤ族の軍隊も武器を捨て、世尊に敬意をこめて坐った。そのとき世尊は空中から降下され、ブッダの慈悲と威光をそなえた特別の席に坐られた。

　世尊が、こう尋ねられた。

　「ローヒニー川の水と、大地と、どっちがより貴重な価値のあるものですか？」

　「ローヒニー川の水は、大地に比べて価値の小さなものです、尊い方よ」

　と、かれらは答えた。

第 1 章　さまざまな男たち

「それでは、王族の価値はどうですか？」と、世尊がつづけられた。
「高貴な王族の価値は計り知れないものです、尊い方よ」と、かれらは答えた。
　そのとき世尊が、こう語りかけられた。
「もしそうであるなら、ローヒニー川の流れの、価値の小さい、いくらかの水のために、なぜあなたたちは互いに戦って、価値の計り知れない高貴な王族を滅ぼそうと望んでいるのですか？　役に立たぬ戦闘とむだな衝突では、ほんのわずかな喜びすらも見つかりませんよ」
　その後すぐに、世尊は「パンダナ樹本生」（ジャータカ475）、「物音本生（ドゥッドゥバ）」（ジャータカ322）、「ウズラ本生（ラトゥキカ）」（ジャータカ357）、「ルッカダンマ本生」（ジャータカ74）、「和合本生（サンモーダマーナ）」（ジャータカ33）、「武器を執ること（執杖）経（アッタダンダ しゅうじょう スッタ）」（スッタニパータ第4章15）を次々に続けて物語られた。かれらはみずからの愚かさを思い知った。最後には和解した。愚かな戦争を回避できた感謝を示すために、釈迦族とコーリヤ族はそれぞれ二百五十人の王子を世尊のもとへ送り、比丘として入団させた。それから世尊は、かれらをカピラヴァットゥの近くの大林へ連れて行った。かれらは「クナーラ本生」（ジャータカ536）を聴いた後すぐに聖者への階梯の最初の段階（預流）に達した。さらに、「大集会経（マハーサマヤスッタ）」（長部20）を聴いて、その終わりには阿羅漢になった。

第2章　さまざまな女たち

38話　女の出家……比丘尼サンガ成立と八重法

　釈迦国のカピラヴァットゥ（カピラ城）とコーリヤ国の間に平和をもたらした後、世尊は活動の舞台をヴァッジ国のヴェーサーリー（広厳城）へ移され、大林の重閣講堂（訳注：尖塔状の講堂）に住まわれた。
　世尊が五回目の雨安居をそこで過ごされている間に、父のスッドーダナ王が重病である、と耳にされた。王はもはやたいへんな高齢であった。王は愛する息子たち、孫たちが、出家して世を捨てた現実を受けいれることはできたが、それでも、いつもそばにいないことをさびしがっていた。これを知られて世尊は、主要な二人の弟子であるナンダ尊者（世尊の異母弟）とアーナンダ尊者（世尊の従兄弟）を伴って、カピラヴァットゥへ向かわれた。王は息子たちをふたたび見て、たいへん幸福であった。世尊は王に法の話をされて慰められた。王は説法を注意深く聴いて、たちまちのうちに阿羅漢に達した。高齢のため、病気から回復はできなかった。しかしながら、亡くなる前に、涅槃の至福を楽しむことができたのである。
　マハーパジャーパティ・ゴータミー妃は、夫のスッドーダナ王の死を悲しんだ。しかし、彼女の悲しみは長くはつづかなかった。精神的にとても成熟していたからである。妻としての義務は終わった、と彼女はさとった。同様に、母としての義務も。息子のナンダ王子は比丘になっていた。娘のナンダー王女は、もはやこどもではない。かくて、いまや彼女には、やることがなかった。そして、俗世間に疲れていた。世尊の御前で僧団に入りたい、という彼女の願いは強くなっていたのだが、世尊はそれを許さなかった。
　マハーパジャーパティ・ゴータミーは、世尊がこの前の里帰りでカピラヴァットゥのニグローダ僧院に滞在されていたとき、世尊に女性として比丘尼となることを許してもらうため、次のように願い出たのであった。
　「尊い方よ、どうか女性が、正自覚者の説かれた法と律において、家のある者から家のない状態に出家することを、お認めくださいますように」
　しかしながら、世尊は、このように言って断られた。
　「もう、よろしい、ゴータミーよ。正自覚者の説かれた法と律において、女性が家のある者から家のない状態に出家することを願ってはなりません！」
　彼女は二度、三度と願い出たのだが、そのたびに世尊は同じ答えをされたのだっ

た。彼女は、悲嘆にくれて、宮殿に帰るあいだ中ずっと泣いていた。

　さていまや彼女は、もう一度願い出てみるのにちょうどよい時機をみつけたのだ。そのころ、釈迦族の王子の元の妻で、夫が僧団に加わったので寡婦になった女たち五百人が、彼女のもとへやってきた。女たちは、比丘尼の僧団に入ることを世尊がお許しなされるように、と彼女に願い出た。女たちは頭を丸め、黄衣（袈裟）をまとって比丘尼の格好を装い、マハーパジャーパティ・ゴータミーに率いられ、カピラヴァットゥからヴェーサーリーまで、はるばる五十ヨージャナ（約八百キロ前後）の距離を歩いた。

　女たちがヴェーサーリーに着いたとき、きゃしゃな足は腫れて傷つき、身体はちりやほこりまみれでベトベト、涙がほほを伝っていた。疲労困憊して全身の痛みのなかで、女たちは大林の重閣講堂の門の正面に立った。女たちは僧院の境内にあえて入る勇気がなかったのである。

　マハーパジャーパティ・ゴータミーのひどいありさまを見て、衝撃を受けたアーナンダ尊者がやってきて、きいた。

　「おお、ゴータミーさま、どうして玄関ポーチの外側に、このように立っておられるのですか？」

　ふるえる声で彼女が答えた。

　「おお、アーナンダ尊者よ、世尊が女たちに、出家することをお認めくださらないからでございます」

　アーナンダ尊者は彼女に、こう勧めてみた。

　「もしそうなら、ゴータミーさま、わたしがこのことを世尊にお願いしてみますので、それまでどうかここでお待ちください！」

　それから、アーナンダ尊者は世尊のもとへ行き、世尊の養母マハーパジャーパティ・ゴータミーに起こったことを申しあげた。尊者は彼女の代わりに、女たちが出家することを尊い方が認めてくれるように、と懇願したのだが、世尊は、彼女が比丘尼になることは認めない、という答えを譲らなかった。尊者は二度、三度、懇願してみたが、同じ答えしか返ってこなかった。このため、尊者はちがうやりかたで懇願してみた。

　「尊い方よ、それでは女性は、正自覚者の説かれた法と律において、家のある者から家のない状態に出家した後、預流果、一来果、不還果、そして阿羅漢果を、実現できる可能性があるのでしょうか？」

　「それはある、アーナンダよ」と、世尊は、そのとおりだ、と断言された。

　「尊い方よ、マハーパジャーパティ・ゴータミーさまは世尊が若いころ、最大のお世話をされました。世尊の母上の妹として、乳母であり、育ての母親でした。世

尊を育まれ、乳を与えられた。実の母上が亡くなられてから、みずからの乳房を世尊にふくませ、おっぱいを飲ませられたのです。また世尊の教育もされ、実のわが子のように育てられました。自分の実子を乳母に託して育てさせることまでなさったのです。そうであるからこそ尊い方よ、女たちが出家することを、お認めくださるのがよい、と存じます」

すると世尊は、このように答えられた。

「アーナンダよ、もしマハーパジャーパティ・ゴータミーが八つの厳しいルール（八重法〔アッタガルダンマー〕）を受けいれるなら、十分な入団戒だ、とみなすであろう。八重法とは以下のとおりである。

1. 比丘尼は、入団戒を受けてからたとえ百年たっていても、まさにその日、入団戒を受けた比丘だとしても、ていねいにあいさつし、出迎え、合掌し、その場にふさわしい務めを果たさなければならない。
2. 比丘尼は、比丘のいない場所で雨安居を過ごしてはならない。
3. 二週間ごとに、比丘尼は比丘僧団から二つのこと、すなわち布薩日〔ウポーサタ〕のときと、比丘が教誡するために来る日のとき、を願い出るべきである。
4. 雨安居を終えた後に、比丘尼は自恣〔パーヴァーラナー〕の修了式典を比丘・比丘尼の両僧団の立ち会いのもとで行わなければならない。その式典では、見られたこと、聞かれたこと、疑われたことの三点について、批評をしてもらうようにしなければならない。
5. 重罪を犯した比丘尼は、比丘・比丘尼の両僧団の立ち会いのもとで贖罪の儀式を行わなければならない。
6. 六戒を二年間で完全に遵守した正学女〔シッカマーナー〕は、比丘・比丘尼の両僧団から入団具足戒を求めるべきである。
（訳注：六戒とは、五戒プラス不非時食。五戒は、不殺生、不偸盗、不邪淫、不妄語、不飲酒）
7. 比丘尼は、いかなるやりかたであっても、比丘のあらさがしをしたり、罵ったりしてはならない。
8. きょう以降、比丘尼は比丘を教誡すべきではないが、比丘は比丘尼に対して教誡を与えるべきである。

これら八つの厳しいルールは、尊重され、尊敬され、崇敬され、崇拝されるべきである。八重法は生命ある限り逸脱すべきではない。もしマハーパジャーパティ・ゴータミーが八重法を受けいれるなら、彼女の十分な入団戒だとみなすであろう」

それから、アーナンダ尊者が八重法をマハーパジャーパティ・ゴータミーに伝えに行ったとき、彼女は喜んで守ることを受けいれた。八重法を受けいれたことに

第2章　さまざまな女たち

よって、彼女は比丘尼として十分な入団具足戒を受けたことになった。彼女はブッダの教えによる最初の比丘尼となったのである。

マハーパジャーパティ・ゴータミーが世尊に、率いてきた五百人の女たちについても入団を認めてもらうことを願ったとき、世尊は比丘たちに、女たちに比丘尼として十分な入団具足戒を与えるよう指示された。かくして比丘比丘尼僧団が成立した。

マハーパジャーパティ・ゴータミーは「簡略説経」(サンキッタ スッタ)（増支部・八法集ゴータミーの章）の説法を聴いた後、阿羅漢に達した。一方、他の五百人の女たちは「ナンダカ教誡経」(オーワーダスッタ)（中部146）の説法を聴いた後、阿羅漢に達した。

比丘尼の弟子の中でマハーパジャーパティ・ゴータミーは、耆宿(ラタンニューナン)（訳注：きしゅく、学徳すぐれた老人）の第一人者であった。百二十歳で彼女が亡くなる前、世尊にいとま乞いし、さまざまな奇蹟を演じた。五百人の比丘尼の阿羅漢たちもいっしょに、同じ日に亡くなった。（訳注：八重法について、フェミニズムの立場から男尊女卑の差別性を指摘する主張が一部にあるが、誤解している。涂美珠著『八重法の研究』によると、比丘尼僧団の成立は人類史上最初の女性の解放だった。インド社会の完全な束縛と因習の中で女性が苦しんでいた時代に、当時の社会との不必要な摩擦を避けつつ僧団の和合と清浄を保ち、平穏な修行生活の場を維持していく現実的な必要性から定められた、と見るべきだろう。）

39話　美女ケーマー……不浄をさとり、王妃から聖尼へ

ゴータマ・ブッダの時代、サーガラ城（訳注：インド西北部の都。後に「ミリンダ王の問い」で知られるギリシア系のミリンダ王の王都となる）のマッダラージャ王に娘がひとりいた。ケーマー（訳注：パーリ語で安穏な女の意味）と呼ばれたが、それは彼女の誕生以来、国がとても平和な状態を経験したからである。美しさで知られていた。肌の色は金色、蓮の花びらのように頬はすべすべで、眼はキラキラ、宝石のようであった。成人してマガダ国のビンビサーラ王の第一王妃となった。ケーマー王妃はみずからの美貌をたいへん誇りにしていたので、うぬぼれている、ご自慢の美貌を世尊が軽んじてやんわり貶したりしないか、と恐れて、世尊のもとへ訪れることを望まなかった。

世尊が竹林精舎に住まわれていたあるとき、ビンビサーラ王は、こう考えた。

「世尊の在家の支援者として、わたしはもっとも名ある者のひとりだが、わが妃

のケーマーは世尊のもとを一度も訪ねたことがない。あの尊い方に妃がお目にかかれば、それは善いことであり、妃に役に立つであろう」
　そこでビンビサーラ王は竹林精舎のみごとさと、そのたたずまいを賞揚する頌歌をつくらせた。その歌では、竹林精舎が神々の王である帝釈天の歓喜林のように美しい、と表現していた。

　　精舎の境内には、たくさんの鳥たちがいつも囀りながら飛び交い、
　　リスが幸せそうに、心おきなく遊んでいる。
　　季節ごとに、たくさんの花が咲き乱れている……。

　ケーマー妃がこの歌をきいたとき、精舎の林への興味がわいた。王の許しを得て、妃はお付きの者たちと竹林精舎へ向かった。今朝は世尊が托鉢に出かけている、と妃が見当をつけた日を選んだのである。精舎の林をあてどなく妃は歩き、林の美しさを楽しんだ。木々の木陰の道に沿って歩いたが、そよ風はやさしく、鳥たちは次から次にさえずっている。リスがたわむれ、木から木へ跳びはねていた。
　しかしながら、いくつかの場所を訪れているあいだに、妃は突然、深く、柔らかく、澄んだ声が講堂からきこえてくるのをきいた。ミツバチが花の蜜の匂いに引き寄せられるように、いや、それより強くその声に引きつけられるように、ケーマー妃は声のする方向へ歩いていった。講堂に入ったとき、妃は世尊を見て、すっかり驚いた。講堂内に坐って、法を説いていたのである。
　ケーマー妃の心の動きを読みとった世尊は、若く美しい女の化身をつくって、脇に立たせ、扇であおがせた。ケーマー妃はその女の姿を見て、たいへん驚いた。自分より美しいのである。妃は、すぐさま柱の後ろに坐った。世尊から身を隠すためである。そして、その女の美人ぶりを、あきれるような思いで見つめた。
　「おお、眼とまつげは、わたしより、ずっときれいだわ。鼻、くちびる、髪は、まったく申し分なく、完璧。きれいな指をしている手、それに肌の色、すべてすばらしい」と、びっくりした。
　しかしながら、ケーマー妃が自分をしのいでとびきり美しい若い女の姿を見ているうちに、若い女から老女へ、みるみる変わっていった。女の美しさはあっけなく衰え、顔には皺が見え始めた。黒髪が白髪まじりに、さらには真っ白になった。ふくよかな美しい頬は落ちこみ、しわくちゃになった。歯がボロボロになったからである。もはや真っ直ぐに立てない。腰が曲がり、とうとう床に倒れ落ちて、死んだ。ケーマー妃はいま起きたばかりの目のあたりにした現象に衝撃を受けた。妃は、こう思った。
　「この若く美しい女は、年をとって、美しさのすべてが色褪せ、おしまいには死んでしまった。身体の性質とは、このように朽ち果てるものかしら？　それなら、

第2章　さまざまな女たち

わたしの身体も同じだわ。おお、この身は不浄で、まさにおぞましい。どうしてわたしは、この不浄でおぞましい身体を、うれしく思うことができようか？」

　ちょうどそのとき、世尊は妃の心の動きの流れを察知して、妃に次の偈を語りかけた。

"ケーマーよ、この身の集まりを見るがいい、
　病んで、不浄で、腐りつつある。
　いたるところから汚物が漏れ出し、滲み出ている。
　それへの欲情に駆られる者は、愚か者だけ"

"愛欲の奴隷になった者は暴流(ぼる)に流されてゆく。
　蜘蛛が、みずからつくった網を滑って、絡まりゆくように。
　捨て去った快楽を顧みることもなく"（ダンマパダ347）

　ありのままの身体について、世尊の法話を聴き、ケーマー妃の心は柔軟になり、うれしくなり、受けいれやすくなった。それを知って、世尊は「大因縁経」(マハーニダーナ スッタ)（長部15）と呼ばれる教えを妃に説かれた。この説法の終わりには、妃は預流果に達した。

　ケーマー妃はそれから宮殿に戻り、ただちに夫のビンビサーラ王のもとへ行った。そして比丘尼の僧団に入団することを認めてくれるように、と求めた。ビンビサーラ王は額のところまで両手を挙げ、合掌して、妃に言った。

「わがいとしい妃よ、比丘尼になることを許そう。そなたの出家で、解脱がかないますように」

　半月後、布薩(ウポーサタ)の儀式のあいだに、ケーマー尊者は目の前にある灯油明かりの炎のゆらめきを見て、炎がどのように明滅するか、を観察した。そのとき彼女は、炎の生滅の性質にはたらかせた洞察のひらめきを、条件づけられたすべての現象に通達させた。これを行うことによって、彼女は、無常といのちの不満足（苦）をさとり、四無碍解智(パティサンビダー ニャーナ)（訳注：むげげち、義・法・詞・弁の四つに精通した智慧）と六神通(アビンニャー)（神足通、天耳通、他心通、宿命通、天眼通、漏尽通）の阿羅漢に達した。

　比丘尼の仏弟子中、ケーマー尊者は大慧第一である。ちょうど比丘僧団の中の仏弟子中、サーリプッタ尊者とモッガラーナ尊者が世尊によって二大弟子に指名されたように、ケーマー尊者とウッパラヴァンナー（蓮華色）尊者は比丘尼僧団の仏弟子中、二大弟子に指名されている。

40話　生母にアビダンマ……三十三天で

　世尊の例年の雨安居のほんの少し前、アーサーラー月（現代暦の七月ごろ）の満月の日に、世尊は外道（異教徒）たちの思い上がりと誤った威信を挫くために、サーヴァッティ（舎衛城）の街の門のガンダンバ樹の根もとで、もう一度、双神変を演じられた。それから世尊は、三十三天（訳注：忉利天。須弥山の頂上にある天界で、四方に峰があり、それぞれ八天あるので合わせて三十三天となる）に昇られ、そこで三か月間の雨安居を過ごされた。

　世尊は、パーリッチャッタカ樹（珊瑚樹）の根もとにある帝釈天の黄色石玉座に足を組んで坐られた。三か月間というもの、世尊は生母マハーマーヤーを主な受講者として、アビダンマ（訳注：パーリ語の原義は「法に対するもの」。ブッダ法理の高等教義論。経典に対して分析的に体系化し、厳密に整理・編集したもので、法集論、分別論、界論、人施設論、双論、発趣論、論事の七論からなる）を教えられた。先に述べたようにマハーマーヤー妃は菩薩を出産して七日目に亡くなり、兜率天にサントゥシタという名の男神として再生した。それで、世尊の説かれるアビダンマを聴くために兜率天から降下してきたのである（訳注：兜率天、三十三天とも欲界六欲天にあり、兜率天は須弥山の上空にある）。また、一万世界から神々もやってきて、この講義を真剣に聴いた。

　アビダンマは、一つの完全なイメージを形成するためには同一受講者が一定期間内に、最初から最後まで講義を聴かなければならない。これが、人間界でアビダンマを教えるより、むしろ神々の天界で教える方を世尊が選ばれた理由である。そしてアビダンマをすべて講義するには三か月必要で、神々と梵天たち以外に、中断なく連続して受講できない。なぜなら、かれらしかその期間中ずっと、同じ姿勢でいることができないからである。

　しかしながら、期間中のそれぞれの日に、世尊は身体を維持するため人間界に降下され、ウッタラクル州北部へ托鉢に行かれた。托鉢を終えた後、食事をするためアノータッタ湖（訳注：ヒマラヤ七湖の一つ、無熱悩湖）の岸へ行かれた。そのあいだ、みずからのイメージに似せて、声も同じで、同じように話し、ふるまうブッダの化身をつくっておかれた。それから、アビダンマの講義を続けるように前もって用意した、みずからの坐像のイメージを生じさせておかれたのである。

　その後に法将軍のサーリプッタ尊者が、世尊とそこで会われ、三十三天で世尊がその日にされた講義の概要を受けとった。そのとき、尊師は体系的方法を尊者に与えられ、このようにおっしゃった。

第2章 さまざまな女たち

「サーリプッタよ、わたしはあまりに多くの真理を教えてしまった」

それはまるで世尊が海岸に立ち、広大な大洋に手を差し出し、指さしているかのようであった。そうであっても、分析的智慧に恵まれた筆頭仏弟子のサーリプッタ尊者は、世尊が示された全体像のあらましを把握することができた。サーリプッタ尊者は、何百、何千もの体系的方法によって世尊が教えられた法理を、明確に理解できる能力も、持っていたのだ。

アビダンマを世尊から要約版で日々学んでいたサーリプッタ尊者は、それをそのつぎに、世話をしている五百人の共住弟子の比丘へ、あまり短くしすぎないように、また、込み入ったものにしないように、教えた。この五百人は前世ではコウモリとして、いっしょに生まれた者たちであった。かくて論蔵は、サーリプッタ尊者による解説である、とみなされている。アビダンマの講義が完了したとき、八万クロール（八千億）の神々と梵天たちが四聖諦をさとって、解脱したのであった。かつて人間界では世尊の生母であったサントゥシタ神は、預流果に達した。

雨安居がほぼ終わりかけたとき、たくさんの人びとがやってきて、モッガラーナ尊者にきいた。

「尊者さま、世尊は地上にいつ、そしてどこへ、戻ってこられますか？ 尊師に礼拝するまで、わたしたちは家に帰りません」

そこでモッガラーナ尊者は、その偉大な神通力で三十三天へ行って、世尊にお目にかかった。世尊に礼拝後、人びとの希望を伝えた。世尊が尋ねられた。

「そなたの兄弟弟子のサーリプッタ尊者は、雨安居を過ごしていますか？」

「尊師よ、かれはサンカッサの街で雨安居を送っております」と、モッガラーナ尊者は答えた。

「それではモッガラーナよ、わたしはアッサユジュ月（現代暦の十月ごろ）の満月の日に、サンカッサの街の門のところに降下しよう」と、世尊が答えられた。

そのときが来て、世尊は神々の王である帝釈天に、出発する、と告げられた。そこで、帝釈天は三つの階段をつくった。順に、黄金、ルビー（紅玉）、銀の階段でサンカッサの街の門のところに基部があり、最上部は須弥山の頂上に架かっている。かくて世尊は全身から六色の光線を放ちながら、三つの階段の真ん中のルビーの階段で、サンカッサの街の門のところの人間界へ降りられた。一方、神々は右側の黄金の階段、そして大梵天たちは左側の銀の階段で、それぞれ続いた。

ちょうどそのとき、上は色究竟天（訳注：しきくきょうてん、有頂天ともいう。色界十六天の最上位）に至るまで、世界の全域が、天空の空間として、はっきり見えた。それで悲惨な境涯の最下層の無間地獄（訳注：阿鼻地獄。八大地獄の最下層）も見えたのである。それどころか一万世界の全方向に、何の障害物もなく、見

えたのであった。このふしぎな光景はすべての神々、梵天たち、人々によって目撃された。かくて、すべての神々、梵天たちは人々を、人々は神々、梵天たちを見ることができたのである。

サーリプッタ尊者を筆頭とする人々の大群集が、人間界に戻された世尊を出迎えた。かれらは世尊に近づき、礼拝し、こう申しあげた。

「尊師よ、わたしたちは、これほど壮大で、これほどキラキラ輝く栄光を、見たことも、聞いたこともございません。まさに尊師よ、あなたさまはすべての神々、梵天たち、人々からひとしく、敬愛され、尊敬され、尊崇されていらっしゃいます！」

サーリプッタ尊者に世尊が、こういわれた。

「わが息子サーリプッタよ、すべての神々、梵天たち、人々は、諸ブッダが偉大であり、慈悲と威光があることを敬愛し、尊崇しているのは、そのとおりである」

それから世尊は、一つの偈を口にされた。

　　"禅定の集中（サマタ＝止の修習）と洞察の冥想（ヴィパッサナー＝観の修習）
　　をマスターできた賢者は、感覚の快楽と、道徳の汚染、からの解放を楽しむ。
　　そのように、気づきをそなえ、真に四聖諦を理解した正覚者たちを、
　　神々でさえ、敬い羨む"（ダンマパダ 181）

この説法の終わりには、サーリプッタ尊者の共住弟子である五百人の比丘が阿羅漢に達した。大群集の中の多くの神々と人々は預流果に達した。

41話　嘘つき孕み女チンチャマーナヴィカー

サーリプッタ尊者の共住弟子である五百人の比丘やたくさんの神々、人々を、サンカッサの街で、四聖諦を理解させることによって解脱させた後、世尊は祇園精舎にお住まいになるために、サーヴァッティ（舎衛城）へ向かわれた。

世尊が、所属するカーストや肌の色、民族、男女の差別なく、すべての人々に、ほんとうの法を広めることによる伝道布教を始められて以来、仏弟子の数は急速にふえた。王族の青年男女、王妃、バラモン、商人、農民、家庭の主婦、不可触賤民、召使いの下女、さらに遊女まで比丘や比丘尼の僧団に入り、その一方で多くは在家弟子の篤信者となった。世尊が出かけられると、どこにでも、社会の各層から、人々の大きな群れを引き寄せた。そして世尊が法を説かれるときはいつでも、さらにさらにと、人々が群れをなしてやってきたのである。

第2章　さまざまな女たち

　世尊と仏弟子たちによって示される清らかな暮らしぶりは、僧団に信望と名声をもたらした。その結果、多くの人々が、世尊の聖なる僧団への布施を、いっそう熱心にやるようになった。その反対に、外道（異教徒）の勢力は衰えた。かれらへの供物は激減し、ほとんどなくなる寸前にまでなってしまった。

　この情況は遍歴行者やその他の外道たちの心中に、怨嗟と羨望をかきたてた。かれらは人々に、いろんなやりかたで、供物を持ってくるように、と説いてみた。たとえば四つ辻で、「おお、善男善女のみなさん、あの比丘ゴータマだけが覚者に達したのではないのです。われらもまた、みなさん、覚者に達しておるのだ、とぜひ知ってもらいたい！　比丘ゴータマに布施されるのと同じく、われらに布施すると功徳があり、われらに供物を持ってくれば、大きな功徳が得られるのですぞ。われらは謹んで、みなさんに供物をもってくるよう、お誘いいたします」と呼びかけたのであった。

　そんなふうに訴えても何の効きめもない、とわかった。かれらはひそかに集まり、策を練った。世尊を誹謗中傷することで世尊の善い評判を傷つけ、人々が、世尊と仏弟子たちの聖なる僧団に、敬意と尊重をなくすことによって、もはや布施しなくなるようにさせよう、という陰謀だった。

　ちょうどそのころサーヴァッティに、チンチャマーナヴィカーという名の女性の遍歴行者が住んでいた。彼女がそう呼ばれていたのは、たっぷり水気を含んだタマリンド樹（訳注：春に淡黄色の花が集まって咲くマメ科の常緑高木で、実はソラマメに似た形で、果肉は汁が多くて甘酸っぱく、香料、薬用として用いられる）の生まれだったからである。美貌に恵まれ、天女のように優雅で、全身から光線を放っていた。

　かれらは悪だくみの策を練り、話し合ってはかりごとの細かい手はずをととのえ、それぞれの分担を割り振った。かれら全員、チンチャマーナヴィカーを邪悪で身勝手なたくらみを果たすための道具として使うことに、同意した。その陰謀の計画を全員が承諾したとき、かれらは忠実な弟子であるチンチャマーナヴィカーを、かれらの僧院に呼んだ。

　チンチャマーナヴィカーは僧院に、すぐやってきた。着くやいなや、かれらに近寄り、三度、礼拝したのだが、完全に無視された。そんな反応に彼女はショックを受け、とまどった。自分がどんな過ちを犯したのか、知りたくて、こうきいた。

　「みなさま、わたしは三度、礼拝しましたが、何もおっしゃってくださらないのですね。わたしが、どんな無礼をはたらいたせいで、このように無視され、みなさまが沈黙していらっしゃるのか？　ここに来るな、ということでございましょうか？」

この質問を彼女は三度くりかえしたが、かれらはひとことも答えなかった。とうとう彼女は焦れて、叫びだした。
「みなさま、わたしの質問にお答えください！　わたしに、どんな不都合がある、と思っていらっしゃるのか？」
そのとき、かれら外道たちの一人が、深いため息をつき、低い声で、こういった。
「ねえさん、おまえさんはわれらが、比丘ゴータマによって深刻な被害に直面していることを知らないのかい？　あいつは、われらから真っ当な収入と評判を奪ったのだ」
そう言われて、チンチャマーナヴィカーは「みなさま、わたしはそのことは何も存じません。でも、この件で何かわたしにできることがあるのでございましょうか？」と、応じた。
「チンチャマーナヴィカーねえさん、もしおまえさんが、われらのことをほんとうに心配してくれるのなら、おまえさんの美貌の魅力を使って、比丘ゴータマを公衆の面前で貶め、あいつの名声、名誉、布施に終止符を打てるかもしれんのだぞ」
チンチャマーナヴィカーは、この悪だくみに応じることにした。
「それはよろしゅうございますね、みなさま。わたしに、お任せくださいませ！　この件は、ちゃんとやってご覧にいれます！　ご心配なく！」と、請け合って、彼女は僧院から立ち去った。
彼女はまさにその日、悪がしこい策略に着手した。毎朝、祇園精舎から、たくさんの人びとが世尊の説法をきいた後、帰宅することを彼女は知った。美しく念入りに化粧して、目のさめるような真っ赤な服に身をつつみ、花と香料を手にもって、祇園精舎へ向かった。その道すがら、彼女の魅力にひかれて声をかけた者がいた。
「おお、ねえさん、こんな時間に、どこへ行くんだい？」
「わたしがどこへ行くのかを知って、何の役に立つんですか？」と、彼女はさらりと受け流し、実際には祇園精舎を通りすぎて、その近くの外道の宿泊所で、その夜を過ごした。
翌朝、彼女はサーヴァッティの街に戻って行ったのだが、街から祇園精舎へ、世尊への早朝礼拝に向かう篤信者の群れに対して自分の姿をさらし、あたかも祇園精舎で一夜を過ごしたかのように見せかけたのである。そしてかれらが「どこで夜を過ごしたんですか？」と、きくと、その前と同じく「わたしが昨夜、どこで寝たのか知って、何の役に立つんですか？」と、しらばっくれた。かくて彼女のふるまいは、人々に疑惑の思いをかきたてたのだった。
その一か月半後、くりかえし同じようなふるまいをしてから、彼女はやりくちを変え、在家の篤信者からきかれるたびに、このように答えた。

第2章　さまざまな女たち

「わたしは比丘ゴータマとともに、祇園精舎の香房（訳注：世尊の居室）で一夜を過ごしました」

これをきいて人々は疑念をもちはじめ、彼女が言っているのはほんとうかどうか、好奇心を抱いた。

三、四か月後、彼女は自分のおなかに丸めた布を入れて、妊娠したふりをした。赤い服を着て、比丘ゴータマが妊娠させたのだ、と人々に言い始めた。彼女のでたらめを信じだした者もいた。

八、九か月後になってチンチャマーナヴィカーは、お椀状にぽっこり丸くした木をおなかにくくりつけ、赤い服をまとった。彼女はまた、自分の手や足を動物の骨でたたいてふくれさせ、出産を控えてやつれた妊婦そのものに見せかけた。

それからある夜、世尊が御座に坐って、大会衆に説法されていたとき、彼女は世尊の正面で立ち上がり、こう不正な告発をしたのだ。

「偉大な比丘よ、あなたはみなさまに、とてもおじょうずに説いていらっしゃる！　でも、わたしはといえば、あなたさまと親しくして、この赤ちゃんを身ごもったのです。わたしは妊娠してお産が近いのに、あなたさまは、わたしのお産には、なんにもしてくださっていない。あなたさまは、お楽しみになることだけを、ご存じなんですね！」

世尊はしばし説法をやめ、彼女に、このように言った。

「そなたと、そしてわたしだけが、いまそなたが言ったことが本当か嘘か、知っています」

すると、チンチャマーナヴィカーは、

「はい、偉大な比丘よ、そのとおりです。どうしてほかの人たちが、あなたさまとわたしだけが知っていることを知れるでしょうか？」と、切り返したのである。

ちょうどそのとき帝釈天のエメラルド玉座（訳注：深緑色の透きとおった翠玉座）が熱くなり、チンチャマーナヴィカーが如来を誹謗中傷していることを帝釈天が察知した。「この問題は、わたしが解決しなければならない」と、考えて、四天子とともに祇園精舎へ降下してきた。それから四天子は、ちいさなネズミに変身した。彼女の衣装の下にもぐりこみ、おなかにお椀状の木をくくりつけているひもを噛み切った。そして、風が吹いて、彼女の衣装をめくり上げると、お椀状の木が彼女のつま先の真上に落下し、つま先をひどく切った。

会衆の多くが、彼女のごまかしの嘘に気づいた。怒りだし、こう叫びだした。

「おお、腹黒い女め！　嘘つき！　恥を知れ！　われらが尊師にインチキな糾弾をするとは、なんとまあ大それた奴なんだ！」

かれらは彼女を罵って、頭にツバを吐きかけ、泥土や棒切れを振りかざし、精舎

の境内から追い払った。可能な限り速く走って、彼女が世尊の眼の届かぬ場所まで行くと、大地が割れ、地獄の炎が彼女を呑みこみ、大無間地獄の底にまで堕ちて行ったのである。

42話　逆うらみの美女マーガンディヤー

　ブッダ時代の十六大国の一つクル国に、バラモンのマーガンディア夫妻が住んでいた。夫妻にはマーガンディヤーという名の娘がいた。大切に育てられ、美しい容姿の少女となった。マーガンディヤーが結婚の年齢に達すると、夫妻は婿を探したが、ふさわしい相手がみつからなかった。マーガンディヤー自身、自分の美しさにたいへん誇りをもっていた。多くの若い男が彼女に言い寄り、結婚を望んだが、国王をのぞいて自分の美しさに値する者はいない、と彼女は考えていたので、かれらを拒絶した。

　世尊がある日、バラモンのマーガンディアがいる村に托鉢に行かれたとき、マーガンディアが世尊を見かけ、その外見にひきつけられた。世尊が道を歩かれている様子を見ていると、いかに、もの静かで、気づきをたもち、威光にみちた物腰であるか、わかったのである。「この比丘は、わが娘の夫にもっともふさわしい人だ」と、考えたのだ。そこで、かれは世尊に近づき、こういった。

　「おお、比丘よ、あなたの外見はまことに輝かしく、惚れぼれいたします。あなたのしぐさもまた、威厳にみちている。ここで、しばらくお待ちくださいませんか？　わたしの美しい娘を呼んでまいります。あなたは、娘の夫にふさわしい唯一の方です」

　世尊は何もいわず、黙っていらした。バラモンの夫妻が精神的に十分に成熟していることを、ご自身の智慧をとおして、世尊は知られた。かれらが心の眼をひらき、真理をさとるのに必要なものは、世尊のひとことだけであった。そのとき、マーガンディアはすぐさま妻に、こう言った。

　「わが妻よ、われらの娘の最高の伴侶を、みつけた。さっさと娘をつれてきておくれ！　いちばん美しい衣装で娘に、おめかししてやっておくれ！」

　一方、世尊は村のなかを托鉢してまわられていて、地面に足跡を残すようにされたのである。

　バラモンの妻が娘におめかしさせてから、かれらはすみやかにマーガンディアが世尊を見かけた場所へ向かったが、世尊はいらっしゃらなかった。たちまち夫婦は、

娘をつれてくるのに、なぜこんなに時間がかかったのか、と口論になった。その最中に、妻が地面の足跡を見た。世尊の足跡らしい、と気づいて、妻は、こういった。

「これらの足跡はふつうではないわ。並みの人の足跡じゃない。出家された方のものよ。この方が娘と結婚するなんて、わたしには思えません」

そんな妻の言い分に、マーガンディアは動揺したが、かれらは足跡のゆくえを追った。ついに世尊が木の下に坐っているのを見た。そのとき、マーガンディアが、こういった。

「わが妻よ！　わが娘よ！　わたしがいってた方を見てごらん！　わが娘よ、さあ、もはや断ってはいけない！　あの方は完全で、おまえの夫として、もっともふさわしい。あれほどすばらしい方を、わたしたちはこれまで見たことがない」

そのとき世尊が、このような説明をされた。

「バラモンよ、この身体と呼ばれるものを構成しているのは五蘊(ごうん)のみであって、その他にはない。それは不浄でおぞましいものなのに、どうして清らかで美しい、と執着するのか、無常であるのに永遠と、不満足（苦）なのに幸福（楽）と、我ではない（無我）のに我と執着するのか？　わたしは世俗のすべての快楽への執着を乗りこえた。わたしは在家生活のすべての楽しみを放棄した。悪魔(マーラ)の美しい娘たちでさえ、わたしを誘惑することは、できなかった。美しい、とそなたが称する、この娘の身体も、三十二の不浄な部分のみで構成されている。（訳注：小部・小誦「三十二行相経」、長部22「大念処経」によれば、身体は、髪・毛・爪・歯・皮・肉・筋・骨・骨髄・腎臓／心臓・肝臓・肋膜・脾臓・肺臓／腸・腸間膜・胃の内容物・大便・脳髄／胆汁・痰・膿・血・汗・脂肪／涙・血漿・唾・鼻汁・関節液・尿の三十二の部分からなる。）わたしは、糞尿にみちた汚物の容器でしかない肉体に、たとえわたしの足であっても、ふれたくない」

バラモンとその妻は世尊の説明を注意深くきいた。表向きはいかに美しく見えても、世俗の生活がみじめで、執着するべきものは何もない、とかれらはたちまち理解した。それゆえ、ふたりとも、さとりの階梯の第三段階（不還）に達した。

マーガンディヤーもまた、世尊の説明をきいていたのだが、彼女の心は、精神的には育っていなかったので、その意味が理解できなかった。彼女は、こう考えた。

「この比丘は、わたしとの結婚を拒むだけじゃなくて、わざとわたしの美しさも、はずかしめているわ。たくさんの男たちが、わたしをひとめ見て、わたしの美しさに恋に落ちるのに、この比丘は、わたしのからだを糞尿にみちた汚物の容器でしかない、って言ったんだわ」

彼女は世尊のことを、たいへん怒っていた。そして、両のこぶしを固く握りしめ、いつか有力な夫に嫁いだら、世尊に復讐してやる、とつぶやいたのである。

それからバラモンとその妻は、全財産と娘のマーガンディヤーを、マーガンディヤーのおじさんのチュッラ・マーガンディアに手渡した。その後、かれらは世尊のもとへ行き、出家と具足戒を願い出た。ほどなく、世尊の教えにしたがって、かれらは阿羅漢に達した。

 その後に、マーガンディヤーは、おじさんに連れられてヴァンサ国首都のコーサンビーのウデーナ王のもとへ行くと、王は妃たちの一人として彼女を迎え、五百人の侍女を与えた。ある日、彼女は、世尊がコーサンビーにやって来て、九回目の雨安居をゴーシタ僧院（美音精舎）で過ごされる、ときいた。世尊に対する彼女の遺恨がよみがえった。うらみを晴らす機会をみつけたのである。

 彼女は、世尊とその弟子たちが托鉢に出かけたとき、かれらを嘲り、罵る者たちを雇った。世尊に随行していたアーナンダ尊者が、コーサンビーから離れてはどうか、と世尊に進言すると、世尊は、こう答えられたのであった。

「わたしは、象が戦場において、
　　弓で射られた矢を耐え忍ぶように、
　　誹謗中傷を耐え忍ぶであろう」　（ダンマパダ 320）

 このように世尊はアーナンダ尊者に忍耐と忍辱の実践を勧められた。七日後、嘲りは止み、もとの状態に戻ったのであった。

 最初のもくろみが失敗して、マーガンディヤーは別のはかりごとを企んだ。ウデーナ王の第一王妃サーマーヴァティーとその取り巻きたちが、かれらの部屋の窓の穴をとおして世尊を拝見する習慣がある、とわかったのだ。これを知って、彼女は王に、サーマーヴァティーとその取り巻きたちが王を殺そうと企んでいる、と告げたのだ。王はこれを信じることを拒んだが、穴が示されたとき、それをふさいで、窓をもっと高くさせるようにした。

 マーガンディヤーはサーマーヴァティー王妃を嫌っていた。なぜなら王妃は、世尊をたいへん信頼している上、さらにウデーナ王の第一王妃だから、であった。ふたたび彼女は、おじさんとともにサーマーヴァティー王妃に対して悪事を企んだ。おじさんから牙を抜いたヘビを彼女はもらった。それを彼女は、ウデーナ王がいつでも携えているリュート（訳注：マンドリン風の弦をはじいて音を出す楽器。琵琶）の胴のなかに入れた。それからリュートの穴を花束でふさいだ。

 週末のあいだ、ウデーナ王は通常、かわるがわる各王妃たちとともに過ごした。王がサーマーヴァティー王妃のもとへ行きたい、と告げたとき、マーガンディヤーは、悪い夢を見てしまった、王の安全が心配です、といって、王が出かけるのを止めるようなふりをした。しかし王は、彼女のいうことを気にとめなかった。王は出かけていき、マーガンディヤーも同行した。それから、王がリュートを脇に置いて

眠ったとき、彼女が花束を取り出すと、すぐにヘビがはい出てきて、王の枕の上でとぐろを巻いた。マーガンディヤーは大声で悲鳴をあげ、サーマーヴァティー王妃が王を殺そうとしている、と非難した。

　ウデーナ王は彼女のいうことを信じた。王はただちに、サーマーヴァティーとその従者たちを一人ひとり、一列に並ばせ、サーマーヴァティー王妃の胸に矢を射た。しかし彼女の慈悲の力で、矢は彼女に突き刺さらなかった。彼女の潔白を確信して、王は彼女の赦免を宣言し、恩赦を与えた。彼女は世尊が毎日、宮廷に来るよう招待することを恩赦として選んだが、世尊は招待を受けられず、世尊の代わりにアーナンダ尊者を送った。

　マーガンディヤーがおじさんとともに仕組んだ最後の悪だくみは、彼女の死で終わった。ある日、ウデーナ王が宮廷の外で公務中、かれらはサーマーヴァティー王妃の後宮のすべての柱を布でくるみ、油を染みこませた。サーマーヴァティー王妃とその従者たちが後宮の中にいたとき、後宮が火事になった。サーマーヴァティー王妃は五百人の従者たちに、心静かに落ちつくように、と指示し、従者たちが亡くなる前に、さまざまなさとりの階梯に達することができるようにさせた。

　ウデーナ王はこの出来事に深い悲しみを抱いた。さらにそのうえ王は、サーマーヴァティー王妃の洗練された人柄を知った。王は、マーガンディヤーに注意深くきいた。彼女は不実ないつわりの証言をしたにもかかわらず、王は、彼女とおじさんがこの犯罪の背後にいるのだ、と確信した。ウデーナ王はそれから、マーガンディヤーと、そのおじさん、そしてこの悪だくみに関与している彼女の親族すべてを呼びつけ、かれらにその報いを償わせたい、といった。かれらが来たとき、王はかれらを、宮殿内の土地に、腰の深さまで埋めて、藁でおおう死刑を宣告した。それから王が藁に火をつけたのである。すべてが燃えたとき、王はかれらの身体を鉄の鋤で掘り返したのであった。

第Ⅳ部　ブッダをめぐる人々

第3章　ブッダの一日

43話　パーリレイヤカの森の象のように

　世尊がヴァンサ国コーサンビーのゴーシタ僧院（美音精舎）に住まわれているあいだに、ささいな言い争いが起き、それが僧団の最初の大きな不和につながり、僧団の分裂を生みかねない争いとなった。
　そのころ、一つの僧院には二人の比丘がいて、一人は戒律の専門家（持律師〈ヴィナヤダラ〉）、もう一人は法話の専門家（持法師〈ダンマダラ〉）だった。ある日、持法師が便所に行って、洗い残しの水を器に残した。代わって持律師が便所に行き、それをみつけた。（訳注：排便後、水と手やヘラで尻洗いして余った残りの水をさしている。）
　そこから出てきて、持法師に尋ねた。
　「友よ、あなたは使い残しの水を器に残しましたね？」
　「はい、そうしました」と、持法師はきまじめに答えると、持律師が文句をいった。
　「さあて、友よ、それは戒律違反だ、とご存じなかったのですか？」
　「いえ、知りませんでした、わが友よ」と、持法師が答えた。そこで、持律師が、こう説明した。
　「友よ、使い残しのどんな量の水でも器に残すのは戒律違反なのです」
　「それでは、もしわたしが戒律違反の罪なら、告白して、それを認めましょう」と、持法師はいった。
　この答えに対して、持律師は、さらに説明した。
　「友よ、しかし、あなたが故意にではなく、また、忘れていたからではなく、そうしたのなら、戒律違反ではありません」これをきいて、持法師は、自分は戒律違反ではない、と感じて、去って行った。しかしながら、持律師は、自分の弟子たちに、こう話した。
　「あの持法師は、戒律違反を犯したとき、それを知らなかったのだ」
　そして、かれらは、持法師の弟子たちに「あなたたちの先生は、自分が犯した戒律違反を知らなかったのだ」と、話したのである。そのことを弟子たちが先生に伝えると、持法師は、こういった。
　「あの持律師は、はじめは、戒律違反ではありません、といっていたのに、いまや、戒律違反を犯している、と非難している。かれは嘘つきだ」そこで、持法師の

弟子たちが持律師の弟子たちに「あなたたちの先生は嘘つきです」と、やり返したのであった。

それ以来、持律師は、自分の同輩の支持を得ようと画策し、さらに持法師に対しては、過失を過失として認めない罪をとがめ、持法師としての僧団の公式な行動を停止処分にした。かくして、いさかいが勃発したのである。

この言い争いを知って、世尊は両者の集まりに行き、いさかいを平和裡に収めるように、はたらきかけられた。

世尊は、かれら両方に、いさかいをやめるよう、多くのやりかたで勧め、僧団の不和の不都合と、仲よく和合して暮らす利益を説明された。しかしながら、かれらは世尊の勧めに従わなかった。いまや、いさかい、怒鳴りあい、言い争い、が僧団の真ったださなかで起き、比丘たちは互いに矢を射るように罵りあった。

ある朝、世尊は着衣され、鉢と衣を手に持ち、托鉢のためにコンサンビーへ入られた。食事後、世尊は僧院へ戻られた。それから世尊は、居間を整頓され、鉢と衣を置かれ、比丘たちの中央に立たれて、法話をなさった。その後、世尊は弟子の誰にもいわず、バグ尊者が滞在しているバーラカローナカーラ村へ向かわれた。世尊は尊者を教え導き、鼓舞し、勇気づけ、遠離の独り暮らしの大切さと、その利益を諭された。そうされてから世尊は座を立たれ、アヌルッダ尊者、ナンディア尊者、キンビラ尊者が住んでいる東方竹林へ行かれた。世尊はかれらを教え導き、鼓舞し、勇気づけ、平和裡に和合して暮らすことの大切さを諭された。それからさらに世尊は、パーリレイヤカ村に到着するまで旅を続けられ、ラッキタ密林の賢沙羅(バッダサーラ)というめでたい名の樹木の根もとに滞在された。

世尊は、十回目の雨安居をラッキタ密林で過ごされた。その静修の期間中、そこにひとりで滞在されたのだが、それは、次のような考えが世尊に浮かんだからである。

「このところ、不快な思いでわたしは生きていた。コーサンビーの比丘たちのいさかい、怒鳴りあい、言い争いが、僧団の真ったださなかであり、わたしは煩わされた。さていま、わたしは一人だ。ほかに誰もいない。かれらのすべてから離れて、気楽に、快適に、生きている」

そのころ、牙のある象がいた。象の群れのリーダーで、群れには若い雄の象、雌の象、仔象、乳飲みの幼い象がいた。その牙のある象は、群れのほかの象に煩わされていた。柔らかい先っぽがない草を食べなければならなかった。木々から大枝、小枝を曲げおろしてやっても、それらはすべてほかの象が食べるのである。水もまた、汚れた水を飲まなければならなかった。それに加えて、水浴び場から出てきたとき、雌象がかれの身体に、ドンとぶつかって行くのだ。こうしたことすべてを考

えて、こう思った。
「群れから離れて、一人で生きては、なぜ、いけないのだろうか？」
こう考えて、牙のある象は群れを離れ、パーリレイヤカ村のラッキタ密林にやってきたのである。
　この象は、それからはパーリレイヤカ象として知られるのだが、世尊とは賢沙羅樹の根もとで、偶然めぐりあった。そこに、静かに、安らかなたたずまいで坐る世尊を見て、ちょうど一千の壺の冷たい水で深い苦悩が癒やされた男のように、パーリレイヤカ象はおとなしくなった。それからこの先、パーリレイヤカ象は世尊に献身的に奉仕した。賢沙羅樹や世尊が住まわれている小屋の周辺の地面を小枝で清掃することを日課とした。落ち葉や予想外のごみを片づけて、きれいにしたのである。世尊の顔や身体を洗うための水を運び、飲み水も用意した。また、さまざまの甘くおいしい果物を持ってきて、世尊に献げた。
　世尊が村へ托鉢で入るときは、パーリレイヤカ象が世尊の鉢と衣を自分の頭の上に乗せて、村のはずれまで持って行き、そこで世尊が鉢と衣を手にされ、一人で村へ入られるのであった。パーリレイヤカ象は村はずれのまさにその場所で、世尊が帰ってこられるまで待つのである。世尊が帰ってこられると、世尊の碗と衣を自分の頭の上にまた乗せて、森の住まいまで戻るのだ。世尊が托鉢食を口にされるときは、パーリレイヤカ象は世尊の脇に立ち、小枝であおいで風を送った。夜になると、大きな棒を鼻に持ち、周囲を巡回して、ほかの動物たちがやってくる危険を防いだ。このようにして世尊は、パーリレイヤカ象の奉仕を受けつつ、ラッキタ密林で三か月間の雨安居を過ごされた。
　そのころ、パーリレイヤカ象が日々の奉仕を精力的にやっているのを見て、一匹の猿が触発され、こんなふうに思った。
「おれも世尊に、何か功徳になることをしよう」
　ある日、その猿があたりをうろついているあいだに、ハチのいないハチの巣が付いた木の枝をみつけた。猿は枝を折って、ていねいにハチの玉子を取り除いた。一枚のプランテーン（訳注：熱帯産バショウ科の多年草で、果実は料理用バナナ）の葉の上に乗せて世尊のもとへ持って行き、それを献げた。世尊が受け取って食べられたのを見て、猿はたいへん喜んだ。有頂天になって踊り、木から木へ跳びはねた。ところが不運にもつかんでいた枝がポキンと折れ、切り株の上に転落し、突き刺さって死んだ。しかしながら猿の心は世尊に捧げられていたので三十三天に生まれ変わり、猿の神として知られた。
　雨安居が終わったときに、アナータピンディカ長者、ヴィサーカー信女らサーヴァッティ（舎衛城）の住人たちは、アーナンダ尊者へ、こんなメッセージを届け

た。

「尊者さま、世尊におめみえできます機会をぜひ、おつくりくださるよう、お助けくださいませ！」

五百人の比丘たちもまた、世尊の説法を聴くためにアーナンダ尊者のもとへやってきた。かれらは多くの別々の場所で雨安居を過ごしていたのである。

それから、アーナンダ尊者は、五百人の比丘たちとともにパーリレイヤカ村へ行った。ラッキタ密林のはずれに到着して、アーナンダ尊者は五百人の比丘たちに、ここでとどまるように、と求めた。遠離のうちに過ごされている世尊と会うのに、このような大人数はふさわしくない、と考えたのである。しかし、アーナンダ尊者が森にひとりで入ってきたとき、パーリレイヤカ象は尊者を敵とまちがえ、鼻で棒を持って、アーナンダ尊者に向かって突進してきた。だが、世尊は象を止めて、こういわれた。

「立ち去れ、パーリレイヤカよ、立ち去れ！　じゃまをしてはならぬ！　かれは、わたしの侍者である！」

そこで、パーリレイヤカ象は棒を落とし、アーナンダ尊者に、鉢と衣を取って預かりたい、という意向を身ぶりで示したが、尊者は手渡すのを拒んだ。

世尊に礼拝後、アーナンダ尊者は脇に坐った。世尊は、ひとりで来たのか、と尋ねた。五百人の比丘たちとともに来た、と知って、世尊は、連れてくるように、と求めた。アーナンダ尊者と五百人の比丘たちは、森の動物たちが人間より、いかにみごとに世尊のお世話をしているか、がわかって、驚いた。世尊はかれらと親しくあいさつを交わした後、この出来事を説き明かす、胸に響く説法をされ、森の動物たちの奉仕が、森での生活の支えとなっていることに満足している、と表明された。そして、善友をもち、賢者と親しみ、不道徳で不名誉な行いを避けることの大切さ、も説かれて、こういわれた。

"もし、賢明で、思慮深く、行い正しい生き方の人を友に得て、
　いっしょに歩むことができるなら、
　あらゆる艱難辛苦を克服し、
　心に喜びを抱き、気づきをそなえ、いっしょに歩め"（ダンマパダ 328）

"もし、賢明で、思慮深く、行い正しい生き方の人を友に得て、
　いっしょに歩むことができないのなら、
　国を捨てる国王のように、
　また、森の中の象のように、一人歩め"（ダンマパダ 329）

"一人で歩むほうがよい。
　愚か者に、友の資格はない。

一人歩め。諸悪をなさず、
こだわりなく、平然と、森の中の象のように"（ダンマパダ 330）

そして説法の終わりには五百人の比丘たちすべてが阿羅漢に達した。それから、アーナンダ尊者が、サーヴァッティのすべての住人たちの願いとして、世尊がかれらのためにサーヴァッティに滞在してくださいますように、という招待の願いを伝えた。

アナータピンディカ長者やヴィサーカー信女、サーヴァッティの住人たちの招待を受けいれた後、世尊はアーナンダ尊者と五百人の比丘たちをともなって、サーヴァッティへ向けて、遊行の旅に出発された。パーリレイヤカ象はさまざまの種類の果物を旅立った全員に配った。パーリレイヤカ村のはずれまで来て、世尊は象に、最後の別れの言葉をかけられた。

「ここにとどまるのが、そなたにはよい。人間の住むところは、そなたの棲みかではないし、危険だ！」

象は、嘆きながらそこに立っていた。世尊が歩いて行かれて、道を曲がって見えなくなるまで見つづけた。世尊の姿が見えなくなったとき、悲しみに打ちひしがれ、傷心のために亡くなった。しかし世尊への奉仕という偉大な功徳によってパーリレイヤカ象は三十三天に生まれ変わり、パーリレイヤカ神として知られたのであった。

一方、コーサンビーで、在家の篤信者がゴーシタ僧院の比丘たちに、長い間、世尊の姿を見ないことについて尋ね、比丘たちが互いにいさかいを起こし、世尊からの諭しを受け入れなかったので、世尊がパーリレイヤカの森に行ってしまわれた、と知ったのである。コーサンビーの在家の篤信者らは、比丘たちにたいへん失望して、敬意を払って比丘たちに応対するのはやめよう、と合意した。

この結果、コーサンビーの比丘たちは、雨安居を食べ物の欠乏で飢える、というみじめな状態で送らねばならなかった。在家の篤信者らのこうした処遇によって、比丘たちは日に日に衰弱していき、自分たちの過ちをさとった。かれらは過誤を告白し、互いに謝った。かれらはまた、在家の篤信者らにも尊師に不服従であったことを謝罪し、以前のように処遇してくれるように、と求めた。しかしながら、在家の篤信者らは、世尊に謝罪した後にのみ、まともに処遇します、と応じた。コーサンビーの比丘たちが、世尊がサーヴァッティに来られた、ときいたとき、世尊の赦しを得ていさかいを収めるために、かれらはサーヴァッティへ向かったのであった。

44話　ブッダの一日……定例の時間割

　正自覚者として、ブッダは涅槃の至福にひたったまま生きることもできた。にもかかわらず、ブッダはそのようにされなかった。実のところ、身体的な必要に応じて行うこと以外は、一日中ずっと、伝道布教活動に忙殺されたのである。
　ブッダの出現は、生きとし生けるものすべてへの幸福のためであった。
Buddho loke samuppanno hitāya sabbapāṇinaṃ.
　ブッダは、無私無欲で世界の道徳向上のため、献身的に、活動された。生きとし生けるものを啓蒙するため、ブッダは最善の努力をされ、生の病から解放された。世尊の偉大なる思いやり（大悲）は、世尊の定例の日課によって知ること、見ることができる。このように世尊が地球上に生存したすべての宗教指導者中、もっとも精力的で、活動的であった、といっても過言ではないのである。
　世尊がされた定例の日課は、以下の五時限に分割できる。
　(1)　午前の日課（食前の作務）
　(2)　午後の日課（食後の作務）
　(3)　夜のはじめの日課（初夜の作務）
　(4)　真夜中の日課（中夜の作務）
　(5)　夜のおわりの日課（後夜の作務）

午前の日課（食前の作務）：6時－正午

　世尊はいつも早朝に起きられた。涅槃の至福にひたられた後、仏眼で世界を見渡され、助けられる者を見つけ出された。このように、托鉢に出かけられるまでの後夜を、夜の静けさのなかで過ごされた。そのときが来れば、下衣をととのえ、腰帯を締め、上衣をまとい、托鉢の鉢をもって、いちばん近い村へ托鉢に出かけられた。ときにはひとりで、ときには弟子を連れて、托鉢に回られた。
　もし世尊が篤信者の自宅での布施食に招待されていないのなら、手に托鉢の鉢をもって、いつもは徒歩で、静かに通りを行かれた。視線は下向きの伏し目で、つねに気づきをもって両手を伸ばし、曲げ、托鉢の鉢の蓋を開けられるときも、布施食を受け取られるときも、すべての動作に、いつでも気づきをもってされた。回られる家々の正面玄関にひっそり立たれ、ひとことも発されず、どんな物音も立てられなかった。布施に提供され、鉢に入れられる、どんな食べ物も受け入れられた。それから、食べ物を十分に受け取られたとき、僧院へ戻り、それを食べられた。

世尊はときどき神通力を使って行かれた。たとえば高慢な結髪行者のウルヴェーラ・カッサパを打ち負かしたり、獰猛なアーラワカ夜叉をおとなしくさせたり、悪名高い殺人鬼のアングリマーラを改心させたり、蛇王ナンドーパナンダを手なずけたり、されたときである。そのほかの場合、托鉢に行かれて、智慧をもちいることで正しい道にみちびかれた。たとえばバラモンのカシ・バーラドヴァージャやシンガーラ青年に対して、それが起きた。そのほかのときには、世話することさえされた。たとえば、プーティガッタ・ティッサ（悪臭身のティッサ）に対して、それが起きた。（訳注：ティッサ尊者は全身にはれものができ、膿みで衣が汚れ、悪臭がしたが、世尊は世話された。57話参照）

世尊は昼前に食事を終えられ、短い法話をされた。聴衆のなかには、三帰依を確立する者、五戒を確立する者もいて、解脱への道を確立する者までいた。世尊はときには、僧団に入りたい者に具足戒を授けられた。このように多くの者たちの利益に寄与された後、席を立たれ、僧院に戻られた。戻られるなり、張り出したパヴィリオンに世尊のために用意された特別席に坐られ、食事から戻ってくる弟子たちを待っておられた。比丘のすべてが到着すると、世尊は香房へ向かわれるのであった。

午後の日課（食後の作務）：正午－18時

朝の務めをすまされて、世尊は香房の近くに坐られ、足を洗われた。それから足載せ台の上に坐られ、比丘たちに、次のように熱く訓戒された。

「比丘たちよ、解脱めざして不放逸に精進しなさい。この世にブッダが出現することは、まれなのです。人の身を享けることは、まれなのです。最適の支援状態を得ることは、まれなのです。出家にまで至ることは、まれなのです。真実の教えを聴ける機会は、まれなのです」

比丘のうち何人かが、実践の進捗を妨げる問題について質問した。世尊はかれらの質問に答え、そしてまたそれぞれの機根に合った適切な冥想の主題を与えられた。その後すぐ、すべての比丘は尊師に礼拝し、午後を過ごすため、各自の居場所にさがった。

これに引きつづいて、世尊みずからも休まれるため、自室にさがられた。もし、世尊が望まれるなら、右側を下にした獅子（ライオン）の寝姿で、気づき（正念）と正知をもち、横になられた。さもなければ大悲定の至福に到達された。この到達によって、世尊は世界を仏眼で見渡された。特に、比丘の弟子たちには、必要な精神的な助言を与えられた。

それから夕方にかけて、世尊や弟子たちが托鉢に回ったとき頼っている町や村の

人たちが、説法をする講堂へ来るのだった。かれらは世尊に献げる花や、ほかの供物を持ってきた。世尊が説法されるとき、さまざまな人たちからなる聴衆のめいめいが、これは特別に自分に教えてくださったものだ、と考えたのである。このように、その時と場合にふさわしい法話をされるやりかたが世尊の流儀であった。世尊の卓越した教理は、大衆にも知識人にも、その両方にひとしく受け入れられた。

夜のはじめの日課（初夜の作務）：18時－22時

在家の篤信者が家に帰ったあと、世尊は席を立たれ、水浴びのために侍者の比丘が水をもってきたところへ行かれた。水浴びをすまされて、世尊は着衣され、しばらく自室で、ひとりで過ごされた。

その一方では、比丘たちがそれぞれの立ち寄り先から戻ってきて、世尊に礼拝するために集まった。このあいだ、比丘たちは世尊に近寄って、疑問を正し、わかりづらい真理を質問し、ふさわしい冥想対象の教示を得て、教えを聴いた。

真夜中の日課（中夜の作務）：22時－2時

真夜中である中夜になると、比丘はすべて世尊に礼拝したあと、去って行った。この時間は、神々や梵天など一万世界からの天人たちだけのために確保されていた。たとえば「吉祥経（マンガラ スッタ）」（小部・スッタニパータ第2章4）や「敗北経（パラーバヴァ スッタ）」（同第1章6）などの説法は、この中夜の間に行われたのである。かれらは世尊に近づいて、前もって熟考しておいた真理について質問した。世尊は中夜すべてを、かれらの問題や混乱を解決することで過ごされた。

夜のおわりの日課（後夜の作務）：2時－6時

後夜は、世尊ご自身だけのためにあり、それは四つのパートに分かれていた。

最初のパートは午前2時から3時で、ゆっくり歩いて、行ったり来たりする歩く冥想をして過ごされた。夜明け以来、坐った姿勢をとりつづけて張りつめた身体をほぐすためである。これは、世尊には、穏やかな軽い運動となった。

二番目のパートは午前3時から4時。香房で、身体の右側を下にして、気づきをもって寝られた。

午前4時から5時までの三番目のパートの間に起きて、足を組まれ、涅槃の至福にひたられながら阿羅漢果定の境地に没入された。

最後のパートは午前5時から6時であった。世尊は大悲定の至福に到達され、生きとし生けるものへの慈悲喜捨の念を放射されて、かれらの心を和らげた。この早朝の時間帯に、世界を仏眼で探索され、世尊が何かしてあげられる者を見つけ出された。世尊の助けが必要な者は、はるか遠くの向こうにいても、世尊の目の前にいるかのように世尊には鮮明に見えたのだ。かれらへの思いやりから、世尊はそこへ行かれ、必要な精神的援助をほどこされたのである。

このように、シッダッタ王子が三十五歳でブッダになられて以来、世尊は、あらゆる生きとし生けるものの幸福と利益のために、伝道布教の務めをたゆまず果たされた。丸一日中ずっと、他者の利益となって役に立つ活動に従事された。一日に眠られる時間は、わずか一時間であった。世尊は八十歳で亡くなられるまで、四十五年に及ぶ伝道布教の日々を通じて、このようなやりかたで過ごされたのである。

45話　心を耕す……カシ・バーラドヴァージャの「労働」

世尊が、サーヴァッティ（舎衛城）のジェータヴァナ僧院（祇園精舎）を滞在場所として選ばれ、御心のままの長さ、滞在された後、ある日、世尊は遊行に旅立たれ、その途上で、マガダ国の南山地区のエーカナーラー（一つの葦）というバラモン村へ行かれた。雨期のあいだ、世尊は十一回目の雨安居を、そこで過ごされた。

ある日の夜明け前、世尊が仏眼で全世界を探索されていたとき、バラモンのカシ（耕田）・バーラドヴァージャの心が成熟していて、真理を理解でき、まさに今日さとるであろう、と世尊は、ご覧になられた。そこで早朝のうちに世尊は托鉢の鉢を手にして、着衣され、バラモンが労働しているところへ行かれた。

それは種まきの時期で、バラモンのカシ・バーラドヴァージャは犂耕祭（りこう）を催していた。種まきのための引き具をつけた犂（すき）を五百、かれは持っていた。ちょうどそのとき、バラモンは食べ物を配給していた。世尊は食べ物の配給場所へ行かれて、一方に立ち、バラモンにみずからの姿が見えるようにされた。

光明にあふれ、黄金にかがやく光線が身体から発散する世尊の登場は、農夫すべてに畏怖の思いを起こさせた。かれらは世尊を見たとき、手と足を、ただちに洗わずにはいられなかった。そしてそのとき、かれらは世尊を取り巻き、固く手を合わせて礼拝した。農夫たちの首領であるカシ・バーラドヴァージャは、これを見て不愉快になり、こう思った。

「わしの仕事が、わざとじゃまされている！」

世尊が托鉢食を待っているのを見て、バラモンは、こういった。
「比丘よ、わしは田を耕し、種をまき、さらに犂で耕して、種をまいて、食べる。あんたもまた、比丘よ、田を耕し、種をまき、さらに犂で耕して、種をまいて、食べるべきなんだよ」
　世尊が答えて、いわれた。
「わたしもまた、バラモンよ、耕し、種をまき、さらに犂で耕して、種をまいて、食べているのです」
「しかし、われらはゴータマさんの軛も、犂も、犂の刃先も、突き棒も、牛も、見たことがないなあ。それなのにゴータマさんは『耕し、種をまき、さらに犂で耕して、種をまいて、食べている』といってるんだな」と、バラモンはけちをつけた。
　それから、かれは世尊に、こう呼びかけた。
「あんたは、自分は農夫だ、と称しておるが、われらは、あんたが耕しているのを見たことがない。あんたがやる耕作がどんなものか、われらにわかるように答えてくれ」これに応じて世尊は、次のように答えられたのである。
「わたしの種は〈信〉である。
　　わたしの雨は〈修行〉である。
　　わたしの軛、わたしの犂は〈智慧〉である。
　　わたしの犂棒は〈慚〉（悪行為をするのを内心で恥じ、厭うこと）である。
　　わたしの〈心〉が軛の結縛であり、わたしの〈気づき〉（念）が犂の刃先と突き棒である」
「身をつつしみ、口をつつしみ、食は控えめ、適量にする。
　　ありのままの知見で、わたしは雑草を刈る。
　　阿羅漢果（さとりの最高の境地）にひたることが、軛からの解脱である」
「〈精進〉が、軛をかけたわたしの荷駄牛であり、
　　束縛から安らぎの〈涅槃〉へ、わたしを運んでくれる。
　　退くことなく進み、そこに至れば、憂い悩むことはない」
「このように、この耕作はなされ、不死の果実をもたらす。
　　この耕作を完成すれば、いっさいの苦から解放される」
　世尊が口にされた深遠な答えをきいて、バラモンのカシ・バーラドヴァージャは、不死の果実をもたらすはずである真理を耕作することの利益を、よく理解するに至った。そして、不死の果実を味わうことで、ひとはいっさいの苦から、これを最後に解放されるのだ。このあとすぐに、かれは大きな青銅の鉢に乳粥をみたし、こういいながら、それを世尊に献げた。
「ゴータマさま、乳粥を召し上がられますように！　ゴータマさまは、不死の果

第Ⅳ部　ブッダをめぐる人々

実すら、もたらす耕作をなされているのですから、ゴータマさまは耕作者です」
　しかしながら世尊は、それを受けとるのを断られた。
　「バラモンよ、偈を唱えて得る食べ物は、わたしが食べるのにはふさわしくない。それは、バラモンよ、ブッダの原則ではないのだ。正自覚者は、偈を唱えて得る、そのような食べ物はしりぞける。そのような原則がある。これが諸ブッダの生き方のきまりである」
　「ほかの食べ物と飲み物を、究極の無上者、煩悩の汚れをほろぼし、悪行為の悔恨をしずめた偉大なる聖賢に、献げよ。なぜなら、功徳を積もうとする者の福田だからである」
　バラモンのカシ・バーラドヴァージャは、こう考えた。
　「わしは、この乳粥を世尊のためにもってきたんだ。したがって、わしが納得せずに、ほかの誰にも、さしあげるべきではない」
　そこで、かれは尋ねた。
　「ゴータマさま、それではこの乳粥を、誰にさしあげましょうか？」
　「バラモンよ、神々、悪魔、梵天がいるこの世界で、行者、バラモン、人間がいる生きもののなかで、完全者である如来とその弟子とをのぞいて、この乳粥を食べて消化吸収できる者をわたしは誰も見ない。だからバラモンよ、それを青草のないところに捨てよ。または、生き物のいない水の中へ沈めよ」と、世尊は答えられた。
　バラモンのカシ・バーラドヴァージャは乳粥を生き物のいない水の中へ沈めた。乳粥は水の中に沈むやいなや、シューッシューッと音を立てて煮え立ち、湯気が立ち、湯煙が立ちのぼった。ちょうど犂の刃先が、終日、太陽にさらされて熱くなってから水の中に沈められると、シューッシューッと音を立てて煮え立ち、湯気が立ち、湯煙が立ちのぼるように、乳粥もそうなったのである。
　それを見て、バラモンは、畏れおののき、身の毛がよだった。世尊に近づいて、足もとにひれ伏し、このように申しあげた。
　「すばらしい、世尊よ！　すばらしい、世尊よ！　真理は、さまざまなやりかたで、世尊によって明らかにされました。まるで、ころんで逆さまに倒れた者を立ち上がらせるように、隠されていたものをあらわにするように、道に迷った者に道を示すように、暗闇のなかで物のかたちが眼で見えぬ者たちに灯火を掲げるように。わたしは、世尊と、真理と、僧団（仏法僧）に帰依いたします。世尊のもとで出家し、具足戒を受けることを望みます！」
　それからほどなく比丘となって、バーラドヴァージャ尊者は遠離の地に、ひとり引きこもった。そこで真理を実践し、心をひたむきに涅槃へ向けて、不放逸に、意欲的に、精進した。そしてついに、かれは阿羅漢となったのであった。

第4章　ヴィサーカー信女

46話　女性の在家信者で「布施第一」……鹿子母(ミガーラマーター)

　覚者(ブッダ)・ゴータマの在世当時、アンガ国(訳注：マガダ国の東隣り、当時の十六大国の一つ)のバッディヤ市に、過去世で大きな功徳を積んだ五人の注目される人たちが住んでいた。メンダカ長者と、妻のチャンダパドゥマー、息子ダナンジャヤ、息子の妻スマナデーヴィー、そして下僕のプッタである。かれらすべて、功徳となる同じ行為を過去世でわかちあった。そしてその果報として、かれらすべて、奇蹟のような功徳を現世で得たのである。わかちあった気高い行為の分け前を受けて、かれらは連続する輪廻のなかで、転生のさまよいを通して、一つのきずなを結んでいった。

ヴィサーカーのこども時代

　なみはずれて非凡なこの一家のなかに、息子のダナンジャヤと、その妻スマナデーヴィーには、ひとりの娘がいた。名をヴィサーカーといったが、これまた過去世の功徳をたっぷり受け継いでいた。彼女の過去世で覚者・パドゥムッタラ(蓮華上仏陀)の在世当時、未来のヴィサーカーは、ハンサヴァティー市の裕福な家庭に生まれた。ある折、彼女が世尊の法話を聴いていたとき、在家のある女性信者が世尊によって、「布施第一」に指名されたのを彼女は見たのである。それに触発されて、彼女は覚者・パドゥムッタラの足もとで、未来にはブッダと僧団へ、布施第一の在家女性になりたい、という大望を表明した。そして、そのとき以降、十万劫のあいだ、彼女は神と人のもろもろの世界の輪廻転生を通して、さまよったのであった。その間、多くのブッダのもとで、彼女はさまざまな特別の供養を献げ、彼女の大望を実現するために必要な精神的完成へ徳を積んでいったのである。

　ヴィサーカーが七歳になったある日、世尊がたいへん多くの比丘をともなって彼女の生地バッディヤ市に到着された。世尊が市に来られた、という知らせはただちにメンダカ長者の耳に入った。そこで長者は愛する孫娘を呼びに行かせ、このように告げた。

　「ヴィサーカーよ、これは、おまえにとって喜ばしい日だ。わしにとっても喜ばしい。あの尊師が、われらの市に到着されたのだよ。おまえの五百人の侍女、五百人の下女といっしょに、五百台の車に乗って行きなさい！　世尊をお迎えに、おま

えは出かけなさい」

　ヴィサーカーは祖父の勧めに従った。従者たちといっしょに五百台の車に乗って出かけた。そして、ある一定の距離まで来たとき、車から降り、歩いて世尊のもとへ行った。世尊に礼拝して適切なところに敬意をもって坐り、世尊が説かれる法話を注意深く聴いた。幼いヴィサーカーはとても頭がよく、徳もたいへん高く積んでいたので、法話の終わりには彼女と侍女五百人は、預流果のさとりに達した。メンダカ長者と、その妻も、息子も、息子の妻も、そして下僕もまた、やってきて法話を聴き、かれら全員、預流果のさとりを確立した。そこでメンダカ長者は、世尊と弟子たちを自宅へ、翌朝の托鉢食に招待し、世尊がバッディヤ市に滞在されているあいだ、多大な供物を献げた。

　仏教の熱心な信者であるビンビサーラ王が支配するマガダ国の勢力範囲内には、メンダカ長者のほかに、無尽蔵の財産をもつ長者が四人いた。すなわちジョーティカ、ジャティラ、プンナカ、カーカヴァリヤの四人である。隣国に莫大な財産持ちの長者が五人もいて、自国にはそのような長者がいない、と知って、コーサラ国のパセーナディ王は、ビンビサーラ王にそのような長者を送ってくるように、と求めた。マガダ国のビンビサーラ王とコーサラ国のパセーナディ王は友人であり、互いに妹の夫であったからである。

　ビンビサーラ王はこの問題について大臣たちと相談し、その結果、パセーナディ王のもとめにそのまま応じることはできない、という結論に達した。しかしながら、パセーナディ王の意向を満足させるために、五人の長者の息子のひとりを送る、ということでまとまった。そこで、ビンビサーラ王は、メンダカ長者の息子ダナンジャヤに、コーサラ国へ移り住むように、と求めた。それに応じてダナンジャヤは家族をともなってバッディヤ市からコーサラ国へ引っ越した。その引っ越しの途上、ダナンジャヤは、ひとの住まいとして落ちつくのにふさわしい土地に着いた。広さも家族が住むには十分で、コーサラ国の首都サーヴァッティからわずか七マイル（一一・二キロ）の近さだった。パセーナディ王の同意を得たうえで、ダナンジャヤはその地に新しい市をつくった。そして、それ以来、入植者の選んだこの土地は、サーケータ市と呼ばれるようになった。

　ヴィサーカーは、こども時代を両親とともにサーケータ市で過ごした。ヴィサーカーは世尊をたいへん崇敬し、しばしば比丘たちを托鉢食に、そして聖なる真理を説法するように、招いた。彼女は「五種類の美しさ」に恵まれていた。すなわち、髪の美しさ、くちびるの美しさ、歯の美しさ、肌の美しさ、若さの美しさ、である。

結婚式

　サーヴァッティに、裕福な家の息子でプンナワッダナという者がいて、成人していた。父はミガーラで、同等の家柄の家から妻をもらうように、と息子に勧めていた。しかし、プンナワッダナは「五種類の美しさ」に恵まれた女としか結婚しない、と言い張った。父のミガーラは息子の言い分をきくほかなかった。ともあれ、ミガーラはバラモンの一団に命じ、国中探してそのような娘をみつけてくるように、と申しわたした。バラモンたちは国中の町や村を旅して念入りに探し、命じられた任務を実行した。だが、「五種類の美しさ」に恵まれた娘を一人もみつけることができなかった。そこで、かれらは、サーヴァッティに戻ろう、と決めた。

　帰りの旅の途上、かれらがサーケータ市に到着すると、祭りが催されていた。ヴィサーカーはそのころ十五、六歳ぐらいで、みんな同じ年ごろの侍女五百人に付き添われ、水浴するために川へ歩いていた。ちょうどそのとき、不意に雷雨が襲った。侍女五百人のすべてが、あわてふためいて走り出し、雨宿りの場所をさがして、ぶざまに逃げまどった。一方、バラモンたちは、彼女たちに注目して、じっくり見ていたのだが、見込みがありそうな娘は見つからなかった。しかしそのとき、ヴィサーカーを見たのである。走って逃げまどう娘たちの後ろに、とても気品のある様子で、ふつうの速さで歩いていた。降りしきる雨を気にするでもなく、雨宿りの場所に着いた。服や飾りはびしょぬれである。バラモンたちはヴィサーカーの姿を見たとき、そのしとやかなものごしが、すばらしく印象的であった。かれらはただちに、彼女の美しさの特徴こそ、特命を与えた主人の息子の期待にぴったりかなうものだ、と見極めたのだった。しかしまだ一つ、見定められないものがあった。彼女の歯である。

　この特徴を知るために、バラモンたちはヴィサーカーに近寄り、会話をはじめた。

　「かわいいおじょうさん、あなたはまるで年配のご婦人みたいに、優雅に歩いていらっしゃいますね」

　「長老さま、どうしてそんなことをおっしゃるのですか？」

　「かわいいおじょうさん、あなたのお連れの娘さんたちは、ぬれないようにと、急いで雨宿りの場所に走って行きました。でも、あなたはここへ、ふつうの速さで歩いて来られた。服がびしょぬれになるのに、あなたは激しい雨を気にもしなかった。もし、象か馬があなたを追いかけてきても、同じようにされますか？」

　ヴィサーカーが答えた。

　「長老さま、もし、わたしがそうしようと思えば、あの娘たちよりずっと速く、わたしは走れます。でも、そうするのを避けたのです。長老さま、急いで走るのが

似つかわしくないものが四つあります。

　まず一番目に、(王位に就いたばかりの王さま)です。あらゆる宝石類をつけて、腰に巻いて、王宮の庭を走られる、としましょう。もし、そうすると、王さまは確実に非難されます。『どうしてこの王さまは民間の人みたいに走るのか？』と。まさに王さまは品よく歩くのが似合っているのです。

　二番目に、派手に飾り立てた立派な象(吉祥象)が走るのは似合いません。象本来の自然な品のよさで歩くべきです。

　三番目に、(出家者)が遍歴遊行して走りまわることです。もし、かれがそうしたら、非難されるでしょう。『なぜ、この行者は、ふつうの在家者のように走りまわるのか？』と。まさに出家者は品よく歩くのが似合っているのです。

　四番目に、(淑女)が走りまわるのは似合いません。もし、彼女がそうしたら、非難されるでしょう。『なぜ、この女は男みたいに走りまわるのか？』と。さらに、長老さま、結婚前の女としてわたしは、自分をつつしまなければなりません。ちょうど商品を売りに出しているようなものでございますから、わたしに傷がついたり、役に立たなくなったりするかもしれませんので。そんなわけで、わたしは雨降りでも走らなかったのです」

　バラモンたちはヴィサーカーの答えをきいて喜び、ぴったりの花嫁がみつかった、とうなずきあった。そこで、彼女の父親のもとへ行き、かれらの主人の息子プンナワッダナとの結婚を依頼した。父親のダナンジャヤは婚約に同意した。そして、それにしたがって、結婚の式典の取り決めも行われた。このあとすぐに、ミガーラ長者と息子のプンナワッダナ、そして家族全員は、花嫁を迎えに行った。コーサラ国のパセーナディ王はこの話を耳にして、ミガーラ長者らといっしょにサーケータ市へ向かった。

　花婿の家族一行が王とともにサーケータ市に到着すると、花嫁の父ダナンジャヤは、にぎやかに、はなやかに、もてなし、市内全体に、お祭り気分がみなぎった。

　結婚式の当日、ヴィサーカーは、「大蔓草紋様のひとそろいの宝飾」(訳注：宝石や貴金属をあしらって首、胸、腕などに掛ける装身具。瓔珞(ようらく))という非常に美しい婚礼衣装と、巨額の持参金を父ダナンジャヤから受け取った。ダナンジャヤはまた、八人の内密の相談役を任命した。どんな苦情でも、ていねいに調査し、娘に持ち上がるかもしれない、どんな争いごとも収めるためである。それから、娘がサーヴァッティの花婿の両親の家に、まさに発とうとしているそのとき、ダナンジャヤは、妻としての教えを、次のようにいって、与えた。

　「愛する娘よ、よき妻として、おまえは、夫に忠実に仕えなければならない。そして、家事をちゃんとやっていかなければならない。この妻女の十誡をよくわきま

え、これに準じて実践すべきである。
　（１）家内の火を外に持ち出してはならない。
　（２）家の外から火を家内に持ち込んではならない。
　（３）ものをくれる人にだけ、ものを与えるべきである。
　（４）ものをくれない人に、ものを与えてはならない。
　（５）ものをくれる人にも、ものをくれない人にも、与えるべきである。
　（６）楽しそうに坐るべきである。
　（７）楽しそうに食べるべきである。
　（８）楽しそうに眠るべきである。
　（９）火に仕えるべきである。
　(10)家内の神々を敬うべきである。
　ようやく、ヴィサーカーの一行は、サーヴァッティに到着した。たくさんの人びとが花嫁の着ている豪華な衣装を見たがっているであろう、ということに配慮して、比類のない、とびきり上等の婚礼衣装がみんなに見えるように、と彼女は車の中で立ち上がった。
　サーヴァッティに到着した当初から、ヴィサーカーには、あらゆる階層の人びとから、その社会的地位や能力に応じて、さまざまの贈り物が雨あられと殺到した。しかし、彼女がとても親切で寛大であるために、サーヴァッティ市民の人びとに分け与え、おかげでどの家でも贈り物を受け取った。このように彼女が夫の家に嫁いできた最初の日から、サーヴァッティ市民は慈善にひたったのである。かくして彼女は、市民すべてを自分の親族のようにもてなした。
　それから、婚家に到着した最初の日の夜、彼女の純血種の雌馬が、子馬のお産で難産になっている、と耳にした。それは真夜中のことだったが、下女にたいまつを持たせて、彼女は厩舎へ急いだ。彼女はそこで、最大の気配りと思いやりで、子馬のお産の世話をしてあげた。また、生まれた子馬をお湯の中に入れ、子馬のからだに油を塗ってあげた。母子ともに、しっかり、ていねいに世話して安心させ、母馬、子馬ともに安全で良好な状態にしてあげてから、彼女は自室に戻った。

ヴィサーカーへの非難

　ミガーラ長者の家では結婚披露宴も開かれ、それが七日間続いた。裸行者僧団の忠実な信者であった長者は、ジェータヴァナ僧院（祇園精舎）に滞在されている世尊を無視していた。その代わり、裸行者たちを家中にいっぱい、托鉢食に招待していた。長者は裸行者たちに、深い敬意をもってもてなし、ぜいたくな食べ物をふ

るまっていた。そのとき、長者が新婚で嫁いできたばかりのヴィサーカーを呼んで、こういったのである。
「おいで、ここへ来て、阿羅漢たちに礼拝しなさい！」
ヴィサーカーは「阿羅漢たち」という言葉をきいて、比丘にお目にかかれる、と喜び勇んで、ホールへ行った。しかし、ヴィサーカーのような洗練された淑女にとっては、まったく品位を欠いて見苦しい、としか見えない裸行者たちに、衝撃を受けたのだった。彼女はとても失望して、こう思った。
「こんな恥知らずの者たちを『阿羅漢たち』と呼ぶのは、とんでもないことだわ。どうして、お舅さまは、かれらに礼拝しなさい、なんていえるのかしら？」
彼女は嫌悪感をあらわに示して「まぁ！ なんてこと！」と、ため息をつき、そしてただちに踵を返して、かれらに礼拝することなく、自室に戻ったのである。
ヴィサーカーの態度を見て、裸行者たちは気分を害し、ミガーラに食ってかかった。
「長者よ、なんでもっとましな嫁御をもらわなかったんですか？ どうして、ゴータマ行者の女性の信者を、この家に入れたんですか？ ただちにこの家から、あの女の悪魔を追い出しなさい！」
しかし、ミガーラは、そんな苦言を心に留めることはできない、と考えた。というのも、ヴィサーカーが上流階級の家の出身だったからである。そこで、かなり苦心して、師匠たちをなだめすかし、こういった。
「師匠のみなさま方、若い者は向こう見ずで、知っていても知らなくても何かやりたがるものです。どうかちょっとご辛抱いただけませんか？」
また、別の折、ミガーラが蜂蜜を混ぜたぜいたくな米粥を金の鉢で食べていて、ヴィサーカーが煽いでいると、ひとりの比丘が托鉢に回ってきて、ミガーラの家の外に立った。ヴィサーカーは脇によけたのでミガーラは比丘を見ることができて、托鉢に布施することができたはずであった。しかし、比丘がすっかり見えていたのに、ミガーラは食事を続行し、比丘が立っていることに気づかないふりをした。このありさまを見てとって、ヴィサーカーは比丘に、丁重に告げた。
「とりあわないでくださいませ、尊者さま。お舅さまは古い不浄な食べ物を食べているのです」
ヴィサーカーの言葉をきいて、ミガーラは誤解し、急に怒りだした。たちまち、黄金の鉢から手をはなし、怒って従者にどなった。
「この乳粥を持って行け！ ヴィサーカーをこの家から追い出せ！ 見よ、わしがこのめでたい乳粥を、わしのこのめでたい家で食べていると、ヴィサーカーは、わしが不潔な汚物を食べている、とぬかしたのだ！」

しかし、すべての従者はヴィサーカー自身がつれてきた者たちで、かれら全員、彼女の思いやりのある態度を敬愛していた。彼女に乱暴なことをしたりするどころか、その言葉にあえて従わぬような不届き者は、誰もいなかった。かくして、かれらはミガーラの命令の実行を拒絶したのである。

ヴィサーカーはそこで、もの静かに、うやうやしく、こう答えた。

「お舅さま、わたしはこの家を、お舅さまの不当なご命令と、不確かな理由で去りたくはございません。わたしはお舅さまに、どこかの川の浅瀬から、水くみの奴隷女のようにつれてこられたのではありません。両親が健在の良家の娘というものは、この手の不法な命令には従わないものです。まさしく、この理由のために、わたしの父は、わたしが実家から出たとき、相談役に、と八人を指命して、かれらにわたしのことを、このように言って委ねたのです。『わが娘に、万一、何か問題が起きたとき、あなたたちがその件を精査して、問題をおさめてください』と。この八人は、わたしの安全確保についての父の顧問団です。わたしの件をかれらに知らせて、わたしに過失があるのか、それとも潔白なのか、精査させてくださいませんか？」

ミガーラは彼女のもっともな願いを聞き入れ、八人の相談役を呼び出した。それから、かれらに、こう告げた。

「お祭りのころ、わしが坐って、蜂蜜を混ぜたぜいたくな米粥を金の鉢で食べていると、この娘は、わしが不潔な汚物を食べている、とぬかしおった。この過失で、わしはこの家から彼女を追い出すのだ」

相談役たちはヴィサーカーにきいた。

「娘さん、あなたはお舅さんが申し立てられたようなことをいったんですか？」

ヴィサーカーは、次のように説明した。

「長老さま方、わたしがいった、というとおりの、そのままではございません。事実は、お舅さまが蜂蜜を混ぜたぜいたくな米粥を金の鉢で食べていると、ひとりの比丘が托鉢をもとめて家の戸口に立ったのです。お舅さまがその比丘を完全に無視したのをわたしが見まして、比丘のもとへ、わたしが行き、『とりあわないでくださいませ、尊者さま。お舅さまは古い不浄な食べ物を食べているのです』と、申し上げたのです。こう申し上げることで、お舅さまは今生では何も功徳ある善行為をされていなくて、過去世の業の結果のみで生きている、といいたかったのでございます。さて、長老さま方、この件で何がわたしの過失でしょうか？」

八人の相談役の結論は「長者よ、ヴィサーカーの説明はもっともです。彼女にこの件では過失はありません。あなたは、なぜ怒られているんですか？」

ミガーラが答えた。

「そのようですな、みなさん方」
　しかしながら、かれはヴィサーカーをほかの件で非難しつづけた。
「しかし、みなさん方、この娘は、この家に嫁いだ、まさに最初の夜、新郎を無視したのです。その日の真夜中に、彼女は従者たちといっしょに家の裏側へ行ったのです」
　相談役たちがきいた。
「愛する娘さん、あなたは申し立てのように、新郎を無視したのですか？」
　ヴィサーカーが説明した。
「長老さま方、わたしはどこにも行ってはおりません。事実は、わたしの純血種の雌馬が真夜中に厩舎で、子馬のお産で難産になっていたので、世話をしてあげたのです。そうするのはわたしの義務だと思ったのです。下女にたいまつを持たせて、子馬のお産の世話をしてあげました。では、わたしの過失とは何なのでしょうか？」
　相談役たちは、ミガーラに告げた。
「長者よ、われらの嫁御は義務に忠実で、あなたの下女たちでさえできないことをやってのけた。あなたのために、とのみ、彼女はやったのでしょう。それをもってあなたは過失だと見られますか？」
　ミガーラは、彼女が二番目の件でも無実である、と認めた。しかしまた、かれは彼女の父ダナンジャヤが、彼女が実家から出立する日に与えた「妻女の十誡」について文句をつけた。たとえばダナンジャヤは、このように教え誡めている。「家内の火を外に持ち出してはならない」と。そこでミガーラは、こういった。
「お隣にさえ火をあげないで生活することができますかね？」
　この文句をきいて、ヴィサーカーは「妻女の十誡」をこと細かに説明して完全に満足してもらうには、ちょうどよい機会、とみて話し始めた。
「わたしの父は、この『妻女の十誡』を通常の意味で与えてくれたのではありません。十誡のそれぞれは以下のように理解するべきなのです。
（１）家内の火を外に持ち出してはならない。
　　　妻は、夫や舅（義父）の内輪の事情（火遊び・色事）を外部に漏らしてはならない。家庭内のいさかいは、周囲の人びとだけでなく、どこにも伝えてはならない。
（２）家の外から火を家内に持ち込んではならない。
　　　妻たる者は、他家の人から自分の家にいわれた非難を家庭内の他の者に伝えてはならない。
（３）ものをくれる人にだけ、ものを与えるべきである。
　　　ものを借りて、後で返してくれる人にだけ、貸してあげるべきである。

（4）ものをくれない人に、ものを与えてはならない。
　ものを借りても、返さない人には、貸してはならない。
（5）ものをくれる人にも、ものをくれない人にも、与えるべきである。
　貧乏な親族や友人には、たとえ返礼がなくても、援助すべきである。
（6）楽しそうに坐るべきである。
　妻たる者は、妻にふさわしいように坐るべきである。舅や夫を見かけたら、立ったままでいるべきで、坐ってはならない。
（7）楽しそうに食べるべきである。
　自分が食べる前に、妻たる者は、先んじて舅や夫が給仕されているかを注意すべきである。また、使用人にも気を配って注意すべきである。
（8）楽しそうに眠るべきである。
　自分が眠る前に、妻たる者は、先んじてすべて戸締まりができているか、家具備品は心配ないか、使用人たちはちゃんとすべきことをしているか、舅は寝ているか、注意すべきである。
（9）火に仕えるべきである。
　夫の両親と夫は、炎上する火か、あるいは龍の王(ナーガ)に見なすべきで、いつでも丁重に扱い、敬意を払うべきである。
（10）家内の神々を敬うべきである。
　このような言葉で父は、わたしが家庭の主婦となるときに、わたしに教え誡めましたが、わが家の戸口に立っている比丘に対して、わたしは托鉢食を布施すべきです。布施してさしあげた後にのみ、自分が食べるべきなのです」
　この後すぐ、相談役たちはミガーラに、当てこするような辛口の感想を述べた。
「長者よ、あなたは、好んでそうしたくて、托鉢食をもとめて托鉢に来た比丘たちを無視されたようですな」
　これをきいて、ミガーラは坐って黙りこみ、顔を伏せ、ひとことも言い返さなかった。
　身の潔白が証明されてヴィサーカーは、八人の相談役に、こういった。
「長老さま方、わたしを追い出す、というお舅さまの性急なご命令に従うのは賢明なことだとは、わたしはみなしませんでした。なぜなら、父がみなさまの保護にわたしを委ね、わたしにかかわる問題の解決を任せたからでございます。そしていま、わたしに過失はない、と明らかになりました。わたしは喜んでこの家を出て行きます」
　ミガーラは、ただちにヴィサーカーに、自分の誤りをわびた。
「愛する娘よ、わしは無謀だった。許しておくれ！」

ヴィサーカーは、これを好機とみて、舅に対して、こう言った。
「お舅さま、わたしがお許しできるものは、ただちに許します。そして、お舅さま、わたしはブッダの教えに絶対の、不動の確信をもっている、ということをご承知おきくださいませ。わたしは、世尊と弟子の比丘たちが歓迎されない場所にいることはできないのです。わたしは、比丘たちを家に招待することが許され、托鉢食や、さまざまな供物を献げることが完全に自由にできるなら、いることができます。さもなければ、家を去ります」
舅のミガーラは、即座に答えた。
「愛する娘よ、わしはおまえに、世尊と弟子の比丘たちを招待すること、宗教活動をすること、の完全な自由を与える」

ミガーラの帰依

その後、ときを移さずヴィサーカーは、世尊と弟子の比丘たちを翌日の托鉢食のために家へ招待した。そして次の日、食事の時間がきて、世尊は衣をまとい、鉢と外衣をもち、弟子の比丘たちをともなって、彼女の家に行かれた。そのころ世尊がミガーラの家に訪れるのを知った裸行者たちは、家を出て、その周辺に坐った。

世尊に托鉢食をさしあげ、奉献の水を注いでから、ヴィサーカーは舅に、世尊と弟子の比丘たちへの食事はすべて整った、と伝えた。世尊へのお世話をいっしょに直接しましょう、と呼びかけて招いたのだが、ミガーラは裸行者たちの指示を守って彼女に、こういった。

「わが愛する娘よ、みずから世尊をお世話しなさい」

食事が終わったときヴィサーカーは舅に、こっちに来て世尊の法話を聴くように、と知らせた。ヴィサーカーは舅が「もし娘の招きをまた断ったら、それはよくないだろう」と考えて、二度目の誘いを断らないはず、と感じていたのである。ミガーラも、世尊の法話を聴きたい、という内心の衝動があり、ホールへ向かった。しかしながら、裸行者たちは「万一、あなたがゴータマ行者の法話をきくというのなら、目につかないように隠れてききなさい」と注文をつけた。礼儀正しくするためにだけ、ほんのわずかミガーラは姿を見せてから、法話をきいているあいだ、カーテンの陰に隠れていた。

しかしながら世尊の法話は、どんな聴衆にも、隠れていても、遠く離れていても、壁にさえぎられていても、世界の広がりすべてのすみずみでも、よくきこえるのだ。かくて世尊の言葉は、目には見えず隠れて坐っていても、かれを深く感動させ、法話の終わりには、ありのままの生存の究極の真理に参入して通達し、預流果のさと

りを確立した。ひきつづいてかれはカーテンの幕を上げ、世尊のもとへ近寄り、足もとにひれ伏して、三宝（仏法僧）への帰依を表明した。世尊と義理の娘への圧倒的な感謝の思いにみたされ、世尊の御前で、かれはヴィサーカーを、こういって激賞した。

「愛する娘よ、きょうのこの日以降、わたしはそなたを、わが母のように尊敬するであろう」

このときから、ヴィサーカーは「ミガーラの母」（鹿子母）と呼ばれるようになった。

翌日、ヴィサーカーはまた、世尊を食事の布施に招待した。その折、彼女の姑（義母）もまた、預流者になった。その日以来、全家族が世尊と世尊の僧団（比丘と比丘尼）の熱心な支援者となった。

そのときミガーラは、こう思った。

「わたしは、真の幸福と安心を与えてくれた義理の娘のヴィサーカーに、この感謝の思いを表したい。『大蔓草紋様のひとそろいの宝飾』は、ふだん使いにはわずらわしい。昼夜の日常着にふさわしい、身体に合った服を与えてやろう」

それから、かれは「濃密な絹の美布」（ガナマッタカ）と呼ばれる装飾ドレスを十万金でつくらせ、ふだん着にさせた。この服のお披露目の日、ミガーラは彼女のために特別の式典を開催した。世尊と弟子たちを托鉢食の布施に招待し、彼女には十六の香水壺を使った香りのよい風呂に入らせて、身じたくさせたのである。

ブッダの八つの恩賜……ヴィサーカーの「八願」

ある折、世尊と比丘の僧団が、ヴィサーカーの食事献上の招待を彼女の家で受けたとき、彼女は世尊に、八つの願いを恩賜として与えてくださるように、と求めた。世尊は、完全者たる如来は恩賜をみたすことを超えて行ったのだ、と答えられた。彼女は、望んでいるのは許されることで、非難される余地のないことです、と申し上げた。世尊は、彼女に話をつづけさせ、彼女は八つの望みを、次のように述べた。

「尊師よ、わたしがご提供したいのは (1)雨浴衣をわたしの生きている限り僧団に、(2)来客の比丘に食事を、(3)旅に出られる比丘に食事を、(4)病気の比丘に食事を、(5)病気の比丘をお世話されている比丘に食事を、(6)病気の比丘に薬を、(7)米粥を定時に配給、(8)水浴衣を比丘尼の僧団に、それぞれご提供したいのです」

そこで世尊は、どのような特別の理由で、これら八つの願いを恩賜として与えてほしい、ともとめているのか、きかれた。彼女はこと細かく説明した。

「尊師よ、衣を守るために、比丘の中には衣を脇に置いて、雨に濡れたままにされている方が見受けられます。それで、裸行者とまちがわれるのです。裸体は、尊師よ、不適切でございます。胸が悪くなり、嫌悪を感じさせます。この理由をもちまして、わたしは雨浴衣をご提供したいのです」

「尊師よ、新しく来られた比丘は、街の通りも、托鉢の行き先も、ご存じありません。旅の疲れにもかかわらず、それでも托鉢しなければなりません。この理由をもちまして、わたしは来客の比丘に食事をご提供したいのです」

「尊師よ、旅に出ようとされている比丘は、食べ物を探すために旅の一行にはぐれてしまうかもしれません。あるいは宿泊したいと思っている場所に着くのが遅くなってしまうかもしれません。それで、旅に疲れるかもしれません。この理由をもちまして、わたしは旅に出られる比丘に食事をご提供したいのです」

「尊師よ、病気の比丘は、とても苦しまれ、もし、ちゃんとした食事をしないと死んでしまうかもしれません。それゆえ、わたしは病気の比丘に食事を料理してさしあげたいのです」

「尊師よ、病気の比丘をお世話されている比丘は、自分のためと、病気の比丘のために、托鉢に行かなければなりません。それで、遅くなってしまいかねず、食事どきがすでに過ぎてしまうので、両比丘とも昼までに食事できなくなるかもしれません。それゆえ、わたしは看護の比丘に食事をご提供したいのです」

「尊師よ、病気の比丘が適当な薬を得られないとき、病気が悪化して、死んでしまうかもしれません。それゆえ、わたしは病気の比丘に薬をさしあげたいのです」

「尊師よ、早朝の米粥に関連して何らかのご利益がある、と聞いております。だから、わたしは米粥を僧団にさしあげたいのです」

「尊師よ、比丘尼たちが衣をつけずに水浴するのは適当ではございません。最近、そのようなことがありました。それゆえ、わたしは比丘尼たちに適当な水浴衣をさしあげたいのです」

そこで世尊は、尋ねられた。

「しかし、ヴィサーカーよ、そなた自身に何の利益があると期待して、如来に八つの恩賜をもとめるのか?」

ヴィサーカーは、念入りに考えぬいた巧みな答えを申しあげた。

「それにつきましては、尊師よ、さまざまな場所で雨季を過ごした比丘たちが、世尊にお目にかかるためにサーヴァッティに来るでしょう。かれらは世尊に近づいてきて、こう質問します。

『尊師よ、何々という比丘が死にました。かれの行き先はどこでしょうか? かれが再生した先はどこでしょうか?』

世尊は、そのような者が預流果に達したのか、一来果か、不還果か、阿羅漢果か、話されるでしょう」

「わたしは比丘たちに近寄って、こう尋ねます。

『尊者さま方、亡くなった比丘は、サーヴァッティに来られたことがあったでしょうか？』

もし、かれらが、来たことがあった、と答えられると、わたしは、雨浴衣をその比丘がきっと使ったのだろう、と考えるでしょう。来客比丘のための食事、旅に出られる比丘への食事、病気の比丘への食事、病気の比丘を看護する比丘への食事、病気の比丘への薬、朝の米粥のいずれも、そうです」

「そのように想像したとき、わたしはうれしくなります。わたしがうれしいとき、わたしは幸せになります。わたしの心が幸せなとき、わたしの身は安らかになります。わたしの身が安らかになるとき、わたしは喜びを感じます。わたしが喜びを感じるとき、わたしの心は集中します。それは精神的なはたらきに成長をもたらし、精神力の成長をもたらし、そしてまた、覚りの要素の成長をもたらすでしょう。尊師よ、これがわたし自身の期待している利益で、それで如来に八つの恩賜をもとめるのです」

「善きかな、善きかな、ヴィサーカーよ。そなたがこのような利益を期待して正自覚者に八つの恩賜をもとめるのは善いことです。そなたに八つの恩賜を与えます」

プッバーラーマ僧院（東園）の建設

ヴィサーカーは幸運な女性である、とサーヴァッティにほどなく広く知れわたった。サーヴァッティの市民たちは、奉納式典があるときはいつでも彼女を招いた。ある日、ヴィサーカーは、そのような式典に出席後、お付きの者たちとジェータヴァナ僧院（祇園精舎）に向かった。彼女は豪華な「大蔓草紋様のひとそろいの宝飾」ドレスで着飾っていた。僧院に着いて、この盛装のドレスを着て世尊にお目にかかるのはつつしみ深さに欠ける、と彼女は考えた。そこで僧院の入り口で下女にそれを預け、「濃密な絹の美布」ドレスに着替えた。

それから、彼女は世尊のもとへ行き、礼拝し、法話をきいた。その法話に大いに満足して、下女とともに講堂を去ったが、下女はヴィサーカーのドレスを持って行くのを忘れてしまった。在家信者たちのどんな忘れ物も保管するのはアーナンダ尊者の日常的な務めだった。ヴィサーカーのドレスを尊者がみつけ、世尊に知らせると、安全な場所に保管して持ち主に返すように、といわれた。

一方、彼女は僧院内のさまざまなところを回って、比丘や沙弥（訳注：比丘になる前の少年僧）らが必要な物を確かめた。さらに病気の比丘や沙弥らのもとを訪れて必要な看護をしてから、別の門を通って僧院を出た。そのとき彼女は、また「大蔓草紋様のひとそろいの宝飾」ドレスを着たくなり、下女に、持ってくるように、といった。それでやっと下女は忘れたことに気づき、「奥さま、ドレスを持ってくるのを忘れてしまいました」と、いったのである。

「それじゃ、取りに行って来なさい！　でも、もしアーナンダ尊者が忘れ物を保管されていらっしゃるなら、そのドレスはもはや尊者にお布施した物とみなしてくださいませ、といいなさい」と、ヴィサーカーは下女にいった。

アーナンダ尊者はヴィサーカーの下女がやって来たのを見て、尊者は、忘れ物を受けとるように、といった。尊者が忘れ物を保管している、とわかって、下女はヴィサーカーにいわれたとおり、伝えた。それから、下女はヴィサーカーに、何が起きたか、報告した。

だが、そこでヴィサーカーは、アーナンダ尊者に保管してもらったままにしておくのは迷惑をかけることになる、と考えた。ドレスを売って、その代金で僧団に何か適当なものを布施しよう、と思ったのである。そのためにヴィサーカーは、ドレスを一頭の象の背中に掛けて展示して、宝飾業者が鑑定評価した値段の九クローレ十万（九千十万）金で公開セールに出した。しかし、その値段でドレスを買える者は誰もいなかったので、ヴィサーカーは自分が買うことにしたのである。

それからヴィサーカーは世尊のもとへ行き、そのお金で僧団に何か有益なことをしたい、と申し上げた。世尊は、僧院を建ててはどうか、と勧められた。彼女はそれをきいて、とても喜んだ。それゆえ、サーヴァッティ市の東門近くの土地を九クローレ（九千万）金で買い入れた。僧院建立がまもなく始まり、モッガラーナ尊者の監督のもとで行われた。完成まで九か月かかった。その僧院は、「ミガーラの母の講堂」（鹿子母講堂）と呼ばれた。さらに東部公園にあったためプッバーラーマ（東園）僧院としても知られた。

僧院が完成したとき、ヴィサーカーは僧団に布施する記念式典を開いた。彼女はまた、世尊に雨安居を新しい広々とした僧院で過ごしていただくために、招待した。式典は四か月続き、土地代、建設費とは別に九クローレ費やした。ヴィサーカーが負担した布施は、総額二十七クローレ（二億七千万）金となった。アナタピンディカが建立して布施したジェータヴァナ僧院（祇園精舎）に、世尊がよく滞在されたのとまさしく同様に、プッバーラーマ僧院（東園）にも世尊はよく滞在され、少なくとも六回の雨季（雨安居）を過ごされている。

第4章　ヴィサーカー信女

ヴィサーカーの質問

　ヴィサーカーのひんぱんな訪問中、世尊が説かれた法話は数多くあるが、それらのうち主要なもののなかでは、布薩について述べているものが有名である。そのなかで世尊は聖者たちの布薩について詳しく説かれている。こうした布薩は、在家の熱心な信者も守るべきである。それは八斎戒（訳注：一昼夜の間、不殺生、不偸盗、不邪淫、不妄語、不飲酒の五戒と、非時食、舞踏・歌謡・音楽・演劇の鑑賞と装身化粧、高く広い寝台の八つから離れる）の遵守と、仏法僧の徳、そして神々と自分自身の徳について、随念することである。
　また別の法話で、ヴィサーカーは世尊に、女がこの世と次の世で安心と幸福を得られる性質について尋ねた。世尊は、女性がこの世で安心と幸福を得られる四つの性質について、答えられた。
　すなわち、家事をこなすこと、使用人をうまく扱うこと、夫を慈しむこと、財産を護ること、である。そして、以下の四つで、次の世で安心と幸福を得られる、とされた。すなわち、信を確立すること、戒（道徳）、捨（寛大）、慧である。
　さらに別のとき、ヴィサーカーは世尊に、女が「優雅な神々」（可意衆天）へ生まれ変わるのに導いていく性質について尋ねた。世尊は、女性がもつべき八つの条件を詳しく説かれた。
　夫に対して、夫の行いには関係なく、いつも愛想のよい、楽しい伴侶であること。夫が大切にしている人たちや敬っている人たち、たとえば夫の両親や賢者らを尊敬して、もてなすこと。家事にいそしみ、ちゃんとやること。使用人をよく管理し、きちんと面倒をみて、かれらの健康と食べ物に配慮すること。夫の財産を護り、浪費しないこと。仏法僧に帰依すること。五戒を守ること。布施と節制を喜ぶこと。この八つである。

ヴィサーカーの勤勉さ

　ヴィサーカーは、連日、自宅で、五百人の比丘に托鉢食を布施してさしあげるのを習慣にしていた。午後には世尊のもとを訪れ、説法をきいた後、僧院を巡って比丘や比丘尼に必要な物を調べ、食べ物、衣服、住まい、寝具、薬で不足しているものがないように配慮した。彼女は、ときにはスッピヤーという女性といっしょに行った。スッピヤーもまた、仏教の熱心な女性信者だった。
　ヴィサーカーには息子十人と娘十人がいた。それぞれの子に同数のこどもができて、それは四代まで続いた。ヴィサーカー自身、驚くべき高齢の百二十歳まで生き

たが、白髪は一本もなかった。生涯を通じて、見た目は十六歳の少女のようであった。亡くなる前、直系の子二十人に加えて孫は四百人、ひ孫は八千人いた。また、彼女の体力は象五頭分に匹敵する、といわれた。休むことなく活動ができて、大家族の面倒をみた。一度、王が、評判のヴィサーカーの力を試してみたくなって、一頭の大きな象を彼女に向けて放したことがあった。彼女の五百人の従者すべては恐れて逃げ去ったが、彼女は象の胴体を指二本でもの静かにつまみ、王の宮殿の庭に戻してしまったのである。

　ヴィサーカーは、ブッダの教えに関連したさまざまな活動で重要な役割をはたした。ときどき、彼女は世尊によって、比丘尼同士で起きた争いを鎮めるために代理を命じられた。いくつかの律は、彼女が関与して定められたものである。

　彼女の品格ある行為、優雅なふるまい、洗練された物腰、礼儀正しい話しぶり、年長者への従順さと敬意、不幸な者たちへの同情、親切なもてなし、そして宗教的な熱意によって、彼女は、彼女を知る者すべての心を勝ち得た。

　彼女は、世尊と比丘・比丘尼僧団の支援者として奉仕する女性の在家信者の中で第一である（布施第一の信女）、と宣言されたのである。

第5章　在家信者への教え

47話　最上の吉祥とは……ブッダの幸福論「吉祥経」

　ゴータマ・ブッダの時代、ジャンブ洲（訳注：現代のインド）の多くの人びとは、市の門や弁論集会場の付近に、よく群れ集ったものであった。かれらは、訪れてくるさまざまな宗徒の説法を聴いたり、何かの話題について宗徒と議論したりして、その宗徒に金を払った。加えて、遍歴論争家たちのディベート・コンテスト（論戦）も、よく見物したりしたものであった。
　ある折、かれらが公会堂に集まると、「吉祥（幸福）」について、興味深い議論が持ち上がったのである。こんな疑問だった。
　「吉祥とは何か？　見られるものが吉祥か？　聞かれるものが吉祥か？　感じられるものが吉祥か？　誰か吉祥とは何か、知っているか？」
　すると、見られるものが吉祥である、という見解をもつ者が、こういった。
　「吉祥とは何か、わたしは知っている。好ましい光景を早朝に見た者がここに誰かいるとしよう。たとえば、さえずる鳥、こどもを孕んだ女、きれいに着飾ったこどもたち、たくさんのお供え料理、雄牛、雌牛、褐色去勢牛など、かれはそれらの心地よい光景を見たのだ。これが吉祥である」
　この者の発言を受けいれた者もいた。しかし、納得しなかった者らが、論争した。すると、何か聞かれるものが吉祥である、という見解をもつ別の者が、こういった。
　「みなさん、眼というものは、きれいなものも、きれいではないものも、見てしまう。美しいものも、醜いものも、また心地よいものも、心地よくないものも、だ。もし、見られるものが吉祥である、とするなら、あらゆるものが吉祥である、ということになるだろう。したがって、見られるものは吉祥ではない、のだ」
　かれはつづけて、こういった。
　「しかし、ここに誰か早朝に起きる者がいて、『成長する』、『繁栄』、『いっぱい』、『吉祥』、『うれしい』、『幸運』、『安心の増大』などの言葉を聞いたり、ほかに心地よい音を聞いたりするとしよう。これは吉祥である」
　かれの申し立てを受けいれた者もいた。しかし、納得しなかった者らが、論争した。するとまた、別の者で何か感じられるものが吉祥である、という見解をもつ者が、こういった。
　「知っていただきたい、みなさん、耳というものは、善いものも、悪いものも、

197

聞いてしまう。心地よいものも、心地よくないもの、だ。もし、聞かれるものが吉祥である、とするなら、あらゆるものが吉祥である、ということになるだろう。その一方で、感じられるものは実際に吉祥だ。なぜなら、吉祥といわれている香り（香）、味わい（味）、感触（触）は感じられるもの、だからだ」

かれはつづけて、こういった。

「しかし、ここに誰か早朝に起きた者がいて、蓮華の芳香など花の香りを嗅いだり、歯みがき楊枝を噛んだり、あるいは、大地や、緑の穀物や、花や、果物を触ったり、かれみずからきれいな衣を着たりするとしよう。ほかにもかれは何か香りを嗅いだり、何かの味を味わったり、何か触ったりするとしよう。これは吉祥である」

かれの申し立てを受けいれた者もいた。しかし、納得しなかった者もいた。

見られるものが吉祥である、という見解をもつ者は、聞かれるものが吉祥である、という見解をもつ者を説得できなかった。そしてまた、かれらの誰も、他の二者を説得できなかったのである。

吉祥についての噂は、まもなく全ジャンブ洲に広がった。人びとが集まっては、吉祥とは何か、考え込んだ。人間界のこの噂を守護神たちが伝え聞いたとき、守護神たちもまた、論争に引き込まれてしまった。それから、守護神たちの友である地居神たちがいて、かれらも噂を聞いて、同じく考え込んだ。さらにまた、地居神たちの友である空住神たちがいて、かれらも噂を聞いて、同じく考え込んだ。さらにさらにまた、空住神たちの友である四大天王神がいて、かれらも噂を聞いて、同じく考え込んだ。このようにして、吉祥についての論争と考察が、人間界から天界、梵天界、さらには最上位の色究竟天（有頂天）地まで広がったのである。

この吉祥の叫び声（コーラーハラ）は、この世界のみならず、一万世界中に、くまなく広がっていった。そして吉祥についての論争にそれぞれが引き込まれると、その中の一人が「吉祥とはこれだ」と定義し、一方でまた別の者たちが自分の意見を述べるのである。世尊の聖なる弟子たちを除き、人間、神々、梵天らは、さまざまな意見を持ったのである。その結果、三つのグループに収斂した。つまり、吉祥とは、見られるものという考えか、聞かれるものという考えか、感じられるものという考えか、の三グループである。この騒動は十二年間もつづいたが、それでもみんなが納得する定義は存在しなかった。

この十二年の騒動の終わりに、三十三天に属する神が、神々の王である帝釈天に近づき、こう尋ねた。

「貴方さま、どうぞ知っていただきたいのですが、吉祥についての疑問が起きております。ある者は『吉祥とは見られるものだ』と言い、ある者は『吉祥とは聞か

れるものだ』と言い、ある者は『吉祥とは感じられるものだ』と言います。われらも、他の者たちも、結論を得ておりません。まさに、貴方さまがほんとうの意味を明らかにしてくださると、よろしいのでございます」
　すると、卓越した智慧をそなえた帝釈天がきいた。
「正自覚者は、どこにいらっしゃるのか？」
「人間界にいらっしゃいます」
「誰か、その世尊に、問題を質問したのか？」
「誰もしておりません」
「それでは、みなさん、どうして人間のようにふるまうのか？　みなさんは火をないがしろにして、ホタルから火をともそうとしているのだ。比類なき天人師（訳注：人間、天界の神々など一切衆生の唯一の師）たる世尊をさしおいて、なんとわたしが尋ねるのにふさわしい者である、とみなさんは考えているのだ。来たれ、友よ。世尊にこの問題をお尋ねしようではないか。きっとわれらは、すばらしい解答を得られるであろう」
　このようにいって、帝釈天は、ある天人（神）に、世尊のもとへ行ってたしかな答えを得るように、と命じた。そこでその天人は、この機会にふさわしい装身具で身を飾り、一万世界のあちこちからやってきた大勢の神々と梵天に取り巻かれて、世尊のもとへ進み出た。
　そのころ、世尊は、サーヴァッティにあるアナータピンディカ長者のジェータヴァナ僧院（祇園精舎）に住まわれていた。夜半過ぎ、なみはずれて光彩輝かしい容色のその天人が、僧院をくまなく照らしながら世尊の御前に来た。天人は世尊に近づいて礼拝し、ふさわしい場所に立った。このように立ちつつ、天人は世尊に偈をもって語りかけた。
　　"たくさんの神々、人びとが、
　　　みずからの幸福を願って
　　　吉祥なものごとを考えました。
　　　お説きください、われらに最上の吉祥を！"
　世尊は、天人のこの言葉をきかれると、三十八からなる吉祥を、十一の美しい偈を唱えることで答えられたのである。
　　"［１］愚者たちに親近せず
　　　［２］賢者たちに親近すること
　　　［３］供養にふさわしい（尊敬すべき）人びとを供養（尊敬）すること
　　　これが最上の吉祥です。"
　　"［４］適切なところに住むこと

"[5] 前世でなされた福業(訳注：人間に生まれ、仏教に関心を持ち、さらに
　　　冥想実践していること)
　[6] 自己について正しく志向すること
　これが最上の吉祥です。"
"[7] 多く聞いて学ぶこと　[8] 技能を磨くこと
　[9] 善く身についている躾
　[10] 言葉が善く語られること
　これが最上の吉祥です。"
"[11] 父母に孝行すること
　[12] 妻子への責任を果たすこと
　[13] 混乱のない仕事をすること
　これが最上の吉祥です。"
"[14] 布施すること　[15] 教えに適う行い
　[16] 親族への責任を果たすこと
　[17] 咎のない行為
　これが最上の吉祥です。"
"[18] (心の) 悪法から離れ　[19] (身と語の) 悪法を去り
　[20] 飲酒をつつしみ、
　[21] 教えに不放逸であること
　これが最上の吉祥です。"
"[22] 尊敬　[23] 謙譲　[24] 知足　[25] 知恩
　[26] 適時に教えを聞くこと
　これが最上の吉祥です。"
"[27] 忍耐　[28] 従順
　[29] 沙門たちに会い
　[30] 適時に教えを論ずること
　これが最上の吉祥です。"
"[31] 修行の実践　[32] 聖者にふさわしい生き方をすること (梵行)
　[33] (四) 聖諦を見ること
　[34] 涅槃をありありと覚ること (現証)
　これが最上の吉祥です。"
"[35] 世間のものごとにふれても動揺せず (不動心)
　[36] 愁いがなく (無愁心)　[37] 汚れた塵がなく (離塵心)
　[38] 安らかに (平安心)

第5章　在家信者への教え

これが最上の吉祥です。"
"このようなことを全うして
　どんな場（一切処）でも敗北せず
　どんな場（一切処）でも平安に達すること
　それが、かれら（人間と神々）にとって、最上の吉祥です。"
　さて、このように世尊が説教を締めくくられると、一万クローレ（一千億）の神々が阿羅漢に達した。また預流果、一来果、不還果に達した神々も数え切れぬほど多かったのである。

48話　生きとし生けるものを慈しんで……「慈(じ)経」

　あるとき、世尊がサーヴァッティ（舎衛城）に住まわれていて、雨安居に入る時期が近づいてきたころのことである。
　雨期の間、比丘たちは一か所に三か月間滞在しなければならない、という修行上の決まり（律）がある。この律は、比丘たちが雨期に遍歴遊行の旅の途上、発育している農作物を踏み荒らすことがないように、と定められた。そして雨安居の終わりに、比丘の僧団は、一つの場所でいっしょに雨安居をすごした比丘たちの集会として自恣(パヴァーラナ)（じし）を行う。その儀式のなかで、出席者の各自が同席しているほかの比丘に、それまで三か月間の雨安居中に、見たり、聞いたり、あるいは気づいたり、したことで律に違反している疑いがあれば指摘するように請(パヴァーレーティ)うのである。
　この当時、比丘たちには、さまざまな土地で雨安居に入る前に、世尊から冥想の対象の教示をもとめる習慣があった。そしていまや、雨安居前になって、五百人の一団の比丘や、さまざまな異国からやってきた多数の比丘たちが、それぞれ世尊に冥想の対象の教示をもとめるために世尊に近づいたのである。
　世尊はそこで、冥想の対象をそれぞれの機根、資質に合わせて、詳しく説明されたのであった。たとえば性欲の強い者には十不浄を、怒り憎しみの強い者には慈しみから始まる四無量(しぼんじゅう)（慈悲喜捨、四梵住）を、迷いとまどう痴愚の者には入息・出息念を……などであった。また、信心の篤(あつ)い者には仏随念を、知識的な者には地水火風の四大物質の差別(しゃべつ)（分析）を、という具合であった。（訳注：アビダンマでは、サマタ冥想の対象・止業処として四十業処(しごっしょ)がある。すなわち、青黄赤白の色などの十遍(カシナ)や十不浄(アスバ)、十随念(アヌッサティ)、四無量(ブラフマヴィハーラ)、一食厭想(アーハーレーパティクーラサンニャー)、一差別(ヴァワッターナ)、四無色定(アルーパサマーディ)。）

それで五百人の一団の比丘が各自、世尊の御前で、冥想の対象の教示をしてもらったとき、かれらは雨安居の場所としてふさわしく、托鉢に行くのに適当な村を探す許可を世尊に求めた。かれらの遍歴遊行の途中、ヒマラヤ山脈にある遠離の土地で、美しい景観の場所と出会った。その地は、青い水晶のように玲瓏と光る岩肌に、冷気漂う鬱蒼たる樹林がつづき、真珠の網か銀箔みたいな砂を一面に撒いて敷きつめたような大地が広がり、気持ちよく冷えた水がわき出る清らかな泉があった。

さて今、比丘たちがそこで一晩過ごしたあと、托鉢に行く時間となったとき、かれらは森からそれほど遠くない村へ出かけた。村の住人は一千の家族からなっていた。村人たちは世尊を信用し、信頼していた。出家した者らを眼にすることはとてもまれだったので、村人たちが比丘を見たとき、たいへん喜び、うれしがった。村人たちは比丘たちに托鉢食を布施し、雨期の三か月間の雨安居の住まいとして当地に滞在されるように、と請うた。さらに加えて五百の小屋を建て、寝台や椅子、水飲み用や洗濯用の壺などをそなえつけた。そしてその次の日、比丘たちがほかの村へ托鉢に行くと、そこの村人たちもまったく同様に献身的に奉仕してくれて、かれらもまた、雨安居の滞在を請うた。比丘たちは、なんの障碍もないことを見てとり、村人たちの申し出を受けたのである。

そのようにして、托鉢のために村に入り、朝の食事をして、五百人の比丘は戻って、森に入った。木々の根もとに行って、足を組んで坐り、それぞれが世尊に教示してもらった冥想対象に心を集中した。昼も夜も冥想に精進して、夜の区分時刻の更には木塊（木のかたまり）を叩いて知らせた。

こんな比丘たちの実直な冥想ぶりを見て、木々の頂上に棲みついていた樹神たちは意気阻喪してしまった。かれらの棲まいから降りてきて、樹神のこどもたちとともに、あちこちうろついた。ちょうど王たちか、王の大臣たちが占拠した村のようで、村人たちが村のあちこち、いたるところへ追いやられ、遠くから眺めてとまどいながら、「いったいいつ、あの方たちは立ち去るのだろうか？」と、思うように、樹神たちは遠くから眺めて「いったいいつ、比丘たちは立ち去るのだろうか？」と、思ったのである。

樹神たちは、比丘たちのとうてい歓迎できない居坐りに憤慨して、追い払おう、と望んだのだった。そしてそのとき、こんな考えがかれらの心に浮かんだ。

「初めて雨安居に入る比丘たちは、きっと三か月間、滞在するのだろう。しかし、われらはこどもたちを抱えて、そんなに長いあいだ、ここから離れて暮らせない。われらは、比丘たちが恐ろしくて逃げ出していくようなものを何か見せてやろう」

そこで毎夜、比丘たちが冥想実践するときは、樹神たちは恐ろしい妖怪をつくって比丘たちの前に立たせた。ぞっとする物音も立てた。比丘たちは、恐ろしい妖怪

第5章　在家信者への教え

を見て、ぞっとする物音をきくと、胸がどきどきして、ふるえおののいた。血の気が引き、蒼白になって黄ばんでしまい、もはや冥想対象に心を集中できなくなった。さらに何度も何度もこの恐怖にさいなまれて、心の集中がとぎれ、気づきをたもつことができなくなった。気づきが混乱するやいなや、またもや樹神たちは反吐が出そうな悪臭を立てて、比丘たちを悩ませた。この嫌がらせを受けて、比丘たちの頭は、悪臭で息が詰まりそうで、不快な思いが、かれらの頭に重くのしかかった。しかしながら、比丘たちはこのひどい経験を互いに話さなかった。

　それから、法の議論の日と決められていたある日、僧団の上座の長老が比丘たちに、こう尋ねた。

　「友のみなさん、あなたたちがこの村に来られたとき、数日間は肌の色が清々しく、輝いていた。そして心身のはたらきは冴えていた。ところがいまや、あなたたちは、みすぼらしく、蒼白で、黄ばんでいる。ここの何があなたたちに合わないのですか？」

　すると比丘の一人が、こういった。

　「長老さま、毎晩、わたしが木の下で冥想しているとき、恐ろしい妖怪を見て、ぞっとする物音を聞き、ひどい悪臭を嗅ぎます。このことで、わたしの心は集中せず、もはや気づきを保つことができないのです」

　ほかの比丘たちも同じふうに、起きたことを語った。上座の長老が、いった。

　「友のみなさん、雨期に雨安居入りするには、世尊によって二つの始まりの時期が知らされています。そして、この雨安居の地は、われらに適切ではありません。そこで、世尊のもとに行って、われらに合った別の雨安居の地を相談したほうがよいでしょう」（訳注：雨安居入りの時期は、現代暦の六～七月に相当するアーサーラー月の満月の翌日か、アーサーラー月の満月の一か月後の日の、二つと定められている。ここは、二つ目の雨安居入りの日まで、まだ日がある、という意味で、特別な理由があれば第二の雨安居に入ることができる。）

　比丘たちは、この指示に納得した。雨安居の住まいにしていた場所をすべて元どおりにして、托鉢の鉢と外衣を持ち、托鉢に行っている村の住人にはいっさい何も告げず、サーヴァッティめざして段階的に行く遍歴遊行に出発した。

　とうとうサーヴァッティに到着すると、ただちに世尊の住まわれているところへ行った。かれらを見かけて世尊は、こういわれた。

　「比丘たちよ、雨期に遍歴遊行してはいけない、とわたしが定めた修行の決まり（学処）を知らないのですか？　なぜ、そなたたちは遍歴遊行しているのか？」

　そこでかれらは世尊に、かれらが夜間に経験したことすべてを告げて、雨期を過ごす別の適切な場所があるかどうか、尋ねた。しかしながら、世尊が神通力でジャ

203

ンブ洲全体に注意を向けられると、ほかのどこにも、四脚の椅子ひとつ分の場所すら、かれらにとって適切な場所が見当たらなかった。

そこで世尊は、かれらに呼びかけた。

「比丘たちよ、ほかのどこにも、そなたたちにとって適切な場所はない。そこに住むことによってのみ、そなたたちは煩悩の滅尽に到達するかもしれないのです。さあ、だから、ほかならぬその場所へ行って、とどまりなさい！　しかし、もし樹神たちの恐怖から逃れたいと願うのなら、そなたたちはこの護呪（訳注：不幸や病気などの災厄から守護する教え。パーリ語ではParitta<ruby>パリッタ</ruby>）を学びなさい。これは、そなたたちのお守りにも、冥想の課題にも、両方になるであろう」

そして世尊は、以下の慈悲の偈を、かれらに説かれたのである。

"解脱という善行為の目的をよくわきまえた者が、
　静かな場所へ行ってなすべきことがあります。
　何事にも有能で、しっかりして、まっすぐ、しなやかで、
　人の言葉をよくきき、柔和で、高慢でない人になるように。"

"足ることを知り、手がかからず、
　雑務少なく、簡素に暮らし、
　もろもろの感覚器官が落ちついていて、賢明で、
　裏表がなく、在家に執着しないように。"

"どんな小さな過ちも犯さないように、
　智慧ある識者たちが批判するようなことは。
　幸福で平和でありますように！
　生きとし生けるものが幸せでありますように！"

"いかなる生命であろうとも、
　動きまわっているものでも、動きまわらないものでも、ことごとく、
　長いものでも、大きなものでも、
　中くらいのものでも、短いものでも、微細なものでも、巨大なものでも、"

"見たことがあるものも、見たことがないものも、
　遠くに住むものでも、近くに住むものでも、
　すでに生まれているものも、これからまだ再生しようとしているものも、
　生きとし生けるものが幸せでありますように！"

"どんな場合でも、ひとを欺いたり、
　軽んじたり、してはいけません。
　怒鳴ったり、腹を立てたり、
　お互いにひとの苦しみを望んではいけません。"

第5章　在家信者への教え

"あたかも母親が息子を守るように、
　たった一人のわが子を命がけで守るように、
　そのように、すべての生命に対しても、
　無量の慈しみの心を育ててください。"
"慈しみの心をすべての生命の一切世間に対して、
　限りなく育ててください。
　上に、下に、横にも、周りすべてに、
　わだかまりのない、怨みのない、敵意のない心を育ててください。"
"立っているときも、歩いているときも、坐っているときも、
　あるいは横になっていても眠っていない限り、
　この慈悲の念をしっかり保っていてください。
　これが崇高なものの生き方である、といわれています。"
"このように実践する人は邪見を乗りこえ、
　つねに戒を保ち、正見を得て、
　もろもろの欲望に対する執着をなくし、
　もう二度と母胎に宿って輪廻を繰り返すことはありません。"
　世尊は、この説教を終えるにあたって、比丘たちに、このように説示した。
「行け、比丘たちよ、そして同じ元の森に住みなさい！　各月八日目の聞法(もんぽう)の日に、木塊を叩いて、この慈しみの偈を読誦しなさい！　それから仏法についての話し合いをして、生きとし生けるものへ感謝を表現してください。この慈悲の冥想を育ててください！　それを保持し、それを発達させなさい！　そのように行うのをふだんの習慣とすることによって、人ではないものも、必ずやそなたたちの安楽を望み、そなたたちの幸福をもとめるであろう」
　比丘たちは世尊のこの説示を受け入れた。それぞれの席から立ち、右回りしつつ世尊に礼拝し、やって来た元のところへ戻った。そして教えられたことを実践した。
　比丘たちがまた再び戻ってきて、安楽を望み、幸福を求めていることを伝え聞いて、樹神たちは幸せと喜びにみたされた。こわいことを見せる代わりに、樹神たちは、危険から比丘たちを守るよう配慮した。比丘たちは、そこにとどまることが適しているとわかり、もはや障碍はない、とわかって、まともに冥想ができた。かれらは、生きとし生けるものへの慈しみを発達させ、それを冥想の基礎にした。それから、心の内側の観察冥想（ヴィパッサナー修習(バーワナー)）を育て、無常・苦・無我の三つの特徴を観察した。そして最終的には、かれらのすべてが、まさに雨安居のうちに、阿羅漢に達したのである。

49話　人食い鬼アーラヴァカ……最上の生き方とは？

　世尊の十六回目の雨安居中、獰猛で敵意をもった人食い鬼のアーラヴァカ（曠野）夜叉に関して、重要な出来事があった。
　アーラヴィー国は、アーラヴァカ王によって治められていた。王は軍の士気引き締めのため、週に一度、森で狩りをする遊びを習慣としていた。あるとき狩りをしていて、王が待ち伏せしているところから獲物が逃げた。弓をもっている王は、すぐさま鹿を追った。その鹿は三リーグ（約一四・四キロ）逃げたあと、池のほとりで、うずくまった。かくして王は、苦もなく鹿を殺し、二つに切り、棒につけて運んだ。
　帰る途中、王はバニヤン樹の木陰でひと休みした。そのバニヤン樹は、アーラヴァカ夜叉の棲みかであった。アーラヴァカ夜叉は、夜叉の王である毘沙門天（訳注：四天王の一、多聞天ともいう）から、願いを一つかなえてもらっていた。その願いとは、バニヤン樹の木陰に入ってきた者は誰でも食べてよい、というものだった。このため、夜叉は王を捕まえたのだが、王は夜叉が釈放してくれるなら人間一人と、ひと鉢の炊いた飯を毎日提供する、と約束したのである。
　アーラヴァカ王は大臣たちに助けられ、囚人を夜叉に送って約束を果たすことができた。犠牲者がバニヤン樹の木陰に入るやいなや、夜叉は極めて異様なかたちになって、まるで球根状のふくらんだ根を食べるかのように囚人をガツガツ貪り喰らった。そして牢獄に囚人が一人もいなくなったとき、王は各家からこども一人を生けにえとして夜叉へ差し出すようにさせた。
　それから十二年後、アーラヴィー国には、もはや王自身の息子のアーラヴァカ・クマーラ以外、誰一人こどもがいなくなった。王はわが息子をたいへん愛していたが、自分より大切な者は誰もいない、と王はわかっていたので、自分が夜叉の生けにえになることができなかった。それゆえ王は、わが息子をたいへん豪華に着飾らせ、夜叉のもとへ連れて行った。
　ある日の早朝、世尊がジェータヴァナ僧院（祇園精舎）の香房で、大悲定の至福に達し、そのなかにひたり、仏眼で世界を探査されていたとき、アーラヴィー国で起きようとしていること、アーラヴァカ王子、アーラヴァカ夜叉、そして八万四千の生けるものが、さまざまな段階の真理を覚り、どのようになり得るか、その可能性を見られた。
　それから朝の務めを終えられた後、世尊は托鉢の鉢と外衣をもって、サーヴァッティ（舎衛城）から三十ヨージャナ（五百キロ前後）の距離のアーラヴィー国へ歩

いて向かわれた。世尊は夕暮れに、アーラヴァカ夜叉の棲みかに到着した。そのときアーラヴァカ夜叉は、ヒマラヤ山で開いている夜叉の集会に行っていた。アーラヴァカ夜叉の門番のガドラバ（驢馬）夜叉が世尊に近づいてきてお辞儀し、こう尋ねた。

「尊師よ、こんな午後遅くに来られたのですか？」

「そうだ、ガドラバよ、わたしは来たのだ。もし、そなたに迷惑でなければ、アーラヴァカの棲みかで夜を過ごしたいのだが」

「尊師よ、わたしにとっては迷惑ではないのですが、アーラヴァカ夜叉は、獰猛で残忍である、とご承知ください。なにしろ自分の両親にすら敬意を払わないのですから。ですから世尊は、ここに滞在されてはなりません！」

「そうだ、ガドラバよ、わたしはアーラヴァカが獰猛で残忍な性質である、と承知している。わたしにはどのような危険もないのだ。だから、もし、そなたに迷惑でなければ、ここで夜を過ごしたい」

ふたたびガドラバは世尊に警告して、こういった。

「尊師よ、アーラヴァカは燃える坩堝のようなものです。誰でもどんなことでも、ないがしろにして無視するのです。かれの両親、比丘、バラモン、それに真理も。ここに来る者には狂暴になり、心臓を引き裂き、足をつかんで大海のかなたへ、あるいは世界のかなたまで、放り投げるのです」

そこでふたたび、世尊がいわれた。

「そうだ、ガドラバよ、わたしはそれを全部承知している。しかし、もし、そなたに迷惑でなければ、わたしはここで夜を過ごしたい」

三たびガドラバは世尊に、滞在を思いとどまらせようとした。するとまた三たび、世尊は願いを撤回しなかった。このためガドラバは、こういった。

「尊師よ、わたしにとっては迷惑ではないのですが、アーラヴァカの許可なくわたしが滞在を認めてしまいますと、アーラヴァカはわたしを殺すかもしれません。ですから尊師よ、わたしはこの件でかれのもとへ行って、話してみましょう」

「ガドラバよ、そなたがそうしたいなら、行って話してもよい」

「尊師よ、この件の場合、あなたさまに何が起きようとも、あなたさまだけに責任があるのでございますからね」

このように言ってから、ガドラバは世尊にお辞儀して、ヒマラヤ山へ向かって立ち去った。

世尊はアーラヴァカの棲みかに入られ、かれの宝石玉座に坐られた。世尊は御身体から、あらゆる方向へ金の光輪を放射された。これを見て、アーラヴァカのお付きの女性たちが周りに集まってきて、世尊に礼拝した。世尊はさまざまな法話をさ

れ、布施すること、道徳をまもること、心を集中すること、の利益について、彼女たちに意欲を吹き込まれた。魅力ある説法を聞かされて、彼女たちは強い畏敬の念をもって世尊の周りに坐っていた。

一方、ヒマラヤ山に到着したガドラバは、アーラヴァカの住み処に世尊が出現されたことを伝えた。アーラヴァカの心はいっきに熱くなり、ガドラバに、静かにしていろ、というしぐさをした。必要な行動をとるためアーラヴァカは、ただちに帰ろうとしたのである。

さて、サーターギラ（七岳）とヘーマヴァタ（雪山）という高貴なふたりの夜叉がいた。かれらは会合へ行く途上で、空中を通り過ぎようとしていたが、世尊が地上にいるせいで飛べなくなり、その存在に気づいた。そこでアーラヴァカの住み処に降下して、空の旅を続ける前に世尊に礼拝しようとしたのである。住み処に着くなりサーターギラとヘーマヴァタは、アーラヴァカに、こう告げた。（訳注：サーターギラとヘーマヴァタはいずれも夜叉の王。カッサパ仏の当時、比丘だったが、戒律を破り、輪廻転生でヒマラヤ山に夜叉として再生。初転法輪直後のブッダに出会い、帰依した。）

「友アーラヴァカよ、そなたはなんと幸運か！　世尊がそなたの棲みかに来られて、そこにまだ坐っていらっしゃる。さあ、友アーラヴァカよ、世尊のお世話をしなさい！」

アーラヴァカは、こう言われて喜ぶどころか、激怒した。友ふたりの世尊をほめたたえる声をきいて、燃えるような大きな怒りの炎に胸を灼かれた。それから席を立って、こう叫んだ。

「あなたらの師のブッダがもっと強いというのか？　もっと強いのは、おれの方ではないか？　さあ、あなたらはいま、見るであろう！」

抑えられない怒りをこめて、自分の名前を大声で、誇らしく名乗った。

「おれがアーラヴァカだ！」

そして急いで自分の住み処に戻った。

九種類の「死の雨」で連続攻撃

アーラヴァカ夜叉は、九種類の殺傷武器で、世尊に対して続けざまに攻撃した。最初に、周辺の町や村をそっくり根こそぎにできる猛烈な大竜巻を起こした。しかし、それが世尊のもとへ近づいてくると、世尊の衣の裾の端すら揺らすことができなかった。

自分の武器がまったく効果がなかったのを見て、アーラヴァカはいっそう怒り狂

第5章　在家信者への教え

い、大豪雨を降らせた。地上を浸食して穴をうがち、地面を水びたしにして、世尊を溺れさせるための大豪雨である。ところが、このひどい雨も、極めてちいさい露のしずくに変わってしまい、地上に落ちる前に蒸発した。

　激しい怒りの真っただ中で、アーラヴァカは、何千もの炎上する火の玉の大岩の雨を降らせた。だが、世尊にふれようとする前に、火の玉の大岩は姿を変え、天上のかぐわしい花かざりになった。いまだ世尊を追いたてることもできず、凶暴になったアーラヴァカは攻撃を続け、強烈な凶器の雨を次々に降りそそいだ。たとえば数々の剣や槍、鉈、ナイフ、矢などだ。しかし、それらはただ、色とりどりの天の花々にかたちを変えて落ちたのである。

　またしてもアーラヴァカの試みは失敗した。だがそのとき、アーラヴァカは熾った炭火の雨を世尊にたたきつけた。しかし、それらもまた、色とりどりのかぐわしい天の花々にかたちが変わったのである。アーラヴァカは執拗に世尊を攻撃し続けた。空からたいへん熱い、かたまりの火のような灰の雨を降りそそいだ。しかし、それらは香りのよい白檀の粉末に変わった。まるで世尊を崇拝するかのようであった。

　さらに、アーラヴァカは、空から熱砂の雨を降らせた。しかし、それらはちいさな天の花々になった。次に、アーラヴァカは、空から焼けた泥の雨を降りそそいだ。しかし、それらは天のかぐわしい泥膏に変わった。

　八種類の雨を降らせて失敗したので、アーラヴァカは戦慄した。それにもかかわらず、「暗黒」という九番目の武器でアーラヴァカは攻撃を強行した。アーラヴァカの棲みかの周りを真っ暗闇にしたのである。しかし、世尊が近づいて姿を見せられると、それは消え去った。ちょうど暗闇が日光で破られるかのようであった。

　アーラヴァカは、かれの九つの致死の雨がすべて無効で、世尊を玉座から追っ払えない、と判明して、衝撃を受けた。だが、引き続いてアーラヴァカは、さまざまな姿をした恐怖の妖怪変化からなる四部隊を率い、世尊に向かって進軍した。アーラヴァカとかれの大軍勢は半夜にわたって世尊を攻撃した。とはいえ、それは恐れ知らずに世尊に接近する、ということのない攻撃であった。

　何度も攻撃に失敗したアーラヴァカは、かれの最も破壊力ある武器を繰り出すことに決めた。神聖な「白マント」である。アーラヴァカは世尊の周囲に舞い上がり、駆けめぐって、世尊に向けてそれをたたきつけた。インドラ神（訳注：雷や暴風雨をつかさどる軍神）の雷鳴のように、空中でものすごい音が鳴り響いた。

　あたり一面に煙と燃えあがる炎が噴き出た。マントは世尊に向かって飛んだ。しかし、世尊にふれる前に足ふきのぼろ雑巾に変わって、世尊の足もとに落ちた。天界で生けるものたちがこの戦闘を見物するために集まっていたが、大声をあげて喝

采した。おかげでアーラヴァカは、すっかり自尊心を失った気になった。

そこでアーラヴァカは、なぜ世尊が無敵で打ち負かせないのか、つくづく考えた。それは世尊の慈しみの力によるのだ、と思い至った。もし、アーラヴァカが世尊を怒らせ、自制心を失わせたら、そのときだけ打ち倒すことができる、とアーラヴァカは考えた。よってアーラヴァカは世尊に近づき、このように命令した。

「出て行け、比丘よ！」

世尊はアーラヴァカの命令を受け入れ、「よろしい、友よ」と、喜んで答えて、出て行った。

「入れ、比丘よ！」と、アーラヴァカが命令した。世尊は「よろしい、友よ」と、また、入って行った。

アーラヴァカは、こう考えた。

「うーん、ゴータマ比丘に命令を下すのは、とてもかんたんだな。だが、なぜ、わしはひと晩中、世尊と戦うべきなのだろうか？　いやまあ、わしはこんなふうにひと晩中やって、世尊を疲れてへとへとにさせてやろう。そうしたらその後に、世尊を放り出してやろう」

このように考えると、アーラヴァカの気持ちは穏やかになり始めた。そこで世尊に、二度目の命令を与えた。

「出て行け、比丘よ！」

世尊は「よろしい、友よ」と、答えながら、出て行った。

「入れ、比丘よ！」と、アーラヴァカがふたたび命令した。

「よろしい、友よ」と、世尊はふたたび入って行った。

さらに、アーラヴァカの三度目の命令にも世尊は逆らわずに出て行き、そして、入られた。

世尊は、敵意は敵意によっては静まらず、穏やかさによって静まる、という当然の現象を理解されていた。ちょうど泣きわめく腕白なちびっ子が、願いがみたされると静かになるようなものである。まして世尊は、忍耐強く辛抱して夜叉の命令に応じ、夜叉をおとなしくさせたのである。そして事実、アーラヴァカの気持ちは、次第に穏やかになった。

それからアーラヴァカがまた「出てこい、比丘よ！」と、四度目の命令をすると、世尊は「友よ、わたしは出て行かない。そなたは好きなことをするがよい」と、答えられた。

第5章 在家信者への教え

アーラヴァカの八つの質問

「おお、大物比丘のゴータマよ、わしはいくつか、おまえに質問しよう。もし、おまえが質問に完全に答えられないなら、わしはおまえの心をかき乱し、おまえの心臓をひき裂き、おまえの両足をつかんでガンジス川の向こう岸へ放り投げてやるぞ」

アーラヴァカの両親は、崇拝していたカッサパ仏から八つの質問とその答えを教わっていた。両親は、そのすべてをアーラヴァカが幼いころに教えた。それから時が過ぎ、アーラヴァカは答えを忘れたのだが、質問は黄金の板に赤い塗料で書き残し、住み処にしまって保存しておいたのである。（訳注：カッサパ仏とは、ゴータマ仏以前にこの世に現れた「過去七仏」のうちの一つで、ゴータマ仏の一つ前。漢訳では迦葉仏）

世尊がいわれた。

「友のアーラヴァカよ、神々、悪魔、梵天といった天界、そして行者、バラモン、王、庶民といった人間界を含むすべての世界にわたって、わが心を乱し、わが心臓を裂き、わが両足をつかんでガンジス川の向こう岸へ放り投げられるような者を、わたしは見いださない。しかしながら友よ、そなたがききたいことは何でもきいてよい」

そこでアーラヴァカは、世尊に偈で質問した。

"この世でいちばん賞賛に値する人間の最上の富とは何か？
　どんなことを、いつ、善く実践すれば幸福をもたらすのか？
　味の中でまさに最上の美味とは何か？
　どのように生きるのが最も高貴な生活とみなされるのか？"

世尊は偈で答えられた。

"信（saddhā）が、この世でいちばん賞賛に値する人間の最上の富である。
　健全な道の行為・真理（dhamma）を、善く実践すれば幸福をもたらす。
　真実（sacca）こそ、まさに最上の美味である。
　智慧によって生きること（paññājīvim）が、最も高貴な生活とみなされる"

世尊の答えを聞いて、アーラヴァカはたいへんうれしくなった。つづけて残りの四つの質問を偈できいた。

"ひとはいかにして暴流（激流）を渡るのか？
　ひとはいかにして大海を渡るのか？
　ひとはいかにして苦を乗り越えるのか？
　ひとはいかにして全く清らかになるのか？"

世尊は偈で答えられた。
"信（saddhā）によって、ひとは暴流（欲、有、見、無明）を渡る。
　不放逸（appamāda）によって、ひとは大海（saṃsāra －輪廻転生）を渡る。
　正精進（viriya）によって、ひとは苦を乗り越える。
　智慧（paññā）によって、ひとは全く清らかになる"

これらの答えの終わりには、アーラヴァカは預流果に達した。かくて血に飢え、残虐で知られたアーラヴァカは、剣や笞、棍棒ではなく、世尊の無比の自己抑制から生まれる忍耐強い辛抱をとおして攻略されたのである。

この後すぐ、「智慧（paññā）」という言葉に感銘を受けたアーラヴァカは、さらに質問することを望んだ。

"いかにして智慧は得られるか？
いかにして富を獲得するか？
いかにして名声を得るか？
いかにして友だちができるのか？
どうすれば、亡くなってこの世からあの世へ逝った後に、悲しみ嘆かないか？"

世尊は、次のように、いくぶん精妙な答えをされた。

「涅槃（Nibbāna）にみちびく正等覚者の説く真理（dhamma）に確かな信（saddhā）をもつ者は、賢者に耳を傾ける恭敬聴聞者（sussūsaṃ）であり、気づきある不放逸の者（appamatta）であり、明察ある者（vicakkhaṇa）であって、智慧（paññā）を得る。真っ当に、忍耐強く、活発に、ことをなす者は、財（dhana）を獲得する。うそを言わない誠実さで、名声（kitti）を得る。そして布施する寛大さで、友だち（mitta）ができる。確かな信がある在家者は、真実（sacca）、真理（dhamma）、堅固（dhiti）、布施（cāga）というこれら四つの精神的資質があれば、あの世へ逝った後にも、悲しみ嘆かない（pecca na socati）」

そしてまた、アーラヴァカの精神的満足のために、世尊はもっと質問するようにと、こういって促された。

「さあ、きいてみなさい！　ほかの多くの行者、バラモンに、もしもこの世に、真実（sacca）、自制（dama）、布施（cāga）、忍耐（khanti）より偉大なものが、何かあるのかどうかを！」

夜叉は、思いきった大胆な答えをした。

「なぜ、わたしが、ほかの多くの行者、バラモンにきかなければならないのでしょうか？　まさに、きょう、わたしは個人的に、来世に属するほんとうの幸福を覚ったのですから」

「まさしく、わたし自身のために、覚者はアーラヴィー市に来られたのでござい

ます。そして、きょう、わたしみずから、どこへ布施すれば大きな果報となるのか、を覚ったのです」

そして、自分の幸福を育てる方法を得て、いまやアーラヴァカは、他者の幸福のために務めると、きちんと表明した。

「このため、村から村へ、町から町へ、わたしは遍歴遊行して、正自覚者と無上の教えと聖なる僧団（仏法僧の三宝）に敬礼する(きょうらい)でありましょう」

夜明けに、アーラヴァカ王の使者は、ちいさな王子のアーラヴァカ・クマーラを夜叉に生けにえとして献げた。アーラヴァカ夜叉はすでに預流者になっていたので、たいへん恥ずかしく思った。アーラヴァカ夜叉はちいさな王子を両手で持って、世尊に手渡した。世尊は王子を祝福し、王の使者に返した。かくて、この出来事によって、王子は「手のアーラヴァカ」(ハッタカ)として知られている。

50話　青年への教え……「シンガーラ教誡経(きょうかい)」（六方礼経(ろっぽうらい)）

マガダ国の首都ラージャガハ（王舎城）にシンガーラカという青年が住んでいた。かれの父は長者で、四十クローレ（四億金）相当の財産をもっていた。父は熱心な在家の仏弟子で、母もそうであった。世尊にみちびかれて両親は法を実践し、聖者の第一段階を覚って、預流者になった。しかしながら、息子のシンガーラカは、世尊に対して信心がなく、熱心な信者でもなかった。

両親は、しょっちゅうシンガーラカ青年に、こう諭した。

「なあ、わが息子よ、おまえは世尊とお近づきになるべきだよ。おまえは法将軍（訳注：仏弟子中「智慧第一」のサーリプッタ尊者への敬称）のサーリプッタ尊者や、マハー・モッガラーナ尊者、マハー・カッサパ尊者、そして八十大弟子の方々とお近づきになるべきだよ」

しかし、かれは、こう答えた。

「ああ、お父さん、お母さん！　そのような比丘たちとお近づきになるなんて、わたしには関係ないことです。もし、そんな方々のところへ行けば、わたしは腰をかがめてお辞儀しなければなりません。すると、背中が痛み、膝がきつくなります。地面に坐らなければならないので、衣装が汚れて、台なしになります。その後に、わたしはそうした方々と会話して、親交を結び、互いに信頼するように努めなければなりません。で、それから、わたしがかれらを招待して、衣や食事などをお布施することになるでしょう。そうするとわたしの財産は減ってしまいます。比丘たち

とお近づきになるなんて、わたしには、まさに何の利益もありませんよ」
　さて、かれの賢明な父は、すでにたいへん年老いていた。死の床で、かれの父は、こう考えた。
　「わしは死ぬ前に、最後にわが息子を教え誡めてみよう」
　そして、さらに、こう考えたのである。
　「わが息子に、毎日、もろもろの方角へ礼拝してほしいのだ、といおう。わしの遺言なのだから、その意味と目的がわからなくても、息子は従うだろう。そうすれば、礼拝しているうちのある日、世尊か、世尊の弟子たちが息子を見て、法を説くだろう。そして、ブッダの教えが何より勝っていることを理解したら、わが息子は功徳を積むことになろう」
　そこで、かれの父は息子のシンガーラカ青年を呼び寄せて、こういった。
　「なあ、わが息子よ、わしの寿命は尽きたようだが、わしはおまえをとても愛しておるのだ。わしの老齢のせいで、わしらはお互い、別れなければならないんだよ。わしの死んだ後、おまえは朝早く起きて、町の外へ出て行って、六方を礼拝するべきだぞ。なあ、わが息子よ、これを、きっとやるんだよ！」
　この遺言を忘れずに、シンガーラカ青年は、その意味や目的を理解することなく、父の言いつけに従った。かくして毎日、朝早く起き、ラージャガハの町の外に出て、濡れた服と濡れた髪のシンガーラカ青年は、六方へ手を合わせて祈った。すなわち、東西南北と上下の六方向である。（訳注：濡れた服、髪とは、川で沐浴して頭を洗い清め、濡れた服が乾かないままで、と解される。）
　そのころ、世尊はラージャガハ近くのヴェールヴァナ僧院（竹林精舎）に住まわれていた。そこは黒リスに餌を与えて保護している区域（栗鼠給餌所）にあった。そして世尊は、朝早く起き、衣をととのえ、外衣と托鉢用の鉢を持ってラージャガハへ托鉢に行かれた。その道すがら、シンガーラカがもろもろの方角へ礼拝しているのをご覧になって、尋ねられた。
　「長者の子よ、なぜ、そなたは朝早く起き、ラージャガハの町の外に出て、濡れた服と濡れた髪のまま、六方へ手を合わせて祈っているのか？」
　「尊者よ、わたしの父が亡くなる前に、そうするようにと諭したのです。そして、尊者よ、父の遺言への敬意から、遺言を尊び、重んじ、聖なるものとし、わたしは朝早く起き、六方へ礼拝しているのです」
　「だが、長者の子よ、それは聖者の律に従った六方への礼拝の正しいやり方ではない」と、世尊は言われた。
　「それでは、尊者よ、聖者の律に従った六方への礼拝とは、どのようにすればよいのでしょうか？」

第5章　在家信者への教え

「では、長者の子よ、よく注意して聴きなさい！　もろもろの方角へ礼拝するほんとうの意味を説明しよう」

「かしこまりました、尊者よ」と、シンガーラカは答えた。

まず避けるべき全十四の悪事

　シンガーラカ青年に六方の意味を直接、説明する代わりに、世尊は、最初に避けるべき十四の悪事とは何か、解説された。その後に六方を人になぞらえて、それぞれに相当する意味を説明された。ここで世尊はシンガーラカ青年に、社会の中で調和して生きるためのたいへん包括的で実際的な指標を与えられたのである。この指標は在家の律（Gihivinaya ギヒ ヴィナヤ）として知られている。世尊は、こういわれた。

「長者の子よ、聖なる弟子は四つの汚れた行為を捨てます。四つの心理状態の悪行為をやめるのです。そして、財産を失う六つの悪習を追い求めないのです。このように十四の悪事を避けることをとおして、聖なる弟子は六方を保護します。そのような実践で、この世とあの世の両方の征服者になり、この世もあの世も、うまくやっていけるのです。そして、身体が滅ぶと、死後、善き運命の天界に行くのです」

「長者の子よ、放棄すべき四つの汚れた行為とは、生きものの命を奪うこと（殺生 せっしょう）、与えられていないものを盗ること（偸盗 ちゅうとう）、肉欲の不品行（邪婬 じゃいん）、嘘をつくこと（妄語 もうご）です」

「そして長者の子よ、聖なる弟子が悪業をつくるのを慎む四つの心理状態とは、偏った好み、悪意の怒り、何が正か邪かの無知、そして恐れです」

「そしてさらに長者の子よ、聖なる弟子は財産を失うので追い求めない六つの悪習とは、酔う酒類や怠惰を誘発する薬物に耽ること、不適切な時間に街をうろつく夜遊びに耽ること、見世物や娯楽に耽ること、賭け事に耽ること、悪友と親しく交わること、怠けが癖になること、です」

六つの悪習ごとに、それぞれの果ては六悪へ

「長者の子よ、酔う酒類や、怠惰を誘発する薬物に耽って、その果てに起こる六つの悪い結果とは、生活の中で目に見えてお金の無駄づかいをしてしまうこと、けんかや暴力沙汰になりやすいこと、病気になりがちなこと、名誉や評判を失うこと、みっともない身体陰部の露出、知性が衰弱すること、です」

「長者の子よ、不適切な時間に街をうろつく夜遊びに耽って、その果てに起こる

六つの悪い結果とは、無防備で、自分を守れないこと、同じく妻子を守れないこと、同じく資産を守れないこと、犯罪の嫌疑をかけられること、あらぬ言いがかりを受けやすいこと、あらゆる揉めごとに出遭うこと、です」

「長者の子よ、見世物や娯楽に耽って、その果てに起こる六つの悪い結果とは、自分の責任をないがしろにして、いつでも、このように考えるのです。『どこで踊りをやってるのかなあ？』、『どこで歌をやってるのかなあ？』、『どこで演奏をやってるのかなあ？』、『どこで話芸をやってるのかなあ？』、『どこで手鈴楽をやってるのかなあ？』、『どこで太鼓をやってるのかなあ？』と」

「長者の子よ、賭け事に耽って、その果てに起こる六つの悪い結果とは、賭けに勝つと恨みを招き、賭けに負けると損をして嘆き、財産を無駄にし、人の集まりで信用されず、友人や知人に軽蔑されて、妻を養えないので賭博師は結婚相手には望まれないのです」

「長者の子よ、親しく交わると悪い結果を招く六種類の悪友とは、賭博師、遊び人、飲んだくれ、いかさま師、詐欺師、乱暴な犯罪者の仲間、です」

「長者の子よ、怠けが癖になって、その果てに起こる六つの悪い結果とは、『寒すぎる』と、いいわけして仕事をしないこと、『暑すぎる』と、いいわけして仕事をしないこと、『朝が早すぎる』と、いいわけして仕事をしないこと、『夜になって、もう遅すぎる』と、いいわけして仕事をしないこと、『おなかがすいているから』と、いいわけして仕事をしないこと、『おなかがいっぱいで動けないから』と、いいわけして仕事をしないこと、です」

真の友とみせかけの友

「長者の子よ、次の四つのタイプは、真の友ではなく、みせかけの友です。すなわち、他人からものを取っていくだけの持ち逃げ屋、大口をたたくか、空約束をする口先だけの友、甘い言葉でお世辞をいう者、放蕩仲間、です」

「長者の子よ、次の四つのタイプは、本物の心の友と見られます。助けてくれる者、幸福なときも不幸なときも苦楽を共にする者、相談に乗って善いことを指摘し、助言してくれる者、思いやりがある気の合う者、です」

六方それぞれの意味とは

「さて、それでは長者の子よ、次の六つが六方とみなされるのです。東方は両親、南方は先生、西方は妻らの家族、北方は友人・知人、下方は召使い・雇い人、上方

は出家修行者やバラモン（聖者）たち、です」

東方とは両親

「長者の子よ、五つのやり方で東方である両親のお世話に、息子は勤しまなければならない。それは、両親が養育してくれたのだからお返しに両親を養う、両親に代わって義務を果たす、家柄の名誉と伝統を守る、親ゆずりの相続財産にふさわしい者になる、先祖供養など両親に代わって功徳を積む、というものです」

「そして、長者の子よ、こどもたちがお世話に勤しんだ両親は、五つのやり方でこどもたちに報いなくてはならない。すなわち、悪いことをやめさせる、善いことをするように促す、学問・技芸の教育を与える、ふさわしい伴侶をみつけて結婚の世話をする、適切な時期に家督の相続をする、というものです」

南方とは先生

「長者の子よ、五つのやり方で南方である先生のお世話に、弟子は勤しまなければならない。それは、先生が来られると起立して礼をする、付き添って仕える、いわれたとおりに従う、身のまわりのお世話・奉仕をする、受けた教えに熟達する、というものです」

「そして、長者の子よ、弟子がお世話に勤しんだ先生は、五つのやり方で弟子に報いなくてはならない。すなわち、正しい道徳を弟子に教える、弟子が学習してちゃんと理解すべきものをしっかり確認する、弟子をあらゆる学問・技芸で訓練する、友人・仲間に弟子を紹介して推薦する、あらゆる方面で弟子を保護する、というものです」

西方とは妻・家族

「長者の子よ、五つのやり方で西方である妻の世話に、夫は勤しまなければならない。それは、妻に思いやり深く接し親愛の情をこめて話しかける、妻には敬意を示し貶（けな）したりしない、妻に忠実で不倫しない、家事に関しては妻に実権を委（ゆだ）ねる、衣服や装飾品をプレゼントして喜ばせる、というものです」

「そして、長者の子よ、夫が世話に勤しんだ妻は、五つのやり方で夫に報いなくてはならない。すなわち、妻は家事を全力できちんとこなす、夫婦両方の家系の親類縁者を手厚くもてなし心ひろく鷹揚に接する、夫に忠実で不倫しない、夫が稼い

で妻にもってきたもので上手にやりくりする、妻としてしなければならないことは巧みに勤勉にこなす、というものです」

北方とは友人・知人

「長者の子よ、五つのやり方で北方である友人・知人の世話に、良家の男子は勤しまなければならない。それは、友人・知人にお布施する（布施）、優しい言葉で語る（愛語）、必要なときはいつでも助けてあげる（利他行）、自分と同じように扱う（同事、訳注：以上の布施、愛語、利他、同事の四つは『四摂事（ししょうじ）』といわれる）、約束を守り裏切らない、というものです」

「そして、長者の子よ、良家の男子が世話に勤しんだ友人・知人は、五つのやり方で良家の男子に報いなくてはならない。すなわち、良家の男子が不注意でどうしようもないとき保護してあげる、良家の男子が不注意でどうしようもないとき財産を防護してあげる、良家の男子が危険なとき逃げ場になってあげる、良家の男子が困ったとき見捨てない、良家の男子の子孫に関心を示す、というものです」

下方とは召使い・雇い人

「長者の子よ、五つのやり方で下方である召使い・雇い人の世話に、主人は勤しまなければならない。それは、主人は雇っている召使い・雇い人の能力に応じて仕事を割りふらなければならない、召使い・雇い人に食べ物と賃金を与える、召使い・雇い人が病気になったら面倒をみる、珍しい食べ物などが手に入ったら分けてあげる、休みを与える、というものです」

「そして、長者の子よ、主人が世話に勤しんだ召使い・雇い人は、五つのやり方で主人に報いなくてはならない。すなわち、主人より先に起きる、主人より後に寝る、与えられたもののみ受けとる、仕事を上手にこなす、主人の名声・評判を高めるようにする、というものです」

上方とは出家修行者やバラモン（聖者）

「長者の子よ、五つのやり方で上方である出家修行者やバラモンの世話に、在家信者は勤しまなければならない。それは、慈しみのある身体活動、慈しみのある言語活動、慈しみのある意思活動、家の門戸を開放、食べ物や適切な必要品（資具）を布施することによって、というものです」

「そして、長者の子よ、在家信者が世話に勤しんだ出家修行者やバラモンは、六つのやり方で在家信者に報いなくてはならない。すなわち、悪いことをやめさせる、善いことをするように促す、慈悲の心でまもってあげる、今までに聞いたことのない真理を教えてあげる、今までに聞いた深遠な教えのことがらの真意を説明し明解にしてあげる、天界への道を示す、というものです」

シンガーラカ青年は世尊の説法を注意深く聴いた。そして、意味や目的がわからないまま六方を礼拝するのではなく、人間関係について具体的に何をどうすべきか、世尊の言葉に従うことの利点がシンガーラカ青年にはわかった。世尊が以上のように説き終えると、シンガーラカ青年は感極まって叫んだ。

「すばらしい、尊師よ、すばらしい、尊師よ！　真理が多くの方向で、世尊によってはっきり見えました。倒れていた物を正しく起こすように、隠されていたことを暴露するように、道に迷っている者に道を示すように、暗闇の中で灯火を掲げて物のかたちがくっきり見えるように、世尊はされました。わたしは世尊に、真理に、僧団に（仏法僧の三宝に）帰依します。尊師よ、在家の仏弟子としてわたしを世尊が数えてくださいますように。きょうからわが命尽きるまで、生涯帰依いたします」

第Ⅳ部　ブッダをめぐる人々

第6章　側近の人たち

51話　侍医ジーヴァカ……ブッダを治療した名医

　マガダ国の首都ラージャガハ（王舎城）にサーラヴァティーという名の美しい乙女が住んでいた。ビンビサーラ王の許しによって、彼女はラージャガハの都の名を高め、花を添えるための遊女として選ばれた。ちょうどヴェーサーリ（訳注：当時の十六大国の一つヴァッジー国の首都。通商交易で繁栄した商業都市で、リッチャヴィ族によって共和制がしかれていた）における遊女アンバパーリーのように、である。それからしばらくして、サーラヴァティーは身ごもった。懐妊中、彼女をもとめる客に対しては、いつも病気のふりをした。

　月が満ちて、サーラヴァティーは男の子を出産した。彼女はただちに信頼している下女に命じ、新生児を古い竹籠に入れて道端のごみ溜めに捨てさせた。そのころの遊女には、産まれた赤ちゃんが女の子のときにのみ、母親同様、遊女に育てる習わしがあったのである。

　それは朝のうちだったが、アバヤ（無畏）王子が父のビンビサーラ王に会いに行く途中、カラスの群れが遠くでカーカー鳴いて集まっているところに、赤ちゃんが置き去りにされているのを見つけた。王子は従者らを送って調べさせた。「おお、護衛の者よ、あのごみ溜めで何が起きているのか、見て参れ！」

　「まだ生きているか？」と、王子がきいた。

　「はい、王子さま、まだ生きております」と、従者らが答えた。

　アバヤ王子は憐れみに心を動かされ、赤ちゃんを宮殿の自分の館に連れ帰った。赤ちゃんには最良の乳母があてがわれ、最良の食べ物が与えられた。赤ちゃんは王子の養子として育てられた。その子は「ジーヴァカ」と名付けられたが、それは生きて（jīvati、訳注：パーリ語の動詞）見つかったことからである。そして、王子によって育てられたことから「Komārabhacca」（訳注：パーリ語で「王子に支えられるべき者」の意）と呼ばれた。それで後年、少年はジーヴァカ・コーマーラバッチャと呼ばれた。

　ジーヴァカがおとなになったとき、王宮内での自分の地位についてじっくり考えて、何らかの知識なしに宮廷にとどまるのは不可能だろう、と確信した。そこで、アバヤ王子の承認を得ずに、学芸都市タッカシラーへ行こう、と決心した。ジーヴァカは同地で高名な先生のもとで医学を学んだ。短期間のうちに、かれはたくさ

んの知識を得たのだった。

　七年間学んだ後、学問には限りがない、とかれは考えた。このことを先生に相談したとき、先生はスコップ一つをかれに渡して、森の中へ入って一ヨージャナ（約十数キロ）以内の範囲で、医学的にまったく効き目のない薬草を探してきなさい、と指示した。かれはただちに、この課題を実行したのだが、そのような効き目のない薬草は見つけられず、がっかりした。戻って、そう報告した。ところが驚いたことに、先生はかれに、おまえは学び終えた、教育は完成した、と告げたのである。それ以来、かれは医師として生計を立てることを許された。

　ラージャガハへ帰る途上、サーケータ（コーサラ国の都市）に着いたとき、かれの旅費が——それは先生にもらったものだったが——尽きた。そこで、かれは医師の腕前でいくらかの金を稼ぐことに決めた。そのころサーケータに、七年のあいだ、頭痛に悩まされている長者の妻がいた。名だたる医師何人かが彼女の病いを治そうとしてみたが、治らなかった。ジーヴァカが、治してさしあげます、と申し出ると、彼女は、ジーヴァカがまだ若いのを見て、断った。さらにいえば、彼女はもはや、お金をむだにしたくなかったからである。しかし、ジーヴァカが、もし治らなかったら、お金はいりませんよ、と言ったとき、彼女は申し出を受け入れた。それなら何も損することがないわ、と思ったのだ。かくして彼女が、かれの最初の患者となった。

　ジーヴァカは念入りに彼女を診断して、ギーと薬草を混ぜた薬を処方した。その薬を服用した直後、彼女の不快な病いが完全に治った。激しい痛みに長いあいだ悩まされてきた頭痛から解放されて、彼女はたいへん幸福になった。おかげで報酬としてジーヴァカは一万六千金（kahāpaṇa：貨幣の単位）もらったばかりか、下男何人か、と馬付きの四輪馬車も得たのだった。

　ラージャガハに着くなりジーヴァカは、アバヤ王子に報酬として得た金全部と下男を差し出した。自分をごみ溜めから救い出して、育ててくれた方だからである。しかし、王子はそれらを欲しがらず、返してくれたばかりか、ジーヴァカのために、王子の館の敷地内に住まいを建ててくれた。

　それとは別のとき、アバヤ王子はジーヴァカを父のビンビサーラ王のもとへ連れて行った。王は痔で苦しんでいたのだ。ジーヴァカは薬をたった一度塗っただけで王の痔疾を快癒することができた。ビンビサーラ王は愛妾たちが使っていた宝石類すべてをジーヴァカに贈り、王家の侍医に任命した。そしてまた世尊を上首とする比丘僧団の侍医としても任命した。

　ジーヴァカの医師としての経歴の途中に、ラージャガハのある富豪（seṭṭhi）の治療に成功したこともあった。その富豪はひどい頭痛に何年も苦しんでいた。ジー

221

ヴァカは開頭手術することによって治療したのである。また、別のとき、バーラーナシーの財務官の息子を治療し、腸の手術を成功させたこともあった。かれは慢性の腸捻転で苦しんでいたのだ。

あるとき、かれはビンビサーラ王に派遣されて黄疸を病んでいるウッジェーニー（訳注：アヴァンティ国の首都）のチャンダパッジョータ王の治療に出かけたことがあった。チャンダパッジョータ王は、ギーが大嫌いだったが、不運なことに、ギーが唯一の薬だった。しかしながらジーヴァカはこれを知って、ギーと薬草を混ぜた薬を調合した。アストリンゼント・ジュース（訳注：渋。口内で収斂作用のある渋い風味によって食感をよくする）のような香りと味わいの薬をつくって、それを王に処方したのである。その薬を服用後、王は薬の成分を知って、激怒した。とはいえ、薬が効いて病気が治ったのがわかるなり、ジーヴァカにお礼のしるしとしてシヴィ産の布地ひとそろいを贈った。ジーヴァカは、それをそのまま世尊に布施した。そのとき、世尊が法話で勇気づけられ、ジーヴァカは預流の道・果のさとりに目覚めたのだった。

また、ある折、ジーヴァカは、ヴェールヴァナ僧院（竹林精舎）が遠すぎる、と思った。その後、ラージャガハのかれのマンゴー林に僧院を建立した。それからジーヴァカのマンゴー林として知られたその林は、世尊と仏弟子たちに寄進された。ビンビサーラ王が亡くなったとき、ジーヴァカは世継ぎのアジャータサットゥ王にそのまま継続して仕えた。ジーヴァカはまた、アジャータサットゥ王の忌まわしい父王殺しの後、王にブッダ訪問を勧めるという功徳を積んだのであった。

ジーヴァカは世尊に大いに心を引きつけられた。かれは日に三度は、世尊のもとへ通った。あるとき、世尊が便秘に悩まされたので、穏やかな効き目の下剤を投与し、治癒して差し上げた。また別の折、デーヴァダッタが鷲峰山で岩のかけらを落下させて世尊の足にけがをさせたとき、比丘たちによって世尊は、マッダクッチへ運ばれてきた。そのあとジーヴァカのマンゴー林に連れられ、ジーヴァカが世尊の手当てをした。傷に収斂剤を塗布した。かれは世尊に、街へ患者の往診に行ってくるので包帯したままにしておいてください、と告げた。ジーヴァカは往診後、マンゴー林に戻ってこようとしたのだが、市の門が閉まるまでに戻ることができなかった。

ジーヴァカは心配して、こう思った。

「世尊をふつうの患者のように扱って、足のけがに強力な薬を塗布して、傷口に包帯した。大失敗だ！　いまはもう、包帯をはずすときだ。夜通し包帯したままだと、世尊はひどい痛みで苦しまれるであろう」

しかし、世尊はジーヴァカの心を読みとり、アーナンダ尊者を呼んで、こういわ

れた。

「アーナンダよ、ジーヴァカは時間までに戻って来られない。市の門が閉まる前に、たどり着けなかったのだ。ジーヴァカは、いまが包帯をはずすときなので、心配している。アーナンダよ、わたしの包帯をはずしておくれ！」

アーナンダ尊者が包帯をはずすと、樹木から粗皮(あらかわ)がとれるように、傷は消えていた。

市の門が開門するなり、まだ暗かったのだが、ジーヴァカはマンゴー林へ急いだ。世尊のもとへ近づき、世尊に、一晩中、ひどい痛みで苦しまれなかったですか、と尋ねた。世尊は、このように答えられた。

「ジーヴァカよ、菩提樹の下で正等覚に達して以来、わたしはすべての痛みを克服したのだ」と。

ジーヴァカは、世尊によって、在家の仏弟子中、浄信者第一である、と宣言されている。

52話　侍者アーナンダ……ブッダのことばの管理人

パドゥムッタラ・ブッダ（蓮華上仏陀）の時代、アーナンダ尊者はハンサヴァティー国のアーナンダ王とスジャーター妃の息子で、スマナ王子という名であった。あるとき、王子は辺境地方の反乱を鎮圧した後、父王から褒美を与えられた。そこで王子は、世尊と十万人の比丘に三か月の雨安居でもてなすのを許してくれるように、と求めた。そのときスマナ王子は、世尊の侍者であるスマナ尊者の忠誠心と偉大な献身ぶりに、強い印象を受けた。それに感動して王子はパドゥムッタラ・ブッダの眼の前で、スマナ尊者がパドゥムッタラ・ブッダの侍者であるのと同じように、自分は未来のブッダの侍者になろう、という大望を抱いたのである。

それ以降、十万劫の年月のあいだに、未来のアーナンダ尊者は、最後に兜率天で未来のゴータマ・ブッダとともに再生するまで、多くの輪廻転生の中でさまざまな善行為をして功徳を積んだ。その最後の生存から亡くなった後、ゴータマ・シッダッタ菩薩と同じ日に、スッドーダナ王の弟であるアミトーダナ王子の息子として生まれたのである。

アーナンダは、他の五人の釈迦族王家の青年たち、バッディア、アヌルッダ、バグ、キンビラ、デーヴァダッタとともに、ゴータマ・ブッダの最初の里帰り訪問のあいだに、在家生活から離れる決心をした。そのころ世尊はカピラヴァットゥ（カ

ピラ城)から出発して、アヌピア・マンゴー林に滞在されていた。そこで六人の釈迦族王家の青年たちと、七人目として加わった理髪師のウパーリは、アヌピアに向かい、世尊のもとで、出家の具足戒を受けたい、と願った。

　比丘となってほどなく、アーナンダ尊者はプンナ・マンターニプッタ尊者の法話を聴き、預流果にさとった。

　成道後の二十五年間、世尊は身のまわりの世話をしてもらう専任の侍者を持たれなかった。何人かの比丘が随時、世尊のお世話をしたが、それはナーガサマーラ、ナーギタ、ウパヴァーナ、スナッカッタ、サーマネーラ、チュンダ、サーガタ、ラッダ、メーギヤである。世尊はこうした比丘の特に誰ということなく、格別には喜ばれなかった。なぜなら、かれらはたいへんきちんと義務を果たしたというわけではなく、世尊の指示にいつも必ず従ったのでもなかったからである。

　世尊が伝道布教を始めてから二十年たったその終わりに、ジェータヴァナ僧院(祇園精舎)に世尊が住まわれていたとき、比丘たちに、こう呼びかけられた。

　「比丘たちよ、わたしは年老いた。わたしを世話する比丘のなかには、わたしが行こうとして選ぶ道とはちがう道を取る者もいる。わたしの托鉢の鉢と外衣を地面に置いて、行ってしまう比丘すらいるのだ。そこで、これからずっとわたしの世話をする専任の弟子を一人、どうか選び出してほしい！」

　ときを置かず、サーリプッタ尊者が席から立ち上がり、世尊に礼拝し、世尊の専任の侍者になりたい、と名乗り出た。しかしながら世尊は、サーリプッタ尊者が世尊と同じように世に法を説くことができる貴重な人材である、という事実によって、その申し出を断られた。それからモッガラーナ尊者も侍者になりたい、と買って出たが、同様に却下された。さらに八十大弟子たちが次々に申し出たが、すべて同じ結果になった。

　アーナンダ尊者ただ一人が残った。かれは沈黙したままであった。それから、比丘たちがかれに、こう促した。

　「友アーナンダよ、われらはそれぞれ、世尊に侍者としてお世話するという栄誉を志願した。そなたも志願するべきだ」

　アーナンダ尊者が答えて言った。

　「友よ、その務めは、もとめてするものではない。もし尊師がそう望まれるのなら、『アーナンダよ、わたしの侍者になりなさい！』と、おっしゃるであろう」

　その後で、世尊は比丘たちに、こう言った。

　「比丘たちよ、アーナンダは如来(訳注：世尊のこと)の世話をするに当たって、誰の助言も必要としないのです。かれはみずから納得して、わたしに奉仕するであろう」

第6章　側近の人たち

　そのときアーナンダ尊者は自分の席から立ち上がり、世尊に礼拝し、世尊が八つの願いを聞き届けてくださる、という条件ならお受けする、と表明した。かれは、こう言ったのだ。
「尊師よ、次の四つをしない、という条件を、もし世尊が、わたしに与えてくださるなら、わたしは、世尊の侍者となりましょう。
  1. 世尊みずから布施として受けとった衣を、わたしに与えない。
  2. 世尊みずから布施として受けとった食べ物を、わたしに与えない。
  3. 世尊みずから布施として受けとった住まいを、わたしに与えない。
  4. 世尊が在家の信者から受けた布施食の招待に、わたしを連れて行かない。」
　世尊はアーナンダ尊者にきかれた。
「アーナンダよ、この四つに、どんな不利益がある、とお前は見ているのか？」
「尊師よ、このうちのどれでも、もし世尊がなさいますと、人びとはアーナンダの世尊への奉仕が、衣、食、住、そして招待を得たいがためのものであろう、とあげつらうことでございましょう」と、アーナンダ尊者が答えた。
　さらに、アーナンダ尊者は言った。
「尊師よ、次の四つの特別のお許しを、もし世尊が、わたしに与えてくださるなら、わたしは、世尊の侍者となりましょう。
  1. 世尊は、わたしが尊師の身代わりで受けた招待に、どうか一緒にお出かけくださいますように。
  2. 世尊は、わたしが、遠方から尊師に面会に来た訪問者をお引き合わせするかどうか決めるのを、お許しくださいますように。
  3. 世尊は、わたしに疑問が起きて困惑したときはいつでも、どうか相談に乗ってくださいますように。
  4. 世尊は、わたしがおそばにいないときにされたどんな説法でも、どうか再現してわたしに教えてくださいますように。」
　世尊はアーナンダ尊者にきかれた。
「アーナンダよ、この四つに、どんな利益がある、とお前は見ているのか？」
「尊師よ、在家の応援者からわたしを通してされた招待に、もし世尊が応じられなければ、あるいは、遠方から面会に来た訪問者をお引き合わせしたい、というわたしの要請に、もし世尊が応じられなければ、あるいは、わたしが教義の問題で困惑したとき、わたしからの説明の要請に、もし世尊が応じられなければ、そんなとき、人々は、こういうでありましょう。『こんなことすら出来ないなら、アーナンダが世尊の侍者としてお世話していることに、何の意味があるのだ？』」と、アーナンダ尊者が答えた。

「さらにまた、尊師よ、四番目のお許しの利益については、もし他の比丘がわたしに『友アーナンダよ、この偈は、この法話は、前世譚は、世尊がどこでなさったのか？』と、きくとしましょう。そうした質問に、もし万一、わたしが答えられないとしたら、かれらは、こう言うでしょう。『友よ、そなたは世尊のまさに影のように、とても近くにずっといるのに、こんなことすらも知らないのか』と。尊師よ、そのような批難を避けるため、わたしは世尊に特別のお許しをお願いしているのです。尊師よ、これらが、わたしの見ている四つのお願いの利益でございます」と、アーナンダ尊者が答えた。

　世尊は、こうした八つの願いを許した。それ以来、アーナンダ尊者は世尊の従者となり、二十五年間、世尊がどこに行かれても、世尊の最後の瞬間まで、影のように付き添った。

　アーナンダ尊者は世尊に対してとびきりの敬愛と配慮をもってお世話した。昼間には世尊に冷たい水とお湯を持って行った。爪楊枝を用意し、世尊の足を洗い、手足をもみ、入浴されるときは背中を流し、身辺を掃除し、世尊の香房の室内をきれいにして差し上げた。いつでも世尊のそばにいて、世尊のほんのちょっとした願い事でもかなえるようにした。

　そして夜間には、太い杖と大きなたいまつを手にもち、世尊の香房を九回まわった。何か必要とされるかもしれないときに、アーナンダ尊者自身が眠らずに起きているためである。これはまた、世尊の眠りがじゃまされないようにするためでもあった。

　アーナンダ尊者は、世尊の説法をすべて聴けるという極めて特別の許しを得ていた。後に、「法の管理人」（Dhammabhaṇḍāgārika）にアーナンダ尊者が指名されたのは、世尊のことばを記憶にとどめておく強靱な記憶能力によるものである。

　ある折、世尊がジェータヴァナ僧院（祇園精舎）に住まわれていたときのことだが、世尊は、アーナンダ尊者を仏弟子中、五つの点で「第一」とされた。それは、広く学んだ「多聞者」、「記憶能力者」、世尊の教えの連続する構造に精通した「正行者」、世尊の教えを学び、記憶し、朗唱し、関心をもつことが確立した「堅固者」、そしてお世話して奉仕する「侍者」の五つだった。

　「テーラガーター（長老の偈）」の中で、アーナンダ尊者は、あるバラモンからきかれた世尊の教えについての質問に答えて、こういっている。

　「わたしは世尊から八万二千を受けとり、比丘たちから二千を受けとりました。かくて八万四千の法蘊（法門）があり、教えの輪（法輪）は転じています」

　世尊はまた、アーナンダ尊者への親愛の情を、般涅槃の直前に、こんなふうにいわれている。アーナンダ尊者は賢明で、比丘たち、比丘尼たち、在家の男性信者

たち、在家の女性信者たち、王たち、大臣たち、異教の師たち、異教の弟子たちを、如来のもとへ連れてくるのにふさわしいときを知っている。かれには、ふしぎな珍しい四つの資質がある。かれに会いにやって来た比丘たち、比丘尼たち、在家の男性信者たち、在家の女性信者たち、は誰でも、かれと会って顔を見るだけで心が喜びで満たされる。もし、かれの説法を聴くと、心楽しくなる。しかし、かれが沈黙しているときも心楽しく、顔を見ているだけで飽きることがないのだと。

　アーナンダ尊者はジェータヴァナ僧院（祇園精舎）の入り口付近に菩提樹を植える責任を負った。世尊が旅に出て不在のとき訪れる人びとが、それでも世尊に礼拝できるようにするためである。この菩提樹はアーナンダ尊者が植樹したため、アーナンダ菩提樹として知られるようになった。またアーナンダ尊者はヴェーサーリーでの五回目の雨安居で、比丘尼僧団の創立にも責任を負っている。かれの計らいで、マハーパジャーパティー・ゴータミーと五百人の釈迦族の女性たちが僧団入りを成就した。比丘たちの衣のデザインは、アーナンダ尊者が世尊に質問したおかげで定められた。マガダ国の田畑の形にちなんだものである。

　アーナンダ尊者は、世尊にずっといっしょに同行した侍者であり、卓越した仏弟子で、法に精通していたにもかかわらず、世尊の般涅槃後まで阿羅漢のさとりを得られなかった。しかしながら、かれは「学習者」（有学＝うがく・訳注：まだ学ぶべきものがある者）として生き、分析智（無碍解智・むげげち）を持っていたのだ。世尊のかれへの最後の訓戒は「アーナンダよ、お前は多くの功徳を積んだ。不放逸に精進を続けよ、そうすればほどなく汚れから解脱するであろう」というものであった。

　アーナンダ尊者が阿羅漢に達したのは世尊入滅からおよそ三か月後であった。そのころ最初の仏教徒会議（第一結集）が開かれていたが、かれはまだ有学であった。かれは、こう考えた。

　「会議はあす開かれる。有学としてわたしが参加するのは適当ではない」

　かれは世尊の最後の訓戒を思い出し、それから一晩中、必死に精進して、みずからの身体の観察をする冥想に取り組んだ。明け方近くになって、みずからの冥想のはたらきを見つめ直した。

　「あまりに必死に精進しすぎて、それがわたしの心を興奮させている。わたしは、エネルギーと集中のバランスを取らなければならない」

　このように反省して、自分の足を洗い、かれの部屋に入ってひと休みした。気づきをもって、寝台にゆっくり横たわろうとした。かれの両足が床を離れたとき、そしてかれの頭はまだ枕にふれていなかったのだが、そのごく短い瞬間に、無執着を通して、煩悩の汚れから解脱したのである。かくてアーナンダ尊者は四威儀路の最

第Ⅳ部　ブッダをめぐる人々

中ではなく、つまり、歩く・立つ・坐る・臥す、の行住坐臥の最中にではなく、阿羅漢に達したのであった。

　アーナンダ尊者が百二十歳のとき、かれは自分があとわずか七日間の命であると見て、これをかれの弟子たちに告げた。かれはラージャガハからヴェーサーリーへ行った。アジャータサットゥ王はかれがやってくると聞いて、従者たちとともにローヒニー川まで追っていった。この知らせを聞いたヴェーサーリーの王族青年たちも急いでやってきて、かれに別れを告げた。かくして川の両岸に二つの集団が両方向から到着した。川の両側の人びとがかれにしてくれた奉仕を思い起こし、アーナンダ尊者は、どちら側も不興を感じないように望みつつ神通力を使ってローヒニー川の真ん中の上空へみずからを揚げ、足を組んで坐った。人びとに法話をして、その終わりに、火界（火遍）テージョーカシナの三昧冥想に入った。たちまちかれの身体が燃え上がった。かれの意思を通して身体は二つに割れ、その一つは近くの側へ、もう一つは遠くの側へ落ちた。それから、両側の人びとが、かれの遺骨を収める塔を建立したのであった。

第Ⅴ部　さまざまな「悪」

第1章　殺人事件

53話　アングリマーラ……指を花飾りにした殺人鬼

　ある夜サーヴァッティ（舎衛城）で、奇妙な現象が市内中に発生した。あらゆる武器が震動して、閃光を発して輝いたのだ。全市民がふるえ上がった。これは何の前兆か、と訝しく思った。同様なことは王宮でも発生して、パセーナディ王の眠りをかき乱した。真夜中に王が目覚めると、寝台の端に置いていた縁起物の武器が、まばゆい光を放っていたのである。
　その夜、コーサラ国の王師であるバッガワー・バラモンの家では、妻のマンターニーが男の子を出産した。バッガワーは息子の天宮図を作って占星術で運勢を占った。だが、驚愕狼狽したことには、男の子は「盗賊の星座」の下に生まれたことがわかったのである。なんと男の子は、生まれつきの犯罪者であることを示していた。
　バッガワーが翌朝、王宮に到着したとき、パセーナディ王は昨夜起きたことを話し、何か王自身に危険はないかどうか、きいた。バッガワーは、心配には及ばない、と答えた。息子が生まれて以来の事情を伝え、それが原因で武器が震動し、閃光を発して輝いた、と語った。そこで、王は王師に、こうきいた。
「そやつは単独の追いはぎになるのか、それとも群盗の首領か？」
「陛下、あの子は一匹狼の賊になるでありましょう。しかし、未来の災難防止のため、あの子を殺しましょうか？」
「バッガワーよ、そやつが一匹狼の賊になる限り、生かして、まともな教育を受けさせよ。そうすれば、そやつは悪事に向かわないかもしれぬ」
　男の子が将来どんな禍も引き起こさず、慈悲深い人間に育つことを期待して「不害」を意味するアヒンサカと名づけた。かれは行儀のよい、賢いこどもに育った。肉体も頑健だった。そして高等教育を受ける必要が生じたとき、父はかれを学芸都市タッカシラーへ送り、学識ある著名な教師のもとで学ばせた。
　アヒンサカは勤勉で優秀な学生だった。猛勉強して、全科目でクラスメートをしのぎ、優等賞をたくさんもらった。先生に献身的に、謙虚に仕え、ほどなく先生

一家と、きわめて親しくなった。かれらの温かい関係が同級生たちの嫉妬を招いた。同級生たちはアヒンサカを貶めようとした。何度も告げ口して、それに失敗してから、かれらは三つのグループに分かれ、アヒンサカが先生の奥さんと情を通じている、と咎め立てた。

　第一のグループの学生たちが先生に近寄って行って、こう報告した。
「先生、お宅のことで、よからぬ噂が広まっているのを耳にしました」
「それは何のことだね、学生たちよ？」
「先生、恥ずべきことですが、アヒンサカと先生の奥さまが関係している、と僕らは確信しております」
「出て行け、破廉恥な者たち！　なんということだ、わたしとわが息子の仲を裂こうとするなんて！」

　少し後に、第二のグループが先生に、同様の報告をした。そして、さらにつづけて第三のグループが、こう付け加えた。
「もし、僕らを信じないなら、先生ご自身で調べてみてください」

　結局のところ、こうしたアヒンサカへの再三の告げ口の後、学生たちは先生の心を毒することに成功した。先生の不信感は、しだいに確信にまでなった。それで先生は、自分の評判が傷つかないような方法で、アヒンサカを殺す、と誓ったのである。アヒンサカが学業を修了したとき、先生はついに復讐するときが来た、と思った。先生はアヒンサカを呼んで、こう言った。
「わが親愛なるアヒンサカよ、一人の学生が学業を修了したとき、先生に敬意をこめた贈り物を贈る、という義務があることを君は知っているかね？」
「はい、先生。でも、どんな種類の贈り物を先生に差し上げるべきなのでしょうか？」
「君は、一千の人の指を、わたしに持ってこなければならない。指は、それぞれ一人の人間の右手の指だ」

　アヒンサカは先生に、そんな贈り物は人の命を奪うことになるのだから、どうか考え直してください、と何度も訴えた。アヒンサカの育った家庭は、人に害を及ぼすようなことがなく、暴力とは一切、無縁だったからである。だが先生は、それをやることによってのみ、アヒンサカが修めた学業は、儀礼として敬意を払った実りある学問となるだろう、といったのである。ほかに選択肢がなく、先生をがっかりさせたくなかったので、アヒンサカはとうとう承諾した。先生に礼をした後、ひと組の武器を受けとり、コーサラ国のジャーリニーの森へ向かった。

　アヒンサカはその地で、高い崖の上に住んだが、そこからは下の街道を監視できた。旅の者がその街道を通り過ぎるたび、隠れ家から駆け降り、殺害し、犠牲者の

第1章　殺人事件

指を一本、切断した。最初のころは切った指を木に掛けておいた。だが、そうすると、鳥たちが指を咥え、肉を喰らい、骨を落とした。アヒンサカが集めた多くの指が地上で腐っているのに、かれは気づいた。かれは、もっと多くの指を集めるしかなかった。とうとう指の骨で花飾りをつくり、首に掛けた。それ以降、かれはアングリマーラ、「指の花飾り」（指鬘）として知られるようになった。

そのうちに誰も街道を、あえて独りでは通らなくなった。十人、二十人、三十人、いや四十人もの集団になって移動した。しかしながら、めったにアングリマーラの血塗られた手から逃れることはなかった。もはや、誰もあえてそこに行かず、街道はさびれていった。そこでアングリマーラは村のはずれまで近づき、通り過ぎる人間に襲いかからざるを得なくなった。夜間、民家に押し入り、住人を殺し、かれらの指を切断、ひもに通して自分の首飾りとして掛けるまでになった。当然のなりゆきから、人びとは家を捨てた。村々は荒れ果てた。異様な恐怖が地域全体に暗い影を落とした。

家をなくした村人たちはサーヴァッティへ向かい、王宮に集まり、泣いて、嘆き悲しんだ。かれらは王に窮状を訴えた。パセーナディ王はただちに、盗賊アングリマーラを捕獲せよ、と分遣隊の兵士たちに命じた。王の決意を伝え聞いたアングリマーラの母マンターニーは、夫のもとへ行って、こういった。

「親愛なるわが夫よ、悪名高い盗賊はわたしたちの息子だ、とわたしは信じております！　そしていま、王は配下の者に命じて、あの子を捕らえるように命令したのです」

「わたしは何をすべきなのかな？」と、バラモンの夫がきいた。

「どうぞ、あなたが行って、あの子を見つけてくださいな！　あの子を説得して、武器を置いて、わが家に連れて帰ってくださいな！　さもないと、あの子を王が殺してしまいますもの」と、マンターニーはかきくどいた。

だが、バラモンは、こう答えた。

「ああ、お前、わしはそうはしないよ。王はあの子を、なさりたいようにされるであろう」

しかしながら母親の思いは、こわばった父親の心とちがって柔らかいものであった。自分の息子への愛情から、彼女は、アングリマーラが隠れている、と報告されている森へ一人で出発した。彼女は、息子に警告し、息子を救い、悪の道を捨てるように、と懇願し、いっしょに連れて帰りたかったのである。

それまでにアングリマーラは九百九十九の指を収集していた。あと一つで千になるのだ。そこでかれは次に最初に出遭った人間を殺して、先生が要求した目標を達成しよう、と決めた。

第V部　さまざまな「悪」

　朝早くに、世尊が偉大な憐れみ（大悲）をもって世界を見渡していたとき、世尊の視野の中にアングリマーラが入った。もし、世尊が介入しないなら、アングリマーラは自分の母親を殺してしまい、このことによって地獄で長期にわたって苦しむであろう、とご覧になられた。そこで、憐れみから、朝の勤めを終えた後、サーヴァッティから三十ヨージャナ（約五百キロ前後）離れた森へ、アングリマーラが忌まわしい犯罪を犯さないように救うため、世尊はひとりで立たれた。

　世尊がジャーリニーの森へ向かわれているのを、多くの牛飼い、羊飼い、農夫、旅人らが見た。かれらすべて、世尊がそこへ行くのを止めようとした。しかしながら世尊は、沈黙したまま進んで行かれた。そして、たそがれが迫ってきたとき、アングリマーラは隠れ家から、年老いた女が街道を一人で歩いているのを見た。かれは急いで駆け降りた。近くまで行くと、女は誰あろう、わが母だとわかった。当初、かれはためらっていた。だが、あと一人で目標に到達するのだ、という思いに突き動かされ、とにかく母を殺そう、と決めた。

　突然、アングリマーラは一人の比丘を見た。誰あろう世尊である。街道を静かに歩み、アングリマーラとかれの母との間を歩いている。かれは、こう考えた。

　「なぜ、自分の母親を殺さなきゃならないんだ？　あそこに誰か、ほかの奴がいるのに。あの比丘を殺して、指を取ってやろう」

　そこでアングリマーラは、剣と盾を持ち、弓と矢筒を装着して、世尊を追いかけた。まさにそのとき、世尊は神通力の離れわざをみせた。アングリマーラがあらん限りの全速力で駆けているのに、世尊には追いつけず、世尊はふだん通りの速さで歩かれているのであった。

　アングリマーラは世尊を追いかけて三ヨージャナ（約五十キロ前後）の距離を走ったのに、それでも世尊に追いつけなかった。とうとう力尽きた。立ち止まって、大声で呼びかけた。

　「止まれ、比丘よ！　止まれ、比丘よ！」

　世尊が答えて、いわれた。

　「わたしは止まっている、アングリマーラよ。そなたも止まりなさい！」

　アングリマーラは、こう思った。

　「釈迦族の子である、こうした比丘たちは、真実を話し、真実を主張するものだ。しかし、この比丘は歩いているのに、それでも『わたしは止まっている、アングリマーラよ。そなたも止まりなさい！』という。この比丘に質問してみたらどうであろうか？」

　そこで世尊に偈で、こう問いかけた。

　「おまえは歩いているのに、比丘よ、おまえは止まっている、という。

しかし今、わたしが止まったとき、おまえは、わたしが止まっていない、という。
わたしは今、おまえに尋ねる、おお、比丘よ、その意味とは何なのか？
どのようにして、おまえは止まったのか、そして、わたしは止まっていないのか？」
世尊が答えられた。
「アングリマーラよ、わたしは永遠に止まったのだ。
わたしは生けるものへの暴力を放棄した。
しかし、そなたには呼吸(いき)するものへの自制がない。
それゆえ、わたしは止まったのであり、そなたは止まっていないのだ」
このような智慧あることばを聴いて、アングリマーラはその意味を思い返し、悪行為を止めることができないので輪廻の中でさまよっている、と理解した。そしてアングリマーラは、かれの前に立っている比丘はふつうの比丘ではなく、世尊その方である、とわかったのだ。かれはまた、まさに直感的に、真理の光をかれに見せるために尊師がこの森に来られたのだ、と知ったのである。
それゆえ、かれは武器を手にもち、深い谷の淵へ放り投げた。かれはそれから世尊に近づき、御足に礼拝し、世尊に比丘僧団に入る許しを請うた。世尊は憐れみから、アングリマーラにかけられた「来たれ、比丘よ！」（来見比丘）のことばによって入団戒（具足戒）とされた。この回心後、世尊はアングリマーラを随行の比丘として伴い、ゆっくり旅路をたどってサーヴァッティへ向かった。最後にジェータヴァナ僧院（祇園精舎）に着き、アングリマーラはそこに住んだ。ブッダの伝道遍歴二十年目のことで、この悪名高い殺人鬼アングリマーラは従順になり、一人の聖者に変身したのであった。
さてパセーナディ王は五百人の騎兵を率い、アングリマーラを捕獲するため、ジャーリニーの森へ出発した。それは、きわめて多くの人びとの強い要求を受けた後であった。その途中、王は、世尊に会って敬意を払うためジェータヴァナ僧院に立ち寄った。そのとき、世尊が王に、こう尋ねた。
「大王よ、どうされたのですか？　マガダ国のセーニヤ・ビンビサーラ王か、ヴェーサーリーのリッチャヴィ族か、それとも、そのほかの敵対する支配者たちが、あなたを攻撃しているのですか？」
「いいえ、そうではありません、尊師よ。悪名高い殺人鬼がわが王国に出没しているのです。人びとをたくさん殺害し、かれらの指を切断し、その指で花飾りにしているのです。アングリマーラと呼ばれています。しかし、……わたしはそいつをやっつけることに、どんなときも成功しないでしょう、尊師よ」

第V部　さまざまな「悪」

「しかし大王よ、もし万一、アングリマーラが髪と髭を剃って黄衣をまとい、剣を置いて聖なる生活を送っているのをあなたが見るとしたら、どうされますか？」
「そのような場合は、われらはかれに礼拝して、比丘の四資具（訳注：衣・托鉢食・臥坐所・医薬品）を納めるために招待するでありましょう。しかし、尊師よ、どのようにしてかれは、そんな善行と自制を持てるのでしょうか？」
　まさにそのとき、世尊は右手を伸ばして、こう言われた。
「大王よ、ここにいるのが、そのアングリマーラです」
　パセーナディ王はショックを受け、恐怖に襲われた。身の毛がよだった。しかし世尊は王をなだめ、このように言われた。
「恐れてはなりません、大王よ。恐れることは何もないのです」
　王は落ちつきを取り戻すと、アングリマーラ尊者のもとへ行き、父と母の姓を尋ねた。残忍な凶行に由来する名前で比丘に呼びかけるのは適当ではない、と思ったからである。王はまた、これこそ探していた人物である、という確証を得たかったのだ。比丘の父の姓はガッガ、王師で、母はマンターニ、と知って、王は非常に驚いた。まさに今、王は、かれの誕生にまつわる奇妙な現象を思い出した。それから王は、かれに、こう呼びかけ、請いもとめた。
「ガッガ・マンターニプッタ尊者が、衣・托鉢食・臥坐所・医薬品を、わたしからお受けくださいますように」
　そのあとパセーナディ王は世尊のもとへ戻り、こう言った。
「すばらしい、尊師よ。ふしぎです、世尊がどのように、不服従の者を服従させ、乱暴な者を平和にし、不穏な者を平静にされたのか。この者は刑罰によっても武器によっても服従させられなかったのに、世尊は刑罰も武器もなしに服従させたのです」
　ある日、アングリマーラ尊者がサーヴァッティに托鉢に行ったとき、お産が難産となって苦しんでいる女を見た。憐れみ（慈悲）の思いが心に生じた。そのあと、このことを世尊に報告すると、世尊はかれに、こう諭された。
「アングリマーラよ、その女のもとへ行って、このようにいいなさい。『婦人よ、わたしは（出家比丘になるという）聖なる誕生をして以来、どんな生きとし生けるものの命も、故意に奪った覚えがありません。この真実の発言によって、あなたと、あなたのおなかにいるこどもが、安らかでありますように』と」
　かれはただちにサーヴァッティに行った。女の家に着いたとき、かれは世尊に教えられた厳粛な真実の発言をした。そのあとすぐ、女は赤ちゃんを産み、母子ともに健全であった。
　そして、それからほどなく、アングリマーラ尊者は一人離れて住み、怠けること

なく、熱心に、着実に、実践に励み、「生まれは尽きた。梵行は完成された。なすべきことはなされた。もはや、この状態のほかにはない」と直接的に知った。アングリマーラ尊者は阿羅漢の一人になったのである。

　ある日の朝、アングリマーラ尊者がサーヴァッティで托鉢に歩いていたとき、かつて殺人鬼のアングリマーラが愛する者を殺害したことを、いまだに忘れられない者らが襲ってきた。土のかたまりや小石、土器のかけらを投げつけた。棒でも叩いてきた。かれらの襲撃はまことに容赦なく残忍なもので、アングリマーラが世尊のもとにやっと帰り着くと、大けがをしていた。頭からは血が流れ、鉢はこなごなに割れ、衣はずたずたに破れていた。世尊はかれがやって来るのをご覧になって、こう慰められた。

　「耐えなさい、バラモン（聖者）よ！　耐えなさい、バラモンよ！　そなたが地獄で何年も、何百年も、何千年も受けねばならない悪業の果報を、そなたは今、この現世で受けているのです」

　そのあとすぐ、アングリマーラ尊者は安らかに亡くなった。

54話　美女スンダリーを殺したのは？

　ブッダの評判を傷つけるために異教徒（外道）たちが狡猾で悪意ある女チンチャマーナヴィカーを送り込んだのは、ブッダの伝道布教の初期であった。次いで、またもや異教徒たちがブッダの評判を落とすために女性スキャンダルを企てたのは、伝道布教の二十年目である。

　世尊がジェータヴァナ僧院（祇園精舎）に住まわれていたあるときのこと、世尊は人々のみならず神々、梵天からも、同様に尊敬され、崇拝されていた。人々は、四資具を世尊と僧団に、ふんだんに布施した。だが、異教徒たちは、過去世の功徳の欠如と、現世における悪業のせいで、四資具や他の供物の不十分さに苦しんだのである。

　異教徒たちは、世尊の名声をたいへん妬んだ。異教徒たちの追随者がだんだん減ってきて、世尊の評判をぶちこわす何かをやらなければ、ますます事態が悪化していくのではないか、と危惧したのだ。そこでかれらは集まって、世尊と、その聖なる僧団の名誉を汚す方策を探った。

　その集会では、まず手始めに、人々がなぜ、あのような敬意と熱意をこめて世尊に供物を献げるのか、検討した。ある者は、ゴータマ比丘がマハーサンマタ（訳

注：世界最初の王）の直系の子孫であるためだ、といった。また、別の者は、かれが誕生したときに起きたさまざまな奇跡的な出来事のせいだ、といった。他の多くの者たちは、かれの父スッドーダナ王がアシタ仙人にお辞儀するようにさせたとき、かれの足が空中に揚がって仙人の頭に乗ったためである、といった。また別の何人かは、種まきの犂耕祭のあいだに、かれが最初の禅定に没入し、蒲桃の木陰に坐って真昼のあとまで動かなかった、そのせいである、といった。さらに何人かは、かれがたいへんな美男だからだ、といい、転輪聖王（訳注：古代インドの理想的な王で、王に求められるすべての条件を備え、武器を用いず正義によって世界を統治する）になれるはずの王位を放棄したためである、という者もいた。

かくて集会では結論が出なかった。真の原因を、かれらはみつけられなかった。なぜなら、かれらはブッダの比類のない特質、道徳完成の実践（波羅蜜）、偉大な布施の実践（永捨）、偉大な修行の実践（所行）について無知であったからである。まさにそのとき、かれらのうちのある者がゴータマ比丘の名声と稼ぎをぶちこわす策略を思いついた。

「諸兄よ、この世で女と遊ばない男は誰一人いない。このゴータマ比丘は若く、美神の如きハンサムな美男だ。ということは同じ年ごろの美しい乙女に、心ひかれるはず。もし、誘惑できなくても、それでもみんなが道徳的な正直さに疑問符を付けるようになるだろう。われらの仲間の女のスンダリー遍歴行者を、ゴータマ比丘の全土的名声の破壊工作に送り込もうではないか」

スンダリーは、サーヴァッティに住む異教徒の女性の遍歴行者で、スンダリー（訳注：パーリ語で美人の意）というその名の通り、少女時代はほかの娘をしのぐ美貌だったが、いまの彼女のふるまい、言葉づかい、考えることは、それはひどいものであった。

その提案後、たちまち集まっていた異教徒たち全員がこの策略に賛成し、さっそくスンダリーのもとへ行った。かれらを見るなり、スンダリーがいった。

「あら、みなさん、なんでみんなで一緒に、ここへ来たんですか？」

しかしながら、かれら全員、黙ったまま部屋の隅に行って、黙ったまま坐った。かれらに近寄って、彼女は何度も何度もきいた。

「あたしになんで何にも答えてくれないの？　あたしの何がいけないんですか？」

とうとう、かれらの一人が、こういった。

「わしらは、どんな答えもしてあげないよ。なぜなら、おまえさんが、われらを無視してきたからな。ところでねえさん、わしらがある奴にかなり長いこと痛めつけられているのを、あんた、知ってるかい？」

「みなさんを誰が痛めつけている、というんですか？」

第1章　殺人事件

「この辺りにゴータマ比丘が舞い込んできて以来、わしらは大損害をこうむっているのを、あんた、わからないのかい？　あいつは、ほんとうはわしらのものになるはずのたくさんの供物を奪っているんだ。ねえさん、あんたの身内のようなわれらのために、ここはひと肌脱いで、手伝ってくれ」

「あら、みなさん、あたしに何ができるっていうんですか？　あたしの命は、みなさんみたいな、あたしの身内に、お預けしてるんですもの」

「スンダリーよ、お前さんはとびっきりの美人で、頭のいい若い女だ。お前さんは何回もジェータヴァナ僧院へ行って、人に見られるようにして、あいつと寝てるんだな、と思われるようにするんだ。あんたの美貌と悪知恵を最大限使って、出来ることは何でもやって、ゴータマ比丘を破滅させてくれ」

というような次第で、彼女は香水をふりかけて身ぎれいにして、手に花をもち、毎晩、人々が説法を聴き終えて出てくるころにジェータヴァナ僧院の方向へ歩いて行った。人にきかれると、こう答えるのであった。

「ゴータマ比丘をお訪ねしようとしてるんです。わたしはいつも、かれと一緒に香房で過ごしているんです」

しかし、そのまま近くの異教徒たちのたまり場まで進んで行き、そこで夜を過ごした。翌朝、彼女は同じコースを通って戻るのだが、そこは僧院へ向かう人々が歩いているのであった。人にきかれると、こう答えるのであった。

「ゴータマ比丘とかれの香房で一夜を過ごし、愛のおもてなしをして、満足してもらってきたばかりなんです」

数日後、異教徒たちは、彼女がジェータヴァナ僧院へ何度も行くのを多くの人々に見られている、と知って、彼女がやったことに満足した。そこで異教徒たちは、スンダリーを殺すために何人か飲んだくれを雇った。そして彼女の死体を、ブッダの香房近くの溝の中に、しおれた花が山積みになっている、その下に置かせた。

その翌日、異教徒たちは、スンダリー遍歴行者が姿を消した、というニュースをばらまいた。かれらはコーサラ国のパセーナディ王に、こう届け出た。

「おお、大王さま、われらの女弟子スンダリーがいなくなって、見つかりません」

「どうして彼女がいなくなった、と思うのか？」

「われらは彼女がジェータヴァナ僧院にいる、と疑っております、大王さま」

「では、ジェータヴァナ僧院を捜せ！」

異教徒たちはジェータヴァナ僧院に行ってスンダリーを捜すふりをした。ほどなく、山積みのしおれた花の下で、スンダリーの死体を見つけ、遺体を担架に乗せて王宮へ運び、王に、こう申し立てた。

「おお、大王さま、ゴータマ比丘の弟子たちがスンダリーを殺しました。ジェー

第Ⅴ部　さまざまな「悪」

タヴァナ僧院にあるブッダの香房近くの溝の中に、かれらが彼女の死体を投げ捨てたのです。かれらの師匠の非行を隠蔽するため、しおれた花が山積みの下に隠していました」

まともな捜査もなしに王は、こう告げた。

「お前たちは、市内中に、この事実をふれまわってよろしい」

その後すぐに、異教徒たちはスンダリーの死体を運んで行った。サーヴァッティの市内に入って、通りから通りで、四つ辻から四つ辻で、こうふれまわった。

「さあ、みなさん、どちらさんも、見てください！　清純に生きて、真実を語り、道徳をまもっている、とほざいている連中が、実は恥知らずの悪意ある嘘つき野郎たちだったのだ！　かれらが何をやったか見てください！　情交を楽しんだあと、どうして男は相手の女を殺すことができるんでしょうか？」

その結果、街の人々が比丘たちを見かけると、異教徒たちにけしかけられたとおりに、口々に厳しく非難し、罵倒し、侮辱した。いつもどおりに托鉢でまわったあとサーヴァッティから帰って、比丘たちは世尊に事情を報告した。世尊はかれらの気持ちを静め、このようにいわれた。

「比丘たちよ、この騒ぎは長くは続かない。わずか七日間であろう。七日後には、収まっているであろう。だから人々がそのように侮辱しても、次の偈を唱えて諭しなさい」

　“嘘をつく者は地獄に堕ちる。
　　悪事を犯しながら、「わたしはやっていない」という者もまた。
　　この両者ともに、卑劣な悪業の人。
　　逝った来世で、ひとしく苦しむ”（ダンマパダ306）

世尊からこの偈を教わった比丘たちは、街の人々から侮辱されると、この偈を唱えて諭した。それをきいて、人々は、こう考えた。

「この比丘たちは釈迦族の子で、人殺しをやっていないぞ。異教徒たちは非難しているが、違うな。このような気高い人たちだって口汚く侮辱したら言い返すものだが、何もしなかった。その代わり、忍耐してみせて、やみくもに悪口を言ったわれらを、真実で諭されたのだ。唱えられた偈が、かれらは無実だ、と証明しているな」

そのうちに人々は正気を取り戻し、理性的になった。世尊とかれの弟子たちは、どんな罪も犯したことがないことを、思い出した。そして、きっとほかの誰かがスンダリーを殺したのだ、と思ったのだが、そのときは比丘たちを殺害者だ、と非難した。騒ぎは長くつづかなかった。七日後には完全に沈静化した。そこで比丘たちが世尊のもとへ行って、こう申し上げた。

第1章　殺人事件

「すばらしいことです、尊師よ。驚くべきことです、なんとみごとに世尊は予言されたのでありましょうか！」

このように申し上げた意図を察して、世尊はかれらに、こう勧めた。

「厳しい言葉が比丘にかけられても、動揺せず、冷静な心で、忍耐しなさい」

王はそのころ、スンダリー殺人事件の捜査で密偵らを放った。その捜査中、飲んだくれ二人が居酒屋で争っていた。飲んだくれのうちの一方が、もう片方に大声で怒鳴った。

「で、お前は異教徒たちからもらった金で酒を飲んで、ご機嫌だな。スンダリーを殺して、死体をしおれた花が山積みの下に隠して、それでもらった金なんだろ」

密偵はただちにこの二人を逮捕し、コーサラ国のパセーナディ王のもとまで連行した。

裁判で二人は、異教徒たちにそそのかされてスンダリーを殺した、と認めた。当該の異教徒たちは公式の取り調べに出頭を求められ、殺害の共謀を自供した。王は判決を下し、市内を回って、人々に罪を白状するように、と命じた。そこでかれらは市内を回って、こう告げた。

「われらがスンダリーを殺しました。われらは嘘をついて、ゴータマ比丘とかれの弟子たちを破滅させる目的で非難しました。ゴータマ比丘は無実です。かれの弟子たちも同じく無実です。われらのみに罪があります」

当該の異教徒たちはまた、殺人の罪で処罰を受けた。

この事件の結果、人々は異教徒たちへの尊敬を失い、愛想を尽かした。その反対に世尊と僧団は以前にもまして、尊敬され、崇拝され、尊重されたのであった。

第Ⅴ部　さまざまな「悪」

第2章　邪見の神々

55話　龍王ナンドーパナンダを撃退したモッガラーナ尊者

　サーヴァッティのジェータヴァナ僧院（祇園精舎）に、世尊が住まわれていたときのことである。ある日の午後、アナータピンディカ長者が訪れ、世尊の説法をきいた。説法の終わりに、長者はとても幸せになり、世尊を招待しようと思い立って、こう申し上げた。
　「尊師よ、どうか、わが家で明日、五百人の比丘とともに、わたしの布施食の招待をお受けください」
　世尊の承諾を得てから、長者は自宅に帰った。
　翌朝の夜明け前、世尊が一万世界を見渡されていたとき、龍王ナンドーパナンダが仏眼の視野の中に入って、世尊はご覧になった。世尊はまた、龍王が邪見にとらわれていることも知られた。しかしながら、龍王の心は精神的変容をして成熟する段階にあり、馴致可能で、三帰依を確立できるものであった。さらにまた、世尊は、誰が龍王から邪見を解き放つべきか思いめぐらされ、モッガラーナ尊者なら、この強力な龍王を馴致できる、と見極められた。（訳注：龍とは、コブラのように首の周りに幅広の頭巾をもつインドの大蛇風の怪物）
　夜明けになり、世尊は冥想から立ち上がり、アーナンダ尊者に、こう呼びかけられた。
　「アーナンダよ、五百人の比丘に、天空の旅をする如来についてくるように、と伝えなさい！」
　その日、ナンドーパナンダの宴会場では飲めや歌えの奔放な酒盛りをする準備ができていた。ナンドーパナンダは宝石をちりばめた玉座に座り、白い聖なる傘を頭上にかざしていた。龍の群れと、女の踊り子、音楽演奏者、歌手の三分野の者たちに取り囲まれ、豪華な食べ物を見ながら、天上のような最高の器に入れられた酒を飲んでいたのだ。まさにそのとき、世尊と五百人の比丘は、神通力によって空中に浮揚していたのであった。かれらは三十三天まで行き、ナンドーパナンダの豪邸の上を過ぎ、龍王にかれらが見えるようにしたのである。
　世尊とその弟子たちを見て、ナンドーパナンダに、次のような邪悪な思いが湧き起こった。
　「こうした剃髪の行者たちは三十三天に行ってから、わが領内に来て、通り過

のだ。いまこれから、かれらが足についた泥をわれらの頭上にまき散らしながら通り過ぎるのを、わしは許さんぞ」

ただちに、龍王は宝石をちりばめた玉座から立ち、シネール山（須弥山）のふもとへ急いだ。龍王はもとの姿を変えて、山を七回、グルグルとぐろ巻きにして、三十三天界を首の周りの巨大な頭巾で上から下向きに被せて隠した。

この奇っ怪な現象を見て、ラッタパーラ尊者は世尊に、こう申し上げた。

「前は、尊師よ、ここに立っておりますと、シネール山とその周囲、三十三天、ヴェージャヤンタ宮殿（最勝殿）、そして帝釈天の旗が宮殿に高く掲げられているのを、はっきり見ることができました。いったい尊師よ、何が原因でわたしは、シネール山とその周囲、三十三天、ヴェージャヤンタ宮殿、そして帝釈天の旗が宮殿に高く掲げられているのを、見ることができないのでしょうか？　なぜでしょうか？」

「ラッタパーラよ、この龍王ナンドーパナンダはわれらに怒っているのだ。かれの身体で、シネール山に七回、グルグルとぐろを巻きつけ、首の周りの巨大な頭巾を広げて三十三天を覆って暗闇をつくり、われらに見えなくさせているのだ」

ラッタパーラ尊者が世尊に申し上げた。

「尊師よ、わたしに、この獰猛な龍王を手なずけさせてください」

しかし、世尊は拒まれた。この後につづけてバッディヤ尊者、ラーフラ尊者らを含む何人かの世尊の弟子たちが龍王の乱暴を鎮圧することを申し出たが、世尊は許されなかった。最後に、モッガラーナ尊者が龍王を手なずける許しをもとめた。世尊は、尊者に「手なずけなさい、モッガラーナよ！」と、いって、許されたのである。

間髪を入れず、モッガラーナ尊者は巨大な龍に変身し、ナンドーパナンダに十四回、グルグルとぐろを巻き、首の周りの頭巾をナンドーパナンダの首の周りの頭巾の上に揚げ、シネール山に対して強く押しつけた。龍王は蒸気をほとばしらせて闘った。年長者たる尊者が、こう告げた。

「お前の身体から蒸気を噴き出しているが、それはこっちも同じだぞ」と、いって、もっと強力な蒸気をほとばしらせた。龍王の蒸気は年長者を苦しめることができなかったが、年長者の蒸気は龍王を苦しめた。

そこで龍王は、ぼうぼう燃えさかる火炎を噴き出した。年長者が、こういった。

「お前の身体から火炎を噴き出しているだけではないのだ、それはこっちも同じだぞ」と、いって、さらに強力な火炎をほとばしらせた。龍王の火炎は年長者を苦しめることができなかったが、年長者の火炎は龍王を苦しめた。

苦悶する中で、龍王はつくづく考えた。

「こいつはわしを押しつぶして、シネール山に押しつけている。それにこいつは、蒸気と火炎をほとばしらせている」

そこで、かれは尋ねた。

「誰なんですか、あなたは？」

年長者が答えた。「ナンダよ、わたしはモッガラーナだ」

「それでは尊者よ、比丘の姿になってみてください！」

年長者がもとの比丘の姿に戻り、龍王の右耳から入って左耳から出てきた。再び、今度は左耳から入って右耳から出てきた。同じく、右の鼻の穴から入って左の鼻の穴から出て、再び、左の鼻の穴から入って右の鼻の穴から出てきた。その後、龍王が口をあけると、口から腹の中へ行き、東から西へ、そして西から東へ、と歩いたのである。

まさにこのとき、世尊が、年長者たる尊者に警告を発された。

「モッガラーナよ、気をつけなさい！　この龍は怪力をもっている」

「尊師よ、わたしは神通力である四如意足（訳注：欲如意足、精進如意足、心如意足、思惟如意足）の開発育成に、五自在（訳注：引転自在、入定自在、在定自在、出定自在、観察自在）を通じて、成功しました。わたしは、それを基盤に据えて、確立し、完全に実践しました。わたしは、ナンドーパナンダのような並はずれた龍王を、一尾のみならず、百、千、いや一万尾、退治できます」

そのとき龍王は、こう考えた。

「あいつがわが身体に入ってきたときは、あいつを見ていなかった。だが、あいつが出てきたときには、わしは、あいつをわが毒牙のあいだに咥えて、食い尽くしてやろう」

このようなもくろみを立てて、龍王がいった。

「どうか出てきてください、尊者よ。わが腹の中でゆっくり歩いたり、速く歩いたりして、わたしを圧迫しないでください！」

年長者が出てきて、龍王の正面に立った。龍王は年長者を見るやいなや「ははぁ、これがモッガラーナか！」と感じつつ、鼻から猛毒をいっきに噴射して、直接、殺戮しようと試みた。年長者はただちに第四禅定に入って、命を奪う攻撃から身を守った。猛毒の噴射は、年長者の髪一本たりとも波立たせることがなかった。

ほかの比丘は、最後の入定だけはできなかった。ただちに第四禅定に入る能力は、世尊とモッガラーナ尊者にしか行使できない。つまり、この理由のために世尊はほかの比丘に龍王を手なずける許しを与えなかったのだ。早朝の冥想のとき、この重大な瞬間を世尊の智慧の眼で洞察されていたのである。

まさにその瞬間、ナンドーパナンダはショックを受けて、こう考えた。

「なんとまぁ、奇妙な！　わが鼻から噴射した必殺の猛毒ですら、こいつの髪一本たりとも波立たせられないとは。この比丘は、まさに、すごく強力な奴だ」
　この後すぐに年長者は、もとの姿から金翅鳥（こんじちょう）に変身した。光り輝く神鳥で、龍の永遠の天敵である。龍王を追いかけ、必殺の金翅鳥火炎を放射した。逃げ道がなくなり、龍王は若い男に変身して、年長者の足もとにひざまずいて、こういった。
「尊者さま、わたしは帰依いたします」
　年長者はかれに、こう告げた。
「ナンダよ、世尊ご自身が、ここにいらっしゃる。来たれ、世尊のもとへ、われらは行こう」
　龍王を手なずけ、身中に毒を引っ込めさせ、年長者は、かれを世尊の御前に連れて行った。
　龍王は世尊に礼拝し、こう明言した。
「尊師さま、わたしは帰依いたします」
　世尊は祝福して、こういわれた。
「そなたが幸せな龍王でありますように」
　その後、比丘たちを伴い、世尊はアナータピンディカ長者の家に向かわれた。
　かなり長いこと待ちかねていたアナータピンディカが世尊に尋ねた。
「尊師よ、なぜ、夜が明けてからこのように経つまで、お来しにならなかったのでしょうか？」
「生死をかけた闘いが、モッガラーナと龍王ナンドーパナンダで、あったのだ」
「尊師よ、どちらが勝ち、どちらが負けたのでしょうか？」
「モッガラーナが勝ち、ナンドーパナンダが敗れた」
　アナータピンディカは、このニュースに大喜びして、こういった。
「尊師よ、どうか世尊と比丘たちが、わたしの布施食を七日間続けてお受けくださいますように。わたしは年長者たる尊者を七日間、大いに礼遇いたします」
　かくしてアナータピンディカ長者は、龍王ナンドーパナンダに対するモッガラーナ尊者の勝利を、世尊を上首とする五百人の比丘たちに祝賀したのであった。

56話　永遠論に囚われたバカ梵天

　あるとき、世尊はサーヴァッティのジェータヴァナ僧院（祇園精舎）に住まわれ

第V部　さまざまな「悪」

ていて、比丘たちを呼び、「梵天招待経」(ブラフマニマンタカスッタ)(中部49)といわれる法話を語られた。
「比丘たちよ、ある折、わたしはウッカッターの街（訳注：ヒマラヤ山脈近くの都市）に近いスバガ林の沙羅大樹の下に坐っていて、バカ梵天の心に永遠（常住）の悪しき見解（邪見）が生じているのに気づいたのだ。そこで、わたしはただちに、かの梵天界に姿を現した。ちょうど強い男が、曲げた腕を伸ばしたり、伸ばした腕を曲げたり、するかの如くに。バカ梵天は、わたしがやって来るのを見て、わたしを歓迎して、こういった。

『いらっしゃい、あなたさま！　よく来られました、あなたさま！　ここへ前にあなたさまが来られてから、久しぶりでございます。まさしく、これ（梵天界）は、永遠です。永久です。不変です。完全です。滅してしまうものではありません。なぜなら、ここでは、生まれず、老いず、滅せず、生まれかわりません。そして、これを超える、これに勝る出離はありません』
比丘よ、バカ梵天がこのように話したので、わたしは、こういった。
『ああ！　バカ梵天は無明にあえいで苦労している。永遠ではないものを永遠といい、永久ではないものを永久といい、不変ではないものを不変といい、滅してしまうものを滅してしまうものではない、という。そして、梵天界では、生まれ、老い、滅し、生まれかわるものは誰もいない、という。たとえ生まれ、老い、滅し、生まれかわるものがあるにもかかわらず、なのだ。一方、梵天界を超える出離の階梯があるのに、梵天界に勝る出離はない、というのだ』
すると悪魔（マーラ）が、ある若い梵天の従者（梵衆天）（ひょうい）に憑依し（乗り移り）、わたしに、こう告げた。
『比丘よ！　かれを責めてはなりません。なぜなら、この梵天は、大梵天で、征服者、無類の者、すべて見渡す者、全能者、創造者、支配者、存在するもの・存在するであろうものの父、だからです。

比丘よ、あなたの世よりも前の世に、地界を、水界を、火界を、風界を、生けるものを、神々を、生けるものの主（造物主）を、非難して嫌悪した比丘・バラモンたちがいました。かれらは、身体が滅び、息が断たれると、さらに地下の生存（訳注：地獄、畜生、餓鬼、阿修羅の四悪趣）となって、そこに住みついています。
また、比丘よ、あなたの世よりも前の世に、これらすべてを賞賛して大切にした比丘・バラモンたちがいました。かれらは、身体が滅び、息が断たれると、さらに天上の生存（訳注：梵天界、欲天界の善趣）となって、そこに住みついています。
それゆえ、比丘よ、わたしはあなたに、こういいます。〈さあ、あなたさま、梵天が語ることのみを行いなさい。梵天の言葉を超えてはいけません。なぜなら、もし、あなたさまが梵天の言葉に逆らうなら、比丘よ、あなたさまは近づいてくる光

第2章　邪見の神々

を棒で追い払うようなものです。あるいは、人が深淵に滑り落ちようとするとき、手や足が地の支えを失うようなものです。それゆえ、あなたさま、梵天が語ることのみを行いなさい。梵天の言葉を超えてはいけません。あなたさまには集まっている天上の高い位の神々がお見えにならないのですか、比丘よ？〉と』

　このように悪魔は、梵天の従者の集まりを立ち会いとして言及しながら、わたしを誘おうとした。これがいわれたとき、わたしは悪魔に、こう告げた。

　『わたしはそなたを知っている、悪しき者よ。〈こやつはわたしを知らない〉と思ってはならない。そして梵天と、梵天の従者の集まりのすべての者たちは、すべてそなたの手の内に落ちており、支配下にある。そなた、悪しき者よ、そなたは〈この比丘もまた、わたしの手の内に落ち、支配下に入るだろう〉と思うかもしれない。だが事実は、わたしはそなたの手の内に落ちず、支配下にはないのだ』と。

　比丘たちよ、わたしがこのように悪魔に語ったあと、バカ梵天はわたしに、こういった。

　『あなたさま、わたしは、永遠であるものを永遠といい、永久であるものを永久といい、不変であるものを不変といい、完全であるものを完全といい、滅してしまわないものを滅してしまわない、というのです。生まれないもの、老いないもの、死なないもの、滅してしまわないもの、生まれかわらないものを、生まれないもの、老いないもの、死なないもの、滅してしまわないもの、生まれかわらないもの、というのです。そして、この世界以上の出離はどこにもない、なぜならこれを超える出離はないのだから、というのです。

　比丘よ、あなたさまの世よりも前の世に、あなたさまの全寿命ほどの間、苦行をつづけた比丘・バラモンたちがいました。かれらは、他に勝った出離があるとき、他に勝った出離がある、と知っていました。そして、他に勝った出離がないとき、他に勝った出離はない、と知っていました。それゆえ、比丘よ、わたしはあなたさまに、この状態に勝る出離をあなたさまが見ることはないであろう、というのです。そして、そのように試みるなかでは、あなたさまは疲労し、困憊するだけでしょう。もし、あなたさまが地を、水を、火を、風を、生けるものを、神々を、生けるものの主（造物主）を、信じるならば、そのときあなたさまは、わたしの近くに、わが領域に住み、そして、あなたさまは、わが配下となるでありましょう』

　『わたしもそれを知っている、梵天よ。しかし、わたしはまた、そなたの勢力と威力を、このようにも知っている。〈バカ梵天には強大な力があり、巨大な力があり、莫大な名声と従者たちがある。わたしはそなたの勢力と威力の広がりを知っている〉と。

　　月と太陽が巡りゆき、

第Ⅴ部　さまざまな「悪」

　　　四方に光り輝くかぎり、
　　　一千度(たび)の広さの世界（千の輪囲山）を超えて
　　　そなたの力は影響を及ぼす。
　　　しかも、そなたは高・低を知っている。
　　　同じく、貪と離貪に支配された者たちを
　　　この宇宙と、残りのもろもろの宇宙の中の
　　　生けるものたちの起源と行き先を

　かくの如く、梵天よ、わたしはそなたの勢力と威力をよく知っている。それゆえ、バカ梵天よ、そなたには強大な力があり、巨大な力があり、莫大な名声と従者たちがある、とわたしはよく知っているのだ。

　けれども、梵天よ、他に三つの天界が梵天界にあり、それをそなたは知らないし、見ていないのだが、わたしは知っていて、見ているのだ。梵天よ、流動する光輝天（発光天）という別の天界があり、そこから没して、そなたはここに生まれかわっている。しかし、ここで長く住んでいるために、そなたのそこの記憶は失われたのだ。それゆえ、そなたはそこを知らないし、見ていないのだが、わたしは知っていて、見ているのだ。梵天よ、この理由によって、そなたはわたしと超越智（勝智・証智）において同等ではない。わたしは劣っているどころか、はるかにそなたに勝っている。そして、さらに加えて、他の別の天界があり、燦然たる栄光天（遍浄光天）と、偉大な果実天（広果天）だ。いずれも、わたしは知っていて、見ているのだが、そなたは知らないし、見ていないのだ。そして、このことから、梵天よ、超越智について、そなたはわたしと同等ではなく、わたしは劣っているどころか、そなたに勝っているのは、まったく明らかである。

　幾多の永劫の昔、この世にブッダが不在のとき、バカは人間界に良家の息子として生まれた。ときの過ぎゆく中で、かれは感覚の快楽の罪悪を知るようになった。かれは在家の生活は、ほんとうの幸福を与えることができない、と知った。これに愛想を尽かせて、こう決心した。〈わたしは、生・老・病・死を終わりにしよう〉そこで、かれは出家し、修行者になった。ガンジス川のほとりの堤に小屋を建て、聖なる生活を楽しんだ。そこでは、かれは遍処(カシナ)の冥想を熱心に実践し、冥想で集中・没頭（禅定）に達した。そして、さまざまな神通力を育てた。かれは、それなりに禅定の喜悦を楽しむ生涯を過ごした。（訳注：遍処とは、心を定(サマーディ)＝統一状態にする修習のために凝視するもので、地・水・火・風の四大、青・黄・赤・白の四色、光明、虚空がある。たとえば地遍では、坐る冥想で垂直な姿勢の眼前の土壁を利用して、紙の真ん中を直径30センチくらいの円形にくりぬき、円内の土だけを凝視するようにして集中すると統一状態がつくれ、禅定に入れる。）

第2章　邪見の神々

　バカは没したとき、広果天に生まれかわった。それは第四禅定へ到達したことと見合っており、五百大劫の寿命がある。そこで寿命いっぱい生存して没し、次の下位の天界の遍浄光天に生まれかわった。それは第三禅定へ到達したことと見合っている。そして、六十四大劫の間、生存して没し、次の下位の天界で、第二禅定へ到達したことと見合っている発光天に生まれかわった。そこで八大劫の寿命いっぱい生存して没し、第一禅定へ到達したことと見合っている大梵天に生まれかわった。そこでは一不可算の永劫（阿僧祇劫）しか寿命がない。これは広果天（ヴェーハッパラ）に比べれば極めて短い寿命だが、人間にとってはたいへん長い時間である。（訳注：劫はパーリ語 kappa（カッパ）を音写した漢字。古代インドの時間の最長単位。大劫は四阿僧祇劫で、宇宙の生成、存続、破壊、空無の四劫からなり、一大劫ごとに無限にくりかえす。阿僧祇（あそうぎ）とはパーリ語の動詞 saṅkhāyati（サンカーヤティ）の未来受動分詞 saṅkheyya（サンケイヤ）に否定の接頭辞 a をつけたものの音写で、数えるべきではない、数えられない、という意味。）

　このようにバカ梵天は、さまざまな梵天界で長い時間、生存した。大梵天で生存した初期には、バカ梵天は、過去世の輪廻の生存と、冥想の禅定で生じた具体的な到達のありさまを、努力すれば思い出せた。ところが、そこであまりにも長い間生存していて、それを忘れ、永遠論という邪見（常見）をもつようになったのである』」

　世尊がこのように語られると、バカ梵天は、こう思った。
　「このゴータマ比丘は、わたしの過去世の輪廻の生存と、その寿命を知っている。そして、かれはまた、以前にわたしが達した冥想の禅定も知っている。では、かれに過去世の輪廻の生存でわたしが達成した功徳について尋ねたらどうであろうか」
　バカ梵天の質問に答えて、世尊は、かれの過去世での功徳を語られた。
　「あるとき荷物を積んだ牛車五百台の隊商がいた。夜間に砂漠を通りすぎたとき、先導の牛車で牽き具を付けていた去勢雄牛が道に迷い、それにつづく他の牛車も、迷ってしまった。しかしながら、夜明けになって、やっと商人たちがこれを知ったのである。まもなく、薪や水、その他の資材が尽きた。『われらはもはや命がなくなる』と思いながら、疲れきった商人たちはそれぞれの牛車から去勢雄牛の軛を外し、車輪にくくりつけ、牛車の後部の陰に横たわった。
　その世では、バカはさまざまな神通力をそなえた第四禅定の階梯に達した修行者であった。ちょうど、その日の早朝、冥想の禅定の至福から起き上がった後、バカ行者は草庵から出た。するとガンジス川に大洪水が押し寄せ、まるで緑の大石が転がって呑み込まんばかりに襲ってくるのが見えた。そのとき一つの考えがかれに浮かんだ。

第V部　さまざまな「悪」

『いったいこの世に、喉をうるおすおいしい飲み水がなくて、命の危険にさらされ、この瞬間、ヘトヘトになっている者たちはいないのだろうか？』

まさにそのとき、砂漠で苦しんでいる商人たちの隊商をかれは神通力で見たのである。同情心から、神通力を使おう、とかれは決めた。『ガンジス川から大量の水が、かれらのもとへ行きますように』と。

たちまち大量の水が砂漠に流れ込んだ。勢いよくほとばしる水の音をきいて、人びとは立ち上がり、大喜びした。かれらは心ゆくまで冷たい水を飲み、水浴びした。水筒などに水をたっぷり詰め、牛たちにも飲ませた。元気を取り戻し、安心してかれらは旅をつづけた。

かくして梵天よ、そなたの過去世の一つで、そなたはたくさんの人びとの幸福のために神通力を使い、砂漠の日照りで痛めつけられている商人と牛の命を救ったのだ。これは、わたしが思い起こすそなたの功徳の一つで、一人の男が目覚めたとき、見た夢をまざまざと思い起こすように知ったのである。

その後のことだが、バカ行者はガンジス川のほとりの堤の草庵にいて、森の近くの村の布施食に頼って生きていた。ある日、一群の盗賊が村を襲った。かれらは村人のあらゆる財産——金、銀、牛などの貴重品を強奪した。住人全員を縛った。村人を棒で叩き、蹴飛ばし、剣で傷つけるのをためらわなかった。無辜(むこ)の村人たちの悲鳴が上がり、家畜は大騒ぎして鳴き声を立てた。

物音をきいて、何か危難が村人に降りかかっていることに行者は気づいた。ただちに行者は、四部隊の軍勢を神通力で仕立て、みずから指揮して盗賊団に立ち向かった。敵対する盗賊団は、大軍勢を見るやいなや、略奪した物をすべて捨てて逃走した。それから行者は、村人を解放し、奪われた財産をそれぞれの持ち主に返した。村人は大喜びした。大満足の行者は、森の草庵に帰った。

かくして梵天よ、そなたの過去世の別の折に、そなたは村人を、襲っていた盗賊団から、四部隊の大軍勢を仕立てて救った。これは、そなたが過去世で実践した徳行の一つで、過去世を想起できるわたしの宿命智の力で想起したものである。

さらに、またその後のことだが、バカ行者が草庵で坐っていたとき、結婚披露宴が行われているのに気づいた。ガンジス川の上流域に住んでいる家と、下流域に住んでいる家との式典である。両家の人びとは何世代にもわたって心のこもった関係を維持していた。かれらは双方持ち寄りの船をつないで基盤にして、竹と丸太製の台を置き、たくさんの種類の食べ物、飲み物、花々などを積んでいた。ガンジス川の流れにゆったり浮かんでいる船上で、多くの人びとは、歌い、踊って、祝賀気分で楽しむのに忙しかった。

お祭り騒ぎがつづくさなか、ガンジス川の支配者で、川を棲みかにしている龍王

が、騒ぐ人びとを見ていて、怒りはじめ、こう思った。

　『楽しんで騒いでいるこいつらは、ガンジス川の龍王であるわしが、うるさいと感じているかもしれない、などと考えもせずに騒いでいるのだろうな。それなら、わしは、こいつらを海まで流してやるぞ』

　激しい怒りに駆られ、非常に大きくて獰猛な龍になり、川を真っ二つに割って、その間から急に現れた。巨大な頭巾を立て、シューシューと恐ろしい音を発した。人びとに噛みついて殺してしまわんばかりに脅した。楽しい陽気な結婚披露宴が一転、大騒ぎになった。船上の人びとはひどいパニックになり、大きな叫び声を上げた。

　草庵で坐っていたバカ行者は、突然の叫び声を聞きつけ、こう思った。

　『ほんのわずか前、人びとはとても幸福そうで、踊って、歌っていたのに、いまや命が危ないかのように大声で叫んでいる。どうしたのだろうか？』

　草庵から出ると、騒ぎをもたらした猛り狂う龍王が見えた。人びとの安全を願ってバカ行者は、神通力で巨大な怪鳥ガルダの姿になって飛び上がり、龍王の上にとまった。怪鳥ガルダがいまにも攻撃しかけようとしているのを見て、龍王は恐れはじめた。頭巾をたたみ、ガンジス川に身を沈めて川底へ潜った。

　かくして梵天よ、またもそなたの過去世の一つで、そなたは神通力を使って、獰猛な龍王が破滅させようとしていた二つの村の人びとを、ガンジス川の真ん中で救ったのだ。これは、そなたが過去世で実践した徳行の一つを、わたしの宿命智の力で想起したものである。

　また別の世の生存では、バカ梵天は高貴な行者であり、ケーサワという名であった。住み込みの弟子がいて、名はカッパといった。カッパは利口な弟子であった。しっかり徳行を実践した。師にはつねに従順であった。師が喜ぶことのみを行った。ケーサワは弟子をとてもかわいがり、何事においても弟子に頼った。あるとき、かれはバーラーナシーの王の庇護を受けた。だが、それには満足せず、かれは王のもとを去り、自分の弟子カッパに頼って暮らしたのである。

　かくして梵天よ、そなたは高貴な行者ケーサワであり、そして、わたしは住み込みの弟子カッパであったのだ。そのとき、そなたはわたしを好んで褒めたたえ、わたしは従順で、利口で、徳行をしっかり実践した。ちょうど一人の男が目覚めたとき、見た夢をまざまざと思い起こすように、そなたが過去世で実践した徳行を、過去世を想起できるわたしの宿命智の力で想起したものである」

　バカ梵天が過去世の生存で積んだ功徳を世尊が語る一方で、バカもまた、過去世を想起する宿命智の力を使った。まるで、たくさんの異なったことがらが、一千もの石油ランプの光で照らされて明らかになるように、なおさらにいっそう、過去の

第Ⅴ部　さまざまな「悪」

すべての行為（業（ごう））が次第に、かれには一目瞭然となった。

　世尊はそのとき、バカ梵天の智慧の力は世尊に並ぶものではないことを啓示された。世尊の智慧の力が梵天より勝っていることを証明されたのである。それから世尊は、こう語りつづけられた。

　「さて、梵天よ、ありのまま如実に洞察する智慧で、わたしは無常（anicca（アニッチャ））・苦（dukkha（ドゥッカ））・無我（anatta（アナッタ））の性質の地界を知っている。そして、わたしは、その性質から到達しがたい涅槃界（Nibbāna Dhātu（ニッバーナ　ダートゥ））を知っている。そして、わたしは、渇愛、慢心、邪見のある地界に執着しない。わたしは、我（atta（アッタ））の中にある何ものか、そして他の界にある何ものか、に執着しない。わたしは、我（atta（アッタ））からの何ものか、そして他の界に出現する何ものか、に執着しない。わたしは、『わたしであること』（存在）、『わたしのもの』（所有）、『わたしそのもの』（魂・実体）、に執着しない。そして、梵天よ、ありのまま如実に洞察する智慧で、水界を……（同様にくりかえす・以下同じ）、火界を……、風界を……、生けるものを……、神々を……、生けるものの主（造物主）を……、梵天を……、発光梵天を……、遍浄光梵天を……、広果梵天を……、阿毘浮梵天を……、ありのまま如実に知る智慧で洞察し、わたしは三界（欲界、色界、無色界）に属して無常・苦・無我の性質をもつすべての個体（sakkāya sabba（サッカーヤ　サッバ））を知っている。そして、わたしは、その性質からすべての個体が到達しがたい涅槃界を知っている。そして、わたしは、渇愛、慢心、邪見のあるすべての個体に執着しない。わたしは、我の中にある何ものか、そして他の界にある何ものか、に執着しない。わたしは、我からの何ものか、そして他の界に出現する何ものか、に執着しない。わたしは、『わたしであること』、『わたしのもの』、『わたしそのもの』に執着しない。そしてこのことから、梵天よ、涅槃についての明智は、そなたと同じではないのは、まったく明らかである。わたしは、はるかに多く知っていて、少ないということはないのだ」

　この説明を聞いてバカ梵天は、世尊が真実ではないことを述べた、と次のように非難した。

　「あなたさま、もし、その性質からすべての者が到達しがたい涅槃界を、あなたさまは知っている、というのなら、あなたさまが証明するのは、無駄で、無意味ではありませんか！」

　バカ梵天が述べたことは、実際のところ、かれが俗世間の知識しかないことを示しており、出世間の智慧には無知だったのである。そこで世尊は、このように説明して、誤りを正された。

　「梵天よ、この涅槃界とは、すべての因縁によるものごとを超えており、出世間の智慧でしか認識できず、肉眼では見えず、生滅の性質を完全に欠いており、他の

あらゆるものごとより、はるかに光り輝いているのだ。涅槃界(Nibbāna Dhātu)は、地界によってはその性質から到達できず、水界……(同様にくりかえす・以下同じ)、火界……、風界……、生けるもの……、神々……、生けるものの主(造物主)……、梵天……、発光梵天……、遍浄光梵天……、広果梵天……、阿毘浮梵天……、の個体の性質(sakkāya dhamma)によって、すべてが到達できないのだ」

　実のところ、バカ梵天は打ちのめされて、もはや議論する言葉もなかった。しかしながら、天上の位の高い神々とその従者たちがいる前で面目を保つため、かれは世尊に神変(奇跡)を演じることで優位に立っていることを示そうとした。

　そこで、かれは、こういった。

「さて、それでは、あなたさま、わたしはあなたさまの前から消えましょう。あなたさまは、ちょっとわたしを探してみてください!」

「よいとも、バカ梵天よ、できるものなら、わたしの前から消えてみよ!」

　その後すぐにバカ梵天は、こう心に決めた。

「わしはゴータマ比丘から消えてやるぞ、わしはゴータマ比丘から消えてやるぞ」

　世尊は、かれの意図を知って、かれの身体がそのままの形でとどまるように心に決められた。バカ梵天は何度も神通力を使おうとしたのだが、世尊の力の及ぶ範囲から出て行くことはできなかった。それから、かれは身をおおう暗闇をつくろうとしたが、世尊が暗闇を払ったので、かれは隠れることができなかった。このように失敗して、かれは自分の屋敷の満願樹の下に身を隠した。かれのふるまいを見て、たちまち天上の位の高い神々は爆笑し、こういって冷やかした。

「このバカ梵天はいま、自分の屋敷にコソコソ隠れて、満願樹の下にしゃがんでいるぞ。なんとまあ自分の身を隠すそぶりの滑稽なことか!」

　かくてバカ梵天は、完全に面目まるつぶれとなったのである。

　そのとき世尊はかれに、こういわれた。

「バカ梵天よ、そなたは身を隠すことができないのだ。さていま、わたしはそなたの面前から消えよう。ちょっとわたしを探してみよ!」

　バカ梵天は、こういった。

「もし、あなたさまにできるものなら、わたしの面前から消えてみてください」

　世尊は、次のように考えられて、超自然の神通力を使う決断をされた。

「大梵天、梵天の会衆と、その従者たちに、わたしの声のみ聞こえるようにして、わたしが見えないようにさせよう」

　そしてたちまち世尊は消え、かれらには見つけられなくなった。見えないままで、そこにまだいることをかれらに知らせるために、世尊は霊感を与える一つの偈を口にされた。

第Ⅴ部　さまざまな「悪」

　はっきりと、わたしは、輪廻の性質にあるもろもろの危険を見たのだ。
　そしてまた、存在（有）と非存在（非有）への渇愛をも。
　わたしは、どのような様態（モード）の存在も肯定しない。
　わたしは、もはや、どのような存在にも、喜びをもたず、執着もしない。
「比丘たちよ、わたしが偈を口にしたとき、梵天と、天上の位の高い神々、そして、その従者らすべてが喜び、大きな驚きに包まれた。かれらは激賞して、こういったのである。

『まさしく、あなたさま、すばらしい！　まさしく、ふしぎです！　われらは、王座を放棄され、出家された釈迦族の王子であったゴータマ比丘のような、このように偉大な神通力と威力をもっているほかの行者や聖者を見たことがありません。あなたさまは、世俗の生活の楽しみの中で生き、感覚の喜びの中でもがき、輪廻転生を渇望する同時代の人々の中で、ゴータマ比丘は存在の根源を取りのぞくことができるのです』」（訳注：仏道修行の最終ゴールは三界の生存から出離・解脱して涅槃に到ることにある。そして三界とは、天界から地獄まで、次頁の表で示される三十一世界をさす。つまり、超長寿命の神々といえどもこの三十一世界の枠内に囚われ、輪廻転生して、さまよっているだけといえる。この三十一世界の枠内の生存、すなわち「俗世間」から、阿羅漢の覚りを得て枠外へ飛び出し、超越した先が「出世間」である。）

　仏教から見れば、人間界のほかに、天国や地獄など、人間界以外の世界がある。
　人間を含め有情が生存する境界はパーリ語でブーミ（地）と呼ばれ、有情が輪廻転生していく世界は大別して三つ（天界、人間界、四悪趣）、全部で三十一のブーミ、すなわち三十一世界が存在する。天界を梵天界と欲天界の二つに分け、大別して四つにすることもある。なお、三界という場合、欲界、色界、無色界をさす。欲界とは四悪趣、人間界、六欲天。禅定の達成度で段階がある色界と無色界との違いは「色」（身体）の有無による。
　人間界より下には四ブーミがあり、地獄、畜生、餓鬼、阿修羅、まとめて四悪趣と呼ばれる。「趣」という漢字はパーリ語ではガティで、行き先、死後の存在の状態を意味している。お釈迦さまは四悪趣に堕ちればそこから抜け出して人間界や天界に再生するのは極めて困難と、さまざまな経典で警告されている。
　四悪趣の上に人間界があり、その上は俗に「天国」と呼ばれる天神が住む世界、すなわち欲天界がある。欲天界は六層から構成され、六欲天ともいわれる。下から順に、四天王天、三十三天、夜摩天、兜率天、楽変化天、他化自在天。六欲天の上が、梵天といわれる神々の梵天界で、色界と無色界に大別される。色界は十六ブーミからなり、最も高い五層は五浄居天（無劣・善見・善現・無熱・不捨天）と呼ばれる。さらにその上に無色界があり、四ブーミで構成される。色界梵天は、非常に微細な身体を持っているが、無色界梵天は、心だけの存在で身体はない。

天界から地獄までの三十一世界

	三十一世界	神々の寿命
≪天界≫		
＜梵天界＞		
○無色界		
	非想非非想処地	八万四千大劫
	無所有処地	六万大劫
	識無辺処地	四万大劫
	空無辺処地	二万大劫
○色界		
第四禅地	無劣天	一万六千大劫
	善見天	八千大劫
	善現天	四千大劫
	無熱天	二千大劫
	不捨天	一千大劫
	無想有情天・広果天	五百大劫
第三禅地	遍浄光天・無量浄光天・少浄光天	六十四大劫～十六大劫
第二禅地	発光天・無量光天・少光天	八大劫～二大劫
初禅地	大梵天・梵輔天・梵衆天	一阿僧祇劫～三分の一阿僧祇劫
○欲界		
＜欲天界＞（欲善趣地）		
（六欲天＝天国）		
	他化自在天	九十二億一千六百万年
	楽変化天	二十三億 四百万年
	兜率天	五億七千六百万年
	夜摩天	一億四千四百万年
	三十三天	三千六百万年
	四天王天	九百万年
≪人間界≫	人間	
≪四悪趣≫（離善地）		
	阿修羅	
	餓鬼	
	畜生	
	地獄	

（ウ・コーサッラ西澤著「アビダンマ基礎講座用テキスト・非売品」をもとに作成）

第V部　さまざまな「悪」

第3章　弱き者へ——病いの比丘・嘆きの母

57話　病める比丘への慈悲……プーティガッタ・ティッサ

　かつてサーヴァッティ（舎衛城）の良家の若い男でティッサという者がいて、世尊の説法を聴いて、帰依した。その後、修行に励み、世尊のもとで戒を受け、出家した。
　ティッサ尊者が比丘の僧団に入ってからは世尊から冥想の課題を得て、それに従って冥想実践に精進した。
　しばらくたって、かれは皮膚病にかかった。芥子粒ぐらいの吹き出物が全身にできた。しだいにそれらが大きな腫れ物になっていった。そのような腫れ物が次々つぶれ、上衣も下衣も、血と膿みでべとべとになってしまった。そして全身が臭くなってしまったのである。このため、かれは「プーティガッタ・ティッサ（臭いからだのティッサ）」として知られた。看護を受けるのがふさわしいのだが、同輩の比丘たちは世話することもできず、かれを放置した。誰に助けられるでもなく、かれはベッドでひどく苦しみながら、寝ているほかなかった。
　その当時、世尊は早朝、無量の慈悲の至福に到達され、世界を仏眼で探って見渡された。その視野の中に、プーティガッタ・ティッサ尊者の痛ましい姿が映った。かれは全身が臭くなったため同輩の比丘たちに見捨てられているのだ。世尊はまた、かれの心が聖人に到達できるほど成熟していることも、ご覧になった。
　世尊は、ティッサが寝ている場所に近い火小屋に向かわれた。鉢を洗って水を満たし、炉の上に置いて、湯を沸かされた。それが沸騰すると、世尊はティッサが寝ている部屋に入って行かれ、ベッドの端を持ち上げられた。世尊がみずからティッサを世話されているのを知って、そのときになって結局、同輩の比丘たちがかれのまわりに集まり、あわてて世話を申し出た。世尊に指示され、比丘たちはティッサを火小屋の近くへ運び、その一方で他の比丘たちが湯など必要なものを用意した。
　それからすぐに、世尊は手ずから温かい湯でティッサを洗い、清められた。かれが沐浴しているあいだ、かれの上衣と下衣は洗われ、干された。かれがきれいになったあと、心身とも爽快になり、落ちつき、ベッドに寝たままではあったが、心を一点に集中する状態（一境性）が進んだ。
　世尊は、ベッドの頭部側に立ったまま、このようにかれに説かれた。
　「比丘よ、この身は、意識がなくなったとき、役に立たない棒切れのように、大

地に横たわるであろう」(訳注:"ああ、やがてこの身は大地に横たわるであろう。意識がなくなり、捨てられる。役に立たない棒切れのように"ダンマパダ41)

　法話の終わりに、プーティガッタ・ティッサ尊者は、無碍解智を達成して、阿羅漢に到達したが、まもなく亡くなった。

　かくて、世尊はみずから病者の世話をされて、高貴な模範を示された。そのとき世尊は、次のような記憶すべき忘れがたいことばで弟子たちに教えさとされた。

「病める者に尽くす者は、わたし（ブッダ）に尽くす者なのだ」

58話　幼な子に死なれた母……キサーゴータミー

　かつてサーヴァッティ（舎衛城）に、ゴータミーという名の少女が住んでいた。もとは裕福な家の娘であったが、家運が傾き、貧しい家の娘となった。ほっそり、やせた体つきに育ったのでキサーゴータミー（やせっぽちのゴータミー）と呼ばれた。

　それとほぼ同じころ、裕福だったのに、みずからの善行の功徳が尽きてしまったことによって、ふしぎなことに財産が炭に変わった男がいた。かれは落胆した。食欲を失い、ベッドで日を過ごすだけになった。

　このことに気づいて、かれの友だちが訪れ、裕福だったのに破産した男に、こう助言した。

「わが友よ、きみの炭を、きみの家の前で売りたまえ。過去世で大きな功徳を積んだ誰かが、やって来るだろう。その人がきみの売った炭にふれて、それを君の手に渡すやいなや、もとがそうだったように、すべては金と銀に変わるだろう。しかしながら、その人が女ならば、きみは自分の息子と彼女を結婚させなければならない。だが、その人が男ならば、きみは自分の娘とかれを結婚させなければならない。きみはまた、四〇クローレ（四万金）のきみの財産を、かれまたは彼女に委ね、そして、そのかれまたは彼女に、家の切り盛りを任せるべきだ」

　裕福だったのに破産した男は、友のこの助言に応じた。かれは自宅前に敷物を広げて、炭を売った。かれが炭を売っているのを見た通行人は、かれに、こういった。

「おや、ほかの人は油や蜂蜜、糖蜜などを売っているけど、あんたは炭を売っているんだね？」

　裕福だったのに破産した男が「人は自分の持っているものを売るんです。何が悪いんですか？」と、答えた。

第Ⅴ部　さまざまな「悪」

　ある日、キサーゴータミーが通りがかり、かれに、こういった。
「おや、おとうさん、ほかの人は油や蜂蜜、糖蜜などを売っているのに、あなたは金と銀を売ってるんですね？」
　裕福だったのに破産した男が「どこに金と銀がありますか？」と、問い返した。
「それじゃ、ここでは扱わないのですか？」と、キサーゴータミーがきいた。
　裕福だったのに破産した男が「わたしに、金と銀をもってきてくれませんか、お嬢さん？」と、答えた。
　キサーゴータミーは過去世で功徳を積んだ人間であった。彼女がひと握りの炭を手にして、かれにそれを手渡すやいなや、なんと！　すべてが、本来そうであったように、金と銀に変わったのである。
　裕福な男はすぐさま、かれの宝物をかき集め、キサーゴータミーをかれの家につれて行き、息子を彼女と結婚させた。かれは、彼女の内面の豊かさの真価を認めて、それは彼女の家柄や外見よりも重要、とみなしたのだ。しかしながら、彼女の夫になった息子以外の家族は、彼女を見下し、小馬鹿にしてあしらった。この敵意が彼女に大きな不幸をもたらした。とくに彼女の最愛の夫自身が、両親への愛情と、妻への愛情のはざまに、とらわれたからである。
　ときが満ちてキサーゴータミーは男の子を出産した。それ以降、夫の家族全員から跡とり息子の母として敬意をもって扱われ、受け入れられた。いまや彼女はすっかり幸福で、満足していた。わが子への母親としての通常の愛情を超えて、彼女は特別に息子をかわいがった。なぜなら、かわいいこの息子こそ結婚生活の無上の幸せの保証であったからである。
　しかしながら、この男の子は突然病気になり、やっとよちよち歩きから走りだしたばかりのとき、亡くなった。この悲劇はキサーゴータミーにとって、あまりにつらすぎた。こどもの喪失を、とうてい辛抱できなかった。夫の家族に、過去世の業（ごう）で息子をもてないのだろう、といわれて、また見下されるのではないか、と彼女は不安になった。また、街の人びとにも「きっとキサーゴータミーは、あんな運命を招くような卑しむべきことをしたのだろう」と噂されるのでは、と心配した。さらに、夫が彼女を拒否し、もっと家柄のよい別の妻を探すのではないかしら、と恐れた。こうした妄想が心中を駆けめぐり、彼女の心に黒雲が垂れこめた。こどもが死んだという事実を受けいれるのを彼女は拒絶し、坊やは病気になっているだけで、よい薬がみつかったら治るはず、と信じ込んだのである。
　亡き子を腕に抱き、彼女は、家から家へ、かわいいわが子のための薬をもとめて、あてもなくさまよい歩いた。各家のドアごとに、こう懇願した。
「どうか、わたしの坊やのために、何か薬をください！」

第3章　弱き者へ──病いの比丘・嘆きの母

　彼女はまるで感覚がないかのようにふるまい、まことに哀れな気配であった。とはいうものの、誰も彼女を助けられなかった。こどもは死んでおり、薬は役に立たない、と誰もが答えた。しかしながら、この答えを彼女は拒絶し、坊やは病気になっているだけ、と信じて、次の家に向かった。多くの人が彼女を馬鹿にして、あざ笑った。しかし、多くの身勝手で無慈悲な人びとの中で、ついに彼女は、賢明で親切な人に出会った。彼女が幼な子を失った嘆きのせいで半狂乱になって取り乱しているのだ、とわかった人である。かれは、こう助言した。
　「かわいいお嬢さん、最高の医者がいますよ。ブッダです。きっと、ぴったりの薬を知っていますよ。ジェータヴァナ僧院（祇園精舎）に、かれは住まわれている。そこへ行って、かれにお願いしなさい！」
　ただちにキサーゴータミーは、この助言に従って、ジェータヴァナ僧院へ急いで行った。そのとき世尊は聴衆に囲まれた中央の席に坐り、法話をまさに始めようとされていた。亡き子をわが腕に抱えた彼女は世尊のもとへ駆け寄り、こう訴えた。
　「先生、薬をください。わたしの坊やのために！」
　世尊は、過去世で積んだ彼女の功徳が、覚りに達するのに十分である、とご覧になった。世尊はやさしく、こういわれた。
　「ゴータミーよ、そなたは正しいことをした。ここへ来て、そなたのこどもに薬をもとめるのは、まちがっていない。では、これからサーヴァッティのあらゆる家に行って、少量の芥子の種をもらうよう、お願いしなさい。かつて誰も死人が出ていない、どこの家からでもよい。そうしたら、それをわたしに持ってきなさい！」
　彼女は世尊の言葉を信用して、街へ行った。最初の家で、彼女は「芥子の種をお持ちですか？」と尋ねた。
　「ありますよ」と、家の主人が答えた。
　そこで、彼女は「わたしの坊やの薬にするので、よろしければ、いくらかいただけませんか？」と、お願いした。
　「もちろん、いいですよ」と、家の主人は応じた。
　キサーゴータミーは、さらにきいた。「でも、ご主人、わたしはひとつ、知らなければならないことがあるんです。この家でかつて、どなたか死人が出ていませんか？」
　「いや、もちろんいますよ！　いったい何人、この家で死人が出たのか、誰が覚えているかな？」と、家の主人が答えた。
　「それでしたら、わたしは芥子の種をいただけません」と、彼女は詫びた。
　彼女は二番目の家、三番目の家と、次々に行ったが、同じ答えであった。ある家では最近死人が出た、といい、別の家では一、二年前に出た、といった。また、別

のある家では、父が死に、それと別の家では、母が、息子が、娘が、という具合であった。彼女はとうとう、誰にとっても死は当たり前である、という真理に気づいたのである。

　真理をしっかりと把握して、彼女は死体置き場へ行き、こどもを埋葬し、世尊のもとへ戻った。そのとき世尊は彼女に、芥子の種を得たかどうか、尋ねられた。彼女は「わたしは芥子の種が必要ではありません、尊師よ。ただわたしに、ゆるがない立場だけを、お与えください！　わたしに拠りどころを得させてください！」と、答えた。

　世尊は、すべての因縁によるものごとは無常である、という法話をされた。その後すぐに、世尊は、彼女に偈を唱えられた。

　　"こどもや家畜に心奪われ、
　　　ひどく執着している人を、
　　　死王はさらってゆく。
　　　眠れる村が、洪水に押し流されるように"（ダンマパダ287）

　法話が終わったとき、キサーゴータミーは、預流果の覚りを確立した。それからすぐ、彼女は比丘尼僧団に入る許可を求めた。世尊は同意され、尼僧たちの住まいへ送り、彼女はそこで出家し、比丘尼として戒を受けた。

　その後、キサーゴータミーは真理を実践し、学習し、精進して洞察を得た。ある夜、彼女は布薩堂の中と周辺の灯明の世話をする当番であった。彼女は、音をたてて燃えている灯明の明かりを観察した。その後すぐに、彼女は、絶え間なく音をたてて燃えている炎が、まるで生と死の起伏上下のようだ、と気づいたのである。彼女の洞察が成長していることを知られた世尊は、光輪に包まれて彼女の前へ姿を現され、再び短い偈を唱えられた。

　　"不死の境地を見ないで
　　　百年生きるより、
　　　不死の境地を見て
　　　一日生きるほうが勝っている"（ダンマパダ114）

　彼女がこの偈を聴いたとき、すべての束縛を吹き消すことができ、阿羅漢に達し、解脱した。

　また別の折に、世尊がジェータヴァナ僧院に住まわれていたとき、キサーゴータミーは、糞掃衣(ふんぞうえ)をまとう比丘尼として第一（lūkhacīvaradhara　ルーカチーワラダラ　粗衣者）と宣言された。（訳注："糞掃衣を身にまとい、やせて、血管露(あら)われ、ひとり、林で禅定する者、彼の者をわたしは聖者(バラモン)と呼ぶ"ダンマパダ395）

第3章　弱き者へ——病いの比丘・嘆きの母

59話　すべて亡くして裸でさまよう女……パターチャーラー

　ゴータマ・ブッダの時代、サーヴァッティ（舎衛城）のとても裕福な商人に女の赤ちゃんが生まれた。美しい娘に育ち、両親にたいそう愛された。彼女の名はパターチャーラー。十六歳のとき、両親は七階建て邸宅の最上階に娘を閉じ込めた。そこは、娘が若い男たちと接触するのを防ぐため、番人たちによって取り囲まれていた。この用心にもかかわらず、彼女は両親の家の使用人とねんごろになってしまった。
　両親が、ある裕福な家の息子との結婚を取り決めたとき、彼女は恋人と駆け落ちしようと決心した。召使いの女に変装して、両親の邸宅の最上階から脱け出し、恋人と市の門近くで落ち合った。二人はサーヴァッティから三〜四ヨージャナ（約五〇キロ前後）離れた小さな村に行って暮らした。そこでは、夫は小さな畑を耕して生計を立て、そして若い妻は、以前なら両親の家の召使いがしていたような、あらゆる雑用をしなければならなかった。かくして彼女は、みずからの所業の報いを受けたのであった。
　そうこうするうち、彼女は妊娠した。そして出産予定の日が近づいてきたとき、両親の実家に帰りたいと彼女は望んで、夫に、こういった。
　「ねえ、あなた、わたし、お父さんの家でお産したいの。ここだと誰もわたしを助けてくれる人がいないし、実家ならお世話してくれるはずだから。人の父と母というものは、どこかこどもに甘いところが気持ちの中にあるはずで、どんなに不心得者でも許してくれるわ。だから、どうぞわたしを実家に連れて行って！」
　夫は彼女の頼みを、こういって拒んだ。
　「いとしい方、もし万一ご両親がわたしを見たら、わたしは捕まえられるか、殺されかねないでしょうね」
　彼女は何度も何度も懇願したのだが、夫はさまざまな言いわけをして、先延ばしした。いくら頼んでも夫は譲る気がないのがわかって、彼女はひとりで行く決心をした。そこである日、夫が野良仕事に出ているあいだに彼女は言づてを近所の人に残し、サーヴァッティに向かう道へ出発した。
　夫が家に帰ると、近所の人が言づてを知らせてくれた。何が起きたのかわかって、夫は彼女に哀れみを感じ、「あの方は、わたしのために苦しまなければならないのだ」と、悔やんだ。彼女を追いかけて行き、まもなく歩いている彼女に追いついた。帰るように説得したのだが、いうことをきかず歩きつづけた。しばらくついて行くと、とあるところで彼女は産気づいて陣痛を感じ、まもなく男の赤ちゃんを産んだ。

第Ⅴ部　さまざまな「悪」

　もはや実家に帰る理由がなくなったので、かれらは家に帰った。
　それからしばらくたって、パターチャーラーは二度目の妊娠をした。ふたたび彼女は夫に、両親の実家に連れ帰ってほしい、と頼んだ。そしてまた、夫は断ったのだった。彼女は我慢していられなくなり、夫が家にいないとき両親の実家へ、小さな坊やを連れて出発した。夫が追いついて、いっしょに家に帰るように説得したが、彼女はいうことをきくのを拒み、このまま行く、と言い張った。しかしながら、まもなく彼女は産気づいて陣痛を感じ、行く途上で、二人目の男の赤ちゃんを産んだのである。
　まさに、その出産の直後、季節はずれの大嵐が急に発生し、雷鳴、稲光、そして土砂降りの雨が四方から降り注いだ。彼女は夫に、今夜をしのぐ避難所をつくるように、と頼んだ。夫は、草の葉や木の枝など、手に入るものは何でも集めて、露天の野営地をこしらえた。それから夫は野営地の周囲に堤を築くため、枝や葉を切りに出かけた。夫がその作業をしていると、土の小山の中にいた毒蛇がうるさがり、中から出てきて噛みついた。たちまち夫は倒れ、即死した。
　彼女は野営地の中で、夫が見捨てたのではないかしら、と思いながら、絶望的な気分で待ちつづけていた。一晩中、横殴りの強風と豪雨、稲光りを伴った嵐の絶え間はなかった。こどもたち二人とも怖がって、恐ろしい天候に耐えられずに、声を限りに泣き叫んだ。こどもたちを守ってやるのに、パターチャーラーは、お産直後の弱ってやつれたみずからのからだしか与えてやれなかった。彼女はこどもたちを自分の胸に置いて、両手両膝で抱きかかえ、ぬくもりと安心が得られるようにしてあげた。このようにして、彼女はみじめな思いで一睡もできず、一晩中すごした。
　朝早く、生まれたばかりの赤ちゃんを自分の腰の上に置き、年上の子に指一本を握らせ、彼女は夫を探しに出かけ、こういった。
　「おいで、かわいい子、お父さんはわたしたちを置いて行ったのよ」
　彼女は、夫が行った道をたどって行った。土の小山近くに来たとき彼女は、夫が死んで硬直し、青黒くなっているのを見つけ、ショックを受けた。たちまち悲しみにふるえ、声を上げて泣いた。
　「おお！　わたしのあなた！　おお、どうして？　あなたは死んじゃったの？　おお！　これはみんなわたしのせいよ。おお！　これはみんなわたしのせいよ」
　小さな村にあるこの家にいたら、もはやどうにもできない、と考えて、彼女はサーヴァッティの両親の家へ行こう、と出発した。しばらくして、彼女はアチラワティー川にさしかかったが、昨夜の雨で川は氾濫していた。川は腰の高さまで増水し、激流であった。彼女は、こう考えた。
　「いま、こどもたち二人を連れて、いっしょに川を歩いて渡るのは不可能だわ。

第3章 弱き者へ——病いの比丘・嘆きの母

昨夜は、何も食べず、眠れず、それでわたしは血の気が失せたので、とても弱ってしまった、と感じるから」

そこで彼女は、年上の坊やを川の堤の上に残し、赤ちゃんを抱えて向こう岸へ歩いて渡った。それから生まれたばかりの子を堤の草の上に置き、年上の坊やを連れてくるため、また戻って、川に入った。

パターチャーラーが川の流れの中ほどに来たとき、餌食を探すタカが一羽、上空を舞っていた。タカの鋭い眼はただちに、生まれたばかりの赤ちゃんを見つけ、肉のかたまりとまちがえた。さっと舞い降りて、赤ちゃんをひっつかんだ。彼女は大声で叫び、空中へ両手を放り投げるようにしてタカを追い払おうとしたが、タカはあっというまに鉤爪に引っかけて、連れ去った。母親が川の流れの中ほどで叫んでいるのを見て、年上の坊やは、自分が呼ばれているのだ、と思った。母親のいるほうに駆けて行った。しかし、坊やが川の中に足を踏み入れるやいなや、急流に押し流されてしまった。

彼女は深い苦悩に落ちこみ、サーヴァッティへ向かう道の途上で、泣き叫び、嘆き悲しんだ。絶望に打ちひしがれ、こう叫んだ。

「わたしの生まれたばかりの坊やは、タカにさらわれた。わたしの年上の坊やは、川で流された。そしてわたしの夫は、蛇に噛まれて死んで、道に横たわった」

このようにして、たった一日のうちに三重の悲劇が彼女を襲い、呆然自失した。

サーヴァッティの街に近い道の途上で、彼女は街から離れようとしている一人の男に出会った。そこで彼女は、自分の家族について、こうきいた。

「おお、すいませんが、これこれの通りに住んでいる裕福な商人の家のことを、ご存じですか？」

「知っていますよ、かれらのことを、奥さま。どうか、あの家族のことをわたしにきかないでください！　あの家族以外ならば、街のどの家族のことでもきいてくださいよ！」と、男は答えた。

それでもしつこく彼女は、こうきいた。

「でも、どうしても！　わたしが知っているのは、あの家族だけなんです。話してください！」

そこで男はしぶしぶ、こう答えた。

「うーん、それじゃ、奥さま！　昨晩、季節はずれの大嵐があったのを、あなたはご存じですね？　あのひどい嵐の最中に裕福な商人の家が崩壊し、商人とかれの妻、かれらの息子の上に落下して、死んだんです。かれらは火葬の積み薪一つきりで、ついさっき荼毘に付されたんです。ちょっと、向こうをご覧なさい！　まだ、その火葬の積み薪の煙が見えるでしょう」

第Ⅴ部　さまざまな「悪」

　遠くのほうでいく筋か煙が立ち昇ってたなびいているのを彼女が見たとき、ひとことも口から出なかった。再三にわたって、こんな深い苦悩に押しつぶされ、しばらくのあいだ、彼女は崩れ落ちるように卒倒した。しかし意識を取り戻したときは、彼女は気が狂っていた。ぐるぐる歩いてさまよった。ぐるぐる回るので、彼女の服はからだから脱げ落ち、裸になった。このため、みんなが彼女のことをPaṭācārā（訳注：パーリ語のpataパタは"衣服"、また動詞patatiパタティは"落ちる"、ācārāアーチャーラーは"さまよう女"の意）と呼んだのである。
　泣き叫び、嘆き悲しみながら、市内を彼女は裸で駆けた。
　「わたしの坊やが、両方とも死んじゃった。わたしの夫が、道の上で死んじゃった。わたしの母、父、兄が、積み薪一つきりで火葬にされちゃった」
　人びとが彼女のからだを布で隠そうとしても、彼女はそれをはぎ取った。そこで人びとは、汚泥を彼女に投げつけ、また、土のかたまりを投げつける者もいた。
　パターチャーラーがジェータヴァナ僧院（祇園精舎）の入り口に着いたとき、世尊は多くの弟子たちに説法中であった。世尊は、いまや彼女の精神的能力が成熟しているのを見てとられ、彼女が来るのをじゃましないように、と多くの弟子たちに告げられた。そして、彼女がほんの近くまで来たとき、こういわれた。
　「パターチャーラーよ、正気になりなさい！」
　彼女は世尊のことばをきくなり、正気を取り戻した。自分が裸であることに気づき、膝を閉じて地面にしゃがみこみ、両手で自分のからだを隠そうとした。ある親切な男が自分のマントを彼女に投げてやった。それをまとって、彼女は世尊に近づき、御足のもとへひれ伏した。彼女は世尊にみずからの悲劇を物語り、援助を請うた。
　世尊は、深い慈悲心をもって、彼女に輪廻の危難の法話をして慰められ、不放逸にならず、涅槃にみちびく道を確立するように、と教えられた。（訳注：この法話は、相応部・因縁篇4・無始相応1.3「涙経」で、輪廻は無明に覆われ、渇愛に縛られ、流転し、父母兄弟姉妹、こどもたちを亡くして嘆き悲しむ人びとの涙は四つの大海の水の比ではなく、輪廻の始源を知ることはできず、厭離し、解脱するがよい、といった教えが説かれている。）
　世尊の訓戒をきいて、彼女の苦悩は消えた。法話の終わりにはパターチャーラーは預流者になり、比丘尼の僧団に入る許しをもとめた。世尊はその許しを与え、彼女を比丘尼僧団に送り、比丘尼として受け入れさせた。
　ある日、足を洗っているあいだに、彼女は坂をしたたり落ちる水に気づいた。時には短い距離を流れるだけで、さっと地面にしみこみ、ほかの時には、わずかに速く流れ落ち、また別の時には、坂の下までずっと流れるのだ。パターチャーラーは、

この現象をじっくり見て、その観察を人生の三つの異なった期間に応用して考えてみた。

「なかには、とても短い命がある。わたしの坊やたちみたいに。また、なかには壮年まで生きる命もある。わたしの夫みたいに。さらに、なかには年寄りになるまで生きる命がある。わたしの両親のように」(訳注:人生を、幼少・青年期、壮年期、老年期の三期に分けるとらえ方が当時あった。)

それから彼女は、自分の独居房に入り、坐って瞑想し、無常・苦・無我の三相を観察した。それを深夜までやった。彼女は疲れを感じて、しばらく寝ることに決めた。彼女が、灯心を油のところまで、先のとがった針で下ろしたとき、世尊が光彩を放って彼女の目の前に現れ、話しかけて彼女の考えを確かめられた。世尊が、短い法話を述べられた後、パターチャーラーは阿羅漢に達した。(訳注:このとき世尊が唱えられたのが、ダンマパダ 113 の以下の偈「生滅を観ずに百年生きるより、生滅を観て一日生きるほうが勝っている」。)

パターチャーラーは、世尊から広範包括的な律を学び、それに関するものごとの賢明な判断をした。彼女はは偉大な導師となり、多くの比丘尼は彼女のみちびきに従って、彼女の助言にすばらしい慰安を得た。ある折、ジェータヴァナ僧院の弟子たちの前で世尊は、比丘尼の仏弟子中、パターチャーラーが「持律者第一」と宣言された。

第V部　さまざまな「悪」

第4章　外道——異教徒たち

60話　論争家サッチャカ……五蘊の無常・苦・無我をめぐって

　部族連合国家のヴァッジ国は、ある時代、ヴェーサーリーが首都で、リッチャヴィー族によって統治されていた。ブッダの在世当時、リッチャヴィー族はインドでは有力な部族として知られていた。かれらはまた、当時広まっていたさまざまな苦行の修行者の考えを詳しく調べることに、とても熱心であった。
　あるとき、ニガンタ・ナータプッタ（訳注：ブッダ在世当時のインドの代表的な自由思想家「六師外道」の一人で、ジャイナ教開祖）の追随者である、一人の行者が、全インドを遍歴して巡った後、ヴェーサーリーにやってきた。かれは練達の論争家で、五百の討論命題の専門家を名乗っていた。ちょうど時を同じくして、一人の女性遍歴行者がヴェーサーリーにやってきた。リッチャヴィー族の人々は、かれらを高く評価し、厚遇した。その後すぐに王族の門下生たちが、高名な両者の公開討論会をお膳立てした。たくさんの人々が、めったにないこの催しを見るために討論会が開かれる場所に集まった。討論会はすばらしかった。しかし、とどのつまり、どちらも相手を打ち負かせず、両者とも同等に達人である、と証明された。
　リッチャヴィー族の人々は、かれら二人に、当地に住みつき、リッチャヴィー族の王族青年たちを教えるように、と依頼した。もし、かれらが互いに結婚を望むなら、王族の門下生たちは暮らしに必要なあらゆるものを提供するであろう、と申し出たのだ。そこで、かれらは結婚した。そのうち、この夫婦は五人の子をもうけた。サッチャー、ローラー、パターチャーラー、アーチャーラワティーの姉妹四人と、末っ子の息子サッチャカである。かれらが成長したとき、父からは五百の討論命題、そして母からは五百の討論命題、合計一千の討論命題をそれぞれが受け継いだ。四人の娘たちに両親は、こう助言した。
　「わが娘たちよ、もし論争で敗れたら、相手が男なら、おまえたちはみずからを妻として献げるがよい。しかし、かれが苦行の修行者なら、おまえたちはかれのもとで出家の生活を送るがよい」
　四人の娘たちは女性論争家として、町から町へ遍歴して論争する一方、年上の姉たちより賢かったサッチャカはヴェーサーリーにとどまり、若い王族青年たちを教育する責任を果たした。両親から一千の討論命題を受け継いだのに加え、サッチャカはまた、多くの異端の討論命題も学び、ジャンブディーパ（訳注：インド本島の

意。全インドあるいはインド亜大陸のこと。漢字表記は閻浮提）では負け知らずの論争家として有名になった。かれは、あまりにも多くの知識を蓄えてしまったと考え、いつなんどきおなかが破裂しないか、と恐れた。かれは知識の貯蔵庫はおなかだ、と信じていたのである。それゆえ、かれはおなかに保護板を巻きつけていた。

　四姉妹は各自、遍歴して論争しているあいだ、ジャンブ樹の枝を携えていた。彼女たちは市の入り口の盛り土の上にそれを植え、論破したい、と思う者なら誰でも、その枝を踏みにじり、脇へ放り投げるように、という挑戦状を告示した。ある日、彼女たちがサーヴァッティに到着したとき、市の門のところにジャンブ樹の枝を植え、市内に入る前、門付近をぶらついていた何人かの若者たちに、自分たちのことを知らせておいた。

　翌朝、サーリプッタ尊者がサーヴァッティに托鉢に行かれたとき、ジャンブ樹の枝に出くわした。尊者は、若者たちに、その枝を踏みにじり、脇へ放り投げるように、と頼んだ。若者たちは尊者に、こういった。

　「尊者さま、そんな大胆なことは、わたしたちにはできません。わたしたちは、もめごとを恐れています」

　しかしながらサーリプッタ尊者は、こういって、かれらを促した。

　「きみたち、恐れてはいけない！　いいから、わたしのために引き抜いて、放り投げなさい！　もし、彼女たちが、これをやったのは誰か、ときいたら、いいから、ブッダの弟子のサーリプッタが、そうするように、といったのだ、と伝えなさい。また、わたしに論争で挑戦したいと望んでいるのなら、ジェータヴァナ僧院（祇園精舎）に来てもよい、ということも伝えなさい！」

　その後すぐに、四姉妹は、彼女たちのジャンブ樹の枝がサーリプッタ尊者の命令で引き抜かれた、と知った。彼女たちは市内を巡って、人々に、こう告げた。

　「市民のみなさん、ブッダの弟子のサーリプッタ比丘が、ジェータヴァナ僧院でわたしたちに大論争を挑む、と告知しました。わたしたちの論争を見てみたい、とお望みの方々はどなたでも、わたしたちといっしょに行ってもさしつかえありません」

　大勢の人々を引き連れて、四姉妹は、ついに僧院に到着した。サーリプッタ尊者は、弟子たちといっしょに、説法講堂で四姉妹を迎えた。弟子たちもまた、この論争を見たい、と熱望していたのだ。親しくあいさつを交わした後、全員坐った。そのとき長老が、こういった。

　「誰から質問を始めますか？」

　「あなたのほうがわたしたちに挑戦しているので、最初にわたしたちから質問して、論争を始めましょう」と、四姉妹は答えた。

第Ⅴ部　さまざまな「悪」

「はい、それでは女性陣よ、あなた方から質問を始めてください」と、長老が答えた。

その後すぐに、四姉妹の論争家たちは、長老が真ん中に坐るようなところに位置取りした。彼女たちが口火を切り、四方から間断なく、長老を質問攻めにして、次から次へ、両親から学んだ一千の討論命題すべてを長老に浴びせつづけた。しかし、彼女たちが驚いたことには、まるで鋭い両刃の剣で蓮の花の茎を切ってしまうかのように、長老はもの静かにやすやすと問題を解いて、あらゆる質問に完璧な答えを与えたのである。

もはや彼女たちに質問がなくなったとき、長老が、こういわれた。

「さて、あなた方からわたしに一千の質問がされて、そして、そのすべてにあなた方が満足するまで、わたしはお答えした。それでは、わたしのほうから、たった一つだけ質問しよう。それに答えてくれますか？」

彼女たちは鼻っ柱をへし折られていたものの、勇気を奮い起こして、こう答えた。

「はい、尊者さま、どうぞおききください！　わたしたちは、あなたの質問にお答えできるでしょう」

「姉妹のみなさん、わたしの質問は高度なものではありませんが、こどもが沙弥（訳注：比丘になる前に修行中の少年）になって、これをしっかり学ぶのです。わたしたちは『一とは何か？』と、きいて訓練します。そこでまた、これを、あなたたちへのわたしの質問にします」

四姉妹の論争家たちは、多くの面からこの質問の分析を試みたが、答えを見つけることができなかった。その次に長老が、こう尋ねた。

「姉妹のみなさん、どうして黙っているのですか？　わたしの質問に答えるのは、あなたたちの番ですよ」

「尊者さま、わたしたちはあなたの質問に答えられません」

「もしそうなら、どっちが勝者で、どっちが敗者ですか？」

「尊者さま、あなたが勝者で、わたしたちは敗者です」（訳注：「一とは何か？」という質問の答えは「生きとし生けるものは食べ物で生きている」食べ物とは身体の栄養物と、心の感覚・知覚刺激情報をさす。「35話　墓場のソーパーカ……七歳の阿羅漢」参照。パーリ語の問答は、Eka nāma kiṃ?　Sabbe sattā āhāraṭṭhitikā.)

その後すぐに、四姉妹の論争家たちは、サーリプッタ尊者に、彼女たちの両親が亡くなる前にしてくれた助言について語り、長老のもとで聖なる暮らしをしたい、という望みを話した。そこで、サーリプッタ尊者は彼女たちを比丘尼僧団へ送り、入団の具足戒すべてを受けさせた。たゆまぬ修行の実践のおかげで、彼女たちはほどなく阿羅漢になった。

第4章 外道──異教徒たち

　それからしばらくたって、世尊がヴェーサーリーに近い大林の重閣講堂に住まわれていたとき、姉たちが世尊のもとで比丘尼になったことを知ったサッチャカは、世尊の伝道ぶりをとがめだてするのにふさわしい機会をみつけた。ヴェーサーリーでは、サッチャカが学識のある遍歴行者で、いちばん練達の論争家だ、と誰もが知っていた。かれ自身、次のように自慢していたのである。
　「みずから比丘だ、といったり、教団のリーダー、教団の指導者、苦行の修行者、バラモン僧、あるいは阿羅漢、正自覚者だ、とすらいったりする者たちのなかで、公開討論会でわたしがかれらの教義上の見解を論破したとき、からだが震えなかったり、腋の下から汗を流さなかったりした者を、わたしは誰も見たことがない。無感覚の柱ですら、もし万一わたしが論戦に出ていたら、白熱の議論のなかで震えずにはいられないだろう。まして人間との論戦なら、いうまでもあるまい」
　ある朝、サッチャカがヴェーサーリー周辺で散歩していたとき、托鉢中の五群比丘の一人、アッサジ尊者を見かけた。そこでサッチャカは世尊を論難する前に世尊の見解を知っておこうとして、尊者に近づいた。親しくあいさつを交わした後、サッチャカは、こうきいた。
　「友、アッサジよ、ゴータマ比丘はどのように弟子たちを指導しているのですか？ また、かれは、弟子たちに、かれの教えを、どのような実践的な指示として与えているのですか？」
　「アッギヴェッサナ（訳注：サッチャカのバラモンとしての族名）よ、世尊は弟子たちを次のように指導し、教えを弟子たちに実践的な指示として与えています。
　『比丘たちよ、色（しき）〔ルーパ〕は無常である〔アニッチャ〕。受（じゅ）〔ヴェーダナー〕は無常である。想（そう）〔サンニャー〕は無常である。もろもろの行（ぎょう）〔サンカーラー〕は無常である。識（しき）〔ヴィンニャーナ〕は無常である。色は我ではない〔アナッタ〕。受は我ではない。想は我ではない。もろもろの行は我ではない。識は我ではない。一切の行は無常である。一切の法〔ダンマ〕は我ではない』
　このように、アッギヴェッサナよ、如来（ブッダのこと）は弟子たちを指導し、教えを弟子たちに実践的な指示として与え、何度も弟子たちに、実践するように、と強調されているのです」
　これをきいてサッチャカは、こういった。
　「友、アッサジよ、なんと不適切な見解でしょうか！　ゴータマ比丘がそんな見解を語っているのだ、とわれらがきいた以上、わたしはゴータマ比丘といつかどこかで会って、何らかの議論をしてみたいものです。そして多分、われらは、そのような悪しき邪見から、かれを自由にしてあげられるでしょう」
　サッチャカは、こう考えた。
　「さて、弟子のアッサジから、ゴータマ比丘の教えをわたしは知ったのだ。リッ

第V部　さまざまな「悪」

チャヴィー族の王族青年五百人をゴータマ比丘のところへ、きょう、いっしょに連れて行こう。それから、ゴータマ比丘の見解をとがめてやろう」

　そこでサッチャカはリッチャヴィー族の王族青年たちが集会を開いている公会堂へ行った。公会堂に着くなり、サッチャカは、リッチャヴィー族の王族青年たちに、こういった。

「リッチャヴィー族のみなさま、恐縮でございますが、きょう、みなさまにゴータマ比丘とわたしの大論戦を見物していただくよう、ご招待いたします。これは、あらゆる論戦でも最大となるでありましょう。ゴータマ比丘の高名な弟子で五群比丘の一人、友、アッサジがわたしに、ゴータマ比丘は無常と無我の確固たる見解を語っている、と話していました。もしも、ゴータマ比丘がそのようにわたしに表明すれば、そのときは力の強い男が長い毛をした羊のその毛をつかんで引きつけ、押し返し、引き回すように、いやそれよりさらに、わたしの主張と反論によってゴータマ比丘の見解をつかんで引きつけ、押し返し、引き回すでしょう」

　それからすぐに、サッチャカと五百人のリッチャヴィー族の王族青年たちは重閣講堂へ向かった。そこでは、一人の比丘がサッチャカに、世尊は大林の日陰になっている樹の下に坐って真昼の冥想をしている、と話した。まもなくサッチャカは如来と、そこで会った。心温まるあいさつを交わした後、サッチャカと王族青年たちは、それぞれふさわしいところに坐った。その後すぐに、サッチャカは如来に、こうきいた。

「友、ゴータマよ、もしよろしければ、わたしは、あなたがどのように弟子たちを指導し、そして、あなたが何度も強調されている教えの核心を、弟子たちにどのように実践するよう指示しているのか、おききしたいのです」

「アッギヴェッサナよ、如来は弟子たちを次のように指導し、教えを弟子たちに実践的な指示として与えています。

『比丘たちよ、色は無常である。受は無常である。想は無常である。もろもろの行は無常である。識は無常である。色は我ではない。受は我ではない。想は我ではない。もろもろの行は我ではない。識は我ではない。一切の行は無常である。一切の法は我ではない』

このように、アッギヴェッサナよ、如来は弟子たちを指導し、教えを弟子たちに実践的な指示として与え、何度も弟子たちに、実践するように、と強調しているのです」

「友、ゴータマよ、ひとつのアナロジー（類推）が、わたしに浮かびました」

「では、それを明らかにしなさい、アッギヴェッサナよ！」と、如来は、かれにいった。

第4章　外道――異教徒たち

「友、ゴータマよ、ちょうど種子から発芽して生じる植物と、樹木が、大地に依存し、基礎を置いているように、あるいは、ちょうど肉体労働者が、大地に依存し、基礎を置き、その支えで仕事を完成させられるように、まさに友、ゴータマよ、ひとりの人間は色を基礎において功徳、または悪徳を招くのです。ひとりの人間は受を基礎において功徳、または悪徳を招くのです。ひとりの人間は想を基礎において功徳、または悪徳を招くのです。ひとりの人間は行を基礎において功徳、または悪徳を招くのです。ひとりの人間は識を基礎において功徳、または悪徳を招くのです。友、ゴータマは、かくして実体（我（アッタ））のまさに証拠を捨てて、実体がない（無我（アナッタ））、と表明されているのです」

「アッギヴェッサナよ、そなたは『色は我である、受は我である、想は我である、もろもろの行は我である、識は我である』と、いうのですか？」

「友、ゴータマよ、まさしく、わたしは『色は我である、受は我である、想は我である、もろもろの行は我である、識は我である』と、いうのです。そして、このヴェーサーリー市民の大衆も同じなのです」

「アッギヴェッサナよ、この大衆とそなたに何の関係があるのですか？　そなた自身の見解を説明したらどうですか？」

「はい、友、ゴータマよ、まさしく、わたしが『色は我である、受は我である、想は我である、もろもろの行は我である、識は我である』と、いっているのです」

「それでは、アッギヴェッサナよ、そなたは、五蘊が我である、と認めたのだから、今度はわたしが、尋ねよう。そなたが適切である、と考えたことを、わたしに答えなさい！　アッギヴェッサナよ、そなたはこれを、どう考えますか。『国王として灌頂（かんじょう）を受けたコーサラ国のパセーナディ王、あるいはヴィデーヒー妃の子である戴冠（たいかん）したマガダ国のアジャータサットゥ王は、かれらそれぞれの領土内で、死に値する者に処刑を命じたり、財産没収に値する者から財産を没収するよう命じたり、追放に値する者を追放したりする権力をもっているのだろうか？』と」（訳注：灌頂とは、水を頭頂に注ぐ、という意味。古代インドには、国王の即位や立太子の際、四大海の水を頭頂に注ぐ儀式があった、という。）

「たしかに、友、ゴータマよ、国王として灌頂を受けたコーサラ国のパセーナディ王、あるいはヴィデーヒー妃の子である戴冠したマガダ国のアジャータサットゥ王は、かれらそれぞれの領土内で、死に値する者に処刑を命じたり、財産没収に値する者から財産を没収するように命じたり、追放に値する者を追放したりする権力をもっています。

友、ゴータマよ、ヴァッジ族やマッラ族のような部族連合国家の首長である部族であっても、かれらそれぞれの領土内で、死に値する者に処刑を命じたり、財産

没収に値する者から財産を没収するように命じたり、追放に値する者を追放したりする権力をもっています。さらにもっと、国王として灌頂を受けたコーサラ国のパセーナディ王、あるいはヴィデーヒー妃の子である戴冠したマガダ国のアジャータサットゥ王には、われらはいう必要があります。たしかに、友、ゴータマよ、王は権力を持っているであろうし、権力を持っているのにふさわしいのです」

「アッギヴェッサナよ、そなたはこれを、どう考えますか。そなたは『色は我である』と、表明しましたが、そなたの色に対して『わたしの色はかくあるように、あるいは、わたしの色はかくあるな』と、命令する完全な権力をそなたは持っていますか？」

このように如来がアッギヴェッサナに尋ねたとき、ニガンタの子（訳注：追随者のこと）サッチャカは、完全に沈黙したままであった。再び如来が、ニガンタの子サッチャカに、同じ質問に答えるように、こう尋ねた。

「アッギヴェッサナよ、そなたはこれを、どう考えますか。そなたは『色は我である』と、表明しましたが、そなたの色に対して『わたしの色はかくあるように、あるいは、わたしの色はかくあるな』と、命令する完全な権力をそなたは持っていますか？」そして、この二度目の質問にも、サッチャカは、沈黙したままであった。

そこで如来はサッチャカに、こういって警告した。

「アッギヴェッサナよ、答えなさい！　いまはそなたが沈黙するときではありません。如来の真っ当な質問に三度まで答えない者は、おのずと頭が七つに割れてしまいますよ」

そのとき、帝釈天は金剛手の夜叉の姿に扮してその場に来ざるをえなくなり、燃えて赤熱の炎を上げる雷電（雷鳴と電光）をふるって、サッチャカの頭上の空中に立ちはだかっていた。かれは、こう考えてサッチャカを脅えさせた。

「もし、このサッチャカ、ニガンタの子が、如来のされた真っ当な質問に三度まで答えないなら、わが雷電でこいつの頭を七つに割ってしまおう」

このふしぎな光景は、如来とサッチャカにだけしか見えないものであった。

サッチャカはひどい衝撃を受けた。からだが震え、身の毛がよだち、腋の下、全身、頭から汗が流れ落ちた。全身くまなく鳥肌が立った。誰もかれを助けられなかった。しかしながら、ブッダ自身にのみ、かれのもとめる保護と避難とよりどころがあった。かくて、かれはブッダに哀願した。

「おお、友、ゴータマよ、どうか、もう一度、質問してくださいませんか。お答えしますので」

如来が、もう一度、質問をくりかえされた。

「アッギヴェッサナよ、そなたはこれを、どう考えますか。そなたは『色は我で

第4章 外道——異教徒たち

ある』と、表明しましたが、そなたの色に対して『わたしの色は、かくあるように、あるいは、わたしの色は、かくあるな』と、命令する完全な権力をそなたは持っていますか？」

ふるえる声でサッチャカが答えた。「わたしは、そんな権力をもっていません、友、ゴータマよ」

「アッギヴェッサナよ、もう一度よく考えなさい、もう一度じっくり考えなさい、答えを出す前には！　そなたが前にいったことは、そなたが後にいったことと一致していません。それではアッギヴェッサナよ、そなたはこれを、どう考えますか。そなたは『受は我である』と、表明しましたが、そなたの受に対して『わたしの受はかくあるように、あるいは、わたしの受はかくあるな』と、命令する完全な権力をそなたは持っていますか？」

サッチャカが答えた。「わたしは、そんな権力をもっていません、友、ゴータマよ」

「アッギヴェッサナよ、もう一度よく考えなさい、もう一度じっくり考えなさい、答えを出す前には！　そなたが前にいったことは、そなたが後にいったことと一致していません。それではアッギヴェッサナよ、そなたはこれを、どう考えますか。そなたは『想は我である』と、表明しましたが、そなたの想に対して『わたしの想はかくあるように、あるいは、わたしの想はかくあるな』と、命令する完全な権力をそなたは持っていますか？」

サッチャカが答えた。「わたしは、そんな権力をもっていません、友、ゴータマよ」

「アッギヴェッサナよ、もう一度よく考えなさい、もう一度じっくり考えなさい、答えを出す前には！　そなたが前にいったことは、そなたが後にいったことと一致していません。それではアッギヴェッサナよ、そなたはこれを、どう考えますか。そなたは『もろもろの行は我である』と、表明しましたが、そなたのもろもろの行に対して『わたしのもろもろの行はかくあるように、あるいは、わたしのもろもろの行はかくあるな』と、命令する完全な権力をそなたは持っていますか？」

サッチャカが答えた。「わたしは、そんな権力をもっていません、友、ゴータマよ」

「アッギヴェッサナよ、もう一度よく考えなさい、もう一度じっくり考えなさい、答えを出す前には！　そなたが前にいったことは、そなたが後にいったことと一致していません。それではアッギヴェッサナよ、そなたはこれを、どう考えますか。そなたは『識は我である』と、表明しましたが、そなたの識に対して『わたしの識はかくあるように、あるいは、わたしの識はかくあるな』と、命令する完全な権力

をそなたは持っていますか？」

サッチャカが答えた。「わたしは、そんな権力をもっていません、友、ゴータマよ」

世尊は、五蘊の共通の特徴について問答によって、熱心にサッチャカを教え誡めつづけた。

「アッギヴェッサナよ、そなたはこれを、どう考えますか。『色は常か、無常か？』」

「無常です、友、ゴータマよ」

「それでは、何であれ無常なるものは苦か、楽か？」

「苦です、友、ゴータマよ」

「それでは、色は無常で、苦で、変化する性質であるのに、『これはわたしのものである、これはわたしである、これはわたしの我である』と、見なすのは適切でしょうか？」

「まさしく、友、ゴータマよ、それは適切ではありません」

「アッギヴェッサナよ、そなたはこれを、どう考えますか。『受は……、想は……、もろもろの行は……、識は……、常か、無常か？』」

「無常です、友、ゴータマよ」

「それでは、何であれ無常なるものは苦(ドゥッカ)か、楽(スカ)か？」

「苦です、友、ゴータマよ」

「それでは、受は……、想は……、もろもろの行は……、識は……無常で、苦で、変化する性質であるのに、『これはわたしのものである、これはわたしである、これはわたしの我である』と、見なすのは適切でしょうか？」

「まさしく、友、ゴータマよ、それは適切ではありません」

サッチャカに五蘊が無常・苦・無我であることを五百人のリッチャヴィー族の王族青年たちの前で認めさせてから、如来は、真理を受け入れることによってかれに降伏させるため、さらに質問をつづけた。

「アッギヴェッサナよ、そなたはこれを、どう考えますか。『(五蘊の)苦に執着し、苦に固執し、苦を固守して、苦を〈これはわたしのものである、これはわたしである、これはわたしの我である〉と、見なす者が、かれ自身の苦を、はたして明確に理解できるでしょうか？　かれは苦の滅尽のなかで、生きつづけられるでしょうか？』」

「友、ゴータマよ、どうして、そんなことがありえましょうか？　まさしく、ありえません」

「アッギヴェッサナよ、そなたはこれを、どう考えますか。『もしそうであるなら、

第4章　外道——異教徒たち

そなたが苦に執着し、苦に固執し、苦を固守して、苦を〈これはわたしのものである、これはわたしである、これはわたしの我である〉と、見なすのは、そなた自身が邪見をもっているからである、とそなたは思いませんか？』」

「友、ゴータマよ、どうして、わたしがそうでないことがありましょうか？　まさしく、わたしはそのとおりです」

「たとえば、アッギヴェッサナよ、鋭利な斧をもった男が森に入り、心材を探し、求め、調べてさまよっている、とします。そして、かれがバナナの木を見るとします。まっすぐな幹の、まだ花弁の生じていないバナナの木です。かれは根もとのところでそれを切り、先端も切り落とします。それから幹の衣をはぎとります。幹の衣をはぎとっても、その男は軟材にさえ達していないのです。まして心材については、なおさらです。ちょうどそのように、アッギヴェッサナよ、そなたの見解について、わたしがそなたに質問し、さらに反論の質問をして、そなたの見解は、空虚で、無駄で、大失敗である、と証明されたのです。

アッギヴェッサナよ、そなたはヴェーサーリー市民の前で、こう自慢しました。

『みずから比丘だ、といったり、教団のリーダー、教団の指導者、苦行の修行者、バラモン僧、あるいは阿羅漢、正自覚者だ、とすらいったりする者たちのなかで、公開討論会でわたしがかれらの教義上の見解を論破したとき、からだが震えなかったり、腋の下から汗を流さなかったりした者を、わたしは誰も見たことがない。無感覚の柱ですら、もし万一わたしが論戦に出ていたら、白熱の議論のなかで震えずにはいられないだろう。まして人間との論戦なら、いうまでもあるまい』と。

ところが、アッギヴェッサナよ、そなたの腋の下から、そして全身から、汗の玉がしたたり落ちています。衣服を濡らし、ポタポタ地面に落ちています。わたしはといえば、アッギヴェッサナよ、わたしのからだには、汗のあとがありません」

そして、そのすぐ後、如来は、黄金色のからだを露わにされ、会衆に見せられた。

如来がこのようにいわれたとき、ニガンタの子、サッチャカは赤面し、恥ずかしげに肩を落とし、うなだれて沈黙した。かれは、まったく意気消沈してしまったのだ。

サッチャカがこんな態度になったのを見て、リッチャヴィー族の王族青年のドゥンムカが如来に、こう申し上げた。

「尊師よ、わたしにひとつの喩えが浮かびました」

「それをいってみなさい、ドゥンムカよ！」と、如来がうながした。

「尊師よ、ある村か市場町の近くに池があって、そこにカニがいる、としましょう。そこで、たくさんの少年少女が、その村か市場町からやってきて、池に近づいてくるのです。その池に着くと、カニをとって水から引き上げ、地面に放り投げる

273

のです。そして、尊師よ、カニが爪を向けてくると、少年少女たちは棒や陶器の破片でカニを押しつぶし、たたき割るのです。爪を切られ、押しつぶされ、たたき割られたカニは、以前のように池に入ることができません。それにもまして、尊師よ、ニガンタの子、サッチャカにとっては、世尊に再び近づいて、反論し、主張することは不可能です。かれのすべての歪んだ、思い上がった、ねじ曲がった見解を、世尊が押しつぶし、たたき壊し、たたき割ったのですから」

こういわれて、サッチャカはドゥンムカに大声で叫んだ。

「やめてくれ、ドゥンムカよ！ やめてくれ、ドゥンムカよ！ われらは、あなたと議論しているんじゃない！ われらは、友、ゴータマと議論しているんだ」

ちょうどそのとき、別のリッチャヴィー族の王族青年たちも、かれらの喩えを表明したい、と望んだ。サッチャカに仕返ししたい、という意図があったのだ。というのは、サッチャカのもとで、かれらが指導訓練を受けていたとき、サッチャカが小馬鹿にした扱いをしたためであった。しかし、サッチャカはかれらの意図を察知した。さらに都合の悪い状況に陥るのを避け、体面を維持するため、かれはこういった。

「友、ゴータマよ、わたしの思い上がった言いぐさは、どうかひとまずわきに置いてください！ 取るに足らない、ただの会話ですから。友、ゴータマよ、どのようにしてあなたの弟子は、あなたの教えに従って実践し、道を歩み、すべての煩悩を取り除き、すべての束縛を断ち切って、阿羅漢果に至ることができるのでしょうか？」

「この僧団では、アッギヴェッサナよ、わたしの弟子は、あらゆる色（物質）を、ありのまま正しく理解して見る（如実に知見する）のです。それが、過去・未来・現在であれ、内部・外部であれ、粗大・微細であれ、低俗・高尚であれ、遠く・近くであれ、そうなのです。洞察智と道智をとおして、かれは、こう見ます。〈この色はわたしのものではない、この色はわたしではない、この色はわたしの我ではない〉と。そして、あらゆる受は……、あらゆる想は……、あらゆる行は……、あらゆる識は……〈この識はわたしのものではない、この識はわたしではない、この識はわたしの我ではない〉と。かくて、アッギヴェッサナよ、わたしの弟子は、わたしの教えに従って実践し、道を歩み、すべての煩悩を取り除き、すべての束縛を断ち切って、阿羅漢果に至ることができるのです」

「それから、アッギヴェッサナよ、比丘の心がこのように解脱したとき、比丘は如来を、このように畏敬し、尊重し、礼遇し、崇拝します。『われらの師、世尊は、みずから正自覚者であり、有情の覚りのために真理を説きたまう。みずから安らぎ（寂静）のなかにいて、ただ有情の安らぎのために真理を説きたまう。みずから四

暴流(訳注：欲・有・見・無明の四つの煩悩の激流)を渡られ、ただ有情の度暴流(訳注：激流を渡る)のために真理を説きたまう。みずから究極の目標である涅槃を達成され、ただ有情の涅槃の達成のために真理を説きたまう』と」

如来がこのように説明されたとき、サッチャカは、こう申し述べた。

「友、ゴータマよ、まさしく、われらはとても傲慢です。われらは生意気です。世尊を見くびって、粗暴で失礼な言葉でけなしました。友、ゴータマよ、ある者が発情した象を攻撃した後、その者は安全かもしれませんが、友、ゴータマを攻撃した者に、安全はありえません。友、ゴータマよ、ある者が燃えさかる火炎を攻撃後、その者は安全かもしれませんが、友、ゴータマを攻撃した者に、安全はありえません。友、ゴータマよ、ある者が恐ろしい猛毒の蛇を攻撃した後、その者は安全かもしれませんが、友、ゴータマを攻撃した者に、安全はありえません。友、ゴータマよ、まさしく、われらはとても傲慢です。われらは生意気です。世尊を見くびって、粗暴で失礼な言葉でけなしました」

それから、サッチャカは如来を布施食に招待した。

「どうか、友、ゴータマよ、僧団の比丘たちとともに、わたしの布施食をあす、わたしの家でお受けください」

如来は沈黙をたもつことで、同意された。(訳注：身・語では表明されず、内心の慈悲で同意されたことをさす。)

そこで、サッチャカは、リッチャヴィー族の王族青年たちに、こういった。

「リッチャヴィー族のみなさま方、わたしのいうことをよく聞いてください！友、ゴータマは、わたしの布施食を、わたしの家であす、お受けくださいました。みなさま、それにふさわしいどんな食べ物でも、持ってきてください」

その後すぐに、五百人のリッチャヴィー族の王族青年たちが、料理五百鉢をサッチャカに持ってきた。豪華な食べ物の準備がととのってから、サッチャカは如来に使いを出して知らせた。

「友、ゴータマよ、食事の時間です。布施食の準備ができました」

その日の朝、衣をまとって托鉢の鉢を手に持ち、如来は僧団の比丘たちとともに、サッチャカの家へ行った。それぞれに用意された席に坐ってから、サッチャカが手ずから比丘たちに豪華な布施食をふるまった。如来と弟子たちが食事を終えたとき、サッチャカは如来のかたわらに坐って話しかけた。

「友、ゴータマよ、この大いなる布施によって、功徳の積み重ねが施主であるリッチャヴィー族の王族青年たちに幸福と繁栄をもたらしますように」

この誤った理解に対し、如来は、こう教え誡めたのである。

「サッチャカよ、功徳は、リッチャヴィー族の王族青年たちにあります。なぜな

ら彼らが布施をして、その布施を受けたのが、そなたのような貪り・憎しみ・迷妄（貪・瞋・痴）から離れていない者であるために。しかし、功徳は、そなたにもあるのです。なぜならそなたが布施をして、その布施を受けたのが、わたし（ブッダ）のように貪り・憎しみ・迷妄から離れている者であるために」

61話　資産家ウパーリ……ジャイナ教を捨てて

　ブッダの年代記のなかに「ウパーリ」という同じ名前の人物が二人いる。
　一人目は理髪師ウパーリ。釈迦族の六人の王族青年（訳注：バッディヤ、アヌルッダ、アーナンダ、バグ、キンビラ、デーヴァダッタ）とともに、アヌピヤ・マンゴー林で、世尊のもとで出家して具足戒を受けた。かれは戒律に精通し（律受持）、第一結集の律の誦出者に任命されている。
　二人目はバーラカの長者で、ニガンタ・ナータプッタ（訳注：「六師外道」の一人でジャイナ教開祖）の卓越した弟子の一人である。かれは資産家ウパーリとして著名であった。世尊の説法を聴いた後、たいへん喜び、ただちに世尊の信者になりたい、という望みを表明した。以下は、その物語である。
　あるとき、ニガンタ・ナータプッタが、ウパーリに率いられたバーラカの在家者のかなりの大会衆とともに坐っていたとき、ニガンタのディーガ・タパッシーがやってきた。ニガンタ・ナータプッタが、こう尋ねた。
　「この真昼どきに、おまえはどこからやってきたのだ、タパッシーよ？」
　「わたしはゴータマ沙門のいるところからやってきました、尊師よ」
　「おまえはゴータマ沙門と何か会話したのか、タパッシーよ？」
　「はい、わたしはゴータマ沙門と、それなりの会話をしました、尊師よ」
　「かれとの会話とは、どんなものだったのか、タパッシーよ？」
　それから、ニガンタのディーガ・タパッシーは、世尊との会話のすべてをニガンタ・ナータプッタに語った。
　「けさ、ナーランダー（訳注：ラージャガハから1ヨージャナの距離で、5世紀から12世紀にかけてインド随一の学問寺があり、仏教教学の中心地として栄えた）で托鉢にまわって、わたしの布施食をいただいてから、パーヴァーリカのマンゴー林へ、わたしはゴータマ沙門に会うために行きました。わたしは、かれとあいさつを交わしました。礼儀正しい、和やかなあいさつの交換後、かれはわたしに、坐るように、といいました。それからかれは、こう尋ねました。

第4章　外道——異教徒たち

『タパッシーよ、ニガンタ・ナータプッタは、どれほどの種類、悪しき行為の実行と、悪しき行為の犯行を説いていますか？』

『友、ゴータマよ、ニガンタ・ナータプッタは、〈行為、行為〉（業）と、説く習わしがありません。ニガンタ・ナータプッタは、〈暴力、暴力〉（鞭）と、説く習わしがありません』

『それではタパッシーよ、ニガンタ・ナータプッタは、どれほどの種類、悪しき行為の実行と、悪しき行為の犯行を説いていますか？』

『友、ゴータマよ、ニガンタ・ナータプッタは、三種類の暴力を、悪しき行為の実行と、悪しき行為の犯行で説いています。すなわち、身体の暴力（身の鞭）、言葉の暴力（語の鞭）、精神の暴力（意の鞭）です』

『タパッシーよ、このように分析され、分類されたこれら三種類の暴力、身体の暴力、言葉の暴力、精神の暴力で、ニガンタ・ナータプッタが、悪しき行為の実行と、悪しき行為の犯行で、もっとも非難されるべきものとして説いているのは、どれですか？』

『このように分析され、分類されたこれら三種類の暴力のうち、友、ゴータマよ、ニガンタ・ナータプッタは、身体の暴力（身の鞭）を、もっとも非難されるべきものとして説いています。なぜなら、悪しき行為の犯行では、言葉の暴力、精神の暴力は、それほどでもないからです』

『そなたは、身体の暴力、といいましたか、タパッシーよ』
『わたしは、身体の暴力、といいました、友、ゴータマよ』
『そなたは、身体の暴力、といいましたか、タパッシーよ』
『わたしは、身体の暴力、といいました、友、ゴータマよ』
『そなたは、身体の暴力、といいましたか、タパッシーよ』
『わたしは、身体の暴力、といいました、友、ゴータマよ』

このように、尊師よ、ゴータマ沙門は尋ね、そして、わたしは三度まで同じ答えを続けました。それから、わたしはかれに、こう尋ねました。

『それでは友、ゴータマよ、あなたは、どれほどの種類、悪しき行為の実行と、悪しき行為の犯行を説いていますか？』

『タパッシーよ、如来は〈暴力、暴力〉（鞭）と、説く習わしがありません。如来は〈行為、行為〉（業）と、説く習わしがありません』

『しかし、友、ゴータマよ、あなたは、どれほどの種類、悪しき行為の実行と、悪しき行為の犯行を説いていますか？』

『タパッシーよ、わたしは三種類の暴力を、悪しき行為の実行と、悪しき行為の犯行で説いています。すなわち、身体の暴力（身の鞭）、言葉の暴力（語の鞭）、精

第V部　さまざまな「悪」

神の暴力（意の鞭）です』

『このように分析され、分類されたこれら三種類の暴力、身体の暴力、言葉の暴力、精神の暴力で、友、ゴータマよ、あなたが、悪しき行為の実行と、悪しき行為の犯行で、もっとも非難されるべきものとして説いているのは、どれですか？』

『このように分析され、分類されたこれら三種類の暴力で、タパッシーよ、わたしが、悪しき行為の実行と、悪しき行為の犯行では、精神の暴力（意の鞭）を、もっとも非難されるべきものとして説いています。そして、身体の暴力、言葉の暴力は、それほどでもありません』

『あなたは、精神の暴力、といいましたか、友、ゴータマよ』

『わたしは、精神の暴力、といいました、タパッシーよ』

『あなたは、精神の暴力、といいましたか、友、ゴータマよ』

『わたしは、精神の暴力、といいました、タパッシーよ』

このように、尊師よ、わたしはゴータマ沙門に三度まで同じ答えを続けさせました。それから、わたしは席を立ち、ここへきたのです、尊師よ」

これが語られたとき、ニガンタ・ナータプッタは、かれを称賛して、こういった。

「よろしい、よろしい、タパッシーよ！　ニガンタのディーガ・タパッシーは、みずからの師の教えを正しく理解している、よく教育された弟子のように、ゴータマ沙門に答えた。どうして、些細な精神の暴力を、粗大な身体の暴力と比べて考えるのか？　まったく逆で、身体の暴力は、悪しき行為の実行と、悪しき行為の犯行では、もっとも非難されるべきものであり、言葉の暴力と精神の暴力は、それほどでもない」

そのとき、会衆のなかに坐っていたウパーリは、ニガンタのディーガ・タパッシーの語る報告を注意深く聴いていた。かれもまた、ニガンタのディーガ・タパッシーを称賛し、ニガンタ・ナータプッタの面前で、こういった。

「さて尊師よ、わたしが行って、ゴータマ沙門の教義をこの報告にもとづいて論破してみせましょう。もし、ゴータマ沙門が、ニガンタのディーガ・タパッシーがつづけさせたような見解をわたしの面前で主張するなら、そのときは、力の強い男が長い毛をした羊のその毛をつかんで引きつけ、押し返し、引き回すように、いやそれよりさらに、わたしは論戦のなかでゴータマ沙門をつかんで引きつけ、押し返し、引き回すでしょう。尊師よ、わたしが行って、ゴータマ沙門の教義をこの報告にもとづいて論破してみせましょう」

そこで、ニガンタ・ナータプッタは、かれを駆りたてるように、こういった。

「行きなさい、資産家よ、そして、ゴータマ沙門の教義をこの報告にもとづいて論破してみせなさい。なぜなら、わたしか、ニガンタのディーガ・タパッシーか、

第4章 外道──異教徒たち

あるいはそなた自身が、ゴータマ沙門の教義を論破すべきなのだから」

「わかりました、尊師よ」と、資産家ウパーリは答えた。その後、席から立ち上がった。ニガンタ・ナータプッタに敬礼後、右回りしながら去り、世尊のもとへ向かった。

さて、そのころ、世尊はナーランダーのパーヴァーリカ・マンゴー林に住まわれていたのだが、ニガンタ・ナータプッタの信者であるウパーリが、意思的行為(業)について論争するつもりでやって来たのだ。世尊に敬礼したあと、ウパーリは一方に坐って、こう尋ねた。

「尊師よ、ニガンタのディーガ・タパッシーは、ここへ来られましたか?」
「ニガンタのディーガ・タパッシーは、ここへ来ました、資産家よ」
「尊師よ、あなたはかれと何か話されましたか?」
「わたしは、かれと話しました、資産家よ」
「どのようなことを、あなたは、かれと話されましたか、尊師よ?」

そこで、世尊は資産家ウパーリに、ニガンタのディーガ・タパッシーと交わした会話のすべてを語られた。

それが語られると、資産家ウパーリは世尊に、こういった。

「すばらしい、すばらしい、尊師よ、タパッシーの部分は! ニガンタのディーガ・タパッシーは世尊に、みずからの師の教えを正しく理解している、よく教育された弟子のように答えています。どうして些細な精神の暴力を、粗大な身体の暴力と比べて考えるのでしょうか? まったく逆で、身体の暴力は、悪しき行為の実行と、悪しき行為の犯行では、もっとも非難されるべきものであり、言葉の暴力と精神の暴力は、それほどでもないのです」

「資産家よ、もし、そなたが真理にもとづいて議論しようとするのなら、われわれはこれについて会話できるかもしれません」

「わたしは真理にもとづいて議論しようと思います、尊師よ。だから、われわれはこれについて会話しましょう」

「そなたは、どう思いますか、資産家よ? ここで、ニガンタの信者が病気になり、苦しみ、そして、冷たい水の処方が必要な重病人になっているのに、かれの誓戒が冷水を拒むのです。かれは心ではそれを切望しているのに、冷水を拒絶するのです。そして、許容できる湯だけを使うかもしれません。かくして誓戒を身体的に、また、言葉でも守っているのです。かれは冷たい水が得られないために死んでしまうかもしれません。さて、資産家よ、ニガンタ・ナータプッタは、かれはどこに生まれ変わる、と説くのでしょうか?」

「尊師よ、〈意に縛られたものたち〉(マノーサッター神)という神々がいます。

第V部　さまざまな「悪」

かれは、そこに生まれ変わります。それは、なぜか？　かれが死ぬとき、かれはまだ、心のなかで束縛されたままだからです」

「資産家よ、資産家よ、そなたはどのように答えるのか、注意しなさい！　そなたが前にいったことと、後でいったことは一致しておらず、後でいったことが、前にいったことと一致していません。しかも、そなたは『わたしは真理にもとづいて議論しようと思います、尊師よ。だから、われわれはこれについて会話しましょう』と、いっていたのです」

「尊師よ、世尊はそのように話されましたが、それでも身体の暴力は、悪しき行為の実行と、悪しき行為の犯行では、もっとも非難されるべきものであり、言葉の暴力と精神の暴力は、それほどでもないのです」

「そなたは、どう思いますか、資産家よ？　ここで、ニガンタの信者は四種類からなる自己抑制で修練しているかもしれません。かれは、あらゆる水について抑制しています。すなわち、かれは、あらゆる悪の回避ができています。かれは、悪の回避によって浄化されています。そして、かれはあらゆる悪の回避にみちています。にもかかわらず、進みながら、そして退きながら、多くの小さな生き物を殺害するにいたるのです。どのような果報をニガンタ・ナータプッタは、かれ自身に説いているのですか？」（訳注：ジャイナ教は、水中の微生物はじめ、あらゆる生きものの命を奪わない不害・不殺生＝アヒンサーを徹底する苦行・禁欲主義で知られる。）

「尊師よ、ニガンタ・ナータプッタは、故意ではないものは大いに非難されるべきだ、と説いていません」

「では、それが故意であるなら、どうなのですか、資産家よ？」

「そのときは、大いに非難されるべきです、尊師よ」

「では、三つの暴力のうち、ニガンタ・ナータプッタは、どれを意思と、説いているのですか、資産家よ？」

「精神の暴力です、尊師よ」

「資産家よ、資産家よ、そなたはどのように答えるのか、気をつけなさい！　そなたが前にいったことと、後でいったことは一致しておらず、後でいったことが、前にいったことと一致していません。しかも、そなたは『わたしは真理にもとづいて議論しようと思います、尊師よ。だから、われわれはこれについて会話しましょう』と、いっていたのです」

「尊師よ、世尊はそのように話されましたが、それでも身体の暴力は、悪しき行為の実行と、悪しき行為の犯行では、もっとも非難されるべきものであり、言葉の暴力と精神の暴力は、それほどでもないのです」

「そなたは、どう思いますか、資産家よ？　この街、ナーランダーは、繁栄し、

第4章　外道──異教徒たち

富み栄えていますか？　人で混雑し、にぎわっていますか？」
「はい、そのとおりです、尊師よ」
「そなたは、どう思いますか、資産家よ？　ここに抜き身の剣をふりかざした男が一人やって来て、このようにいうとしましょう。『一瞬のうちに、一須臾のうちに、俺がナーランダーのすべての生き物を一つの肉の山、一つの肉のかたまりに、してみせよう』そなたは、どう思いますか、資産家よ、その男が、そうできるのかどうか？」
「尊師よ、十人、二十人、三十人、四十人、あるいは、たとえ五十人の男であっても、ナーランダーのすべての生き物を、一瞬のうちに、または一須臾のうちに、一つの肉の山、一つの肉のかたまりに、してみせる、などということはできません。ですから、たった一人の男がそうできる、などと考えられるでしょうか？」
「そなたは、どう思いますか、資産家よ？　ここに神通力をもち、心の自在を得ている修行者かバラモンがやって来て、このようにいうとしましょう。『我は、このナーランダーの街を、憎悪の意思作用ひとつで灰燼に帰してみせよう』そなたは、どう思いますか、資産家よ、そのような修行者かバラモンが、そうできるのかどうか？」
「尊師よ、そのような神通力をもち、心の自在を得ている一人の修行者かバラモンは、十、二十、三十、四十、あるいは、たとえ五十のナーランダーの街でも、憎悪の意思作用一つで灰燼に帰してみせることができます。ですから、たった一つのナーランダーの街をそうできない、などと考えられるでしょうか？」
「資産家よ、資産家よ、そなたはどのように答えるのか、気をつけなさい！　そなたが前にいったことと、後でいったことは一致しておらず、後でいったことが、前にいったことと一致していません。しかも、そなたは『わたしは真理にもとづいて議論しようと思います、尊師よ。だから、われわれはこれについて会話しましょう』と、言っていたのです」
「尊師よ、世尊はそのように話されましたが、それでも身体の暴力は、悪しき行為の実行と、悪しき行為の犯行では、もっとも非難されるべきものであり、言葉の暴力と精神の暴力は、それほどでもないのです」
「そなたは、どう思いますか、資産家よ？　そなたは、ダンダキー、カーリンガ、メッジャ、そしてマータンガという森のみが森になっている、ということを聞いていますか？」
「はい、尊師よ」
「それを聞いているのであれば、どのようにしてそれらの森は、森になったのですか？」

第Ⅴ部　さまざまな「悪」

「尊師よ、わたしは、仙人たちの一つの憎悪の意思作用によって森になった、と聞いています」

「資産家よ、資産家よ、そなたはどのように答えるのか、気をつけなさい！　そなたが前にいったことと、後でいったことは一致しておらず、後でいったことが、前にいったことと一致していません。しかも、そなたは『わたしは真理にもとづいて議論しようと思います、尊師よ。だから、われわれはこれについて会話しましょう』と、いっていたのです」

「尊師よ、わたしは、世尊のまさに最初の喩えで満足して、喜んでいるのです。しかしながら、わたしは、世尊の問題へのさまざまな解答をおききしたくて、世尊に、このように反論しよう、と考えました。すばらしいことです、尊師よ！　すばらしいことです、尊師よ！　世尊は真理を多くのやり方で明らかにされました。まるで世尊は、倒れていたものを立ち上がらせるかのように、隠されていたものを暴露するかのように、道に迷った者に道を示すかのように、あるいは、もろもろのもののかたちが見える視力をそなえた者たちのために、暗闇で灯りを高く掲げるかのように。尊師よ、わたしは世尊と真理と僧団（三宝）に帰依いたします。世尊がわたしを生涯帰依する在家の信者として、お認めくださいますように」

「徹底的に調べてみなさい、資産家よ！　そなたのように著名な人は、まず、徹底的に調べてみることがよいのです」

ウパーリは世尊の思いがけない発言に大喜びした。かれは、こういった。

「尊師よ、わたしが異教徒の弟子になったとしますと、かれら異教徒は、わたしをナーランダーの街に連れまわして『かの百万長者の資産家ウパーリが、かれの前の信心を捨てて、われらの弟子になったぞ』と、ふれまわるでしょう。ところが、まったくその反対に、世尊はわたしに、もっと調べてみなさい、と助言してくださったのです。世尊の発言に、わたしはいっそう喜びを覚えます。それゆえ、わたしは再び、世尊と真理と僧団（三宝）に帰依いたします。世尊がわたしを生涯帰依する在家の信者として、お認めくださいますように」

しかしながら、世尊はかれに、さらに、こう助言した。

「資産家よ、長いあいだ、そなたの家はニガンタたちを支援してきました。そなたはわたしの信者になったのであるが、そなたは寛大さと思いやりを実践しなければなりません。そなたは、前の異教の師たちへ托鉢食を布施しつづけるべきです。かれらはいまだに、そなたの支援にたいへん依存しているのですから。そなたはかれらをただ無視して、そなたが布施しつづけていた支援から手を引くことはできないのです」

ウパーリは世尊の助言に、さらに満足し、喜びを覚えて、こういった。

第4章　外道——異教徒たち

「尊師よ、わたしはゴータマ沙門が、このようにいった、と誤ってきいておりました。

『布施は、わたしにのみすべきである。布施は、わたし以外の者にすべきではない。布施は、わたしの弟子たちにのみすべきである。布施は、わたしの弟子たち以外の者にすべきではない。わたしになされる布施のみに果報があり、他の者への布施にはない。わたしの弟子たちになされる布施のみに果報があり、他の者の弟子たちへの布施にはない』

ところが、まったくその反対に、世尊はわたしに、前の異教の師たちへの布施をうながされました。いずれにせよ、わたしたちはその果報の時を知ることになりましょう、尊師よ。それゆえ、わたしは三たび、世尊と真理と僧団（三宝）に帰依いたします。世尊がわたしを生涯帰依する在家の信者として、お認めくださいますように」

そこで、世尊は資産家ウパーリに、順次、次第説法された。すなわち、布施論、戒律論、天界の幸福な運命論である。世尊は、感覚的喜びの危険と堕落、汚染について説明され、そして離欲の恩恵についても説明された。（訳注：次第説法は簡潔に、施論、戒論、生天論、愛欲不利益論、離欲利益論の五つとしてまとめられることが多い。）資産家ウパーリの心が、従順になり、柔和になり、障碍から解放され、向上心ができて、確信をもっている、と世尊が知られたとき、諸仏に至る特別の教えである四聖諦を説き示された。

ちょうど、すべての染みがとり除かれた清潔な布が、染料で均等に色づけできるように、資産家ウパーリがそこに坐っていたあいだに、法話の終わりには、かれのなかに遠塵離垢の法の眼が生じたのである。

「生じる性質のものは、すべて、滅する性質のものである」

そのとき、資産家ウパーリは真理に到達し、真理を現証した。かれは疑いを渡り、預流者となった。

かくして、仏教は自由な探究と完全に寛大な精神にひたされているのである。開かれた心と、慈悲の情の教えであり、全宇宙を照らし、温め、智慧と慈悲の二筋の光を伴い、穏やかな輝きを、生と死の海でもがいている生きとし生けるものにふりそそいでいる。

第5章　サンガ分裂の陰謀

62話　デーヴァダッタ……殺仏・破僧のたくらみ

　デーヴァダッタは、スッパブッダ王とアミター妃の子で、シッダッタ王子の妻ヤソーダラー妃の兄であった。こどもの時代には、シッダッタ王子の遊び友だちの一人で、シッダッタ王子が世を捨ててブッダになられた後、デーヴァダッタは、ほかの釈迦族の王家の青年たち、バッディヤ、アヌルッダ、アーナンダ、バグ、キンビラとともに比丘僧団に入った。

　世尊のもとで入団戒を受けた、こうした釈迦族の王家の青年たちのなかでは、バッディヤ尊者が、かれの最初の雨安居中に三明智（訳注：宿住智、死生智または天眼智、漏尽智）に達して阿羅漢となった。アヌルッダ尊者は天眼智を得て、「偉大なる思考経」（マハーヴィタッカスッタ）（訳注：増支部「アヌルッダ経」より。少欲・知足・遠離・精進・念・定・智慧・無為の、いわゆる「八大人覚」の教え）の説法をきいて阿羅漢となった。アーナンダ尊者は、プンナ・マンターニプッタ尊者から「アーナンダ経」（訳注：相応部・蘊相応・第9章長老の章。プンナ・マンターニプッタは「説法第一」といわれた）の説法をきいて預流果に達した。バグ尊者とキンビラ尊者は、洞察冥想（ヴィパッサナー）の修習を深めて阿羅漢に達した。一方、デーヴァダッタは、現世の超能力（プトゥッジャニカ　イッディ）（凡夫の神通）を得たが、ひとりの凡夫のままに、とどまった。

　ブッダの伝道布教の三十七年目、そしてブッダが七十二歳のとき、デーヴァダッタはブッダの地位を簒奪しようと企んだ。あるとき、世尊は、デーヴァダッタを含む多数の弟子とともにコーサンビー（訳注：ヴァンサ国の首都）に住まわれていた。在家の信者たちが世尊に礼拝するためにやってきて、世尊と八十大弟子への大量の布施の品々も持ってきた。ところが、かれらはデーヴァダッタには、それらを怠ったのである。

　これを見て、デーヴァダッタに、こんな嫉妬心が生じた。

　「わたしは比丘である。そして、かれらもまた比丘だ。かれらの多くは王族の血筋だが、わたしもまた、王族の血筋を引いている。しかし、あの人びとは、かれらにだけ敬礼し、大量の品々を布施した。そして、誰もわたしに構わなかった。わたしが、もっと布施を、名誉を、名声を、得ることができるようにするには誰と手を結ぶべきか、誰の信頼を勝ち得ることができるだろうか？」

かれはあれこれ、じっくり考えた。
「あのアジャータサットゥ王子がいるな、ビンビサーラ王の息子の。若くて、まだ人生のさまざまの綾(あや)を知らないが、輝かしい栄光の未来がある。かれと手を結んで、信頼を勝ち得たら、そのときには、もっと布施、名誉、名声が得られるだろう」
このように考えて、デーヴァダッタは、寝具をまとめて去った。托鉢の鉢と外衣を持って、ラージャガハ（王舎城）へ出発した。童子の姿に身をやつし、七匹のヘビを両手、両足、首、頭、左肩に巻きつけて飾りたてて、姿を変えた身なりで空から降り立ち、突然、アジャータサットゥ王子の膝の上に腰かけた。王子は驚き、恐れ、困惑した。そのときデーヴァダッタが尋ねた。
「こわいのですか、王子よ？」
ふるえる声で王子が答えた。
「そうだ、わたしはおそろしい。そなたは誰なのか？」
「わたしはデーヴァダッタでございます」
「そなたがデーヴァダッタならば、師よ、それでは、本物のデーヴァダッタとして、そなた自身を見せてみよ」
デーヴァダッタは、たちどころに自分の変装を取り払い、王子の前に立った。かれは黄色い衣を身につけ、托鉢の鉢と外衣を持っていた。アジャータサットゥ王子は、この神通力の離れわざにいたく感心し、デーヴァダッタの熱心な支持者となった。爾来、王子は毎朝毎晩、五百台の荷馬車を従えてデーヴァダッタに伺候した。王子はまた、調理した食べ物五百釜も提供した。いまやデーヴァダッタは、かれの望みどおり、布施、名誉と名声に埋もれたのである。しかし、このことによって、こんな邪悪な望みにとりつかれてしまった。
「わたしが、比丘僧団の指導者になってやるぞ」
そして、この邪悪な望みがかれに生じるやいなや、かれの神通力は消えてしまった。
世尊が御心のままの期間、コーサンビーに滞在された後、ラージャガハへ向かわれ、ヴェールヴァナ僧院（竹林精舎）に住まわれた。多くの比丘が世尊のもとへやってきて、このような報告をした。
「尊師よ、アジャータサットゥ王子は毎朝毎晩、五百台の荷馬車を従えてデーヴァダッタのもとへ伺候に行っております。王子によって、調理した食べ物五百釜も、決まって送られております」
世尊は、こう述べられた。
「比丘たちよ、デーヴァダッタが布施で得た物、名誉と名声を、うらやましく

思ってはならない。もしもある男が獰猛な犬に、膀胱の袋を投げつけたとすると、犬はいっそう凶暴になるであろう。まさにちょうどそのように、比丘たちよ、アジャータサットゥ王子が毎朝毎晩、五百台の荷馬車を従えてデーヴァダッタのもとへ伺候し、調理した食べ物五百釜を決まって送っているとしても、デーヴァダッタの健康状態は衰えるはずで、良くなるはずはないのです。

比丘たちよ、バナナの木が実を結ぶと枯れて破滅するように、まさにちょうどそのように、デーヴァダッタの布施、名誉と名声への評判は、かれ自身の破滅へみちびくのです」

ある日、世尊が多大な集まりの真ん中に坐られ、王や民衆に説法されているうちに、デーヴァダッタがかれの席から立ち上がった。上衣を左肩にかけ直し、かれは固く握りしめた両手を挙げて、世尊に対し敬意を示すなかで、こういった。

「尊師よ、世尊はいまや、老いておられます。年は、はるかに高齢で、人生の最期の段階に来ておられます。いまや、世尊は休まれ、現世の至福に安住されますように。比丘僧団を指導される世尊の手を、わたしに引き渡されますように。わたしが比丘僧団を率いてまいります」

「もうよい、デーヴァダッタよ、それはふさわしくない！ そなたが比丘僧団を率いる、などという野望を抱いてはならない！」

もう一度、デーヴァダッタは同じ要求をしたが、同じ回答であった。デーヴァダッタが三度目の要求をしたとき、世尊は、こう述べられた。

「デーヴァダッタよ、わたしは比丘僧団を指導する手を、サーリプッタやモッガラーナにすら、引き渡さないのだ。そのわたしが、そなたのような浪費家、唾を食う者(ケーラーサカ)に、指導する手を引き渡すことがあろうか？」（訳注：「唾を食う者」とは、デーヴァダッタがアジャータサットゥ王子に媚びて取り入るため、王子の唾を飲んだ、といわれることをさす。）

この回答を聞いて、デーヴァダッタは、こう思った。

「世尊は、王や多くの民衆の面前で、わたしを、唾を食う者、と罵倒した。世尊は、サーリプッタとモッガラーナだけ称賛したのだ」

このように考えて、腹を立て、不機嫌になった。世尊に敬礼後、デーヴァダッタは右回りしつつ世尊のもとから去った。

そのとき世尊は、比丘たちに、こう語りかけた。

「さて、比丘たちよ、サンガ（僧団）はデーヴァダッタに対しラージャガハにおいて、以下のように発表し、公然弾劾（顕示羯磨）(パカーサニーヤカンマ)するように。〈かつてデーヴァダッタのふるまいは一つであった。いまや別のものとなった。今後、かれのすべての身体、口頭の行為は、ひとえにデーヴァダッタみずからが責任を負う。それ

らは世尊（仏）、法（ダンマ）、僧（サンガ）とは、何のかかわりもないものである〉」

　その後、僧団によって事前に公認された上で、サーリプッタ尊者が多数の比丘とともにラージャガハへ行って、デーヴァダッタを弾劾した。それを聞いて、信心がなく、賢明ではない人びとは、こういった。

　「これらの比丘は釈迦族の息子たちで、デーヴァダッタの布施、名誉と名声を妬（ねた）んでいるのだ」

　しかし、信心があり、賢明な人びとは、こういったのである。

　「これは世尊にとって、ふつうの問題であるわけがない。なぜならデーヴァダッタをラージャガハにおいて弾劾したのだから」

　僧団がかれを公然弾劾したときいて、デーヴァダッタはアジャータサットゥ王子に近づき、こういった。

　「王子よ、人びとは昔、長生きでした。しかし、このごろ、人びとは短命です。あなたもまた、ただの王子のままで死ぬかもしれません。だから、あなたの父上を暗殺して、王になられてはどうですか？　そして、わたしは世尊を暗殺して、ブッダになります」

　アジャータサットゥ王子は、こう考えた。

　「デーヴァダッタ尊者は、偉大で力強い。かれがそのように言ったのには根拠があるにちがいない」

　そこで王子は、大腿部に短剣を縛り、恐怖と不安と警戒心にふるえながら、白昼、宮殿の奥へ入って行こうとした。しかし、王の護衛役人らが王子を捕らえた。そして、王子を取り調べると、王子の大腿部に短剣がみつかり、きつく縛ってあった。このため、護衛役人らが尋ねた。

　「この短剣で何をされるつもりなのですか、王子さま？」

　「わたしは、父を暗殺したいのだ」

　「誰があなたさまに、そんなことをそそのかしたのですか？」

　「デーヴァダッタ尊者である」

　これが発覚して、役人のなかには、王子、デーヴァダッタ、そして比丘たち全員、死に処すべし、という意見をもつものがあった。ほかには、比丘たちに過ちはないのだから死に処すべきではないが、王子とデーヴァダッタは処すべし、という意見の者もあった。にもかかわらず、別の者たちが、王子も、デーヴァダッタも、比丘たちも、死に処すべきではなく、王に問題を報告すべきであり、王の命令に従って処断すべきだ、と主張したのである。

　このため、役人たちは、王子をビンビサーラ王のもとへ連れていき、王子の父王暗殺の企てを奏上した。王が役人たちにかれらの意見を尋ねると、かれらはさまざ

第V部　さまざまな「悪」

まに異なった意見を表明した。王は、こう述べた。
　「世尊と真理と僧団（三宝）と、それは何のかかわりがあるのか？　世尊は、すでにデーヴァダッタに対して、ラージャガハにおいて、公然弾劾を発表されているのではないのか？」
　それから王は、王子、デーヴァダッタ、そして比丘たち全員、死に処すべし、という意見を支持した役人たちを解任した。比丘たちに過ちはないのだから死に処すべきではないが、王子とデーヴァダッタは処すべし、という意見の役人たちは降格処分にした。そして、王子もデーヴァダッタも比丘たちも、死に処すべきではなく、王に問題を報告すべきであり、王の命令に従って処断すべきだ、と主張した役人たちは昇格処分としたのである。さらに、ビンビサーラ王はわが子である王子に対して、こう尋ねた。
　「そなたはなぜ、わたしを暗殺したい、と思ったのか、王子よ？」
　「父王よ、わたしは王位がほしいのです」
　「王子よ、そなたが、王位がほしいのなら、王位はそなたのものである」
　そして、ただちに、王位をかれに譲り、マガダ国のアジャータサットゥ王として即位させたのであった。
　ある日、デーヴァダッタはアジャータサットゥ王のもとへ行き、世尊の命を奪う計画を話した。結局、デーヴァダッタは、こういったのである。
　「偉大な王よ、ゴータマ比丘を暗殺するため、わたしのもとへ何人かの者を派遣してください！」
　デーヴァダッタの悪だくみに同意して、アジャータサットゥ王は、王の師の指示に従うように、と言い含めて何人かの者をデーヴァダッタのもとへ派遣した。そこでデーヴァダッタは、かれらのうちの一人に、こう命じた。
　「行け、友よ！　ゴータマ比丘は、これこれのところに、いま住んでいる。かれの命を奪い、この道を通って戻って参れ！」
　それから、かれらのうちの二人に、こう命じた。
　「そなたら二人はこの道にとどまり、この道に通りかかる男を殺し、あの道を通って戻って参れ！」
　このようにデーヴァダッタは、かれらのうちの四人を……、八人を……、十六人を……、それぞれ配置して、この道に通りかかる男らを殺せ、と指示し、別の道を通って戻って参れ、と命じた。
　それから、最初に命じられた者は、かれの剣と盾を取り、弓と矢筒を装着して、世尊の住まわれているところへ行った。しかし、かれがそこへ近づいたとき、こわくなり、立ち尽くし、体がこわばってしまった。世尊はかれを見て、やさしく語り

第5章　サンガ分裂の陰謀

かけた。
「友よ、ここへ来なさい！　恐れることはない！」
　そこで、かれは剣と盾を脇に置き、弓と矢筒を地面に置いた。かれは、世尊のもとへ近づき、世尊の足もとに額ずき、意図した犯罪を告白し、その違反を謝罪した。世尊はかれを許し、次第説法で寛大（施論）、道徳（戒論）、天界（生天論）を教え誡された。そして、感覚的快楽の危険・虚栄・汚染（愛欲不利益論）と、禁欲の恩恵（離欲利益論）について説法された。かれは預流果を確立し、三帰依（仏法僧への帰依）をもとめ、その後、世尊は、かれを別の道を通って帰らせた。
　そのころ、最初に命じられた者を長いあいだずっと待っていた二人は、待ちくたびれてしまった。かれらは立ち上がって、追いかけて行き、世尊が樹下に坐っているのを見た。かれらは世尊に礼拝し、適切なところに坐った。そこで世尊は、かれらにも次第説法された。その結果、かれらも預流果を確立し、三帰依をもとめた。ふたたび世尊は、かれらを別の道を通って去らせた。同じことが、四人にも、八人にも、十六人にも、起きたのである。
　それから、最初に命じられた者がデーヴァダッタのもとへ行って、こういった。
「尊師よ、わたしは世尊の命を奪うことはできません。かの方は偉大で力強い」
「もうよい、友よ、ゴータマ比丘の命を奪わずともよい。わたしが、ゴータマ比丘の命をみずから奪うであろう」
　ある日、世尊は鷲峰山の起伏ある山陰のなかを歩かれていた。そこでデーヴァダッタが丘を登り、大きな石を強く投げつけながら、こう考えた。
「わたしはゴータマ比丘の命を、これで奪うであろう」
　二つの尖った先を持つ岩が突然、地面から跳ね上がり、投げつけた大きな石をふさいだ。しかし、石の破片がひとつ飛び散り、世尊の足に当たり、血が出た。世尊は見上げて、デーヴァダッタに、こういわれた。
「愚かな男よ、そなたは大いなる悪業をなした。邪心と殺意で、そなたは如来に出血せしめたのだ」
　つづけて世尊は、比丘たちに、こういわれた。
「これが、比丘たちよ、デーヴァダッタの最初の極悪犯罪（無間業）で、邪心と殺意のために、かれは如来に出血せしめた（出仏身血業）のである」（訳注：仏道や人倫に逆らう五種類の極悪犯罪—母殺し、父殺し、阿羅漢殺し、出仏身血、破僧—を五逆罪という。犯せば無間地獄に堕ちる。五無間業ともいう。）
　それから、比丘たちは世尊をひとまずマッダクッチ僧院に運び、世尊は比丘たちに、そこからジーヴァカ医師が治療してくれる「ジーヴァカのマンゴー園」へ連れていくように、と頼んだ。この事件後、多くの比丘が世尊の護衛を志願した。かれ

らは世尊の香房を取り囲み、歩いて行き来し、大きな物音をたてずに聖典を読誦しながら護衛した。しかし、世尊はそれを断り、こう命じた。

「比丘たちよ、どのような人でもブッダの命を暴力で奪うことはできません。ブッダが大般涅槃に達するときは、どのような人であれ、暴力によってではないのです。そなたたちのそれぞれの住まいに戻りなさい！　もろもろのブッダは、命の安全が他の人間の護衛に依っている、というふうな存在ではないのです」

鷲峰山で世尊の命を奪うことに失敗して、デーヴァダッタは三番目の企てを、ナーラーギリ象をけしかけて襲撃させることで実行した。デーヴァダッタは象使いを説き伏せ、獰猛なナーラーギリ象に大量の酒を与え、世尊がいつも托鉢に行くラージャガハの通りで放したのである。比丘たちが世尊に、引き返すように、と警告したのにもかかわらず、世尊はそれを断った。そして、象が突進してきたとき、世尊は象に対して慈悲の心で満たしたのである。荒々しいナーラーギリ象は穏やかになり、完全におとなしくなってしまった。

民衆は、デーヴァダッタの世尊殺害の陰謀に、とても腹を立てた。民衆は、アジャータサットゥ王に抗議し、こうとがめた。

「この悪辣なデーヴァダッタは、アジャータサットゥ王にビンビサーラ王の命を取るようそそのかした奴で、暗殺者をブッダに送った。大きな石を投げつけたのも奴だ。そして、いまや世尊を殺害するために荒々しいナーラーギリ象をけしかけて放したのだ。なんでまたアジャータサットゥ王は、この悪辣な男と親しくして、師と仰いでいるんだ？」

アジャータサットゥ王は、民衆が非難する声をきいて、デーヴァダッタに決まって送っていた調理した食べ物五百釜を大臣らに、もう送らないように、と指示した。王自身、伺候することをやめた。ラージャガハ市民もまた、日々の托鉢で布施食をデーヴァダッタに、もう布施しなかった。かくして、デーヴァダッタが布施で得る物、名誉と名声は減少し、その一方で、世尊が布施で得る物、名誉と名声は以前にも増して増加したのである。

いまやデーヴァダッタは、より困難な状況のなかでかれの生活をやりくりしなければならなくなったが、それでも世尊を貶めようとする悪意が減りはしなかった。かれは、コーカーリカ、カタモーダカティッサ、カンダデーヴィヤープッタ、サムッダダッタに接近し、聖なる僧団の和合秩序の分裂をもたらすためにかれらの支持をとりつけた。デーヴァダッタは、かれらとともに世尊のもとへ行った。世尊に敬礼した後、かれらは一方の脇に坐った。それからデーヴァダッタが、こういった。

「尊師よ、さまざまなやり方で世尊は比丘たちに、少欲、知足、遠離に徹する、調御、和合、渇愛滅尽に専念、精進、を諭されています。以下は、尊師よ、比丘た

ちのそうしたありかたに資する五つの要点（五事）です。
(1) 比丘はすべて、生涯、林に住むべし。村に住むいかなる比丘も罪とする。
(2) 比丘はすべて、生涯、托鉢に行って得た食べ物のみを食べるべし。在家の招待を受けて得られる食べ物を食べたいかなる比丘も罪とする。
(3) 比丘はすべて、生涯、糞掃衣を着るべし。在家によって布施された衣を着るいかなる比丘も罪とする。
(4) 比丘はすべて、生涯、樹下に住すべし。屋内に住むいかなる比丘も罪とする。
(5) 比丘はすべて、生涯、肉と魚を食べるべからず。肉と魚を食べるいかなる比丘も罪とする。」

「もうよい、デーヴァダッタ！　林住したいと望む比丘には、そうさせよ。托鉢に行って得た食べ物のみを食べたいと望む比丘には、そうさせよ。糞掃衣のみを着たいと望む比丘には、そうさせよ。在家によって布施された衣を着たいと望む比丘には、そうさせよ。わたしは比丘たちに樹下に八か月住することを許したが、雨期のあいだは許さなかった。わたしは比丘たちに、三つの面で清浄な肉と魚を食べることを許した。すなわち、それらが、かれらの食べ物とするために殺されたことを、見たり、聞いたり、疑わせたり、しないものである」

この五つの要点の要求に応じるのを世尊が断ったとき、デーヴァダッタは喜んだ。それから、デーヴァダッタは追従者とともに立ち上がった。世尊に敬礼後、かれは去った。

デーヴァダッタらはラージャガハへ向かい、世尊が聖なる修行生活に資する五事を拒絶した、というニュースを人びとに流した。そして、デーヴァダッタと追従者たちは五事を遵守する、と告げたのである。

信心がなく、賢明ではない人びとは、デーヴァダッタを称賛し、世尊を非難した。しかし、信心があり、賢明な人びとは、分裂を画策し、サンガ（僧団）の和合を破ろうとしているデーヴァダッタを糾弾した。そして、この件を世尊に報告した。

その後すぐに、世尊はサンガの集会を招集し、デーヴァダッタに、こう尋ねた。

「デーヴァダッタよ、そなたは、分裂を画策（破僧業）し、サンガの和合を破ろうとしている、というのは、ほんとうか？」

「はい、ほんとうです、尊師よ」

「もうよい、デーヴァダッタ！　分裂を画策し、サンガの和合を破ろうとしてはならない。サンガの分裂を起こす者は、一劫すべてにつづく悪果をともなう悪業を犯すのだ。その者は一劫すべて、地獄で苦しむのだ。しかし、デーヴァダッタよ、すでに分裂したサンガを再結合させた者は善業を積み、一劫すべてにつづく天の至福を楽しむのである。デーヴァダッタよ、サンガの分裂を画策してはならない！

第Ⅴ部　さまざまな「悪」

まさにそれは、とても重大な責任である」

翌朝、アーナンダ尊者がラージャガハへ托鉢に出かけているとき、デーヴァダッタが尊者を見た。尊者のもとへ行き、こういった。

「友、アーナンダよ、きょうから始めて、わたしは布薩の儀式と、世尊抜きのサンガの行事（僧伽羯磨）をするであろう」

帰るなり、アーナンダ尊者がこのことを世尊に語ると、そのとき、世尊は次の偈を口にされた。

「善人は善行為をしやすい。
　悪人は善行為をしがたい。
　悪人は悪行為をしやすい。
　善人は悪行為をしがたい。」ウダーナ（自説）第5章 第8経より

それから、布薩の日になって、比丘たちの集会の中で、デーヴァダッタが、五事は世尊によって拒絶されたが、デーヴァダッタと追従者たちは五事を遵守する、と述べた。デーヴァダッタは、こう語って、投票を実施したのである。

「この五事に賛同するいかなる比丘も、投票券を取ってください」

そのころ、新比丘五百人がいて、ヴェーサーリーからやってきたヴァッジ族の息子たちであった。かれらは律について、実のところ無知であった。しかし、それが法で、律で、世尊の教えである、と考えて、投票券を取ったのであった。サンガの分裂をひき起こし、デーヴァダッタは比丘五百人とともにガヤーシーサ（象頭山）へ去った。

デーヴァダッタがサンガの分裂（破僧業）をひき起こした、ときかれて、世尊はサーリプッタ尊者とマハーモッガラーナ尊者をガヤーシーサに送り出した。デーヴァダッタは、かれの追従者たちの中央で説教しながら坐っていたが、二人の長老がやってきたのを見て、歓迎した。デーヴァダッタは、コーカーリカが警告して進言したのを無視して、長老二人が自分のもとへ参加しにやってきたのだ、と思い込んだのである。

比丘たちに夜の長いあいだ説法したので、デーヴァダッタは疲れを感じ、休息したかったのだ。サーリプッタ尊者に、会衆に法話をするよう頼んだ。そこで、サーリプッタ尊者は、心を読み取る神変（説示神変）を比丘たちに使いながら、忠告し、教誡した。マハーモッガラーナ尊者は、超自然能力の神変（神通神変）を比丘たちに使いながら、忠告し、教誡した。無垢で清らかな真理の姿が、比丘たちの内に生じた。

「すべて生じる性質のものは、滅する性質のものである」

かくして、五百人の新比丘たちは預流果に達した。それから長老たちが、かれら

第5章　サンガ分裂の陰謀

をヴェールヴァナ僧院（竹林精舎）へ連れて帰った。

　長老二人が五百人の比丘たちと去ってしまった後、デーヴァダッタの胸をコーカーリカが蹴ってたたき起こし、新事態を知らせた。何が起きたのか、デーヴァダッタがさとったとき、熱い血が口からほとばしり出た。九か月のあいだ、かれは重い病で臥せった。

　デーヴァダッタは、九か月後のある日、世尊に会いたい、と望んだ。弟子たちに、自分を世尊のもとへ連れて行くように、と懇願した。弟子たちは、デーヴァダッタを寝台に載せたまま、世尊がそのころ住まわれていたサーヴァッティのジェータヴァナ僧院（祇園精舎）へ連れて行った。ジェータヴァナ僧院に到着するなり、デーヴァダッタは水浴びしたいと望み、弟子たちに、池のほとりのあたりに止まるように、と頼んだ。しかし、かれが地面に足を置くやいなや、ぱっくり大地が裂けて口を開き、そこに呑み込まれ、阿鼻地獄（無間地獄）に堕ち、十万劫のあいだ、とどまることとなった。（訳注：阿鼻地獄とは、八大地獄の最下層で、欲界の最底辺。五逆罪を犯した者がこの地獄に堕ち、間断なく苦しみもがくという。）

63話　凶象ナーラーギリ……酔象もおとなしく

　あるとき、デーヴァダッタは世尊に近づいて、比丘僧団の指導者の地位を渡すように、ともとめたのだが、世尊はその要求を（二大弟子の）サーリプッタやモッガラーナにすら指導する手を引き渡さないのに、デーヴァダッタのような卑劣な者、唾を食う者（ケーラーサカ）に、それを引き渡すことがあろうか、といって拒否された。デーヴァダッタは激怒して、世尊に復讐を誓ったのである。

　デーヴァダッタは、アジャータサットゥ王子をそそのかし、父王のビンビサーラ王を暗殺して王子自身がマガダ国王に即位するように、と持ちかけた。一方、デーヴァダッタ自身は、世尊の暗殺を企んだ。即位したアジャータサットゥ王の助力でデーヴァダッタは、王の弓の射手たちを世尊暗殺に送った。しかし、弓の射手たちが世尊と接触したとき、かれらは弓矢を捨て去り、回心したのである。この陰謀が失敗して、デーヴァダッタは第二の陰謀を企んだ。大きな石を転がして鷲峰山の起伏ある山陰のなかを歩かれていた世尊に投げつけた。その石は世尊に当たらなかったが、石の破片がひとつ飛び散って世尊の足に当たり、血が出たのである。ジーヴァカ医師が止血剤を処方して世尊の足を治療し、まもなく回復された。第二の陰謀も失敗して、デーヴァダッタは、こう考えた。

第Ⅴ部　さまざまな「悪」

「ブッダの近寄りがたいほど堂々とした威厳を眼にする者は誰でも、近寄って行って、暗殺するのは不可能だ。だが、アジャータサットゥ王の国王軍の象ナーラーギリがいるな。獰猛で、凶暴で、人殺しの象だ。あの象なら仏・法・僧の徳なんぞ、何も知らん。あの凶暴な象なら、まちがいなく世尊の暗殺をやるはずだ」
（訳注：古代インドでは象は王国の重要な戦力で、敵軍に突撃して粉砕、踏みつぶすのに使われた。）

　このように考えて、デーヴァダッタはアジャータサットゥ王のもとへ行き、この第三の陰謀を伝えた。まだ若く、智慧が未熟なアジャータサットゥ王は、邪悪な陰謀の実行手段として、ナーラーギリ象を使うことに同意した。王は象使いを呼び出し、翌朝、トディ（訳注：ヤシの樹液を発酵させた酒）を八杯飲ませるように、と指示した。王はまた、その翌朝早くに仕事をする全市民に対して、凶暴なナーラーギリ象を街に放すので通りを避けるように、とドラムを打ち鳴らして告知させた。

　王の命令では満足できず、デーヴァダッタは象小屋にいる象使いに近づき、こういった。

　「われらは王に絶大な影響力があることで知られておる。もし、おまえがこの任務をうまく果たせたら、昇進して、給与も増えるであろうし、そのほかの褒美も与えられよう。ナーラーギリ象の獰猛さを増すため、朝早くに、トディ十六杯を飲ませよ。そして、そのあと、通りで放し、ゴータマ比丘が托鉢で歩いてくる反対方向から突進させよ」

　象使いはこの指示を受けて、「かしこまりました、旦那さま」といった。

　報せをきいた在家の信者らは、ただちに世尊のもとへ行き、こういった。

　「尊師よ、デーヴァダッタにそそのかされた王が、凶暴なナーラーギリ象を、あす朝、通りに放します。ですから、どうか尊師よ、あすは街へ托鉢にお出かけにならないでください！　その代わり、われらが、ここの世尊と比丘たちに、食べ物を持ってまいります」

　世尊は、ヴェールヴァナ僧院（竹林精舎）に食べ物を届ける、という申し出を受け入れたが、ラージャガハ（王舎城）の街に行かない、とはいわれなかった。在家の信者らが去った後、世尊は、日課の比丘たちへの説法を初夜にされた。そして、第二時限の中夜に、神々とバラモンたちに教え、かれらの問いに答えられた。それから、第三時限の後夜に、世尊は世界を見渡されて、世尊がナーラーギリ象に説法するときには、それをきいた八万四千の衆生が、四聖諦をさとり、解脱するのを、結果を見通す天眼ではっきりご覧になった。明け方に、その境地から出て来られて、世尊はアーナンダ尊者を呼んで、こういわれた。

　「アーナンダよ、ラージャガハ周辺の十八僧院にいる比丘たち全員に、わたしに

ついてきて街に入るように、と告げなさい」

　朝になって、世尊はたくさんの比丘たちを後ろに従え、ラージャガハに入っていかれた。象使いが一行を見たとき、ただちにナーラーギリ象を通りに放した。まもなく象は、遠くからやってくる世尊を見つけた。鼻を持ち上げ、耳を立て、しっぽを直立させ、ラッパのように甲高い鳴き声を立てながら、世尊に向かって突進してきた。邪魔をするものは何でも粉砕する勢いだった。凶暴な象を見て、人びとは恐怖のうちに逃げ去った。

　象の突進を見て、比丘たちは世尊に警告した。

「尊師よ、凶暴な、人殺しのナーラーギリ象が放されて、通りにやって来ます。尊師よ、世尊は引き返してくださいますように！　尊師よ、無上士は引き返してくださいますように！」

「来なさい、比丘たちよ！　恐れることはない！　どんな者であっても、諸仏の命を暴力によって奪える、ということはありえないのだ。諸仏が大般涅槃に達するときは、暴力によってではない。それが、どんな者、あるいは、その他のことで引き起こされる暴力だとしても」

　動揺した比丘たちは、二度、三度と、世尊に警告したのだが、同じ答えであった。そのころ人びとは、王宮で、家々で、貧しいあばら屋で、それぞれ多数が集まり、固唾をのんで待っていた。信心深く、確信をもち、賢明で、分別ある者たちは、こういった。

「牙あるブッダが、牙ある象を、どのように教え諭して、おとなしくさせるのか、われらはこれから目撃することになろう」

　しかし、異教徒たちと、信心なく、確信をもたず、賢明ではなく、分別のない者たちは、こういった。

「きょうこそ、われらは、ブッダの威厳ある、黄金色に光り輝く身体が、凶暴な、人殺しの、牙あるナーラーギリ象によって、いかに破壊されるか、目撃することになろう」

　そのとき、サーリプッタ尊者が、こういわれた。

「尊師よ、父親にかかわるどのような問題であっても、その面倒をみるのが長男の務めです。象をおとなしくさせる役は、わたしにやらせてください！」

　しかし、世尊はサーリプッタ尊者の申し出を、こういって断った。

「サーリプッタよ、ブッダの力と、弟子たちの力は、ちがいます。そなたは、何も面倒をみる必要はない」

　ほかの偉大な弟子たちが、世尊にすすんで奉仕を買って出たときにも、世尊はまた、断られた。

第Ⅴ部　さまざまな「悪」

　しかしながらアーナンダ尊者は、もはや我慢できなくなった。世尊への大きな慈愛の思いと、自己犠牲の精神から、前に進み出て、尊師を守るために正面に立った。しかし、世尊は、こういわれた。
　「後ろへ下がりなさい、アーナンダよ！　後ろへ下がりなさい！　わたしの正面に、いてはいけない！」
　アーナンダ尊者が、こう答えた。
　「おお、尊師よ、このナーラーギリ象は、凶暴で、人殺しで、獰猛で、野蛮な殺し屋です。世尊が傷つかれるのを、わたしは許せません。象にわたしを踏みつけさせて、死なせてください！」
　世尊は三たび、アーナンダ尊者に勧告したのだが、尊者はあくまで世尊の正面に立とうとした。ついに世尊は神通力を使われ、アーナンダ尊者を排除して、比丘たちのあいだに置かれた。
　ちょうどそのとき、こどもを抱いた一人の母親が、象がこっちにやってくるのを見た。あわてふためいて彼女は逃げ、こどもを胸から地面に落としてしまった。世尊と象の中間だった。ナーラーギリ象はすぐさま、彼女めがけて突進してきた。だが、逃げる彼女をとらえられずに、きびすを返してこどものほうへ向かった。道の真ん中で大声で泣き叫んでいるのだ。そして、象がいままさにこどもに襲いかかろうとしたとき、世尊は慈悲で象をみたしたのである。おだやかな、やさしい声で、世尊は、こういわれた。
　「ナーラーギリよ、そなたの飼い主が、わたしを殺させようと、そなたにトディ十六杯を飲ませて酔わせたのだ。だから、ほかの人びとを傷つけてはならぬ！　わたしがいるところへ、まっすぐおいで！」
　この酔っ払った象は、世尊の甘美な声をきいて、両目を見ひらき、ブッダの威厳ある、黄金色に光り輝く身体を見た。この酔象は世尊のまばゆいばかりの御光に圧倒され、酔いが醒め、おとなしくなった。正気を取り戻したのである。ナーラーギリは長い鼻を下げた。両耳を垂れ、世尊のもとへ近づき、前に立った。世尊は右手を伸ばされ、象の額をなでられた。その手の感触にぞくぞくして、ナーラーギリは世尊の御前にひざまずいた。世尊は、次の偈を口にされた。
　"おお、象よ、牙ある者を襲ってはならない。
　　なぜなら、まさしく、牙ある者を襲うと苦しいからだ。
　　牙ある者を殺す者に、
　　どのような幸福な運命もない"
　"うぬぼれて、放逸であってはならない。
　　放逸な者には、どのような幸福な運命もない。

そのように行動しないなら、
　そなたは幸福な運命へみちびかれるであろう"
　ナーラーギリ象は、この偈をきいて大喜びした。もし、野蛮な獣でなければ、その場で預流者になったはずである。それから、象は、世尊の御足のちりを長い鼻でとりはらい、自分の頭の上にふりかけた。この奇蹟を見て、人びとは拍手した。歓喜にあふれ、人びとは褒美として、あらゆる飾りを象の体の上に投げて、おおった。以来、このナーラーギリ象は財を護る者（ダナパーラ象）として知られた。象が慈悲の力の冷静さでおとなしくなったとき、八万四千の衆生が四聖諦に達し、解脱した。

　この出来事のあと、ダナパーラ象は世尊が見えているあいだ右回りしつつ、後方へ退出した。それから、象小屋へ戻った。以来、残りの生では、従順で、気立てのよい、おとなしい、無害な象となったのである。

　象をおとなしくさせて、異教徒を鎮めて、世尊は、比丘たちとともにヴェールヴァナ僧院へ戻られた。そのとき、在家の信者たちが僧院に豪華な食べ物をもってやってきて、世尊を上首とする比丘僧団に献げた。かれらは、次の喜びの偈を歌った。
　"ほかの者を、杖でおとなしくさせる者もいれば、
　棒や鞭で、ほかの者をおとなしくさせる者もいる。
　しかし、ここに偉大な賢者は、牙ある者をおとなしくさせたのだ、
　杖も、武器も、ともに使わずに"

64話　アジャータサットゥ……父王を牢獄で死に追いやる

　あるとき、マガダ国で、ビンビサーラ王の第一王妃のヴェーデーヒー妃（またの名はコーサラデーヴィー妃）が身ごもった。懐妊中、王妃は、王の右腕からとった血を飲みたい、という強烈な欲望に満たされた。しかし、王妃は王にも、他の誰にも、この欲望をあえて打ち明けなかった。おかげで王妃は、血の気が失せて青ざめ、やせて、やつれた。
　王妃のからだの外見の変化を見て、ビンビサーラ王は王妃に、病気なのか、あるいは何か問題があるのか、尋ねた。初めは思いを口にせず、王妃は黙っていたが、王は王妃に、問題があるなら包み隠さず吐露するように、と説得した。王妃はついに、自分を不幸にしている非人間的で異様な欲求を打ち明けた。これをきいて、王

は、愛する王妃に、こういった。
「おお、愚かな王妃よ！　なぜ、そなたは、自分の欲望を満たすのがむずかしい、と思ったのか？」
　それから王は侍医に、自分の右腕を小さな金のナイフで切らせて、金の杯に血を溜めさせた。その血を水と混ぜて、王妃に飲ませた。かくて、王妃の願いはかなったのである。
　この報せをきいた占い師は、その子はいずれ王の敵となり、父王を暗殺するであろう、と予言した。この予言のために、王妃がその子を出産する前にもかかわらず、父王ビンビサーラ王の「未生の敵」を意味するアジャータサットゥと名付けられたのである。
　この予言をきいて、王妃は困惑した。王の潜在的な殺害者である子を身ごもっていたくなかったのだ。王妃は王立の公園——そこは後にマッダクッチ（訳注：パーリ語で「破砕の腹」の意）と呼ばれた——へ行き、堕胎しようとした。しかし、堕胎の試みは失敗した。王妃が公園にきわめて頻繁に行くのに気づき、王は王妃に尋ね、王妃がそこで何をしているのか、知った。王は王妃に、こう忠告した。
「わが妃よ、われらはまだ、そなたのおなかの赤子が男の子か女の子か、わかっていないのだ。堕胎を試みるのは止めよ。さもなければ、全ジャンブ島（全インド大陸）が、われらの子にわれらが無慈悲である、と責めるであろう。そして、われらの高徳は地に墜ちるであろう！」
　王はそこで、王妃を監視下においたのだが、王妃は、生まれた後にこどもを殺そう、と決心した。月が満ちて、王妃は男の子を出産した。生まれるやいなや、付き添いの従者がこどもを取り上げ、王妃から離した。王宮の子守たちがこどもを世話した。男の子が大きくなってきて、王妃に見せると、たちまち王妃に深い母性愛が生じた。王妃は、わが子を殺したいという気持ちを、まったくなくしたのである。
　アジャータサットゥ王子は堂々たるりりしい若者に育った。そのころデーヴァダッタは、ブッダに報復するために応援してくれそうな相手を探していた。かれは自分の味方に獲得すべき存在として、若き王子アジャータサットゥに目を付けた。かれはまた、王子のなかに、復讐の実行に望ましい武器を見ていたのである。デーヴァダッタは神通力を使うことによって王子に強い印象を与え、自分の熱心な追随者とした。アジャータサットゥ王子は、朝晩、かれの世話をして、毎日、五百釜の食べ物を提供した。王子はまた、かれのために、ガヤーシーサ（象頭山）に僧院を建立した。

アジャータサットゥ王の極悪非道の罪——父親殺し

　アジャータサットゥ王子の信頼を得た後、デーヴァダッタは王子に父王ビンビサーラ王暗殺をそそのかし、その一方で、かれ自身はブッダを暗殺しようとした。アジャータサットゥ王子がみずから手を下して父王暗殺を試みたとき、王宮の奥へ行こうとした途中で、王の護衛役人らによって取り押さえられた。王の尋問で、王子はマガダ王になりたいという意思を告白した。王子を処罰するかわりに、ビンビサーラ王は退位し、王子に王位を即位させたのであった。
　アジャータサットゥ王子は、王になりたいという望みがかなって喜んだ。ところが、デーヴァダッタに、このことを知らせると、愚か者よ、と王子をたしなめたのである。
　「あなたは、中にネズミが入っている太鼓の上から皮をあてがう男のようなものです。あなたは、目的を達した、と考えているのでしょうが、二、三日後に父上は心変わりして、また王になられるでしょう」
　デーヴァダッタは満足していなくて、またも、父王ビンビサーラ王を破滅させるように、とそそのかしたのである。しかしながらアジャータサットゥ王は、いかなる武器も父王を傷つけることはできない、といった。そこで、デーヴァダッタは、父王は飢え死にさせるべきである、という悪意ある助言をした。これにしたがってアジャータサットゥ王は、父王を牢獄に入れた。とても蒸し暑く、きわめて湿り気が多い牢獄（苦しめる家）で、母であるヴェーデーヒー妃以外、誰も訪問させるな、と禁じたのである。
　そのとき以来、ヴェーデーヒー妃は、毎日、食べ物を満たした金の鉢を持っていき、その蒸し暑い牢獄に入れられた夫を訪ねた。王は命を維持するために、その食べ物を食べた。アジャータサットゥ王は、父王がなんとか命をつないでいる、と知って、配下の者に、母の王妃が食べ物を持っていくのを許すな、と命じた。
　王妃はそこで、頭頂部の髪の結び目の房のなかに食べ物を隠して、蒸し暑い牢獄に入った。ビンビサーラ王は、その食べ物を食べて、持ちこたえた。アジャータサットゥ王がこれを知ったとき、母が髪の結び目に食べ物を入れていくのを許さないことにした。
　そこで、王妃は、食べ物を金の履き物のなかに隠して持っていった。ビンビサーラ王は、王妃がそのようなやり方で運んでくれた食べ物を食べて、かろうじて生き延びた。さらにまたアジャータサットゥ王が、父王がどのようにして持ちこたえているのかを知ったとき、母に、履き物をはいて父王を訪問するのを禁じた。
　食べ物を持っていくこうしたやり方すべてを見つけられて、王妃は香料入りの

水で水浴びし、みずからの身体に四甘の栄養物（蜂蜜、糖蜜、油、バターの四品製）を塗りつけた。王は、王妃の身体をなめて栄養をとったのである。このやり方で、王はさらに生き延びた。しかし、まもなく、悪意ある息子のアジャータサットゥ王がこれを突き止めた。役人に命じて、父王への母の訪問を全面的に禁じた。

このように禁じられて、ヴェーデーヒー妃は蒸し暑い牢獄の扉の前に立ち、ビンビサーラ王に、こう語りかけた。

「おお、わたしの愛しい夫、偉大な王よ、あなたご自身、この悪意ある息子が赤ちゃんのとき、殺すのを許されなかった。あなたは、まさしく、ご自身の敵を育てたのです。これは、わたしがあなたに会える最後のときなのです。この後は、ふたたびあなたにお目にかかれないでしょう。わたしがあなたにしてしまった、どんないけないことも、どうぞ、お許しくださいませ！」

彼女は、泣き叫び、嘆き悲しみながら、自分の部屋に去って行った。

そのとき以来、ビンビサーラ王は食べ物なしで生きねばならなくなった。王は牢獄の中で、歩く冥想をやりつづけた。王はすでに達していた預流果のさとりの至福によってのみで生きた。心をつねに預流果の境地に集中しつづけることによって、王の身体は、たいへん申し分のない状態になったのである。

これをきいたアジャータサットゥ王は、鋭利なかみそりで父の足の裏を切りひらかせ、傷口に塩と油を塗りつけ、アカシア材の燃えさしで焼かせるため、理髪師を送った。しかしながら、理髪師がやってくるのを見たとき、ビンビサーラ王は、息子が心を和らげて、髭そりと散髪のために送ってきてくれた、と考えたのである。しかし、ほんとうの目的を突き止めても、王はまったく怒りを見せず、命じられたとおりの指示にしたがってやるように、と告げた。ビンビサーラ王は、ひどい痛みに耐えねばならなかった。その困難な苦痛のときに、ブッダ、ダンマ、サンガ（仏・法・僧）の徳を思い浮かべつづけたのである。亡くなった後、王は四大王天の天界に、ジャナヴァッサバ夜叉として再生し、神の王たるヴェッサヴァナ大王（毘沙門天・多聞天）の従者となった。

ビンビサーラ王が亡くなったのと同じ日、悪意あるアジャータサットゥ王の妻が男の子を出産した。大臣たちがアジャータサットゥ王に二つの伝言をもってきた。男の子の出産を知らせたときは、大喜びした。自分の息子への強い愛情が心中に湧いて、たちまち心髄まで貫いた。この種の父性愛は、自分が生まれたときにも父王が経験したものかもしれない、とそのとき、わかったのだ。そこでアジャータサットゥ王は、大臣たちに、父王をただちに釈放するように、と命じた。ところが大臣たちは、それは無用です、と答えた。ビンビサーラ王は亡くなられました、と報告したのである。

この二番目の報せをきいて、アジャータサットゥ王は衝撃を受け、動揺した。涙を流し、ひどく嘆いた。母であるヴェーデーヒー妃のもとへ急ぎ、そして尋ねた。父王は、自分が生まれたとき、強い愛情が湧いていたかどうか、きいたのである。母の王妃は、こういった。

「なんとまあ、あなたは愚かな子なの！　何をいっているの？　あなたがまだ赤ちゃんだったころ、あなたは指に、腫れ物をこしらえてしまって、それでずっと泣いていたの。子守たちも、わたしも、あなたをあやして寝かせることができなかった。とうとう、子守たちがお父さまのもとへあなたを連れていったの。父王は、王宮の法廷で訴訟の審理をされていた。あなたを抱いて、膝の上に乗せ、あなたをなで、あなたの指を自分の口に入れると、あなたは泣き止んで、抱かれたまま眠ったのよ。お父さまの口の中の温もりで、腫れ物がまもなく破裂したのです。その腐って臭い、血の混じった膿みを口から吐き出すと、あなたを起こしてしまうかもしれない、とお父さまは考えられて、吐き出す代わりに、呑みこんだのよ。おお、なんとまあ、あなたは愚かな子なの、あなたへの父王の愛情は、ほんとうに偉大でした！」

アジャータサットゥ王は、自分の愚かさ、無慈悲さ、を悔やみ、それゆえ、父王の葬儀を挙行した。そして、ビンビサーラ王崩御の強い悲しみによって、悲嘆にくれた王妃もまた、ほどなく亡くなった。コーサラ国のパセーナディ王は、みずからの甥であるアジャータサットゥ王に戦争をしかけ、彼女の死の仇討ちをした。

アジャータサットゥ王の回心

父王暗殺の命令を下して以来、アジャータサットゥ王は、夜、よく眠れなかった。目を閉じるやいなや、恐ろしい幻影に、ずっと付きまとわれた。まるで千本の槍が全身に突き刺さるように感じた。悪夢を見て、いつでも死後の運命をくっきり見せられた。かくて睡眠中、ずっとぶつぶつ寝言をいい、安らかに休めなかった。護衛の役人が不審に思って尋ね、眠りは妨げられた。王は、ただひとこと、こういうのだ。「何でもない」。このような悪夢と幻覚のせいで、王は眠りにつきたがらなくなった。目を覚ましているため、毎晩、長時間、引見した。

アジャータサットゥ王の精神状態は、かつて師であったデーヴァダッタが、大地に呑み込まれた、ときいたとき、いっそうひどくなった。身の毛のよだつような幻影を見るのだ。まるで、大地が裂け、そこに自分が呑み込まれ、阿鼻地獄（無間地獄）から炎が噴き出て、猛烈に焼かれるようなのである。その中では、地獄の番人が、かれを鉄の床の上に仰向けに寝かせ、鉄の杭で突き刺す。デーヴァダッタと同

第V部　さまざまな「悪」

じ運命をわかちあうのであろうか、ということに、ぞっとした。もはや王者の快楽を楽しむことはできず、また、安らかに眠ることもできなかった。ひとときも支えは得られず、しっかり、着実に、立っていることもできなかった。

アジャータサットゥ王は、父王がブッダの信者の一人で、王として後援者であったのを知っていた。かれもまた、ブッダに会いたい、と望んだ。しかし、自分が犯した罪の大きさのために、たいへん恥じ入り、世尊のもとに訪れるのを控えていた。カッティカ月（訳注：現代暦の10～11月）の満月のある日、アジャータサットゥ王は宮廷医師のジーヴァカを見て、こう考えた。

「このジーヴァカもまた、ブッダの後援者であったな。案内人として連れていき、わたしはブッダに会いに行こう。しかし、このことは直接、口にすべきではないな。わが大臣の中には何人か、ほかの師を信奉している者がいるのだから」

そこで、玉座に坐っていた王は、大臣たちに、こう告げた。

「大臣たちよ、今宵はまことに美しい。夜空は、黒雲、煙、霧に汚されていない。まことに澄みきって、われらは満月の夜の、静謐で平穏な月の光の美しさを見ることができる。大臣たちよ、われらに信義と信心を起こさせられる、いずれの沙門か、バラモンに、今宵、われらは会うべきであろうか？」

この問いかけにつづいて、大臣たちが次々とかれらの賞揚する師について語り、それぞれ師を紹介しようとした。大臣たちは六師外道の弟子であった。六師外道とは、プーラナ・カッサパ、マッカリ・ゴーサーラ、アジタ・ケーサカンバラ、パクダ・カッチャーヤナ、サンジャヤ・ベーラティプッタ、ニガンタ・ナータプッタ、の六人である。（訳注：六師外道とは、ブッダの教え以外の異教を説いていた当時のインドの代表的・革命的な六人の自由思想家をさす。それぞれの主張の要点は、道徳否定・永遠の魂・常見を説く無作用非業論＝プーラナ。宿命他力の無因論＝マッカリ。厳密な唯物論＝アジタ。絶対的な七元素唯物論＝パクダ。道徳肯定・苦行徹底論＝ニガンタ。詭弁を弄する認識の不可知論＝サンジャヤ。いずれもアルボムッレ・スマナサーラ著『初期仏教経典解説シリーズⅠ　沙門果経』サンガ刊による。）

アジャータサットゥ王は、以前に六師外道と会っていた。ひと目見て、王は、かれらの外見に、まったく心ひかれなかった。さらに加えて質問してみると、かれらの答え方に大いに失望した。大臣たちの勧めにもかかわらず、かれらを非難はせず、黙っていた。

さて今や、王は、臣下の集まりの中に坐っているジーヴァカに、実のところ期待していた。ジーヴァカが答えて、世尊のもとへ案内してくれることを期待したのだ。ところが反対にジーヴァカは、龍(ナーガ)の頭を呑みこむ金翅鳥(ガルダ)（こんじちょう）のように、

第5章　サンガ分裂の陰謀

黙って坐ったままであった。そこで、王は、こう考えた。「おお、なんとわたしは不幸なことか！」

　王はそのとき、また、こう考えた。「ちょうどブッダのように、ひっそりと穏やかに、沈黙の静けさのなかに生きるのと、まさに同じく、ジーヴァカは尊師の物腰作法を手本にしているのだ。ジーヴァカは、まずわたしが尋ねなければ、話し出さないであろう」このように考えて、王は尋ねた。

　「友ジーヴァカよ、そなたは、なぜ黙っているのか？　わが大臣たちは語り、かれらの師を賞揚した。そなたにはそのような師が、いないのか？　あるいは、信心の欠如によって、師が、いないのか？」

　実のところ、ジーヴァカは、王が世尊に会いたいと思っているのを、大臣たちに王がきいたとき、わかっていた。しかし、自分から先に話せば、ブッダの徳を完全に示すことができないであろう、と考えて、ひたすら黙っていたのである。しかし今や、黙っている理由がなくなった。したがってジーヴァカは、自分の師はブッダである、と確信にみちて話した。ブッダの九徳（訳注：阿羅漢、正自覚者、明行具足者、善逝、世間解、無上の調御丈夫、天人師、覚者、世尊）を明らかにした。尊師はいま、ジーヴァカのマンゴー林で、千二百五十人の比丘にとり囲まれて住まわれている、と告げた。そしてジーヴァカは、王に、こういって招待した。

　「偉大な王が、われらの尊師、無上士にお会いになられることを、わたしは望みます。もし、あなたさまが尊師に会われましたら、あなたさまの心は確実に平穏で静謐になります」

　ブッダの高貴な九徳をきいて、アジャータサットゥ王は異常な喜びで圧倒された。そこで王は、ジーヴァカに、世尊訪問の手配をするように、と告げた。その後すぐにジーヴァカは、五百頭の雌象と王国の象にあらゆる王家の飾りをまとわせた。五百人の女官には男装させ、刀と槍をもたせた。そして、王に随行していくように、と指図した。かれはまた、街のあらゆる地域に伝言を送り、太鼓をたたいて、王の世尊訪問の計画を告知した。

　必要な準備万端すべてがととのったとき、ジーヴァカは王に、世尊訪問に出かけるための象は用意できました、と知らせた。そこでアジャータサットゥ王は、雌象五百頭の上に座る女官五百人を従えて、王室の象に乗った。かがり火を掲げて、王の一行は豪華さと壮麗さをそなえ、ラージャガハ（王舎城）からジーヴァカのマンゴー林へ向かった。王国軍の兵士たちが王の警護のために付き添って歩いた。たくさんの人びともまた、かぐわしい花々を手にもって、ついて行った。世尊が王にする説法をききたくて、そうしたのである。

　ジーヴァカは王に、世尊に近づくには沈黙していなければならない、と告げてい

た。そのため王は楽師たちに、移動中は、楽器演奏してはならない、大声で話してもいけない、と命じていた。マンゴー林に近づくにつれて、王はこわくなり、大きな恐怖でふるえた。王は、こう考えたのだ。

「ジーヴァカはわたしに、千二百五十人の比丘がマンゴー林にいる、といったが、ここでは誰の声も、くしゃみ一つだってきこえない。かれは、ほんとうのことをいわなかったのかもしれない。多分、わたしを欺いて、市外からの軍勢の支援で、わたしを捕獲したいのであろう」

大きな恐怖のなかで、王はジーヴァカに、こうきいた。

「ジーヴァカよ！ そなたは、わたしを欺いているのではあるまいな？ わが敵に手渡そうとしているのではあるまいな？ なぜ、そなたのマンゴー林にいる千二百五十人の比丘から、くしゃみ一つ、せき一つ、わたしに聞こえてこないのだ？」

「偉大な王よ、こわがらないでください！ 恐怖心を持たれませぬように！ わたしは王を欺いているのでも敵に手渡そうとしているのでもありません。偉大な王よ、まもなく円型堂をご覧になられますと、そこは灯明の明かりが明々と燃えています」

王は、象に乗って行ける限りまで行き、僧院の門の前で降りた。王は恐怖心を克服することはできなかった。汗の玉がつながって王のからだから流れ落ち、衣服をぬらした。父親殺しの極悪非道の罪と、ブッダ暗殺を図ったデーヴァダッタを支援したみずからの邪悪な行為を思い出したのだ。恐怖心から、王はジーヴァカの手をとり、固く握った。僧院を見回した後、一行は円型集会堂へやってきた。その場で、王がジーヴァカに、こうきいた。

「どこに無上士はいらっしゃるのか？」

ジーヴァカは、こう考えた。

「王は、大地に立って地球がどこにあるのか尋ねている男のようなものだ。大空を見上げて太陽と月がどこにあるのか尋ねている男のようなものだ。わたしはいま、王に無上士をご紹介しよう」

それからジーヴァカは、合わせた両手を尊師のほうに向けて上げ、こういった。

「偉大な王よ、比丘たちにとり囲まれているあの方が無上士です」

アジャータサットゥ王は世尊のもとへ近づき、敬礼した。両手を合わせて比丘たちに礼拝後、適切な席に坐った。比丘たちがくしゃみ一つ、せき一つするでもなく、あまりに静かに、沈黙して坐っているのを見て、王は、こう感嘆の声をあげた。

「いま、比丘たちはこのように静かだ。わが息子、ウダヤバッダ王子もまた、このように静かでありますように！」

世尊は、王があえて世尊に話しかけないのを察知され、口火を切って、王に、こ

第5章　サンガ分裂の陰謀

ういわれた。
「偉大な王よ、そなたの心はいま、そなたが愛する者とともにあります」
「尊師よ、わたしはわが息子、ウダヤバッダ王子をたいへん愛しております。わが息子、ウダヤバッダ王子が、比丘たちがそうであるのと同じような静けさをもてますように。尊師よ、わたしは一つ、質問したいと思います」
世尊は、こう返された。「偉大な王よ、そなたはわたしに何を尋ねてもかまいません」
そのように促されて、アジャータサットゥ王は喜んだ。王は世尊に、出家遁世の果報（沙門果・しゃもんか）サーマンニャパラについて尋ねた。ブッダの僧団に入って、現世で実現できる果報とは何か、という質問である。
世尊は「沙門果経」サーマンニャパラスッタ（長部2）として、現世で実現できる果報を詳細に説法された。たとえ王の奴隷であっても僧団に入れば、かれは王の礼節と尊敬を受けるであろうことを、世尊は説明された。世尊は説明を進め、段階を追って、より高度で高貴な比丘の果報を説かれた。それらは、洞察智に達し、六神通（訳注：神足通、天耳通、他心智通、宿住智通、天眼通、漏尽智通）アビンニャーを得て、そして阿羅漢の心境を極めると、それぞれ即時に結果となるのだ。
説法の終わりに、王は大いに感銘を受け、ブッダ、ダンマ、サンガ（仏・法・僧）に帰依した。王はまた、父王の暗殺の悔悟を表明し、自分の罪を謝罪した。世尊は王の告白を受け入れ、何も非難されなかった。その後、王は席を立ち、敬礼して去った。
アジャータサットゥ王が立ち去ってからほどなく、世尊は比丘たちに、こう説かれた。
「比丘たちよ、王は自分の地位を破壊しました。父王を暗殺していなければ、かれはこの説法をきいているうちに預流道に達していたのです。しかしながら、かれは父親殺しの極悪非道の罪で、阿鼻地獄（無間地獄）の苦しみを受けねばなりません。しかし、わたしの伝道布教を支援した善行為によって、かれの死後、銅釜地獄（訳注：釜茹で）で六万年苦しむのみ、となるでしょう」
沙門果の説法を世尊から聴いた後、アジャータサットゥ王は以前のように平穏な眠りを楽しむことができるようになった。それ以降、アジャータサットゥ王はブッダの教えの忠実な信者となった。そしてラージャガハ（王舎城）で最初の仏教徒会議（第一回仏典結集会議・第一結集）が挙行されたときには、アジャータサットゥ王の支援のもとに開催されたのである。

第Ⅵ部　入滅へ

第1章　ブッダ最後の旅

65話　死への旅立ち……般涅槃(はつねはん)へ（最期の一年）

　伝道布教の最初の二十年間、世尊は、雨安居をさまざまなところで過ごされた。しかし、二十一回目を起点に四十四回目まで連続して、雨安居をサーヴァッティ（舎衛城）で過ごされ、ジェータヴァナ僧院（祇園精舎）とプッバーラーマ僧院（東園鹿子母講堂）のみに住まわれた。四十四回目の雨安居の後、世尊は、最後の旅をされ、それは時系列的に「大般涅槃経(マハーパリニッバーナスッタ)」に記録されている。さまざまな出来事の出発地点はマガダ国の首都ラージャガハ（王舎城）で、ヴァッジ族に戦争を仕掛けたがっていたアジャータサットゥ王が背景にいる。

　ラージャガハとヴェーサーリーは当時繁栄していた二つの都市で、西から東に流れるガンジス川によって分断されていた。ヴェーサーリーが北側で、ラージャガハは南側だった。両市のほぼ真ん中あたりに、パッタナガーマという隊商の宿の村があった。アジャータサットゥ王の支配領から半ヨージャナほど（数キロ程度）の地域で、残りはリッチャヴィー族の支配領だった。（訳注：ヴァッジ国は当時の十六大国の一つで、ヴァッジ族、リッチャヴィー族など八部族の連合体。王のような絶対的権力をもつ統治者は存在せず、集会で国策を決める共和制国家。首都はヴェーサーリーで、リッチャヴィー族の地域）

　パッタナガーマの近くに、貴重品をたくさん保管してある場所があった。これを知って、アジャータサットゥ王はそこへ行きたいと思ったのだが、リッチャヴィー族が先まわりして行き、宝物すべてをかっさらっていった。アジャータサットゥ王がそこに到着したときには得るものが何もなかった。そこで王は手ぶらのまま、怒りを抱きつつ帰るほかなかった。その次の年にもリッチャヴィー族は同様のことをした。かれらはアジャータサットゥ王より早く、宝物をもっていってしまった。王はリッチャヴィー族に対して怒り心頭に発し、絶滅してやるぞ、という思いにとりつかれた。

　戦争を起こせば、人命が失われ、財産が失われ、さらには悲惨な影響が双方に及

ぶ、とわかっていたので、アジャータサットゥ王は、第一大臣のヴァッサカーラ・バラモンを、そのころラージャガハ近くの鷲峰山に住まわれていた世尊のもとへ派遣した。王は世尊の助言を望んだのである。王はバラモンに、こう命じた。

「さあ、バラモンよ、世尊のもとへ行って、こう述べよ。『尊師よ、ヴェーデーヒー妃の子でマガダ国王のアジャータサットゥが、世尊の御足を頭に頂き、礼拝します。患い、病いがなく、健やかで、気力あふれ、幸福であられるか、お尋ねします』それから、こう述べよ。『尊師よ、ヴェーデーヒー妃の子でマガダ国王のアジャータサットゥは、ヴァッジ族を攻撃したい、と切望しております。王は、このように申しております。〈強大で有力なヴァッジ族を、わたしは絶滅したい。わたしは、かれらを滅ぼすであろう。わたしは、かれらに粉砕と崩壊をもたらす〉』そなたは世尊の回答をしっかり記憶して、わたしに報告せよ！ 如来は、決して偽りを語られない」

そこで、ヴァッサカーラは馬車に乗り、ラージャガハから鷲峰山へ、馬車で行けるところまで行った。そこまで行って馬車から降り、世尊のいらっしゃるところまで歩いて行った。ヴァッサカーラは世尊に近づき、あいさつを交わした後、適切な場所に坐り、アジャータサットゥ王の伝言を申し述べた。

統治者にとって繁栄の七つの条件（王の不衰退法）――不衰退法その1

ヴァッサカーラ・バラモンが上述のように尋ねると、世尊は、世尊の背後に立って世尊を扇いでいたアーナンダ尊者に話しかけ、対話に参加させるようなかたちで、質問に答えられた。

(1)「アーナンダよ、そなたは、ヴァッジ族がしばしば集まって、多数が出席する集会をひらいている、ときいていますか？」
「そう、きいております、尊師よ」
「かれらがそうしている限り、アーナンダよ、かれらには繁栄が期待され、衰退はありません」

(2)「アーナンダよ、そなたは、ヴァッジ族が和合して集まり、和合して立ち上がり、和合してヴァッジ族のなすべきことをなしているかどうか、きいていますか？」

(3)「（アーナンダよ、そなたは、ヴァッジ族が……以下、同じくりかえし）制定していないことを制定するのを避け、制定していることを廃止するのを避け、すでに確立している古くからあるヴァッジ族の伝統と慣習を継承して調和させるなかで前進しているかどうか、きいていますか？」

(4)「(……) ヴァッジ族の長老たちを敬い、尊び、崇め、重んじ、長老たちの役に立つ助言を考慮に入れているかどうか、きいていますか？」
(5)「(……) 一族の女性や少女を力ずくで誘拐し、監禁することをつつしんでいるかどうか、きいていますか？」
(6)「(……) 街なかや田舎の両方にあるヴァッジ族の廟を敬い、尊び、崇め、重んじ、これまで献げられ、なされたもっともな供物や奉納を許さず、衰えさせていることがないかどうか、きいていますか？」
(7)「(……) もろもろの阿羅漢に対して、いまだ来ていない阿羅漢には領地にやってくるように、また、すでに来ている阿羅漢には安らかに快適に暮らせるように、それぞれふさわしい保護、防護、支援をしているかどうか、きいていますか？」

「〈(2)～(7) のそれぞれについても〉そう、きいております、尊師よ」
「かれらがそうしている限り、アーナンダよ、かれらには繁栄が期待され、衰退はありません」

そこで、世尊はヴァッサカーラ・バラモンに話しかけられた。
「かつて、バラモンよ、わたしがヴェーサーリーのサーランダダ廟に住んでいたとき、わたしはこの七つの不衰退・繁栄の条件をヴァッジ族に教えました。かれらが、この七つの不衰退法を遵守している限り、そして不衰退法がかれらのあいだで教えられている限り、ヴァッジ族には繁栄が期待され、衰退はありません」

これをきいて、バラモンが答えた。
「この七つの不衰退法のうちのたった一つでも注意深く遵守していれば、ゴータマ師よ、ヴァッジ族の繁栄が保証され、かれらが衰退を招くことはまったくありません。では七つすべてを注意深く遵守したら何がいえるというのでしょうか？ それはいうまでもなく、まさしくゴータマ師よ、アジャータサットゥ王が言葉巧みにヴァッジ族をうまく味方に引き入れられるか、離間策の種をまくかしなければ、たんにヴァッジ族に戦争を仕掛けて征服しようとすることは決してありません。ところで、われらは、これにて失礼いたします。われらは多忙で、なすべきことがたくさんありますので」

「いまがそのときです、バラモンよ。そなたが、そうするのがふさわしい、と考えるなら」

ヴァッサカーラ・バラモンは、世尊が説かれた言葉に大いに満足し、喜んだ。席から立ち、感謝の意を表した後、去って行った。

比丘の繁栄の条件（比丘の不衰退法①）——不衰退法その2

　ヴァッサカーラ・バラモンが立ち去るとすぐ、世尊は、弟子たちに繁栄をもたらすはずの同じような説法をしようと思い立たれ、アーナンダ尊者に、ラージャガハの近辺に住んでいる比丘たちすべてを招集して、講堂に集めなさい、と告げられた。
　それから、世尊は講堂へ行かれ、世尊のために設けられた座に坐られた。世尊は比丘たちに、こう説かれた。
　「比丘たちよ、わたしはそなたらに、七つの不衰退法を教えることにします。わたしがこれから説くことを、注意深くきいて、心にとどめなさい」
　「かしこまりました、尊師よ」と、比丘たちは応じた。
　そして世尊は、比丘たちに説法した。
　「比丘たちよ、(1) 比丘たちが、たびたび集まって、多数の参加する集会をひらく限り、(2) 比丘たちが、和合して集まって、和合して立ち上がり、和合して僧団の僧としてなすべきことをする限り、(3) 比丘たちが、制定していない戒律を制定するのを避け、制定している戒律を破棄するのを避け、世尊によって定められた修行規則（学処）と調和させるなかで前進している限り、(4) 比丘たちが、経験ゆたかで、出家して久しく、僧団の父であり、指導者である長老たちを、敬い、尊び、崇め、重んじ、かれらの役に立つ助言を考慮に入れている限り、(5) 比丘たちが、かれらのなかに生起し、くりかえし再生へみちびく渇愛の力に落ちこまないでいる限り、(6) 比丘たちが、遠離の森の臥坐所へ行きたいと望む限り、(7) 比丘たちが、みずからのなかに気づきを持続し、まだやって来ていない聖なる修行（梵行）をともに実践する修行者がやって来るように、そして、すでに来ている聖なる修行をともに実践する修行者が安らかに、快適に、暮らせるようにしている限り、比丘たちには繁栄が期待され、衰退はありません」

比丘の繁栄の条件（比丘の不衰退法②）——不衰退法その3

　さらに、世尊は、別のひと組の七つの不衰退法を説かれた。
　「比丘たちよ、(1) 比丘たちが、多忙な仕事に、楽しみをもち、喜び、没頭しない限り、(2) 比丘たちが、おしゃべりを楽しみ、その喜びを追求しない限り、(3) 睡眠を楽しみ、その喜びを追求しない限り、(4) 社交を楽しみ、その喜びを追求しない限り、(5) 比丘たちが、邪悪な欲望をもたず、邪悪な欲望の影響下に落ちこまない限り、(6) 比丘たちが、悪友とつきあわず、悪に傾くことがない限り、(7) 比丘たちが、ごく低い程度の、俗世間でのわずかなちがいでしかない達成で、修行を

途中でやめてしまわない限り、比丘たちには繁栄が期待され、衰退はありません」

比丘の繁栄の条件（比丘の不衰退法③）――不衰退法その4

さらに、世尊は、別のひと組の七つの不衰退法を説かれた。
「比丘たちよ、比丘たちが、信をもち、悪行を内心で恥じ（慚）、邪行の外聞を恐れ（愧）、広大に学び（多聞）、たゆまず努力（精進）し、気づき（念）を確立し、洞察智（慧）をそなえる限り、比丘たちには繁栄が期待され、衰退はありません」

比丘の繁栄の条件（比丘の不衰退法④）――不衰退法その5「七覚支」

さらに、世尊は、別のひと組の七つの不衰退法を説かれた。
「比丘たちよ、比丘たちが、覚りの要素である念、択法、精進、喜、軽安、定、捨を育てる限り、比丘たちには繁栄が期待され、衰退はありません」

比丘の繁栄の条件（比丘の不衰退法⑤）――不衰退法その6

さらに、世尊は、別のひと組の七つの不衰退法を説かれた。
「比丘たちよ、比丘たちが、無常の想、無我の想、身不浄の想、危難の想、捨断の想、離欲の想、滅尽の想を育てる限り、比丘たちには繁栄が期待され、衰退はありません」

比丘の繁栄の条件（比丘の不衰退法⑥）――不衰退法その7

さらに、世尊は、別の六つでひと組の不衰退法を説かれた。
「比丘たちよ、比丘たちが、慈悲ある（1）身の行為を、（2）語の行為を、（3）意の行為を、聖なる修行の生活で同じ修行をしている仲間に対して、陰に陽にしている限り、（4）比丘たちが、正当に得たどんな必要なものでも、たとえ托鉢の鉢に集めた食べ物であっても、戒をまもっている仲間に公平に、分けへだてなく分配している限り、（5）比丘たちが、聖なる修行の生活で同じ修行をしている仲間のあいだで、賢者が推奨する戒を遵守し、邪見に支配されず、集中に資する、壊れていない、引き裂かれていない、汚れのない、染みのない、自由な生活を公的にも個人的にも両方でしている限り、（6）比丘たちが、涅槃にみちびき、それを実践する者が完全な苦の滅尽にみちびく聖者の見解にとどまっている限り、比丘たちには繁栄が期待

され、衰退はありません」
　かくして世尊は、仏弟子たちに五組の七不衰退法と、ひと組の六不衰退法を教示された。そして、世尊がラージャガハ近くの鷲峰山に住まわれていたあいだ、最後の旅の途中、比丘たちに説法するたび、次のテーマをくり返し、熱心に説かれた。
　「それは道徳（戒）、それは集中（定）、それは智慧（慧）です。戒をとおして育つ定は、大きな功徳と大きな果報をもたらします。定をとおして育つ慧は、大きな功徳と大きな果報をもたらします。慧をとおして育つ心は、煩悩の汚染、すなわち官能欲（欲）、存在継続の渇望（有）、邪悪な見解（見）、四聖諦の無知（無明）のそれぞれの汚染から、完全に解脱してゆきます」

サーリプッタ尊者の獅子吼

　世尊が、ラージャガハに御心のままの長さ、住まわれていたとき、世尊は、アーナンダ尊者と多数の比丘をともなってアンバラッティカー園へ行かれ、王の離宮に滞在された。そこでしばらくたった後、世尊はナーランダーへ向かう旅をつづけられ、パーヴァーリカのマンゴー林に滞在された。
　そのとき、サーリプッタ尊者が、世尊に近づいてこられた。世尊に礼拝後、サーリプッタ尊者はこのような勇敢な発言を申し述べられた。
　「尊師よ、わたしは確信しております。正自覚者としての世尊を超える、いかなる行者も、いかなるバラモンも、かつて存在せず、今後存在せず、いまも存在していない、ことを」
　サーリプッタ尊者の感きわまった法悦の歌、それは獅子（ライオン）が吼えるような勇敢な声の発言であったが、世尊は、過去のブッダの、未来のブッダの、現在のブッダの、心を明確に知っているのかどうか、質された。
　サーリプッタ尊者は、そのような奥深い智慧はもっていない、と答えた。しかし、尊者は、こう弁明された。
　「尊師よ、わたしには、過去、未来、現在の阿羅漢である正自覚者の方々に対する他心智はありません。とは申しましても、わたしは法推知智に通じております。すなわち、個人的な経験から推定する智慧です。
　たとえば、尊師よ、王国の辺境に都市があり、堅固な塹壕、城壁、要塞と、ただ一つの門があり、賢明で有能で機敏な門番がいて、見知らぬ者は門番が締め出し、知っている者のみ出入りさせる、とします。そして門番自身が、その都市を周回する道をぐるっと巡って、城壁にはどこにもすき間が見当たらず、猫一匹出入りできるほどの穴さえ見つからなかった、とします。そのとき門番は、ある一定の大きさ

第Ⅵ部　入滅へ

以上の生き物は、ただ、あの門を通って出入りするほかないのだ、と結論を下すでありましょう。

ちょうどそのように尊師よ、わたしが通じております法推知智によって、わたしは過去の世尊の方々、阿羅漢である正自覚者の方々すべてが、心を汚して理解を弱める五蓋（貪欲・瞋恚・惛沈睡眠・掉挙後悔・疑）を捨て去り、四念処において心を確立し、七覚支を正しく育てることによって無上の正自覚に到達された、と知っております。未来の世尊の方々、阿羅漢である正自覚者の方々すべても、同様でありましょう。現在の世尊、阿羅漢である正自覚者も、同様にされたのです」

パータリ村で道徳（戒）について説法

ナーランダーに御心のままの長さ、住まわれた後、世尊は、アーナンダ尊者と多数の比丘たちをともなわれてパータリ村へ向かって旅をつづけ、在家信者によって寄進された新しい宿坊に滞在された。

このパータリ村で、世尊は村の在家信者に、道徳（戒）について説法された。

「在家の資産家たちよ、不道徳（無戒）の者は、道徳の欠如によって次の五つの不都合を招きます。五つとは何か？　ここに、不道徳の者は道徳で失敗し、怠慢（放逸）をとおして富の大損失をこうむります。第二に、不道徳の者には悪い評判が立ち、遠くまで広範囲に広がります。第三に、不道徳の者はどんな集会に行っても、その集会が王侯貴族・武士のものであれ、バラモン、資産家、行者のものであれ、おどおど、おずおず気後れします。第四に、不道徳の者は、うろたえ迷った状態で亡くなります。第五に、身体が崩壊して死後、悲惨な状態に再生して悪趣へ阿修羅、さらには地獄へ堕ちることもあります。

しかし、道徳（持戒）者は道徳的に完全であることによって次の五つの功徳を得ます。五つとは何か？　ここに、道徳者は道徳的に完全で、精励（不放逸）をとおして大きな富を得ます。第二に、道徳者の善い評判は遠くまで広範囲に広がります。第三に、道徳者はどんな集会に行っても、その集会が王侯貴族・武士のものであれ、バラモン、資産家、行者のものであれ、自信と勇気があります。第四に、道徳者は、うろたえ迷うことなく亡くなります。第五に、死後、身体が崩壊すると、善趣（現世で善行為をした者が趣くところ）に再生し、天界へゆくこともあります」

パータリプッタ市の建設と「ゴータマの門」

ちょうどそのころ、マガダ国の第一大臣であるスニダとヴァッサカーラは、

ヴァッジ族をなんとかして食い止めるために、パータリ村に都市を建設していた。そのパータリ村で、多くの神々が、それぞれ何千もの群れをなして村の土地のさまざまな場所に出没しているのを、世尊は天眼でご覧になった。大きな威力をもつ神々が、その出没している場所で、都市建設の責任をもつ役人たちの心を、大きな勢力をもつ王族の青年や大臣の家を築くように向けさせているのを、世尊は感知された。ほかの中程度の威力をもつ神々は、かれらの出没している場所で、都市建設の責任をもつ役人たちの心を、中程度の勢力をもつ王族の青年や大臣の家を築くように向けさせているのを、世尊は感知された。さらにそのほかの、より小さな威力をもつ神々は、かれらの出没している場所で、都市建設の責任をもつ役人たちの心を、より小さな勢力をもつ王族の青年や大臣の家を築くように向けさせているのを、世尊は感知された。

　世尊は、上記のようにご覧になって、パータリプッタが貴族の全行楽地中、最大の都市となり、あらゆる種類の物資が行き交う全商業中心地中、最大の都市になるであろう、と予言された。しかし、パータリプッタは、三つの災難に見舞われ、没落するであろう、ともいわれた。すなわち、火災、水害、内紛である。

　世尊がパータリ村に到着された、ときいて、バラモンのスニダとヴァッサカーラは世尊と比丘たちの一行を翌日の布施食に招待した。その食事後、世尊は次の三つの偈を口にされ、布施食への謝意を示された。

　　"どこであれ、賢者は、みずから住まうところで、布施食を献げよ
　　　その地で、戒をそなえ、清浄なる生活（梵行）を営み、自制する者らへ"
　　"そして、布施の功徳を回向せよ、その地に出没する神々へ
　　　供養すれば、かれらも供養するであろう。崇敬すれば、それに応じてかれらも
　　　崇敬するであろう"
　　"それゆえ、神々は賢者を、母がわが子を愛するがごとく、愛する
　　　そして、神々に愛された者は、いつでも吉祥に出会う"

　それから、世尊は座から立って、出て行かれた。世尊来訪の栄誉を誇りとし、スニダとヴァッサカーラは世尊に付き従って行き、そのとき、こう呼ぶことに決めたのである。

　「世尊が退出される門は『ゴータマの門』と呼ばれるであろう。世尊がガンジス川を渡られる渡し場は『ゴータマの渡し場』と呼ばれるであろう」

　しかし、世尊がガンジス川へ行かれたとき、川の水が岸からあふれ出ようとしていた。世尊は神通力によって、まるで強い男が曲げた腕を伸ばしたり、伸ばした腕を曲げたりするかのように、やすやすと川を渡られた。世尊は比丘の僧団とともに、ガンジス川のこちら岸からかき消え、はるか向こう岸へ、ふたたび姿をみせられた。

第VI部　入滅へ

　世尊は、川を渡ろうとして舟を探し求めている人びとや、木のいかだを探し求めている人びとや、そして、竹を縛っていかだをつくっている人びとらをご覧になった。その意味を了解されて、世尊は、喜ばしい感興の言葉を、このように口にされた。

　"大勢が広大な川を渡るであろう
　　川の深さと広さを避けるため、橋を架けることによって
　　いかだを縛っている人びとがいる一方
　　賢者は、すでに渡り終えているのだ"

四聖諦の説法──コーティ村で

　世尊は多くの比丘たちとともに、コーティ村へ向かって旅をつづけられた。その村に滞在中、世尊は比丘たちに、こう説かれた。
　「比丘たちよ、四つの聖なる真理（四聖諦）を理解しないことによって、そして洞察しないことによって、そなたたちとわたしは、この長いあいだ輪廻の流転を駆け抜け、とぎれなく動き回っているのです。その四つとは何か？　苦という聖なる真理（苦聖諦・苦諦）、苦の生起という聖なる真理（苦集聖諦・集諦）、苦の滅尽という聖なる真理（苦滅聖諦・滅諦）、苦の滅尽にみちびく行道という聖なる真理（苦滅道聖諦・道諦）です。しかし、これらの四つの聖なる真理が、理解され、洞察され、生存への渇愛が完全に滅尽し、生存への執着への渇愛が滅尽したとき、もはや生まれ変わって再生することはありません」

「法の鏡(ダンマーダーサ)」の説法──ナーディカ村で

　コーティ村に御心のままの長さ、住まわれた後、世尊は多数の比丘をともない、ナーディカ村に向かって旅をつづけ、ナーディカ村の煉瓦堂に滞在された。
　そのとき、アーナンダ尊者が世尊のもとへ近づいてこられ、何人かの比丘、比丘尼、在家の男性信者（優婆塞(ウバーサカ)）、在家の女性信者（優婆夷(ウバーシカー)）の死後の行き先と来世の生存がどのようか、尋ねた。世尊は根気強く答えられ、一人ひとりの死後の行き先と来世の生存がどのようか、明らかにされた。世尊はまたナーディカ村で亡くなった在家信者中、五十人が不還者、九十人が一来者、そして五百人以上が預流者である、とも述べられた。
　それから、世尊はアーナンダ尊者に、「法の鏡」といわれる説法をされた。聖なる仏弟子はこの教えによって、自分自身に対して、このように予言できるのである。

「わたしは、もはや、地獄に、動物（畜生）界に、餓鬼界に、悪趣、苦処、阿修羅に、生まれ変わることはない。わたしは、預流者であり、もはや堕落することはない。わたしは、覚りに達すると確信している」

そして、世尊は「法の鏡」を、このように説かれた。

「アーナンダよ、この教えのなかで、聖なる仏弟子は、ブッダ（仏）に絶対の信頼をもつのです。

《まさしく世尊は、(1) 供養に値する阿羅漢であり、(2) 正自覚者であり、(3) 明行具足者であり、(4) 正しく涅槃に達した善逝であり、(5) 三世界を知り尽くした世間解であり、(6) 人びとを指導する無上の調御丈夫であり、(7) 神々、人間ら一切衆生の師たる天人師であり、(8) 覚者であり、(9) 世尊である。》（ブッダの九徳）

聖なる仏弟子は、ダンマ（法）に絶対の信頼をもつのです。

《世尊の法は、(1) 善く、正しく説き示された教えであり、(2) みずから実証できる教えであり、(3) ただちに結果が得られる教えであり、(4)「来たれ見よ」といえる確かな教えであり、(5) つねに心にとどめるのに値する涅槃へ導く教えであり、(6) 賢者たち各自が自力で覚られるべき教えである》（ダンマの六徳）

聖なる仏弟子は、サンガ（僧）に絶対の信頼をもつのです。

《世尊の弟子たる僧団は、(1) 正しい道を実践するものであり、(2) 真っ直ぐの道を歩むものであり、(3) 涅槃をめざして修行するものであり、(4) 適切な道を実践するものである。

世尊の弟子たる僧団は、四双八輩という八類に属し、(5) 供養に値し、(6) 接待を受けるに値し、(7) 布施に値し、(8) 礼拝を受けるに値し、(9) 世の無上の福田である》（サンガの九徳）

聖なる仏弟子は、聖者たちが大切にするもろもろの道徳（戒）をそなえ、それらは壊れていない、引き裂かれていない、汚れのない、染みのないもので、解放して、賢者が推奨するもので、邪見に支配されず、そして集中に資するものです。

アーナンダよ、聖なる仏弟子はこの説き示した法を完全にそなえています。これが『法の鏡』と呼ばれる教えで、もし望むなら、みずから、こう予言できるのです。

『わたしは、もはや、地獄に、動物（畜生）界に、餓鬼界に、悪趣、苦処、阿修羅に、生まれ変わることはない。わたしは、預流者であり、もはや堕落することはない。わたしは、覚りに達すると確信している』と」

かくして世尊は、マガダ国の首都ラージャガハから、ナーディカ村まで旅をされた。しかし、世尊の旅はここでは終わらなかった。世尊は、侍者のアーナンダ尊者と多数の比丘たちをともなわれてヴェーサーリーへ向かわれ、遊女アンバパーリー

のマンゴー林に滞在されたのである。

66話　アンバパーリー……阿羅漢になった遊女

　ゴータマ・ブッダの在世当時、ヴェーサーリーにブッダの弟子となった一人の遊女がいた。自然発生的（化生〔オーパパーティカ〕）に彼女は誕生した、といわれた。（訳注：化生〔けしょう〕は、仏教が想定している出生の四種類＝四生のうちの一つで、天界や地獄などで忽然と出生する。他の三生は、母の子宮から生まれる胎生、卵で生まれる卵生、湿った場所で発生する湿生）ある日、ヴェーサーリーで、リッチャヴィー族の王族の庭師が、王園のマンゴー樹の下に、女の子の赤ちゃんが横たわっているのをみつけ、街へつれてきた。その生まれのゆえに、アンバパーリーと名づけられた。パーリ語では「アンバ」にマンゴー、「パーリー」には線、守る女、の意味がある。
　彼女は成長すると、なみはずれて美しく、優雅な女性になった。リッチャヴィー族の王族青年の多くは、彼女との結婚をもとめて、互いに競った。それぞれが自分のものにしたくて、おかげで争いと喧嘩がふえた。最後には、そんな反目に終止符を打つための長い話し合いの後、アンバパーリーは誰も独り占めにするべきではない、と取り決めた。遊女になるようにさせたのである。一方、アンバパーリーは生まれつき善い性格をもっていた。多額の金を慈善活動に費やし、リッチャヴィー族の王族青年たちに落ちつきと気品を及ぼす影響を発揮した。かくて、彼女は事実上、リッチャヴィー貴族共和政の無冠の女王となったのである。
　過去世で彼女は、プッサ（報沙）仏の時代に、王侯貴族〔カッティヤ〕の家の娘として生まれ、功徳を積む善行為をたくさんしたため、それ以降の生まれに果報で美女となった。そしてシキー（尺棄）仏の時代に比丘尼の僧団に入った。（訳注：ゴータマ・ブッダ出現以前に「過去二十八仏」が現れ、プッサ仏は二十一番目、シキー仏は二十三番目とされる。なお過去二十八仏すべてを網羅した護経〔パリッタ〕があるほか、ヴィパッシー仏以降の「過去七仏」については、長部14「大譬喩経」で説かれている。）
　ある日、彼女が僧院で礼拝の行列に加わっていたとき、彼女の正面にいた阿羅漢の比丘尼が、僧院の中庭で急いでつばを吐いた。列のなかでゆっくり歩いていたので、彼女にはそのつばが見えた。それをしたのが誰なのか知らずに、すぐさま、こんな悪口をいってしまったのである。
　「ここでつばを吐くなんて、まぁ、何という売女〔ばいた〕！」
　この悪口の結果、彼女は地獄に生まれ変わり、それ以降、遊女となって一万回の

あいだ生まれ変わり、いまはその最後の生存なのであった。

　アンバパーリーの美しさの評判は、いたるところに広まった。そして彼女のおかげで、ヴェーサーリーはとても繁栄した。この評判を知ってマガダ国のビンビサーラ王は、ラージャガハも美しい遊女によって華を添えるべきである、と考えた。そこで、サーラヴァティーという名の若い乙女に王から命じて遊女にならせ、同じような魅力を生まれさせようとした。（訳注：ブッダの侍医ジーヴァカは、サーラヴァティーが産んだ父無し子。51話参照）

　あるとき、ビンビサーラ王みずからアンバパーリーに会ってみた。ほかの男同様に、彼女の美しさに圧倒され、そのもてなしの悦楽を味わった。この交わりによって、彼女は懐妊した。そして、月が満ちて男の赤ちゃんを出産し、ヴィマラ・コンダンニャと名づけられた。

　その後に、世尊はナーディカ村に御心のままの長さ、住まわれた後、多数の比丘をともない、ヴェーサーリーへ向かわれ、アンバパーリーのマンゴー林に滞在されたのであった。彼女が訪ねてくるであろう、と予期されて、世尊は、随行している若い比丘たちに、正念と正知の状態でいつづけるように、と指示を与えた。世尊は四念処を教えられたのである。

　世尊がヴェーサーリーに来られていて、自分のマンゴー林に滞在されている、ときいて、遊女アンバパーリーは、多数の馬車に引き具を付けさせた。彼女は馬車の一つに乗り、ヴェーサーリーから彼女自身のマンゴー林に向けて、馬車を走らせた。馬車で行けるところまで行って、彼女は馬車から降り、歩いて世尊のもとへ近づいて行った。世尊に敬礼し、適切なところに坐った。

　世尊はそれから彼女に、法の功徳を吹き込み、法の実践を説き示し、法の実践を促し、励まし、その喜びを感じさせた。説法の終わりに、彼女は強く心を動かされ、法に高揚して、世尊を、このように招待した。

　「尊師よ、わたしの布施食の招待を、どうぞ、世尊があす、比丘僧団とともにお受けくださいますように」

　世尊は、沈黙のうちに同意された。アンバパーリーは座から立ち、世尊に礼拝後、右回りをたもって退出した。

　リッチャヴィー族の王族青年たちは、世尊がヴェーサーリーに到着され、アンバパーリーのマンゴー林に滞在されている、ときいて、かれらの最上の馬車に乗り、街を出た。そのうち、ある者らは青色で身なりをまとめ、青い衣装、青の飾りをまとい、青色で飾り立てた馬が引く青い馬車としていた。青一色の外観にしたのである。また、ある者らは黄一色の外観に、別の者らは赤一色に、さらに、白一色とした者らもいた。

第VI部 入滅へ

　行く途上で、リッチャヴィー族の王族青年たちはアンバパーリーと出会った。彼女は、自分の最上の馬車で、急いで去ろうとしているところであった。王族青年たちのもろもろの馬車が、彼女の馬車と衝突し、車軸と車軸、車輪と車輪、馬の首の後ろにかける軛と軛が、ぶつかったのである。すると、その後すぐに、リッチャヴィー族の王族青年たちは彼女に、こういった。
　「よく見ろ、アンバパーリー！　なぜ、おまえは、おまえの馬車を、リッチャヴィー族の王族青年のもろもろの馬車に、車軸と車軸、車輪と車輪、軛と軛で、ぶつけたんだ？」
　「おお、王族青年のみなさま！　わたしはたったいま、世尊を比丘僧団とともに、あす、布施食に招待したばかりでございますもので」
　「それなら、アンバパーリーよ、布施食に招待する特別の栄誉を、われらに十万金でゆずってくれ」
　「おお、王族青年のみなさま、たとえ、あなたさま方がわたしに、ヴェーサーリーを領地とともに与えてくださるとしても、わたしは布施食に招待する特別の栄誉を、あなたさま方におゆずりすることはありません」
　アンバパーリーの勇ましい答えに、リッチャヴィー族の王族青年たちは指をパチンと弾き、感嘆して叫んだ。
　「おお、われらは、このマンゴー娘にやられたぞ！　われらは、このマンゴー娘にやられたぞ！」
　それからリッチャヴィー族の王族青年たちは、アンバパーリーのマンゴー林へ向かった。向こうからやってくるかれらを世尊がご覧になったとき、世尊は比丘たちに、こう告げられた。
　「比丘たちよ、三十三天の神々をかつて見たことがない比丘たちに、勢ぞろいしたリッチャヴィー族の者たちを見せてやりなさい。かれらに、リッチャヴィー族の者たちを観察させてやりなさい。かれらに、三十三天の神々とはリッチャヴィー族の者たちのようなのだと、想像させてやりなさい」
　リッチャヴィー族の者たちは、馬車で行けるところまで乗って行った。それからかれらは馬車から降り、歩いて世尊のもとへ行った。世尊に敬礼して、適切なところに坐った。世尊はそれからかれらに、法の功徳を吹き込み、法の実践を説き示し、法の実践を促し、励まし、その喜びを感じさせた。説法の終わりには、かれらは強く心を動かされ、法に高揚して、そしてその後、世尊を、このように招待した。
　「尊師よ、われらの布施食の招待を、どうぞ世尊が、あす、比丘僧団とともにお受けくださいますように」
　世尊は、こう答えられた。

「リッチャヴィー族の王族青年たちよ、比丘僧団とともに、わたしはあすの布施食の招待を、すでに遊女アンバパーリーから受けているのです」

この後すぐに、リッチャヴィー族の王族青年たちは指をパチンと弾き、感嘆して叫んだ。

「おお、われらは、あのマンゴー娘に一杯食わされたぞ！　われらは、あのマンゴー娘にやられたぞ！」

しかしながら、リッチャヴィー族の者たちは、世尊の説法を聴けたことへの感謝と喜びを表明した。それから、かれらは座から立ち、世尊に礼拝後、右回りをたもって退出した。

夜が明けたとき、アンバパーリーは彼女のマンゴー林で、さまざまな種類の豪華な食べ物の準備をしてから、こう告げた。

「時間がまいりました、尊師よ。食事のご用意がととのいました」

世尊と、つきそいの比丘たちが、アンバパーリーの住まいへ行かれて、すでに用意されている席に坐られた。アンバパーリーは世尊と、つきそいの比丘たちをもてなし、彼女手ずから豪華な食べ物をふるまった。食事後、アンバパーリーは一段低い、かたわらの席に坐り、こう申し上げた。

「尊師よ、わたしはこのマンゴー林を、世尊が上首であられる比丘僧団に、寄進させていただきます」

世尊はマンゴー林の寄進を受けられ、そして法の話を彼女にされた後、席を立たれ、退出された。

アンバパーリーとビンビサーラ王の息子、ヴィマラ・コンダンニャが成長し、あるとき世尊と出会い、世尊の威厳に強い印象を受けた。そのとき、かれは僧団に入り、その後ほどなくして阿羅漢に達した。ある日、アンバパーリーは、息子が法を説いている、ときいて俗世間を捨てた。そして、比丘尼の僧団に入り、洞察（ヴィパッサナー）の冥想に精進した。老いてゆくみずからの身体を冥想の対象にして、そのはかなさ（無常）と苦へのもろさを観察した。そうすることによって、彼女はいっそう深く存在の本性へ洞察を進め、ほどなく阿羅漢に達した。

たゆみない冥想の実践によって、アンバパーリーは過去世を想起する智慧（宿住智）を得た。彼女は自分の過去世において、たびたび美しい女に生まれたことを見たのだが、肉体の美しさはいつでも萎れ、老化と死によって押しつぶされているのであった。そしていま、彼女の最後の生存で、涅槃の不滅の美しさに彼女は達し、"ブッダのほんとうの娘"だと宣言したのである。

第VI部　入滅へ

第2章　入滅——B.C. 543年

67話　大般涅槃（だいはつねはん）（マハーパリニッバーナ）

　この章では世尊の最後の旅のつづき、すなわちベールヴァ村からクシナーラーまでをたどってゆくことになる。

　アンバパーリーのマンゴー林に御心のままの長さ、住まわれた後、世尊はヴェーサーリー近くのベールヴァ村へ、比丘の大僧団をともなって向かわれた。そのころ、雨期が近づいていた。（訳注：インドの雨期は、五月中旬から九月中旬）世尊は比丘たちに、ヴェーサーリー付近で雨安居に入りなさい、と告げた。一方、世尊ご自身は四十五回目、そして最後の雨安居を、このベールヴァ村で過ごすことに決められた。

　しかし、雨安居入りされてまもなく重病にかかられ、死ぬほど激しい、ひどい痛みに見舞われた。世尊は不平不満をこぼされることなく、痛みを耐え忍ばれ、正念と正知をそなえたままでいらっしゃった。そのとき、世尊に、このような考えが浮かんだ。

　「わたしが侍者の比丘たちに告げず、そして、比丘の僧団にも知らせず、入滅するのは、わたしにはふさわしくないであろう。わたしは、この重病を鎮め、阿羅漢果に入定して生命の維持作用（ジーヴィタサンカーラン）（訳注：寿命を保つ潜勢力）で生きる意志を延ばしてはどうであろうか？」

　それゆえ、世尊は聖なる決意をされ、阿羅漢果に入定された。そうすることによって世尊の病気は、たちまち和らいだ。

　回復されてまもなく、世尊は部屋から出られ、僧院の日かげに設けられた座に坐られた。そのときアーナンダ尊者が近づき、こういわれた。

　「尊師よ、いま拝見すると、お元気で、お健やかであられます。まさに世尊はご病気でしたので、わたしは自分のからだが重く、硬くなってしまったようで、方角さえ見分けにくい始末でございました。わたしの心は混乱して、ものごとをはっきり理解できませんでした。ですが、尊師よ、わたしは次のように考えて、ほんの少し、安心いたしました。世尊はきっと、比丘の僧団に何らかの教えを遺されることなく、亡くなられることはないであろう、と」

　そこで世尊は、比丘僧団における世尊の立場を、こう述べて明確にされた。

　「アーナンダよ、いったい比丘僧団は、これ以上何をわたしに期待するのか？

第 2 章　入滅──B.C.543 年

　わたしは、比丘たちに、側近・周縁の弟子という内外のわけへだてなく、法を説いてきた。また、わたしには、師の握拳（先生のにぎりこぶし）で保持している秘密など、何もないのだ。（訳注：師の握拳とは、異教の師には若い時代に誰にも語らず、隠しとおし、死の床で愛弟子のみに語る秘密がある、とされていたこと。師が弟子にもったいをつけ、にぎりこぶしの中に固くにぎりしめたまま、最後に伝授する、といわれていた秘伝）

　〈わたしが比丘僧団を指導していこう〉とか、〈比丘僧団はわたしが頼りだ〉などと考える者がいるかもしれない。しかし、アーナンダよ、如来（世尊の自称）はそのようには考えないのだ。そこで、わたしはなぜ、比丘僧団にかかわる教えを、何か遺すべきなのであろうか？

　いまやアーナンダよ、わたしは老いぼれ、古び、年とってしまった。わたしの人生の最期のときに到ったのだ。わたしは八十歳である。たとえば一時しのぎの布や皮紐で縛って、何とかもたせて動かしている古い車のように、まさに如来のからだはそのように、一時しのぎで縛って、何とかもたせて動かしている。如来のからだは、世尊が対象すべてに（感情の波動が生起しない）無想であり、想受滅であり、無相の解脱の定（サマーディ）である阿羅漢果に入定したままにたもっているときにのみ、安らかなのだ。

　それゆえ、アーナンダよ、そなたらは自己を島としなければならない。自己をよりどころにして、そのほかをよりどころにしてはならない！　そなたらは法を島としなければならない。法をよりどころにして、そのほかをよりどころにしてはならない！

　ではアーナンダよ、どのように比丘は、自己を島とし、自己をよりどころにして、そのほかをよりどころにせず、法を島とし、法をよりどころにして、そのほかを何も、よりどころにしないのか？

　この教えにおいてアーナンダよ、比丘は、身において身を観察しつづけ、精進して正念と正知をそなえ、この世の貪りと憂いをとりのぞくのです。もろもろの受において、もろもろの受を観察しつづけ、精進して正念と正知をそなえ、この世の貪りと憂いをとりのぞくのです。心において心を観察しつづけ、精進して正念と正知をそなえ、この世の貪りと憂いをとりのぞくのです。もろもろの法において、もろもろの法を観察しつづけ、精進して、正念と正知をそなえ、この世の貪りと憂いをとりのぞくのです。（訳注：長部22「大念処経」で説かれている涅槃に到る唯一の道、身・受・心・法の四念処）

　アーナンダよ、いまでも、あるいはわが亡き後でも、自己を島とし、自己をよりどころにして、そのほかをよりどころにせず、法を島とし、法をよりどころにして、

第VI部　入滅へ

そのほかを何も、よりどころにしない者は誰でも、戒定慧の三重の修行に専念するような者のうち、そうした比丘たちは誰でも、最上の比丘となるであろう」

二大弟子の入滅——「智慧第一」のサーリプッタと、「神通第一」のモッガラーナ

ベールヴァ村での雨安居が終わった後、世尊は村を去り、サーヴァッティ（舎衛城）へ向かって遊行され、ジェータヴァナ僧院（祇園精舎）に滞在された。そのときサーリプッタ尊者が近づいてこられた。礼拝後、尊者が、こう語られた。

「尊師よ、どうか世尊が、どうか無上士が、ご同意くださいますように。わたしが最終の涅槃に到るときがまいりました。わたしは寿命力を放棄いたします」（訳注：後代のアビダンマの説明では、ブッダの成道から入滅までは有余依涅槃（うよえ）で、煩悩は滅しているが、五蘊は残っていた。無余依涅槃（むよえ）に到ると五蘊も捨て入滅する。般涅槃（はつ）は完全な涅槃の意で、無余依涅槃と同義）

「そなたは、どこで最終の涅槃に到るのか？」ときくことによって、世尊は同意なさった。

「マガダ国の、ナーラカという村の、わたしが生まれた部屋で」と、サーリプッタ尊者は答えられた。

サーリプッタ尊者がナーラカ村へ去って行く前、世尊は尊者に、比丘たちに最後の法話をしなさい、と求められた。それゆえ、尊者は、驚くべき法教示力のすべてを披露された。尊者の教示力を超えるのは、世尊のみ、なのである。

七日間の旅の後、サーリプッタ尊者はナーラカ村に着いた。尊者の母であるバラモン女性のルーパサーリーは仏教の信者ではなかったが、息子が還俗してまた帰ってきたのだ、と考えて喜んで迎えた。まさにその夜、重病に苦しんでいたが、尊者は、まだ母には法を説いて教えれば覚る見込みがあったために説法し、母を預流果の覚りに確実にみちびいた。しかし、そのあとまもなくサーリプッタ尊者は亡くなり、最終の涅槃に到られた。カッティカ月（現代暦の十〜十一月）の満月の日であった。

火葬の完了後、チュンダ尊者が遺骨を集めて濾布（こしぬの）にくるみ、サーリプッタ尊者の托鉢の鉢、外衣といっしょにサーヴァッティに持っていった。世尊はサーリプッタ尊者の徳をたたえ、弟子たちに遺骨を納めた塔をサーヴァッティに建立しなさい、といわれた。

その後、世尊はラージャガハ（王舎城）へ行かれた。このころモッガラーナ尊者は、イシギリ（仙人山）の中腹にあるカーラシラー（黒岩）の森の小屋に一人で住まわれていた。そのとき、裸行者の集団が尊者を暗殺しようとたくらんでいたので

ある。かれらは、尊者がこれまでさまざまな世界を訪れ、ブッダの有徳の信者は幸せな世界への生まれ変わりを享受する一方、異教の信者たちは善行為を欠いているため不幸な境涯で苦しんでいる、という見聞の報告を語った、と信じていたのだ。

かれらは、尊者を暗殺しろ、と一群の山賊を買収した。山賊が尊者を暗殺しにやってきたとき、尊者は神通力で小屋の鍵穴からするりと逃げた。六日間連続で、こうしたことが起きた。しかし七日目に、山賊は尊者を捕まえ、殴って骨が米糠のように小粒になるまで粉々にした。山賊は粉々になった尊者を藪の中に投げ捨てた。

しかし、尊者は、まだ亡くなっていなかった。尊者は、意識を取り戻し、みずからの重いからだをひきずるようにしてブッダの御前へ行き、いとま乞いをされた。世尊は、比丘たちに最後の説法をしなさい、と求められた。尊者は多くの神通や神変を披露された。それから尊者は世尊に礼拝され、カーラシラーへ戻られ、最終の涅槃に到られた。カッティカ月の新月の日で、サーリプッタ尊者の入滅から半月後であった。そこで世尊は、モッガラーナ尊者の遺骨を納めた塔をラージャガに建立しなさい、と指示されたのである。

寿命力を放棄される

その後、世尊は比丘の大僧団とともに、ヴァッジ国のガンジス川の岸辺にあるウッカーチェーラー村へ向かって遊行され、その地で、二大弟子の入滅について説法されたのであった。

ある日の朝のうちに世尊は、托鉢するためヴェーサーリーに入られた。食事後、世尊はアーナンダ尊者とともにチャーパーラ霊廟へ行かれた。そこで日を過ごされるあいだに、世尊はアーナンダ尊者に、こういわれた。

「アーナンダよ、誰であれ、四神足(しじんそく)を修行し、実践し、育成し、熟達し、乗り物を乗りこなせるようにして、家の土台のようにして、確立し、堅固にし、まともに責任を担った者は、もし望むなら、寿命の最大期間か、あるいはそれ以上、生きることができます」(訳注:四神足とは、最高智である神通に到るための四つの足=基礎となる美徳で、欲、勤、心、観。四如意足(しにょいそく)ともいわれ、後出の三十七菩提分法の一部)

世尊がこのようにわかりやすく、明快にほのめかされたにもかかわらず、アーナンダ尊者は真意を理解することに失敗した。尊者は世尊に、次のように懇願しなかったのである。

「尊師よ、どうか、世尊が寿命の最大期間、生きられますように。多くの衆生の繁栄と幸福のために、世界への憐れみから、衆生の利益のために、神々と人びとの

繁栄と幸福のために」と。

　二度、そして三度、世尊は同じことをいわれたのだが、アーナンダ尊者は、世尊の示唆を把握できなかった。ちょうどその瞬間、アーナンダ尊者の心は悪魔(マーラ)にとりつかれ、その影響下にあったのである。

　そこで世尊はアーナンダ尊者に、こう告げられた。

「そなたは行ってよい、アーナンダよ。さあ、いまはそなたが好きにしてよいときです」

「かしこまりました」と、アーナンダ尊者は答えられた。それから、座を立ち、世尊に礼拝し、去って、世尊からほど近い樹の根もとに坐られた。

　尊者が去ってまもなく、悪魔が世尊のもとへやってきて、一方の側に立ち、こういった。

「世尊はいますぐ、最終の涅槃に到られますように！　善逝は入滅されますように！　いまこそ世尊が入滅なさるときです！」

　悪魔がこのようにいうと、世尊は、

「悪しき者よ、そなたの心配には及ばない。ほどなく如来の入滅が起きるであろう。いまから三か月後に、如来は般涅槃に到るであろう」と、答えられた。

　それから世尊は、チャーパーラ霊廟で日を過ごされるあいだ、正念と正知をそなえ、寿命力の放棄を決断された。世尊が決断を下されたとき、猛烈な大地震が起き、雷鳴が轟き、人びとの心を恐怖で鷲づかみにして、人びとの身の毛はよだち、頭髪が逆立った。

　この現象を見て、アーナンダ尊者はふしぎに思い、世尊のもとへ行って大地震が起きた因と縁を尋ねた。世尊は、地震が起きた八つの因を説明された。それから、つづけて世尊は、八つからなるもの（八法）の一連の説法をされた。すなわち、集団の八つの範疇である八会衆、禅定を通した八つの心の熟達である八勝処、解脱の八つの段階である八解脱について、である。

　このような説法をなさってから、世尊は、大地震が起きる直前、世尊と悪魔のあいだで何が起きたか、語られた。世尊はアーナンダ尊者に、こういわれた。

「さていま、アーナンダよ、まさにこのチャーパーラ霊廟で、世尊は正念と正知をそなえ、寿命力の放棄を決断したのです」

　これを聴いたとき、アーナンダ尊者はただちに世尊が前におっしゃったことを思い起こし、世尊に懇願した。

「尊師よ、どうか、世尊が寿命の最大期間、生きられますように。多くの衆生の繁栄と幸福のために、世界への憐れみから、衆生の利益のために、神々と人びとの繁栄と幸福のために」

「もうよい、アーナンダよ！　如来にいま、それを願ってはならない！　如来に懇願するときは、もはや過ぎ去ったのです」
　ふたたび、アーナンダ尊者は同じ懇願をくりかえし、同じお答えであった。そして三度目の懇願をくりかえしたとき、世尊は何度もわかりやすく明快にほのめかしたが、アーナンダ尊者が真意を把握するのに失敗して、世尊に、寿命の最大期間、生きるように、と願わなかったのだから、と答えられた。落ち度はアーナンダ尊者にあったのである。

三十七菩提分法

　アーナンダ尊者の悲しみが和らいだ後、世尊は尊者とともに大林にある重閣講堂へ行かれ、ヴェーサーリー近辺に住んでいる比丘たちすべてを招集して講堂に集めなさい、と尊者に告げられた。
　集まった比丘たちに世尊は、こう説かれた。
「比丘たちよ、わたしはそなたたちに、わたしが直接知った、もろもろの真理を説いてきました。そなたたちは、それらを徹底して学び、究め、育て、発展させ、それらを不断の実践として実行に移すべきで、そうすればこの出家の聖なる生活（梵行）は、長く持ちこたえ、永続するであろう。多くの衆生の繁栄と幸福のために、世界への憐れみから、利益のために、神々と人びとの繁栄と幸福のために。
　それでは、それらもろもろの真理とは何か？　三十七菩提分法（ぼだいぶんぽう）です。すなわち、
　　　四　念　処（しねんじょ。身・受・心・法）
　　　四　正　勤（ししょうごん。已に生じた悪を断つ。未だ生じていない悪を起こさせない。已に生じた善を増す。未だ生じていない善を起こす）
　　　四　神　足（しじんそく。欲・勤・心・観）
　　　五　根（ごこん。信・勤・念・定・慧）
　　　五　力（ごりき。信・勤・念・定・慧）
　　　七　覚　支（しちかくし。念、択法、精進、喜、軽安、定、捨）
　　　八　聖　道（はっしょうどう。正見・正思惟・正語・正業・正命・正精進・正念・正定）
　です。

第Ⅵ部　入滅へ

如来が般涅槃を告げる

それから世尊は、比丘僧団に般涅槃のときを、このように告げた。
「さあ、比丘たちよ、いま、そなたたちに明らかにします。
『あらゆる条件づけられたものごとは、滅びる性質をもちます。不放逸に精進しなさい！』
如来の入滅はほどなく起きます。いまから三か月後に、如来は般涅槃に到るであろう」
これが世尊の告げられたことであった。無上の調御丈夫、天人師は、このように告げられ、さらに次のように述べられた。
「わが年齢は熟した。わが余命は、いくばくもない。
　そなたたちを後に残し、わたしは去るであろう。わたしはみずからに帰依したのだ。
　不放逸に励み、念をそなえよ！　戒をたもて、おお、比丘たちよ！
　しっかりと統一した冥想で、心を観察しつづけよ！
　この法と律において精進する者は誰でも
　輪廻転生の生まれ変わりを脱して、あらゆる苦の終わりをなすであろう」

高貴な巨象の眺め

朝になって、世尊は着衣をととのえ、托鉢の鉢と外衣をもって、ヴェーサーリーへ托鉢に行かれた。托鉢を終えて食事された後、そこを去るにあたって、世尊はふり返られ、巨象が眺めるように、ヴェーサーリーを眺められた。そのとき世尊は、アーナンダ尊者に、こういわれたのである。
「アーナンダよ、これが如来のヴェーサーリーへの最後の眺めとなるであろう。さあ、アーナンダよ、バンダ村へ行こう！」
「かしこまりました、尊師よ」と、アーナンダ尊者が応じられた。それから世尊は、比丘の大僧団をともなって、バンダ村へ旅された。そして、バンダ村に滞在中、世尊は比丘たちに、次のように説かれた。
「比丘たちよ、四つのものごとを理解せず、洞察の智慧を持たなかったことを通して、そなたたちも、わたしも、このように長いあいだ、輪廻の生存をさまよわなければならなかったのです。四つとは何か？　聖者の戒、聖者の定、聖者の慧、そして聖者の解脱です。しかし、これらの四つのものごとを理解し、洞察の智慧を持ち、生存への渇愛を断ち、生存にみちびく渇愛を滅して、もはや、生まれ変わりは

ないのです」

四大教法の教え

　バンダ村に御心のままの長さ、住まわれた後、世尊は、比丘の大僧団をともなって遊行され、ハッティ村へ、アンバ村へ、ジャンブ村へ、さらにそこから、ボーガ市へ向かわれ、アーナンダ霊廟に滞在された。
　世尊がそこに滞在されているあいだに、世尊は比丘たちの大会衆に、四つの大教法を説かれた。
　「この教えにおいて、比丘たちよ、ひとりの比丘がたとえば、このようにいったとします。
　『わたしは、この説明を世尊ご自身の口から直接聴いて、受けとったのだ。これが法である。これが律である。これが師の教えである』と。
　あるいは、ひとりの比丘がたとえば、このようにいったとします。
　『ある僧院に、比丘の僧団が住んでいて、上首にはひとりの長老がなっている。わたしは、この説明をその僧団の口から直接聴いて、受けとったのだ。これが法である。これが律である。これが師の教えである』と。
　あるいは、ひとりの比丘がたとえば、このようにいったとします。
　『ある僧院に、聖典に精通し、法・律・戒本（波羅提木叉）に堪能である碩学の長老比丘がたくさん住んでいる。わたしは、この説明をそれら長老比丘たちの口から直接聴いて、受けとったのだ。これが法である。これが律である。これが師の教えである』と。
　あるいは、ひとりの比丘がたとえば、このようにいったとします。
　『ある僧院に、聖典に精通し、法・律・戒本（波羅提木叉）に堪能である碩学のひとりの長老比丘が住んでいる。わたしは、この説明をその長老比丘の口から直接聴いて、受けとったのだ。これが法である。これが律である。これが師の教えである』と。
　比丘たちよ、その比丘のことばに、同意すべきでも、拒否すべきでも、ありません。同意することも拒否することもなく、そのようなかれのことばや発言は、徹底的に検討して調べるべきなのです。それから経典と照合して、律と比較対照してみるべきです。
　もし、比較対照してみたとき、経典と調和もせず、律と合致しなければ、そのときそなたたちは、次のように結論してよいのです。『たしかに、これは世尊のことばではない。その比丘、あるいは比丘僧団、あるいは長老たち、あるいはその長老

第VI部　入滅へ

によって、誤って理解されたものである』と。そしてそれゆえ、そなたたちは、それを拒否すべきなのです。

　しかしながら、もし、比較対照してみたとき、経典と調和し、律と合致するなら、そのときそなたたちは、次のように結論してよいのです。『たしかに、これは世尊のことばである。その比丘、あるいは比丘僧団、あるいは長老たち、あるいはその長老によって、正しく理解されたものである』と。そしてそれゆえ、そなたたちは、それに同意すべきなのです。

　比丘たちよ、そなたたちは、この四つの大教法をよく銘記すべきです」

ブッダの最後の食事

　それから世尊はボーガ市に御心のままの長さ、住まわれた後、比丘の大僧団をともなってパーヴァーへ向かわれ、鍛冶職人の子チュンダのマンゴー林に滞在された。

　世尊が自分のマンゴー林に到着された、という報せをきいて、チュンダはただちに世尊のもとへ近づいて行き、礼拝した。世尊はかれに法話をして励まし、法の実践でかれを喜ばせた。法を聴いた後、かれは世尊を、比丘僧団とともに、次の日、托鉢食の布施を献げることに招待した。世尊は、沈黙して同意された。

　そこで次の日、チュンダは、スーカラ・マッダワという特別料理をふくむ豪華な食べ物を用意した。（原注：長部経典の注釈書によると、スーカラ・マッダワとは柔らかい豚肉のことで、若すぎず年寄りすぎない野豚のなま肉・刺し身であるが、世尊のために殺したものではない＝パヴァッタマンサ。注釈者のなかに、スーカラ・マッダワとは、柔らかいご飯に、牛から得られる五種のさまざまな産品を添えた料理と解釈する師がいる一方、そのほかの師は、ラサーヤナと呼ばれる不老長寿薬を混合した美味で栄養価の高い料理である、といっている。）

　食事が出されたとき、世尊はチュンダに、スーカラ・マッダワは自分だけに、そのほかの食べ物は比丘僧団に、出してください、と告げられた。世尊は食事をされた後、チュンダに、スーカラ・マッダワの残りは穴に埋めるように、と指示された。世尊は、ほかの誰も消化できる者はいない、とご覧になったのである。しかし、食後、急性の赤痢が世尊を襲い、ほとばしる出血をともなった激しい痛みに見舞われた。世尊は、この痛みに、不平不満をいうことなく、正念と正知をそなえ、耐え忍ばれたのであった。

第2章　入滅──B.C.543年

クシナーラーへの旅の途上で

　病いのせいでからだがとても弱っていたにもかかわらず、世尊はクシナーラーへ比丘の大僧団とともに向かう最後の旅をつづけることに決められた。
　その途上で、世尊は道からそれて、樹の根かたに近づかれた。そこに行かれて、世尊は設けられた座に坐られ、アーナンダ尊者に、飲み水をもってきてほしい、と頼まれた。とても疲れ、のどが乾いていたからである。ちょうどそのとき、五百台の車が小川を渡ったばかりで、川の水が泥で濁っていた。そこで、アーナンダ尊者は世尊に、こう申し上げた。
　「尊師よ、さほど遠くないところにカクッター川があります。水が澄んでいて、気持ちよく、冷たく、泥で濁っていません。それに、平らで感じのよい岸辺もあります。世尊はそこで水を飲まれ、おからだを冷やせるでしょう」
　ふたたび世尊が頼み、同じ答えであった。三度目の世尊の頼みの後、アーナンダ尊者は、「かしこまりました、尊師よ」と、同意された。そして、アーナンダ尊者が小川に行くと、世尊の神通力によって、浅瀬の水が澄んで、清らかになり、濁りがなくなっていた。そこで尊者は水をすくい、托鉢の鉢に入れた。尊者は世尊のもとへ戻り、いま起きたことを申し上げ、こう付け加えた。
　「さあ、世尊は水をお飲みください！　善逝は水をお飲みください！」
　そして、世尊が水を飲まれたのであった。

マッラ族の王子プックサの帰依と金色の衣

　世尊が水を飲まれた後、まだ樹の根方に坐られているあいだに、アーラーラ・カーラーマの弟子であるマッラ族の王子プックサが、クシナーラーからパーヴァーへ向かっている途上で、世尊を見て、近づいてきた。プックサは自分の師について驚くべきことがあった、と述べたのである。かつて師は道ばたの樹の下で冥想して日を送り、深い集中のなかで坐っていた。しかし、師のすぐ近くをつぎつぎ通り過ぎた五百台の車の隊商を、師は見ることも聞くこともなく、気づいて目覚めていたのに、師の外衣はすっぽりほこりをかぶった、という。
　この話のすぐ後に、世尊はプックサにみずから経験したことを語られた。あるとき、世尊がアートゥマーの近くの籾殻堂(もみがらどう)に住まわれ、深い冥想に入られているあいだに、土砂降りの大雨に見舞われ、雷鳴が轟き、稲妻が走り、つぎつぎ落雷したことがあった。そのとき、農夫の兄弟二人と牛四頭が籾殻堂の近くで雷に打たれた。土砂降りの大雨に見舞われ、雷鳴が轟き、稲妻が走り、つぎつぎ落雷しているあい

第VI部　入滅へ

だに、世尊は気づいて目覚めていたのだが、それを見ることも聞くこともなく、静かな状態のままでいた、というのである。

プックサは世尊がそのようなとき、静かな状態のままでいた、という話に強い印象を受け、仏法僧の三宝に生涯、帰依することにしたのであった。これにつづけてプックサは、一対の金色の衣を世尊に献げた。しかし、世尊はプックサに、そのうちの一つはご自身に、そしてもう一つはアーナンダ尊者に、と頼まれた。

プックサが立ち去ってまもなく、アーナンダ尊者は、その一対の金色の衣を世尊の御身体の上にかけられた。驚いたことに、金色の衣が世尊の御身体の上にかかると、金の輝きがまったく消えたのである。これを目の当たりにして、尊者は感嘆の声をあげた。これについて世尊は、こう説明された。如来の皮膚の色がなみはずれて透きとおり、輝く場合が二つある、すなわち、最上の正覚を完成する夜と、般涅槃に到る入滅の夜である、と。

世尊はそのとき、まさに今夜の後分（訳注：初・中・後に三分される夜の最後の更）に、クシナーラーに近いマッラ族のサーラ林の沙羅双樹のあいだで、如来は般涅槃に到るであろう、と告げられたのであった。

二つの例外的な布施食

それから、世尊はカクッター川へ向かわれ、川に入って最後の沐浴をされ、川の水を飲まれた。その後、世尊はマンゴー林へ行かれ、そこでひと休みされ、獅子（ライオン）が眠るように右脇を下にして横になられた。チュンダカ尊者の敷かれた外衣の上に、世尊は臥されたのである。

そこで休まれているあいだに、世尊はアーナンダ尊者に、こう告げられた。

「アーナンダよ、誰かが鍛冶職人の子チュンダに、このようにいって後悔させるかもしれない。『おまえには利得がない、チュンダよ。おまえが差し上げた最後の食事をされた後に、如来は亡くなられたのだから、おまえには功徳がない』と。いま、そのような後悔は、鍛冶職人の子チュンダから、このようにいって、とり除かねばならない。『そなたには利得がある、チュンダよ。そなたが差し上げた最後の食事をされた後に、如来は亡くなられたのだから、そなたには偉大な功徳がある。チュンダよ、これは世尊ご自身の口で、このように語られたのを、わたしが聴いて、知ったことだ。

〈二つの托鉢食には、いずれもひとしい果報があり、結果があり、ほかの托鉢食より、はるかに大きな功徳があるのです。その二つとは何か？　それを食べた後に如来が最上の正覚に到る托鉢食と、それを食べた後に如来が無余依の涅槃に到る托

鉢食です。これら二種類の托鉢食にはほかの托鉢食より、はるかに大きな果報と功徳があるのです〉と。

　これらのことばは世尊ご自身の口で、このように語られたのを、わたしが聴いて、知ったことだ。まさしく、鍛冶職人の子チュンダは、長寿、容色、幸福、名声、天、大きな力をもたらす善業を積んだのである』と。

　このようにして、鍛冶職人の子チュンダの後悔は、とり除かねばならないのです」

沙羅双樹に到着する

　ひと休みされた後、世尊は比丘の大僧団とともに最後の旅をつづけられ、ヒランニャワティー川を渡り、クシナーラー近郊にあるマッラ族のサーラ林の沙羅双樹まで行かれた。最後の安息の地である。かくして世尊はパーヴァーからクシナーラーまで、三ガーヴタ（四分の三ヨージャナ）の距離の最後の旅をされたのである。その間、衰弱と病いのために二十五回の休止を余儀なくされたのであった。

　そこに着くとすぐ、世尊はアーナンダ尊者に、沙羅双樹のあいだに頭を北にして寝床をつくってほしい、と頼まれた。寝床が用意されると、世尊は獅子が眠るように右脇を下にして、右足の上に左足を少しずらして、正念と正知をそなえて、横になられた。

　まさにそのとき、沙羅双樹は満開になり、たくさんの花がはじけるように、ぱっとひらいた。まだ開花の時期ではないのに、時ならぬ満開であった。それらの花々が、如来を供養してその御身体に降りそそぎ、ふりまかれた。天上の曼荼羅華（原注：パーリ語 mandārava、ラテン語 Erythrina fulgens）と栴檀の粉末もまた空中から降ってきて、如来を供養してその御身体にふりそそぎつづけ、その間、天上の音楽と歌声が、如来を供養して空中からゆるやかなリズムで奏でられたのである。

　この天上の敬慕礼拝ぶりを見て、世尊はアーナンダ尊者に、こういわれた。

　「アーナンダよ、如来は、このようなやりかたで尊崇、尊重、敬愛、崇敬、崇拝されるべきではないのです。しかし、どのような比丘、比丘尼、男性信者（優婆塞）、女性信者（優婆夷）であっても、真理にしたがって実践しながら生き、正しく真理を実践し、真理とともに完全に一体化して歩むのなら、男女の別なく、如来をすべてのなかの最上の供養で、尊崇、尊重、敬愛、崇敬、崇拝しているのです。それゆえ、アーナンダよ、『われらは真理にしたがって実践しながら生き、正しく真理を実践し、真理とともに完全に一体化して歩んでいこう』と、そなたらは修行すべきなのです」

第Ⅵ部　入滅へ

　ちょうどそのとき、世尊の前に立って世尊を扇いでいたウパヴァーナ尊者に対して、世尊は、脇へ退くように、と命じられた。アーナンダ尊者が世尊に、尋ねられた。
　「尊師よ、ウパヴァーナ尊者は長いあいだ世尊の侍者としてお側で仕え、お世話に勤められてきました。それなのに、この最後の時間になって、世尊は、脇へ退くように、と命じられました。その理由は何でしょうか？」
　「アーナンダよ、一万世界の神々が、如来に会うために遠くから大勢きているのです。これらの威力ある神々で、マッラ族のサーラ林の周囲十二ヨージャナにわたって、髪一本通すほどのわずかなすきまもなく、立錐の余地がないのです。かれらは、威力あるウパヴァーナ比丘が立ちはだかっているため視界がさえぎられ、不平をこぼし、不満をもっているのです。そのため、わたしはウパヴァーナに、脇へ退くように、と命じ、わたしの前に立ちはだからないようにさせたのです」
　「そして、アーナンダよ、心が大地に縛られた空の神々と地の神は、泣き叫び、髪をふり乱し、両手を突き上げ、身を投げ落とすように倒れ、のたうって、こう嘆いているのです。『あまりにも早く、世尊は般涅槃に到られ、入滅される！　あまりにも早く、善逝は般涅槃に到られ、入滅される！　あまりにも早く、智慧の眼が世界から消滅されてしまわれる！』
　しかし、アーナンダよ、感覚的な愛着からはなれている神々は、正念と正知をそなえて、『諸行は無常である。どうして、このまま変わらずに常恒でありえようか？』と、耐え忍べるのです」

四大霊場

　それから、アーナンダ尊者が、こうもいわれた。
　「尊師よ、これまでは、さまざまな地で雨安居を終えた比丘たちが世尊にお目にかかって礼拝するのが習慣でございました。そのような折には、そうした比丘たちを歓迎し、われらに元気を与えてくれる比丘たちと会うことができました。しかし尊師よ、世尊が亡くなられてしまいますと、われらはそうした比丘たちと、もはや会うこともできません」
　これについて世尊は、このように指示されたのである。
　「アーナンダよ、信心の篤い者たちが巡礼するのにふさわしく、その地に感動して敬虔な目覚めを呼び起こす四つの場所があります。それは、
　（1）ルンビニー：如来誕生（降誕）の地
　（2）ブッダ・ガヤー：如来が無上の正覚（成道）に到られた地

(3) バーラーナシー近くの鹿野苑の仙人集会所（イシパタナ）：如来が初転法輪（最初の説法）をされた地
(4) クシナーラー：如来が究極の安らぎで、五蘊の完全な滅尽である般涅槃に到られた地

です。そして、アーナンダよ、これらすべての巡礼で、もしこれらの霊廟の巡礼の旅の途中で死んでも、死後、身体の崩壊するそのときに、天上界など善趣に生まれ変わります」

アーナンダ尊者の質問

それから、アーナンダ尊者が世尊に、一連の質問をされた。
「尊師よ、われらは女性に対して、どのように行動すべきでしょうか？」
「見るな、アーナンダよ！」
「しかし、尊師よ、もしわれらが女性を見たとき、どのようにふるまうべきでしょうか？」
「話すな、アーナンダよ！」
「しかし、もしわれらが女性と話したとき、どのようにふるまうべきでしょうか、尊師よ？」
「そなたたちは正念をたもつべきです、アーナンダよ！」
アーナンダ尊者は、さらに質問しつづけた。
「尊師よ、われらは如来のご遺体に対して、どのようにすべきでしょうか？」
「アーナンダよ、そなたらは如来の遺体供養にはかまうな！　そなたたちは最高の目標に向かって精進すべきです。涅槃に到達することに専念しなさい！　みずからのために、たゆまず、熱心に、怠けることなく、実践しなさい！　如来に堅固な信を抱いている賢明な王族・武士、バラモン、在家の資産家がいます。かれらが如来の遺体供養をするであろう」

アーナンダ尊者の嘆きを慰める

この一連の問答後、如来が般涅槃に到られる、まさにその日のことを考えて、アーナンダ尊者は悲嘆にくれた。それから宿舎に入り、戸口の側柱に寄りかかって、泣きながら立っていた。
「ああ！　わたしは、いまだに学んでいる身（有学（セッカ））だ。やらなければならないことがある。そして、わが師は、わたしに、これまでとても憐れみをかけてくだ

さってきたが、いまや最終の涅槃に到られようとしているのだ」

アーナンダ尊者がお側の近くにいないことがわかって、世尊はある一人の比丘に、尊者を呼んできなさい、と告げ、尊者を慰められた。

「もうよい、アーナンダよ！　嘆くな！　泣くな！　わたしは、すでにそなたに、あらゆる愛しいこと、好ましいことには、われらとの別れがあり、変わりゆくのだ、と説きはしなかったか？　だから、どうして、アーナンダよ、誕生し、生成し、合成し、そして衰滅しなければならないものが、衰滅すべきではない、ということがありえようか？　それは不可能です。アーナンダよ、そなたは長いあいだ如来に忠実に仕え、側にいるときも不在のときも、無量の慈悲をもって身・語・意の行為で如来の利益と安らぎのために世話をしてくれた。そなたは多くの功徳を積んだのです、アーナンダよ。不放逸に精進しなさい、そうすれば、そなたはすみやかに煩悩の汚れがない者となるであろう」

世尊は、アーナンダ尊者が賢者であり、世尊に面会にきた比丘、比丘尼、男性信者、女性信者たちを巧みに調整して手はずを決める、と誉められた。世尊はまた、アーナンダ尊者には四つのふしぎな、すばらしい特質がある、と賞讃された。（訳注：四つの特質とは、尊者に会っただけで満足し、説法を聴くと心が満たされ、聴き飽きることはなく、尊者が沈黙するともっと聴きたいという気になることをさす。）

世尊がみずからの入滅場所選びに関連して「マハースダッサナ（大善見）経スッタ」（長部17）を説かれた後、世尊はアーナンダ尊者にクシナーラーへ行くように命じ、クシナーラーのマッラ族に、夜の後分に如来は最終の涅槃に到るであろう、と告げられたのであった。アーナンダ尊者によって伝えられた報せをきいたマッラ族の王族青年と、その子女、義理の娘、妻女たちは、悲嘆にくれ、苦悩と悲哀にうちのめされた。かれらはサーラ林に行って、世尊に最後の礼拝をしたのである。

スバッダ――ブッダ最後の直弟子じき

ちょうどそのころ、遍歴行者のスバッダが、クシナーラーに滞在していた。かれは、ゴータマ行者が夜の後分に最終の涅槃に到るであろう、と聞いて、こう考えた。

「わたしは、長老の尊者、遍歴行者の師たちから、このように聞いたことがあった。『阿羅漢であり、正自覚者である如来たちが、いつか、まさに極めて稀に、世に現れる』と。そして今夜、夜の後分に、ゴータマ行者が最終の涅槃に到るであろう、というのだ。いま、わが心中には疑いが生じている。そして、わたしはゴータマ行者こそ、わが疑いをとり除ける教えを説ける方なのだ、と確信している」

そこで即刻、スバッダはサーラ林に行って、アーナンダ尊者に近づき、自分が考えたことを話して、こういった。
「友、アーナンダよ、どうかわたしを、ゴータマ行者に会わせてください！」
 しかし、アーナンダ尊者は、こう返答した。
「おやめください、友、スバッダよ！　如来を煩わせないでください！　世尊は疲れきっているのです」
 スバッダはふたたび、会わせてください、と頼み、さらに三たび、くりかえしたが、アーナンダ尊者は同じように答えて断った。このアーナンダ尊者とスバッダの押し問答を漏れ聞いて、世尊はアーナンダ尊者を呼ばれた。
「もうよい、アーナンダよ！　スバッダのじゃまをしてはいけない！　如来にかれを会わせなさい！　スバッダがわたしにきこうとしていることは、何であっても、完全な智慧を望んで探究するために尋ねようとしているのです。わたしを煩わせるためではないのです。そして、かれの質問へのわたしの解答は、何であっても、かれはすぐさま理解するであろう」
 そこで、アーナンダ尊者はスバッダに、こういった。
「お行きなさい、友、スバッダよ！　世尊がお許しになられました」
 スバッダは、世尊と親しくあいさつを交わした後、一方に坐った。
「おお、ゴータマよ、大きな集団や信者を統率し、宗派の師であり、教団の創始者として誉れ高く、有名で、多くの人びとに聖者として評価されている行者やバラモンがいます。六師外道のプーラナ・カッサパ、マッカリ・ゴーサーラ、アジタ・ケーサカンバラ、パクダ・カッチャーヤナ、サンジャヤ・ベーラティプッタ、ニガンタ・ナータプッタです。かれらは全員が、みずからそう称しているように、真理を覚ったのでしょうか、あるいは誰も覚っていないのでしょうか、あるいはそのうち誰かは覚り、誰かはそうでないのでしょうか？」
「もうよい、スバッダよ！　かれら全員が、みずからそう称しているように、真理を覚ったのか、あるいは誰も覚っていないのか、あるいはそのうちの誰かが覚り、誰かはそうでないのか、そんなことは、かまわなくてもよいのです。わたしはそなたに真理を説くであろう。わたしがこれから説くことを、注意深く聴きなさい！」
「かしこまりました、尊師よ」と、スバッダは応答した。
「スバッダよ、いかなる法と律においても、聖八正道がなければ、そこには覚りの第一階梯（預流）の行者が認められることはなく、第二階梯（一来）の行者も、第三階梯（不還）の行者も、第四階梯（阿羅漢）の行者も、認められることがないのです。いかなる教えと律においても、聖八正道があれば、そこには覚りの第一階梯（預流）の行者が認められ、第二階梯（一来）の行者も、第三階梯（不還）の行

者も、第四階梯（阿羅漢）の行者も、認められるのです。

さて、スバッダよ、このわたしの法と律において、そこには聖八正道が存在し、そしてここに、まさしく、覚りの第一階梯（預流）の行者も、第二階梯（一来）の行者も、第三階梯（不還）の行者も、第四階梯（阿羅漢）の行者も、いるのです。ほかのもろもろの異教では、ほんとうの行者を欠いています。そして、スバッダよ、もし万一こうした比丘たちが真理の教えに住して、正しく実践すれば、世界は阿羅漢たちを欠くことがないであろう。

スバッダよ、わたしは二十九歳で世を捨てて出家し、何が善なのか、追求する行者になりました。そしていま、出家してから五十年余が過ぎました。この真理の教えの外側には、出世間の聖なる道にみちびく洞察を、たとえ部分的にでも、修養する行者は、ただのひとりもいません。そこには、覚りの第一階梯（預流）の行者も、第二階梯（一来）の行者も、第三階梯（不還）の行者も、第四階梯（阿羅漢）の行者も、いないのです。ほかのもろもろの異教では、ほんとうの行者を欠いています。けれども、もし万一こうした比丘たちが真理の教えに住して、正しく実践すれば、世界は阿羅漢たちを欠くことがないであろう」

スバッダがこれを聴いたとき、こういったのである。

「とてもすばらしい、尊師よ、とてもすばらしい、尊師よ！　法が、世尊によって、多くのやりかたで明らかにされました。まるで、倒されたものを起こすかのように、覆い隠されたものをとり除くかのように、道に迷ってしまった者に道を教えるかのように、見える眼をもっている者に暗闇の中で灯火を掲げるかのように。わたしは、世尊に、法に、比丘僧団の三宝に帰依します。尊師よ、どうか、世尊の御もとで出家して、具足戒を受けられますように」

「スバッダよ、もし、ほかのもろもろの異教のすでに信者である者が、出家したいと望み、法と律の具足戒を受けたいと望むなら、四か月のあいだ、見習いとして指導監督下で修行してみなければならない。その四か月の終わりに、もし、比丘たちが満足すれば、かれの出家は認められ、比丘僧団に入ることが承認され、ひとりの比丘としての身分に引き上げられるのです。しかしながら、人によって違いがあることも、わたしは認めます」と、世尊は述べられた。

「尊師よ、もし、そうであるなら、わたしは、見習いとして指導監督下で、たとえ四年間であっても、修行する覚悟があります。そして、その四年間の終わりに、もし、比丘たちが満足されましたら、かれらが、わたしの出家を許すようにしてくださり、比丘僧団に入ることを承認していただいて、ひとりの比丘の身分に引き上げてください」

ところが、世尊はアーナンダ尊者に、このように命じられたのである。

「そうであるなら、アーナンダよ、スバッダを比丘僧団に入れてあげなさい！」
「かしこまりました、尊師よ」と、アーナンダは応答した。
　そのとき、スバッダはアーナンダ尊者に、こう申し上げた。
「これはあなたにとって利得ですよ、友、アーナンダよ、あなたにとって、まさに大きな利得ですよ、なぜなら、あなたは世尊によって灌頂（かんじょう）を受けられた。そして世尊の面前で、親密な弟子として灌頂されたのだから」（訳注：灌頂とは頭に水を灌（そそ）ぐことで、弟子のアーナンダ尊者が、師の世尊に代わって、スバッダの頭に水瓶から水をかけ、出家得度の儀式をしたことを暗示している。）
　そこで、遍歴行者のスバッダは、出家を受け入れられ、具足戒を受けて、世尊の御もとで、ひとりの比丘として比丘僧団に入ることを認められた。そして、世尊から適切な冥想のしかたを教わった。その後、スバッダ尊者は、遠離の地を探し、冥想実践に入り、つねに正念をたもち、たゆまず精進し、涅槃に到達する道へ心を向けた。そしてほどなく、スバッダ尊者は阿羅漢に到達したのであった。かれは世尊の御もとで阿羅漢に到達した最後の直弟子となったのである。

ブッダの最後のことば

　世尊は、アーナンダ尊者に、こう告げられた。
「アーナンダよ、そなたは、このように考えるかもしれない。『師の指示が途絶えてしまった。いま、われらには、師がいない』と。しかし、そなたたちは、そのように見なすべきではないのだ。なぜなら、わたしが、そなたたちに教え、説いてきたのは、わたしの亡き後、法と律がそなたたちの師となるであろう、ということです。
　いまに到るまで、比丘たちは互いに『友よ』（āvuso アーヴソ）ということばで呼び合っているが、わたしの亡き後は、そうすべきではないのです。年長の比丘は新参の比丘に、名とか姓で、あるいは『友よ』（āvuso）と呼ぶべきです。そして、新参の比丘は年長の比丘に『尊師よ（Bhante バンテー）』とか、あるいは『具寿よ（訳注：寿を具する、つまり長命の方という意）』（āyasmā アーヤスマー）と呼ぶべきです。
　アーナンダよ、もし望むのであれば僧団は、わたしの亡き後、ささいな、そして、小さな戒律は、廃止してもよいのです。
　そして、アーナンダよ、わたしの亡き後、チャンナ尊者には梵罰（ぼんばつ）（brahmadaṇḍa ブラフマダンダ）を科すべきです」（訳注：チャンナは、ゴータマ菩薩の降誕と同時に生まれ、御者として愛馬カンタカとともに菩薩の出家のときアノーマー川まで見送った。のちに自分も出家したが、比丘僧団のなかでは協調性に欠け、いさかい

を起こした、とされている。)

「しかし、尊師よ、梵罰とは何でしょうか？」

「チャンナ尊者がやりたいこと、言いたいこと、が何であろうとも、比丘たちからはかれに、話しかけるのも、教誡するのも、教示するのも、すべきではない、ということです」

それから、世尊は比丘たちに、このように説かれた。

「比丘たちよ、ブッダについて、法について、僧団について（三宝）、あるいは道について、実践のしかたについて、疑いや不確かさをもっている比丘がいるかもしれない。いま、質問しなさい、比丘たちよ！『われらは師の面前にいたのに、師の御もとで質問することに失敗した』と考えて、あとで悔やんではならない」

これが説かれたとき、比丘たちは沈黙していた。ふたたび、三たび、世尊はくり返されたが、それでもまだ比丘たちは沈黙していた。そこで、世尊は、こういわれた。

「おそらく、比丘たちよ、そなたたちがわたしに質問しないのは師への尊敬からなのかもしれません。それでは、比丘たちよ、ひとりの友が別の友に話すように質問しなさい！」

しかし、それでも比丘たちは沈黙していた。

そこで、アーナンダ尊者が世尊に、こう申し上げた。

「すばらしいことです、尊師よ、すごいことです！　わたしは、この比丘の集まりのなかで、ひとりの比丘も、ブッダについて、法について、僧団について、あるいは道について、実践のしかたについて、疑いや不確かさをもっている者がいない、と確信をもちました」

「そなたは、アーナンダよ、信念から語っています。しかし、如来は、この比丘の集まりのなかで、ただのひとりの比丘も、ブッダについて、法について、僧団について、あるいは道について、実践のしかたについて、疑いや不確かさをもっている者はいない、と知っているのです。アーナンダよ、これら五百人の比丘たちのうちの覚りが最少の者でも預流者であって、堕落しない者ですが、しかし、確実に正覚へ趣く者なのです」

それから、世尊は比丘たちに、最後の教えを与えられた。

"Handa dāni, bhikkhave, āmantayāmi vo,
（ハンダ　ダーニ　ビッカヴェー　アーマンタヤーミ　ヴォー）
　　　Vayadhammā saṅkhārā,
（ヴァヤダンマー　サンカーラー）
　　　Appamādena sampādetha."
（アッパマーデーナ　サンパーデータ）

"さあ、比丘たちよ、いま、そなたたちに告げよう。

諸行は、生じ滅し移ろいゆくのが本質です。

怠ることなく不放逸に、励みなさい！"

ブッダの般涅槃

　世尊が最後のことばを述べられた後、全サーラ林は、深い静寂に沈んだ。世尊は第一禅定に入られた。それから出られて、第二、第三、第四の禅定に入られた。それから第四禅定から出られて、空無辺処定、識無辺処定、無所有処定、非想非非想処定に、それぞれ入られてから出られて、そして想受滅定に到達され、そのなかに入られていた。

　アーナンダ尊者は、世尊が呼吸されていないのに気づき、驚いてアヌルッダ尊者に、こういった。

「尊者よ、世尊は入滅されました」

「いいえ、友、アーナンダよ、尊師は入滅されていません。想受滅定に到達していらっしゃるのです」

　それから世尊は、想受滅定から出られ、非想非非想処定に入られた。そして、それから出られ、無所有処定、識無辺処定、空無辺処定、第四禅定、第三禅定、第二禅定、第一禅定に、それぞれ入られてから出られた。

　そして、それからふたたび、世尊は、第一禅定、第二禅定、第三禅定、第四禅定に、それぞれ入られてから出られ、最終の涅槃に到られた。

　世尊が最終の涅槃に到られたのと同時に、身の毛がよだち、鳥肌が立つ、大きな恐ろしい地震が起きた。

　紀元前543年のウェーサーカー月（現代暦の五月ごろ）の満月の夜の後夜、世尊は八十歳で入滅され、無余依涅槃に到られたのである。

第Ⅶ部　入滅のあとに

最終章　ブッダの遺産

68話　火葬、そして舎利(しゃり)の分配

　ブッダの般涅槃後、アーナンダ尊者とアヌルッダ尊者は法について語り合って、残りの夜をすごした。夜明けになって、アヌルッダ尊者はアーナンダ尊者に、こういった。
　「さあ、友、アーナンダよ、クシナーラーに行って、マッラ族の人びとに、こう告げなさい。『ヴァーセッタたちよ、尊師が亡くなられました。さあ、いつでもご随意に、お越しください』と」
　「わかりました、尊者よ」と、アーナンダ尊者は応じた。朝のうちに衣を着て、外衣と鉢をもち、道連れの比丘とともにクシナーラーに入った。ちょうどそのとき、クシナーラーのマッラ族の人びとは、用事があって集会堂に集まっていた。アーナンダ尊者はその集まりに行って、アヌルッダ尊者からのことづてを伝えた。
　その報せをきいたマッラ族の王族青年と、その子女、義理の娘、妻女たちは、悲嘆にくれ、苦悩と悲哀にうちのめされた。嘆き悲しんで、泣き叫び、髪をふり乱し、両手を突き上げ、身を投げ落とすように倒れ、のたうって、こう叫んだのである。
　「あまりにも早く、世尊は般涅槃に到られ、入滅された！　あまりにも早く、善逝は般涅槃に到られ、入滅された！　あまりにも早く、智慧の眼をお持ちの方が世界から消えてしまわれた！」

火葬——世尊のご遺体を荼毘(だび)に付す

　それからクシナーラーのマッラ族の王族青年たちは、クシナーラー中の香と花輪、あらゆる楽器を、従者に命じてサーラ林にもってこさせた。かれらは、香と花輪、あらゆる楽器、五百組の長布とともに、尊師のご遺体が横たわるサーラ林へ行った。そしてそこで、かれらは踊り、歌い、演奏し、花輪と香で、尊師のご遺体を敬い、敬意を払い、供養し、追慕して、日を過ごした。また、かれらは、長布で

天幕を張り、円形のテントをつくった。そのとき、かれらは、こう考えた。
「いま、尊師のご遺体を火葬すると、きょうはもう遅すぎる。あす、荼毘に付すことにしよう」
　そしてまた、同じように、二日目も、三日目も、四日目も、五日目も、さらに六日目も、供養して一日過ごしたのであった。
　七日目に、かれらは、こう考えた。
「われらは尊師のご遺体を、踊り、歌い、演奏し、花輪と香で、十分に敬った。さあ、世尊のご遺体を南の方へ、街の外側にお運びして、荼毘に付すことにしよう」
　そこで、マッラ族の王族青年たちのうちで主だった八人が、頭を洗い、新しい衣を着て、こう考えた。
「われらはいま、世尊のご遺体を持ち上げよう」
　そして、力を合わせて世尊のご遺体を持ち上げようとしてみたのだが、できなかった。そこで、かれらはアヌルッダ尊者のもとへ行って、何が起きたのか話し、こう尋ねた。
「なぜ、世尊のご遺体を持ち上げようとして、われらには、できなかったのでしょうか？」
「ヴァーセッタたちよ、そなたらの意図がある一方で、神々の意図は別のものなのです」
「それでは尊師よ、神々の意図とは何なのですか？」
「ヴァーセッタたちよ、そなたらの意図は、『尊師のご遺体を、踊り、歌い、演奏して、花輪と香で、十分に敬い、世尊のご遺体を南の方へ、街の外側にお運びして、荼毘に付そう』というものでした。ところが、神々の意図は『尊師のご遺体を、踊り、歌い、演奏して、花輪と香で、十分に敬い、世尊のご遺体を北の方へ、街の北側にお運びしよう。それから、北門を通って街に運び、街の中央部を通り、その後に東門を通ってマッラ族のマクタバンダナ霊廟（天冠寺）へお運びしよう。そこにおいて、世尊のご遺体を荼毘に付そう』というものなのです」
「尊師よ、それでは神々の意図のとおりに合わせましょう」
　ちょうどそのとき、クシナーラーは、ごみの山や積み上げたがらくたに到るまで、ひざに達するほどの曼荼羅華（マンダーラヴァ）がふりつもっていた。そして、神々とクシナーラーのマッラ族の人びとは、天界と人間界の舞踊、歌謡、花輪と香で世尊のご遺体を敬ったのである。かれらはご遺体を、北門を通って街に運び、街の中央部を通り、その後に東門を通って、マッラ族のマクタバンダナ霊廟へお運びして、安置した。

第Ⅶ部　入滅のあとに

　それから、かれらはアーナンダ尊者に、こう尋ねた。
「尊者よ、われらが如来のご遺体をきちんとお取り扱いするには、どうすべきなのでしょうか？」
「ヴァーセッタたちよ、そなたらは転輪王（訳注：古代インドの理想的帝王。武器を用いず、法によって統治し、王に求められるすべての条件をそなえる、とされた。転輪聖王ともいう）の遺体を取り扱うように、如来のご遺体をお取り扱いしなければなりません」
「それでは、転輪王にはどのようにするのでしょうか、尊者よ？」
「ヴァーセッタたちよ、転輪王の遺体は、真新しい布で包みます。それから、よく梳かれた生綿でくるみ、さらにその上から、また別の真新しい布で包みます。このように、転輪王の遺体は五百層に重ねて包むのです。それから転輪王の遺体を金の油槽に入れて、また別の金の油槽で覆います。そうして、さまざまな芳香のする火葬薪をつくり、転輪王の遺体を荼毘に付すのです。火葬の後、遺骨を四つ辻の交差地に建立した塔に収納します。これが、正義の転輪聖王となった転輪王の遺体をどのように取り扱うか、なのです。そして、これとまったく同じように、如来のご遺体をきちんとお取り扱いすべきなのです。如来のために四つ辻の交差地に塔を建立すべきです。そして、そこに花輪や香料を献じ、礼拝して心を浄める者は、誰であっても、長いあいだ、利益と幸福を得るでしょう」

　そこで、クシナーラーのマッラ族の王族青年たちは、従者に新しい布とよく梳かれた生綿を、マッラ族の王族青年たちの蔵から集めてくるように、と命じた。そして、かれらは、世尊のご遺体をアーナンダ尊者の指示にしたがって取り扱ったのである。

　クシナーラーで弔いの儀式が始まっていたとき、マハー・カッサパ尊者は、五百人の比丘たちとともに、パーヴァーからクシナーラーに到る幹線の街道を旅して歩いていた。その途上で、街道をそれて、ある樹の下に連れの比丘たちと坐った。ちょうどそのとき、あるひとりの遍歴行者（訳注：六師外道の一人マッカリ・ゴーサーラが説いた無因無縁、業を否定する宿命論の徒で、裸形で遍歴し、邪命外道といわれる）が、手に曼荼羅華をもって、同じ街道をクシナーラーからパーヴァーへ歩いてきたのである。マハー・カッサパ尊者は、かれが遠くから近づいてくるのを見て、こう尋ねた。
「友よ、われらの師をご存じですか？」
「はい、友よ、知っています。ゴータマ行者は七日前に亡くなられました。わたしは、彼の人の終焉の場所から、この曼荼羅華を採ってきたのです」
　この悲報をきいて、いまだ愛着の情を乗りこえていない何人かの比丘たちは、髪

最終章　ブッダの遺産

をふり乱し、両手を突き上げ、身を投げ落とすように倒れ、のたうって、こう叫んだのである。

「あまりにも早く、世尊は般涅槃に到られ、入滅された！　あまりにも早く、善逝は般涅槃に到られ、入滅された！　あまりにも早く、智慧の眼をお持ちの方が世界から消えてしまわれた！」

しかし、渇愛からはなれた比丘たちは、正念と正知をそなえ、悲しみを耐え忍んだのであった。かれらは「諸行は無常である。生まれ、生じ、形成されたもの、そして、滅ぶはずのものが、どうして滅ばぬことがありえようか？　それは不可能である！」と、いったのである。

ちょうどそのとき、そんな比丘の集まりのなかにスバッダという、年老いて出家した者がいて、こういったのだ。

「もうよい、友らよ！　悲しむな！　嘆くな！　われらは、彼の偉大な行者から、首尾よく解放されたのだ。われらは彼の方から『これは、そなたたちがしてもよろしい。これは、そなたたちがしてはいけない』と、いわれて、つねに悩まされてきた。さあいまや、われらのやりたいことができるし、やりたくないことは、やらなくてもよいのだ」（訳注：ここに登場するスバッダは、67話で「ブッダ最後の直弟子」となった遍歴行者のスバッダとは別人）

マハー・カッサパ尊者は、嘆いている比丘たちを、こう慰めた。

「もうよい、友らよ！　悲しむな！　嘆くな！　世尊はあらかじめ『すべての愛しいもの、好ましいものから、われらは別離を余儀なくされ、それらは変わりうるのです』と、説かれているではないか？　生まれ、生じ、形成されたもの、そして、滅ぶはずのものが、どうして滅ばぬことがありえようか？　それは不可能なのだ」

一方、マッラ族の王族青年たちのうちで主だった四人が、頭を洗い、新しい衣を着て、こういった。

「われらは世尊の火葬薪に火をつけよう」

かれらは点火しようとしたのだが、火をつけることができなかった。かれらはアヌルッダ尊者のもとへ行ってそのわけを尋ねた。

「ヴァーセッタたちよ、そなたらの意図がある一方で、神々の意図は別のものなのです」

「それでは、尊師よ、神々の意図とは、どのようなものでしょうか？」

「ヴァーセッタたちよ、神々の意図とは、（マハー・カッサパ尊者が五百人の比丘たちとともに、パーヴァーからクシナーラーへの幹線の街道を歩いてきつつある。世尊の火葬薪に火をつけるのは、マハー・カッサパ尊者が世尊の御足を頭にいただき、礼拝してからで、それまでは点火しないであろう）というものです」

343

第VII部　入滅のあとに

「尊師よ、それでは神々の意図のとおりに合わせましょう」

そのうちにマハー・カッサパ尊者が、世尊の火葬薪のところに到着した。衣を一方の肩にかけてととのえ、額の前で合掌して、火葬薪の周りを三たび、右に回った。世尊の御足は露わにされていたが、ほとんど触れんばかりのやりかたでマハー・カッサパ尊者は頭にいただき、礼拝した。五百人の比丘たちも同様にした。そして礼拝が終わったとき、世尊の火葬薪は自然に発火した。

それはバターや油が燃えると、灰や煤が出ないのとちょうど同じで、世尊のご遺体が荼毘に付されたときは、皮膚の外皮や内皮、筋肉、腱、関節液の、いかなる灰や煤も出なかった。ただ、ご遺骨（舎利）のみが残ったのである。そして、五百層に重ねて包んだ布のうち、最も内側と最も外側の二枚だけは焼けていなかった。

世尊のご遺体が焼き上がったとき、空からの滝の水と、雨の水が、周囲のサーラ樹から勢いよくほとばしって、火葬薪を消した。クシナーラーのマッラ族の王族青年たちもまた、あらゆる種類のよい香りのする水で消した。

それからマッラ族の人びとは、世尊のご遺骨をかれらの集会堂に留め置き、そして槍を手にした者たちで垣根をつくり、弓をもった者たちでとり巻く壁をつくった。かれらは七日のあいだ、舞踊、歌謡、花輪と香で、ご遺骨を敬い、敬意を払い、供養し、追慕したのである。

舎利の分配

マガダ国のアジャータサットゥ王が、世尊はクシナーラーで亡くなられた、と聞いたとき、ただちにクシナーラーのマッラ族に使者を派遣して、こういわせた。「世尊は王族であられた。わたしもまた、王族である。したがって、わたしは世尊のご遺骨（舎利）の分配を受けるのに値する。わたしもまた、世尊のご遺骨を奉納して祭る大きな塔を建立するであろう」

これと同じように、ヴェーサーリーのリッチャヴィー族、カピラヴァットゥの釈迦族、アッラカッパのブリ族、ラーマガーマのコーリヤ族、ヴェータディーパのバラモン、パーヴァーのマッラ族も、申し出た。世尊がクシナーラーで亡くなられた、と聞いて、かれらはただちにクシナーラーのマッラ族に使者を派遣し、世尊のご遺骨の分配を受けたい、舎利を奉納して祭る塔を建立するであろう、と申し出た。これらの張り合う七つの権利主張者たちは、もし要求が容れられなければ、争いも辞さず、とそろって表明したのである。

このような発言のすべてを聞いて、クシナーラーのマッラ族はかれらに、こう応じた。

「世尊は、われらの領地で亡くなられたのです。われらは世尊のいかなるご遺骨も、遠くの地へ分配するつもりはありません」
　この回答のおかげで情勢が大いに緊迫した。まさに争いの危機に瀕したとき、ドーナ・バラモンがやってきて、かれらをなだめた。集まったかれらに、ドーナ・バラモンは次のように偈で告げた。
　"みなさま、わたしが申し上げるひとことを、お聴きください！
　われらのブッダはわれらに、忍耐、を教えてくださった。
　その最も高貴な方の舎利の分配をめぐって
　もし争いが起きるのなら、まさに、教えにはふさわしくない。
　みなさま、われらは和合して、平和裡に、
　ともに喜んで、八分することに合意いたしましょう。
　塔が、諸方に広がって、建立されんことを。
　生けるものすべてが敬い、そして智慧の眼をお持ちの方に確信を得られるように"
　そこで、集まった者たちは、こう応じた。
「なるほど、それではバラモンよ、世尊のご遺骨を、うまく、公平に、八つ均等に分けください！」
「承知いたしました、みなさま」と、ドーナ・バラモンは承諾した。世尊のご遺骨が入った金の柩（ひつぎ）を開けさせ、ご遺骨を公平に、八つ均等に分けた。分け終えたとき、集まった者たちに、こう頼んだ。
「みなさま、どうか、この柩をわたしにください！　わたしもまた、大きな塔を建立してこれを奉納し、供養いたします」
　そこで、集まった者たちは、ドーナ・バラモンに柩を与えたのであった。
　しかしながらこのとき、ピッパリヴァナのモーリヤ族もまた、世尊はクシナーラーで亡くなられた、と伝え聞いた。同様にして、かれらもクシナーラーのマッラ族に使者を派遣し、世尊のご遺骨の分配を要求したが、到着したのがあまりにも遅かったのである。
　モーリヤ族の使者がクシナーラーのマッラ族の集会堂に着いたのは世尊のご遺骨の分配がちょうど終わってしまったときであった。使者が分配の要求を伝えると、クシナーラーのマッラ族は、こういった。
「世尊のご遺骨は、もう残っていません。すべて分配されてしまいました。あなた方は火葬場から、黒く焦げて焼け残った炭を、もっていってもさしつかえありません」
　マガダ国のアジャータサットゥ王は、ラージャガハ（王舎城）に世尊の舎利を奉納して祭る大きな塔を建立した。ヴェーサーリーのリッチャヴィー族も、ヴェー

サーリーに大きな塔を建立した。カピラヴァットゥの釈迦族も、カピラヴァットゥ（カピラ城）に大きな塔を建立した。アッラカッパのブリ族も、アッラカッパに大きな塔を建立した。ラーマガーマのコーリヤ族も、ラーマガーマに大きな塔を建立した。ヴェータディーパのバラモンも、ヴェータディーパに大きな塔を建立した。パーヴァーのマッラ族も、パーヴァーに大きな塔を建立した。クシナーラーのマッラ族も、クシナーラーに大きな塔を建立した。ドーナ・バラモンも、柩のための大きな塔を建立し、ピッパリヴァナのモーリヤ族も、ピッパリヴァナに黒く焦げて焼け残った炭を崇拝し、供養するための大きな塔を建立した。かくて、八つの舎利塔と、柩塔、炭塔それぞれ一つの、計十塔が建立されたのである。

69話　仏典結集

マハー・カッサパ尊者の心中には、スバッダのぶしつけな言葉が、いまだに鮮やかに残っていた。スバッダとは年老いて出家した比丘で、パーヴァーからクシナーラーへの旅の途上、ブッダ入滅の報せをきいて放言したのだ。あまりに無神経な発言をきかされ、マハー・カッサパ尊者は、まるで頭を雷に打たれたように法の安全性と純粋さへの懸念に満たされた。尊者は、こう考えたのである。
「ああ、ひどい。世尊が亡くなられて、わずか七日しか経っていないのに、それに金色（こんじき）を帯びた世尊のご遺体がいまだ存在していたときであったのに、あれほどの困難を伴って世尊が定められた教えの存在を台なしにしてしまいかねない、悪い比丘がひとり、現れたのだ。まさに彼奴（あやつ）は、信心の滓（かす）、僧団の棘（とげ）、である。もし、あのような邪悪な比丘が増えたら、教えの未来に、大きな危険となるであろう」
そのときマハー・カッサパ尊者は、こう考えていて、窘（たしな）めたり、叱ったり、しなかったのである。
「もし万一、この邪悪な比丘をいま咎め、受けるに値する処罰として、袈裟を脱がせて追放したら、人びとは、こういうであろう。『世尊のご遺体がいまだ存在しているときでさえ、仏弟子たちには、すでに不和がある』と」
しかし、次のような思いも、マハー・カッサパ尊者には浮かんだのである。
「まさしく世尊は、三ガーヴタの距離を旅された後、クシナーラーに来られ、わたしがその地で、最後の礼拝を献げることができるようになさったのだ。世尊は、わたしの比丘僧団への完全な入団をかたちづくる熱心な訓戒を三たび与えてくださった。そして世尊はわたしに、他のどの弟子にもない栄誉を授けてくださっ

た。(訳注:マハー・カッサパ尊者は仏弟子中、「頭陀第一」で、衣食住にとらわれず、清貧の修行をしたことで知られる。) 世尊は、みずからの大麻の着古された衣を、わたしの二重の柔衣と交換して与えてくださった。まさしく、これは世尊が教団の統治管理者として、わたしを据えよう、とされたご遺志なのだ」

マハー・カッサパ尊者はまた、次のようにじっくり考えてもみた。

「もし、長老たちを招集して会議が開催され、世尊が説かれた、すべての法と律が、和合して朗唱されれば、それは善いことであろう。そうすることによって、比丘たちは法を完全に学ぶであろうし、何がふさわしく何がふさわしくないか、の律を議論するであろう。そして、あの有害な比丘は自分の身のほどを知るであろうし、間接的に叱られたことにもなろう。こうして、あのような不心得な比丘は、けっして増えないであろう。この道は、聖なる真理は、長いあいだ生きのびるであろう」

世尊のご遺骨がようやく分配されたのは、般涅槃から二、三週間後であった。ちょうどそのとき、多くの比丘はまだクシナーラーに集まっていた。この特別なときに、マハー・カッサパ尊者は、適切な折の、よき機会をとらえて、世尊の教えを比丘たちが復誦し、次世代に存続させる会議を開きたい、という提案をしたのである。

マハー・カッサパ尊者は、集まっていた比丘たちに、こう語りかけた。

「さあ、友らよ、われらは法と律を復誦し、後世に存続させようではないか。法が先を照らさず、法が後退する前に、律が先を照らさず、律が後退する前に。法ではないものを語る者たちが強くなり、法を語る者たちが弱くなる前に、律ではないものを語る者たちが強くなり、律を語る者たちが弱くなる前に」

「なるほど、では尊者さま、法と律の復誦を実行する比丘たちを、尊者が選んでくださいますように」

マハー・カッサパ尊者は、五百人よりひとり少ない阿羅漢を選んだ。しかしながら、集まっていた比丘たちは、尊者に、こういったのである。

「尊者さま、あのアーナンダ尊者がいらっしゃいます。アーナンダ尊者は、いまだ有学(訳注:学ぶべきことがまだ残っている者)ですが、貪ぼり、怒り、愚かさ、あるいは恐れを通した悪の道をたどっている方ではありません。アーナンダ尊者は、多くの法と、さまざまな律を広く、世尊の面前で会得されています。アーナンダ尊者も、選んでくださいますように」

会議を開くにはアーナンダ尊者が不可欠、という意見に配慮して、マハー・カッサパ尊者はそのとき、集まっていた比丘たちの承認を得て、アーナンダ尊者を最初の仏教徒会議の五百人のメンバーに加えることを認めた。

会議の開催場所として、マガダ王国の首都ラージャガハを選んだ。大都市で、滞

在場所の便があり、衣食の補給にも困難はなかったからである。マハー・カッサパ尊者はそこで、僧団の公式決議（僧伽羯磨〈サンガカンマ〉）を一つ制定した。五百人の比丘が、雨〈ヴァッサ〉の期間中、法と律の復誦をするためラージャガハに滞在する、そして、他の比丘は同時期、ラージャガハに滞在を許されない、というもので、集まっていた比丘たちが承認した。

そして、雨期が近づいてきたとき、選ばれた比丘たちは全員、会議のためにラージャガハへ行った。しかし、かれらは、街の周辺にあって滞在する予定の十八僧院（精舎）が長いあいだ居住していなかったせいで良好な状態ではない、と知ったのである。そこでかれらは、建物で壊れたり、崩れたりしたところを修理することに決め、最初のひと月は、それに当てて、法と律の復誦は、ふた月目に始めることにした。仏教徒会議の開催場所は、七葉窟の近くであった。ウェーバーラ山腹で、ラージャガハから、ほど近くの地にあり、サッタパンニの大きな樹（原注：七葉樹〈しちようじゆ〉、ラテン語の学名は Alstonia scholaris〈アルストニア スコラリス〉）が生えていた。

アジャータサットゥ王の援助のもと、かれらは僧院を修理した。王はまた、七葉窟の外側に大きな特設テント（仮設堂）を立てさせ、会議を開く比丘たちのために、その他あらゆる必要な施設の準備をさせた。会議開始のときが近づくにつれ、比丘たちの中に、かれらのあいだで、こういってまわる者があった。

「この会議のメンバーの中に、煩悩の漏〈ろ〉が、いまだ完全には尽きず、根絶していない比丘がひとりいるぞ」

アーナンダ尊者は、ほどなくこのあざけりを聞き、誰あろう、まぎれもなく自分のことだ、とわかった。アヌルッダ尊者ですら、アーナンダ尊者が最後に残った汚れを克服して、阿羅漢に到ったときにのみ、参加は認められる、という厳格な前提条件をつけたのである。

これを聴いて、アーナンダ尊者は、こう考えた。

「会議は、あす始まる。わたしが単なる有学として集まりに行くのは、それは、わたしにとって、真っ当ではないであろう」

涅槃をさとるための実践に入ろう、と心に決めて、アーナンダ尊者は、ひと晩中、身体の気づきに、すべての力を投入して専念した。しかし、尊者は最後に残った汚れを根絶することができなかった。そこで、夜明け近くになって、尊者は、こう考えたのである。

「ああ、いま、わたしは熱心に冥想をやりすぎて、そのおかげで、わたしの心が激しく動揺して浮ついている。したがって、わたしは、わが精進と集中のバランスをとろう」

そこで歩く冥想から戻り、足を洗う場所に立って、足を洗った。滞在所の中に

入ってから、「ベッドに腰かけて、少し休息をとろう」と、考えていた。そして、ベッドの上に横になった。尊者の両足が床をはなれ、頭がまだ枕についていない、まさにそのとき、その短い瞬間に、尊者は阿羅漢に達したのである。身体の四つの威儀路（行住坐臥）のどの範疇にも入らないときであった。（訳注：マハーシ・サヤドーの解説では「横になっている、横になっている」と念じた、その瞬間をさす。『気づきと智慧のヴィパッサナー瞑想』　マハーシ長老著、星飛雄馬訳、サンガ刊による。）

　法と律の復誦をする当日になった。食事を終えた後に、長老の比丘たちは全員、復誦をする会場へ行った。しかし、アーナンダ尊者は、いっしょには行かなかった。ほどなく、長老の比丘たちは全員、席について坐ったが、ひとつの席がまだ空いている、とかれらは知った。それぞれが互いに、こう尋ねた。

「あれは誰の席なのだ？」

「アーナンダのだよ」と、別の者が答えた。

「しかし、アーナンダはどこへ行ったのだ？」と、ふたたび、尋ねた。

　この問答があったとき、アーナンダ尊者は、会議に行く時間だ、と考えた。そこで、アーナンダ尊者は、神通力によって、会場へ行ったのである。尊者は地中へ飛びこみ、それから自分に用意されている席に現れて坐った。マハー・カッサパ尊者とアヌルッダ尊者はこれを見て、アーナンダ尊者が目標に到達したのだ、とわかり、喜びを示した。

　会議の五百人のメンバーが席についたとき、マハー・カッサパ尊者が、こう比丘たちに告げて、開会した。

「友らよ、われらは最初に、どちらから復誦しようか、法か、それとも律か？」

「尊者さま、律がブッダの命である、といわれています。律がつづく限り、ブッダの教えもつづくでありましょう。したがって、最初に、律から復誦いたしましょう」と、比丘たちが答えた。

　僧団の承認を得て、マハー・カッサパ尊者は、ウパーリ尊者に、初犯者（波羅夷・パーラージカ）から始めて、すべての律について審問した。問いは、主題、発生場所、因縁話、かかわった個人、もとの決まり、修正された決まり、何が違反で、何が違反ではないのか、で構成されていた。どの律の決まりに対しても、ウパーリ尊者は申し分なく答え、その決まりを朗唱し、その朗唱に沿って、五百人の比丘たちが声を一つに合わせて朗唱した。このようにして、律蔵の全体、すなわち二つの経分別、大品、小品、附随が復誦されたのである。

　律の復誦の完了後、会議は法の復誦へ、とつづけられた。マハー・カッサパ尊者は、アーナンダ尊者に、法の全体について審問し、「梵網経」（ブラフマジャーラ スッタ）（長部1）から始

めた。マハー・カッサパ尊者の審問は、長い経典を集めた長部経典、中ぐらいの長さの経典を集めた中部経典、関連することを一つひとつ主題ごとに相応させて集めた相応部経典、法数にしたがって一から十一まで集めた増支部経典、小さな経典を集めた小部経典と、進められた。主題、発生場所、因縁話、かかわった個人について問うた。経典ことごとくの審問終了時に、五百人の比丘たち全員が、声を一つに合わせて朗唱した。

　このようにしてブッダの教えは、第一回の仏教徒会議（第一結集）で、編集され、整理されたのである。そして、三つの籠（Piṭaka）、すなわち律蔵、経蔵、論蔵に、まとめられた。「三蔵」として知られており、現代の今日まで保存されている。（訳注：なお、経・律・論の三蔵のうち、経と律はこのとき確定したが、論、すなわちアビダンマは史書には第三結集のときまで何も記録されていない。）

　法と律の復誦が終わったとき、アーナンダ尊者は会衆に、こう告げた。

　「尊者のみなさま方、ご臨終のまぎわに、世尊はわたしに、こういわれました。『アーナンダよ、もし、望むのであれば、僧団はわたしの亡き後、ささいな、そして、小さな戒律は、廃止してもよいのです』と」

　「しかし、友アーナンダよ、そなたは世尊に、ささいな、そして、小さな戒律とは、これらですか、と尋ねたのか？」

　「いいえ、尊者のみなさま方、わたしは世尊に尋ねませんでした」

　そこで、長老の比丘たちが、何がささいな、そして、小さな戒律なのか、議論したのだが、結論には到らなかった。したがって、マハー・カッサパ尊者が会衆に、こう説いた。

　「もし、万一、われらが実際には知らない、ささいな、そして、小さな戒律を、われらが廃止したとしたら、在家の人びとは、こういうであろう。『ゴータマ行者の弟子たちは、師がまだ、かれらのあいだにいたときのみ、修行の決まりを守っていた。しかし、かれらの師が亡くなって後、いくらもたたず、かれらは修行の決まりを守っては修行しないのだ』と。もし、僧団にとってふさわしいように見えるなら、われらは定められていないものは定めるべきではないし、定められているものは廃止すべきではない。われらは一致して、定められた修行の決まりにしたがって、進むべきだ」

　長老の比丘たちは、アーナンダ尊者をいくつかの不品行の罪で非難した。

　第一に、ささいな、そして、小さな戒律とは何を意味しているのか、世尊にお尋ねしなかったことが糾弾された。アーナンダ尊者は、お尋ねしなかったのは気づきがなかったせいではありません、と答えた。ちょうどそのときは世尊が亡くなられるまぎわで、アーナンダ尊者は深い悲しみに圧倒されていたのだ。

第二に、世尊の雨衣の繕いものをしている最中に、それを踏みつけてしまったことが非難された。アーナンダ尊者は、世尊に対して尊敬していないことから、そうしたのではありません、と答えた。世尊の雨衣の上を歩いて踏んでしまうのを誰も止めてくれなかったせいであった。

第三に、世尊のご遺骨への礼拝に当たって、まず先に女性たちに許したことが非難された。彼女らは世尊のご遺骨を涙で濡らしてしまったのである。アーナンダ尊者は、葬儀のそのときは、彼女らを長いあいだ引き留めることもなく、暗くなる前に帰れるようにさせてあげたかったからです、と答えた。

第四に、世尊によって入滅のヒントがわかりやすく与えられたにもかかわらず、世尊の寿命の最大期間生きてくださいますように、と懇願するのに失敗したことが非難された。アーナンダ尊者は、ちょうどそのとき、わたしは、悪魔（マーラ）の影響下にあったのです、と答えた。

第五に、女性たちを僧団に加えることを許す、と世尊が宣言されますように、と熱心に世尊にお願いしたことが非難された。アーナンダ尊者は、世尊の生母の妹で、世尊の養母として世尊がこどもの時代、自分自身の息子よりも手厚く世尊を養育されたマハーパジャーパティ・ゴータミーのことを配慮したからです、と答えた。

それでもやはり、長老比丘たちの確固とした信から出された非難であり、アーナンダ尊者は、いずれの非難にも不品行として気づいていることを知らせた。

それからアーナンダ尊者は会衆に、世尊がまた、亡くなられる直前、チャンナ尊者には梵罰を科すべきです、と指示されたことを知らせた。会衆は、アーナンダ尊者みずからがチャンナ尊者に梵罰を申し渡すように、と依頼した。アーナンダ尊者は多数の比丘といっしょに、チャンナ尊者が住むコーサンビーへ行き、梵罰を科すことをチャンナ尊者に明らかにした。

チャンナ尊者がこれをきいたとき、まさにその場で倒れ落ちて、気を失った。気を取り戻したとき、かれは深く恥じ入り、深い悔悟の念と悲しみにとらわれた。それからかれは遠離のうちに住まい、たゆまず精進して、短期間に阿羅漢となった。チャンナ尊者はそのとき、アーナンダ尊者のもとへ行き、梵罰を破棄するように、と懇願した。アーナンダ尊者は、チャンナ尊者が覚りをひらくやいなや、梵罰は効力を停止しました、と答えたのである。

このあと五回の仏典結集

第二回仏教徒会議（仏典結集）は、ヴェーサーリー市のヴァールカーラーマ僧院で、世尊入滅後一世紀の仏紀百年（100 B.E.）、西暦の紀元前443年（443 B.C.）に

開催された。ヴェーサーリーのヴァッジ族の比丘は習慣化している十点の活動で法に反している（十事非法・じゅうじのひほう。訳注：比丘が金銭の布施を受けて貯めた、など十点で、それを認めるかどうかで、大衆部と上座部の「根本分裂」の原因となった）、ということから会議は開かれた。七百人の阿羅漢が会議に参加し、サッバカーミ尊者が議長に選出された。カーラーソーカ王が必要なものの援助をして、会議は八か月つづいた。

　第三回の仏典結集は、パータリプッタのアソーカラーマ僧院で、仏紀235年、西暦の紀元前308年に開催された。この会議の主たる開催理由は、僧団に侵入してきた六万人の異教徒によって、ブッダの教えの純粋性が汚されているのを防護するためであった。モッガリプッタ・ティッサ尊者が会議の議長を務め、一千人の阿羅漢が参加した。アソーカ王の援助下、会議は九か月つづいた。会議後、仏教の布教使節が九つのさまざまな国々に派遣され、ブッダの教えを広めた。

　第四回の仏典結集は、アーローカ石窟寺院で開かれた。セイロン（現在のスリランカ）のマタレ村か、マラヤ村で、仏紀450年ごろ、ヴァッタガーマニー王の治世当時である。この会議はアルヴィハーラ、またはアーローカヴィハーラ会議と呼ばれる。そのころ、仏教徒の実践と文化が、人類の戦争と飢餓を通じて、増大する物質主義と道徳的衰退に、脅かされていた。長老の比丘らは、そのような危険は未来にも現れるであろう、そして、比丘らが気づきと集中、智慧の衰退のせいで、法と律を暗記できなくなるであろう、と予見したのである。そこでラッキタ大長老尊者が議長となって、五百人の学僧が会議を開いたのであった。会議の期間中、すべての仏典（三蔵）と註釈書が椰子の葉に書き記された。かくして、何世紀にもわたって口承で伝えられてきた仏教の聖典は、この会議で書物となった。会議は一年間つづき、王の一人の大臣が援助した。

　第五回の仏典結集は、ミャンマーのマンダレーで、仏紀2415年、西暦1871年の十一月に、開かれた。ジャーガラービワンサ尊者によって率いられた二千四百人の比丘が、この会議に参加した。ミンドン王が、会議を始めさせ、終わりまで援助した。会議の期間中に、すでに椰子の葉に書き記されていたパーリ語の三蔵が、729枚の大理石の石板に記録された。すなわち、律蔵111枚、経蔵410枚、論蔵208枚である。記録作業はマンダレーヒルの麓のマハー・ローカマーラジナ・クドードォ仏塔の境内で行われた。作業には七年六か月と十四日間かかった。それから、比丘たちは、石板の碑文が正しいものである、と認証するため朗唱し、それには五か月と三日かかったのである。

　第六回の仏典結集は、1954年5月、ウェーサーカ月の満月の日に、ミャンマーの首都ヤンゴンのマハーパーサーダ聖洞窟のカバーエー仏塔で正式に開会した。会

議は、ブッダの教えの純化と増進をめざして開催された。諸国から集まった二千五百人の学僧、とりわけミャンマー、タイ、スリランカ、カンボジア、ラオスから会議に多く参加したのである。レーワタ尊者（ニャウン・ヤン・サヤドー）が議長、ソーバナ尊者（マハーシ・サヤドー）が質問者、ウィチッタサーラービワンサ尊者（ミングン・サヤドー）が応答者を、それぞれ務めた。会議の期間中、パーリ語の三蔵と注釈書と復註が再検査された。1954年に開会した会議は、1956年のウェーサーカー月の満月の日まで開かれ、ブッダの般涅槃の2500年目当日とぴったり一致したのであった。

Iti pi so Bhagavā
（イティ ピ ソー バ ガ ワー）

Arahaṃ
（アラハン）

Sammāsambuddho
（サンマー サンブッドー）

Vijjācaraṇasampanno
（ヴィッジャー チャラナ サン パン ノー）

Sugato
（スガトー）

Lokavidū
（ローカ ヴィ ドゥー）

Anuttaro Purisadammasārathi
（アヌッタロー プリサ ダンマ サーラティー）

Satthā Devamanussānaṃ
（サッター デーワ マヌッサーナン）

Buddho
（ブッドー）

Bhagavā'ti
（バ ガ ワー ティ）

世尊は

阿羅漢であり、

正自覚者（しょうじかくしゃ）であり、

明行（みょうぎょう）（八種の智慧と十五種の性格に関する徳行）具足者（ぐそくしゃ）であり、

善逝（ぜんぜい）であり、

世間解（せけんげ）であり、

無上の調御丈夫であり、

天人師（てんにんし）（人間、神々ら一切衆生の唯一の師）であり、

覚者であり、

世尊であります。

（ブッダの九徳　「旗先経」　相応部経典 有偈篇 帝釈相応より）

参考文献 (BIBLIOGRAPHY)

英訳のあるパーリ語文献 (Pāli Sources in English Translation)

Aṅguttara Nikāya: *The Book of the Gradual Sayings.* Trans. F.L. Woodward and E.M. Hare. 5 vols. London: PTS, 1932-36.

Atthasālinī: *The Expositor.* Trans. Pe Maung Tin. 2 vols. London: PTS, 1976.

Buddhavaṃsa: *The Chronicle of Buddhas.* Trans. I.B. Horner. In Minor Anthologies of the Pāli Canon, Part III. Oxford: PTS, 2000.

Chaṭṭha Saṅgāyanā CD-ROM Version 3 (Pāli). Igatpuri: Vipassana Research Institute.

Dhammapada: *Verses & Stories.* Trans. Daw Mya Tin, M.A. Yangon: Myanmar Pitaka Association, 1995.

Dīgha Nikāya: *The Long Discourses of the Buddha.* Trans. Maurice Walshe. Boston: Wisdom Publications, 1995.

Khuddakapāṭha: *The Minor Readings.* Trans. Bhikkhu Ñāṇamoli. Oxford: PTS, 1997.

Majjhima Nikāya: *The Middle-Length Discourses of the Buddha.* Trans. Bhikkhu Ñāṇamoli. Edited and Revised, Bhikkhu Bodhi. Boston: Wisdom Publications, 1995.

Milinda Pañhā: *The Questions of King Milinda.* Trans. T.W. Rhys Davids. 2 vols. Sacred Books of the East, Vols. XXXV, XXXVI. Oxfors: Clarendon Press, 1890, 1894.

Saṃyutta Nikāya: *The Connected Discourses of the Buddha.* Trans. Bhikkhu Bodhi. 2 vols. Boston: Wisdom Publications, 2000.

Vinaya Piṭaka: *The Book of the Discipline.* Trans. I.B. Horner. In Mahāvagga Vol. IV & Cullavagga Vol. V. London: PTS, 1951-52.

参考作品 (Reference Works)

Bapat, P.V. *2500 Years of Buddhism.* New Delhi: Ministry of Information and Broadcasting, 1997.

Buddharakkhita, Acharya. *Halo'd Triumph.* Kuala Lumpur: Sukhi Hotu, 2000.

Gunapayuta. *A Pictorial Biography of Sakyamuni Buddha.* Trans. Z.A. Lu. Taipei: The Corporate Body of the Buddha Educational Foundation, 1997.

Malalasekera, G.P. *Dictionary of Pàli Proper Names.* 2 vols. New Delhi: Munshiram Manoharlal, 2002.

Mendis, N.K.G. *The Questions of King Milinda,* An Abridgement of the Milinda Pañhā. Kandy: BPS, 2001.

Min Yu Wai. *Life of Buddha and His Teachings.* Trans. Daw Khin Thein. Illustrated by U Sein. Yangon: Innwa, 2001.

Ñāṇamoli, Bhikkhu. *The Life of the Buddha.* Kandy: BPS, 1998.

Nārada Thera. *The Buddha and His Teachings.* Kuala Lumpur: BMS, 1988.

Nu Yin. *Illustrated Life of the Buddha.* Trans. Tet Toe. Illustrated by U Kyaw Phyu San. Yangon: Sar Pe Loka, 2001.

Nyanaponika Thera and Hecker, Hellmuth. *Great Disciples of the Buddha.* Kandy: BPS, 1997.

Nyanasamvara, H.H. Somdet Phra. *Forty-Five Years of the Buddha.* Book One. Bangkok, 1993.

Rewata Dhamma, Bhaddanta Dr. *The Buddha and His Disciples.* Yangon: Dhamma-Talaka Publications. 2001.

Siridhamma, Rev. *The Life of the Buddha.* 2 vols. Kuala Lumpur: BMS, 1982.

Sri Pemaloka Thera, Kotawila, Ven. *The Buddha, His Life & Historical Survey of Early Buddhism.* Singapore: Mangala Vihara, 2002.

The Teachings of the Buddha (Basic Level), Trans. Yangon: Ministry of Religious Affair, 1998.

Thomas, Edward J. *The Life of Buddha, as Legend and History.* New Delhi: Motilal Banarsidass, 1993.

Vicittasārābhivaṃsa, Bhaddanta. *The Great Chronicle of Buddhas.* Trans. U Ko Lay, U Tin Lwin, U Tin Oo. 6 vols. Yangon: Ti Ni Publishing Centre, 1990-98.

翻訳で参考にした文献

アルボムッレ・スマナサーラ著『日本人が知らないブッダの話』（学習研究社）

中村元著『ゴータマ・ブッダ』（春秋社）、『ブッダのことば』『ブッダの真理のことば 感興のことば』『ブッダ最後の旅』『神々との対話』『悪魔との対話』『仏弟子の告白』『尼僧の告白』（いずれも岩波文庫）

片山一良著『パーリ仏典　長部経典/中部経典/相応部経典』（大蔵出版）

増谷文雄著『この人を見よ　ブッダ・ゴータマの生涯/ブッダ・ゴータマの弟子たち』（佼成出版社）

水野弘元著『釈尊の生涯』（春秋社）

渡辺照宏著『新釈尊伝』（ちくま学芸文庫）

ポー・オー・パユットー著、野中耕一編集・翻訳『ポー・オー・パユットー仏教辞典（仏法篇）』（サンガ）

　このほかにも多数ありますが、その一部のみを挙げました。またネット上に公開されている森章司先生ら中央学術研究所「原始仏教聖典資料による釈尊伝の研究」の貴重な諸論文も逐次参考にしました。これらの学恩に対して、心より感謝申し上げます。

原著の参考文献 （数字はPTS版三蔵のテキスト番号による）

略語一覧（LIST OF ABBREVIATIONS）

A.	Aṅguttara Nikāya
AA.	Aïguttara Nikāya Aṭṭhakathā, Manorathapūraṇī
Ap.	Apadāna
Bu.	Buddhavaṃsa
BuA.	Buddhavaṃsa Aṭṭhakathā
D.	Dāgha Nikāya
DA.	Dīgha Nikāya Aṭṭhakathā, Sumaṅgala Vilāsinī
DhA.	Dhammapada Aṭṭhakathā
DhSA.	Atthasālinā, Dhammasaṅgaṇi Aṭṭhakathā
Dpv.	Dīpavaṃsa
Dvy.	Divyāvadāna
J.	Jātaka
Khp.	Khuddakapāṭha
KhpA.	Khuddakapātha Aṭṭhakathā
M.	Majjhima Nikāya
MA.	Majjhima Nikāya Aṭṭhakathā, Papañca Sūdanī
Mhv.	Mahāvaṃsa
Mil.	Milindapañha
MT.	Mahāvaṃsa ṭīkā
Mtu.	Mahāvastu
PSA.	Paṭisambhidāmagga Aṭṭhakathā
PvA.	Petavatthu Aṭṭhakathā
S.	Saṃyutta Nikāya
SA.	Saṃyutta Nikāya Aṭṭhakathā, Sāratthappakāsinī
SN.	Sutta Nipāta
SNA.	Sutta Nipāta Aṭṭhakathā
Thag.	Theragāthā
ThagA.	Theragāthā Aṭṭhakathā
ThigA.	Therīgāthā Aṭṭhakathā
Ud.	Udāna
UdA.	Udāna Aṭṭhakathā
VibhA.	Sammoha-Vinodanī, Vibhaṅga Aṭṭhakathā
Vin.	Vinaya Piṭaka
Vsm.	Visuddhimagga
VvA.	Vimānavatthu Aṭṭhakathā

原著の参考文献

01話　J. i. 2; DhA. i. 68; Bu. ii. 5; SNA. i. 49
02話　Ap. ii. 587
03話　D. ii. 52; Mhv. ii. 17; VibhA. 278; Thag. Vss. 533; ThagA. i. 502; DhSA. i. 15; DhA. iii. 216, UdA. 276; J. vi. 480
04話　J. i. 49; M. iii. 118; D. ii. 12; J. i. 47
05話　SN., pp. 131-136; SNA. ii. 483; J. i. 54, 487; SN. v. 689; J. i. 54
06話　J. i. 56, 58; J. iv. 50, 328; J. vi. 479; DhA. iii. 195; Dpv. iii. 197; Dpv. xix. 18; Mhv.; J. i. 57; MA. i. 466
07話　Mil. p. 236
08話　Mhv. ii. 22; MT. 136; DhA. iii. 44
09話　A. i. 145; M. i. 504; AA. i. 378; J. i. 58; Mtu. ii. 115; Vin. i. 15; D. ii. 21; J. v. 129; Mhv. ii. 16-22; ThagA. i. 105; MA. i. 289; Mhv. ii. 19, 21; DhA. iii. 44; ThigA. 140
10-12話　J. i. 59; J. i. 62; J. i. 54; Mtu. ii. 156, 164, 189, 233; Mtu. iii. 91, 262; BuA. 233; SA. ii. 231; DhsA. 34; Dvy. 391; J. i. 64; ThagA. i. 155; Vin. ii. 23; Vin. iv. 35, 113, 141; Vin. iii. 47; Vin. iii. 155, 177; D. ii. 154; Vin. ii. 292; ThagA. i. 155
13話　J. i. 60; BuA. 232; DhA. i. 70; DhSA. 34
14話　J. i. 62-65; Mtu. ii. 159, 165, 189, 190; VibhA. 34; J. i. 54; BuA. 106, 234; Vv. 73; VvA. 311-318; DhA. i. 70; iii. 195
15話　J. i. 64; SNA. 382; BuA. 5; J. i. 65; SNA. 382; VvA. 314; J. i. 64; Mil. 223; J. i. 172; M. ii. 46; S. i. 35; Bu. xxv. 41; SNA. i. 152; DhA i. 380; J. i. 65; SNA. ii. 382; BuA. 236; VvA. 314; J. i. 69; S. i. 35, 60; J. i. 65; DA. ii. 609; MT. 376; BuA. 235; Mhv. xvii. 20
16話　Mhv. ii. 25; Dpv. iii. 50; MT. 137; Dpv. iii. 52; SN. vs. 405; J. i. 66; DhA. i. 85; SNA. ii. 386
17話　M. i. 163-165, 240; M. ii. 94, 212; VibhA. 432; Vin. i. 7; D. ii. 130; Vsm. 330; MA. ii. 881; VibhA. 432; AA. i. 458; A.i. 277; DA. ii. 569; J. i. 66, 81; M. i. 165, 240; DhA.i. 70-71; Vin. i. 7; Vin. ii. 180; Vin. iv. 83; D. iii. 126-127; Mtu. ii. 119-120
18話　M. i. 166; J. i. 67; Vin. i. 23; DhA. i. 72; Vin. i. 25; Mhv. i. 17; Dpv. i. 35, 38, 81; J. i. 68; S. i. 106; Vin. i. 166, 240; SA. i. 135; Vin. i. 1; SN. Vs. 425; S. i. 103, 122, 136; S. v. 167, 185, 232; Ud. i. 1-4; Ud. ii. 1; Ud. iii. 10; A. ii. 20; D. ii. 267; J. i. 57, 61, 81, 82; DhA. i. 87; J. i. 82; AA. i. 84; MA. i. 390; DhA. ii. 74; AA. i. 84; ThagA. i. 140; J. i. 82; Dpv. i. 32; Vin. i. 12; Vin. i. 13; AA. i. 84; Vin. i. 14; J. i. 82; DhA. iv. 150-151; M. i. 227; MA. i. 452; S. iii. 124; S. iv. 260, 262; M. i. 237-251
19話　A. v. 196; J. i. 68; DhA i. 380; J. i. 65; SNA. ii. 382; BuA. 236; VvA. 314; J. i. 69; S. i. 35, 60; A. iii. 240; Mtu. ii. 136
20話　J. i. 69; J. i. 70; BuA. 238; SNA. ii. 391; SN. vs. 446; S. i. 122; SNA. ii. 391; SNA. ii. 394; S. i. 122
21話　D. ii. 112; J. i. 78; S. i. 124; Vin. i. 3; Vin. i. 1; J. i. 80; BuA. 8, 9, 241; Ud. ii. 1; Mtu. iii. 300, 302; DhSA. 35; MA.i.385; Ud. i. 1-3; Vin. Mv. i. 1; J. i. 80; Vin. i. 2-3, 4, 5-7; SA. i. 152; J. i. 81; A. ii. 20; S. i. 138; D. ii. 112, 267; S. i. 103; J. i. 16, 69, 78, 469; UdA. 51; S. v. 167,

359

185,232; A. ii. 22; DA. ii. 416; BuA. 247; J. iv. 233, 229; J. i. 78; BuA. 8, 241
22話　Vin. i. 3; A. i. 26; UdA. 54; J. i. 80; AA. i. 207; AA. ii. 696; A. iii. 450; AA. i. 207; ThagA. i. 48; J. i. 80; Mhv. iii. 303; AA. i. 208; Vin. i. 4; J. i. 48, 80; A. ii. 31; S. iii. 72; M. iii. 78; Kvu. 60; AA. ii. 497; D. ii. 258; D. iii. 199; Dvy. 126, 148; D. ii. 207, 221; J. iii. 257;J. Vi. 168; AA. i. 143; D. ii. 207, 221; D. iii. 198; D. ii. 207, 220, 257; D. iii. 197; J. iii. 257
23話　Vin. i. 5; S. i. 137; A. ii. 10; SA. i. 155; DA. ii. 467; S. i. 140, 154, 233; SN. p. 125; D. ii. 157; S. i. 158; S. 233; SNA. ii. 476; SA. i. 155; BuA. P. 11, 239; KhpA. 171; Sp. i. 115; Vsm. 201; VibhA. 352; J. i. 81; Vin. i. 8; M. i. 170-171; DhA. iv. 71-72; DA. ii. 471; ThigA. 220, 225; MA. i. 388; SNA. i. 258; UdA. 54; Kvu. 289; J. i. 68; M. i. 166; MA. i. 387; Vin. i. 13-14; J. i. 182; J. iv. 180; Dpv. i. 34; MA. i. 390; AA. i. 57, 84; AA. iii. 66; Vin. i. 10; S. v. 420; Mhv. xii. 41; Dpv. viii. 11
24話　Vin. i. 15-20; DhA. i. 72; ThagA. i. 232; Ap. i. 333; AA. ii. 596; DhA. i. 82; Mhv. xxx. 79; AA. i. 218; ThagA. Vs. 52; ThagA. i. 123; Ap. i. 140; ThagA. i. 121; Vin. i. 18; ThagA. i. 443; D. ii. 356; Vin. Mv. i. 7-20
25話　Vin. i. 23; DhA. ii. 33; Mhv. xxx. 79; Vin. i. 23; J. i. 82; DhA. i. 72; Dpv. i. 34; AA. i. 57, 84; ThigA. 3
26話　A. i. 25; AA. i. 165; DhA. i. 83; Ap. ii. 481; J. Vi. 220; Ap. ii. 483; AA. i. 166; ThagA. i. 67; Vin. i. 33; AA. i. 165; Thag. 345; ThagA. i. 417; Ap. iii. 379, 483; Thag. 340-344; ThagA. i. 434
27話　Mhv. ii. 25; Dpv. iii. 50; SN. Vs. 405; J. i. 66; DhA. i. 85; SNA. ii. 386; Vin. i. 35; PvA. 209;J. iii. 121; Khp., p. 6
28話　AA. i. 84; Ap. ii. 31; DhA. i. 73; SNA. i. 326; S. ii. 235; A. i. 88; M. iii. 248; BuA. 31; A. i. 23; Thag. Vs. 1183; S. v. 269; SNA. i. 336; M. i. 251; Thag. vs. 1198; ThagA. ii. 185; S.i. 144; M. i. 332; ThagA. ii. 188; DhA. iii. 242; DhA. ii. 64; DhA. iii. 60, 410, 479; S. ii. 254; Mtu. i. 4; DhA. iii. 291, 314; S. v. 366; DhA. iii. 227; S. iv. 183; A. v. 155; S. iv. 269-280; S. iv. 391; A. ii. 196; DhA. iii. 219, 224; J. iv. 265; ThagA. i. 536; DhA. i. 143, 414; DhA. ii. 109; Vin. ii. 185; A. iii. 122; J. i. 161; SNA. i. 304; Thag. vss. 1146-1149, 1165; S. i. 194; Thag. vss.1178-1181, 1176; S. ii. 275; M. i. 212; S. v. 174, 294, 299; SA. iii. 181; J. 125; Bu. i. 58; M. i. 150; DhA. ii. 84; DhA. ii. 188; A. i. 23; SA. ii. 45; SA. iii. 181; J. i. 391; DhSA. 16; DA. i. 15; Vin. i. 35, 39; Vin. i. 42; M. i. 497, 501; DhA. i. 79; UdA. 189; S. v. 233; S. i. 109; DhA. i. 83-114
29話　Vin. i. 101-136; Vin. ii. 240; Dh. 183-185
30話　Mtu. iii. 233; A. i. 25; Thag. 527-536; J. i. 54, 86; AA. i. 107, 117; ThagA. i. 497; UdA. 168; DA. ii. 425; AA. i. 167; ThagA. i. 498; J. i. 15, 49, 50, 54, 64; DhA. iii. 254; J. i. 64, 87; DA. i. 57; DA. i. 57; DhA. iii. 214; DA. i. 57; DhA. iii. 204; Mil. 106, 349
31話　Vin. i. 82; Bu. xxvi. 15; Mhv. ii. 24; BuA., p. 245; Dvy. 253; J. ii. 392; DA. ii. 422; J. Vi. 478; J. i. 54
32話　J. i. 60, 160; AA. i. 82, 145; J. i. 62; J. ii. 393; Vin. i. 82; DhA. i. 98; J. iii. 64; SA. iii. 26; A. i. 24

原著の参考文献

33話　Vin. ii. 154; SA. i. 240; Vin. ii. 155-156; A. i. 25; AA. i. 208; MA. i. 50; Vin. ii. 156; AA. i. 208-209; DhA. i. 128; J. ii. 410; J. iii. 435; J. ii. 347; DhA. i. 128; A. iv. 392, 405; M. iii. 258; S. v. 380-387; DA. iii. 740; ThagA. i. 47; Dvy. 264, 268; Vin. ii. 155; S. i. 211; MA. i. 471; Vin. ii. 158; MA. i. 50; UdA. 56; J. i. 92; D. ii. 147; A. iv. 91; AA. ii. 724

34話　DhA. i. 338; S. i. 74, 75; DhA. ii. 1; M. ii. 120; D. iii. 83; S. i. 81; S. i. 83; A. i. 213; A. iv. 252; S. i. 74; MA. ii. 753; DhA. i. 228; J. iii. 405; SA. i. 110; DhA. ii. 8; DhA. ii. 15; S. i. 75; Ud. 1; J. iv. 437; J. iii. 20; DhA. iii. 119; A. iii. 57; M. ii. 110; M. ii. 127; DhA. iii. 356; M. i. 118; MA. ii. 753; J. iv. 151

35話　Thag. vss. 480-486; ThagA. i. 477; Ap. i. 64; KhpA. 76; DhA. iv. 176

36話　Thag. vss. 620-631; ThagA. i. 540

37話　SNA. i. 358; J. v. 412; DhA. iii. 254; DA. ii. 672; SA. i. 53; ThagA. i. 501; MA. i. 298; DA. i. 309; MA. i. 298, 449

38話　Mhv. ii. 18; DhA. i. 97; Vin. ii. 253; A. iv. 274; A. i. 25; ThigA. 140; AA. i. 185; Ap. ii. 529-543; M. iii. 253; MA. ii. 1001; Vin. iv. 56; J. ii. 202; J. iii. 182; J. Vi. 481; MA. i. 1001; ThigA. 75

39話　A. i. 25; Dpv. xviii. 9; DhA. iv. 168; Bu. xxvi. 19; J. i. 15, 16; S. iv. 374; ThigA. 190, 195; A. i. 25; S. i. 131; DhA. ii. 49; Vin. iii. 35; DhA. iv. 166; Vin. iii. 208; Vin. iii. 211; Vin. ii. 261; A. i. 88; A. ii. 164; S. ii. 236

40話　J. i. 201; DhA. i. 272; J. Vi. 97; DhA. i. 273; J. iv. 265; DhA. iii. 216; BuA. p. 3; D. ii. 52; Mhv. ii. 17; VibhA. 278; J. i. 49; Thag. Vss 533; ThagA. i. 502; DhSA. i. 15; DhA. iii. 216; UdA. 276; J. Vi. 480; SNA. ii. 407; SNA. i. 66; A. iv. 101; MA. ii. 918; DhA. iii. 224

41話　DhA. iii. 178; J. iv. 187; itA. 69; Ap. i. 299; UdA. 263

42話　DhA. iii. 193; SNA. ii. 542; DhA. i. 201, 202, 210; AA. i. 235; UdA. 382-383; Dvy. 515; Vin. ii. 291; Vin. i. 337; M. i. 320; DhA. i. 44; S. iii. 96; DhA. i. 187-191, 205-225; AA. i. 232-236; A. i. 26; BuA. 24; ItA. 23; PSA. 498; AA. ii. 791

43話　Vin. i. 352; S. iii. 95; Ud. iv. 5; J. iii. 489; M. i. 320; BuA., p. 3; DhA. i. 48; J. iv. 314; Vin. i. 350; M. iii. 154; DhA. i. 47; J. iii. 489; MA. ii. 596; A. iv. 228; Vin. ii. 182; DhA. i. 112; Vin. i. 350; Vin. i. 352; Ud. iv. 5; DhA. i. 47; DhA. iv. 26; UdA. 250; DhA. i. 49; J. i. 37

44話　―

45話　Mil. 231; SN. 12; SNA. 131; S. i. 171; SA. i. 188

46話　A. i. 26; A. iv. 348; DhA. i. 384, 403, 406, 409, 410; AA. i. 219; Ud. Viii. 8; J. iv. 144; Vv. iv. 6; VvA. 189, 191; A. i. 205; A. iv. 269; SNA. ii. 502; UdA. 158; SA. i. 116; Vsm. 383; PSA. 509; DhA. i. 413; MA. i. 369; A. i. 23; DhA. i. 384; Vin. ii. 242; DhA. i. 384-385; AA. i. 219

47話　Khp. pp. 2; KhpA. Vii.; SNS. i. 300; SN., pp. 46; SNA. i. 174; BuA. 243; AA. i. 57, 320; MA. ii. 806; Mhv. xxxii. 43

48話　SN. Vss. 143-152; Khp. p. 8; KhpA. 232; DhA. i. 313

49話　SNA. i. 217-240; AA. i. 211-212; BuA. 3

50話　D. iii. 180-193; Ap. ii. 604

51話　AA. i. 26, 216; Vin. i. 268-281; DhA. ii. 164; DA. i. 133; MA. ii. 590; A. iv. 222; Vin. ii. 119; M. i. 368, 391; A. iv. 222; D. i. 47; S. i. 269; Vin. i. 276; A. i. 213

52話　Vin. ii. 182, 253; ThagA. i. 68; DA ii. 418; S. iii. 105; Thag. v. 1039; AA. i. 159; D. ii. 99, 147,199; J. v. 335-336; DhA. i. 119; Vin. i. 210-211; D. ii. 115, 199, 147, 154; Vin. i. 80; M. i. 456; ThagA. ii. 134; D. 102, 114-118, 144

53話　DA. i. 240; J. iv. 180; Thag. 868-870; DhA. iii. 185, 169; M. ii. 102-104; MA. ii. 743, 747; DA. ii. 654; Mil. p. 151; ThagA. ii. 57-58

54話　Ud. iv. 8; UdA. 256, 263; DhA. iii. 474; SNA. ii. 528; J. ii. 415; Ap. i. 299; Mhv. ii. 1; Dpv. iii. 1; MT. 122; J. ii. 311; J. iii. 454; MT. 121, 122

55話　ThagA. ii. 184, 188; J. v. 126; A. i. 24; M. i. 252; Thag. 1196

56話　M. i. 326; S. i. 142; J. iii. 358; SA. i. 164; MA. i. 553; S. i. 142; ThagA. ii. 185; S. i. 144; D. i. 87

57話　DhA. i. 319

58話　A. i. 25; SA. i. 149; ThigA. 174

59話　ThigA. 47, 117, 122, A. i. w

60話　MA. i. 450; J. iii. 1; M. i. 229, 231, 234; MA. i. 459, 469; J. vi. 478; M. i. 227;　D. ii. 165

61話　M. i. 371; MA. ii. 621, 830; MA. ii. 620; Vsm. ii. 442; VibhA. 388; M. i. 371; DA. i. 35; S. ii. 110; M. i. 376; D. i. 211; S. ii. 311-323; D. ii. 81, 84; Vin. ii. 287; S. ii. 220; S. iv. 322

62話　Mhv. ii. 22; MT. 136; DhA. iii. 44; Vin. ii. 182, 183; Ud. i. 5; J. i. 186, 508; Vin. ii. 188; DhA. i. 122; Vin. iv. 66, 335; MA. i. 298; DhA. i. 143; J. i. 491; DhA. i. 147; DhA. i. 147; S. iii. 105-106; M. i. 146

63話　Vin. ii. 194; J. v. 333; Mil. 349; UdA. 265; Ap. i. 300

64話　J. iii. 121; J. iv. 343; Vin. ii. 185; S. ii. 242; DA. i. 135-137; D. i. 85; D. i. 85-86; DA. i. 238; D. i. 50-58; DA. i. 166; S. i. 68

65話　D. ii. 72; A. iv. 17; D. ii. 72; Vin. i. 226. 30; D. ii. 86; MA. i. 424

66話　DA. ii. 545; Vin. i. 231-233; D. ii. 85-98; ThigA. 206-207, 213; Ap. ii. 613; Vin. i. 268; ThagA. i. 146; Vin. i. 231-233; D. ii. 94

67話　SA. iii. 198; D. ii. 98; S. 151; J. i. 55; D. ii. 116; J. v. 125; DhA. iii. 65; ThagA. i. 261; UdA. 322; A. iv. 212; AA. i. 214; D. i. 126; Ud. Viii; D. ii. 126; Ud. viii. 5; D. ii. 146; UdA. 238; ThagA. i. 308

68話　D. ii. 165; Vin. ii. 284; D. ii. 162; Mhv. iii. 6; DA. ii. 599; Vin. i. 249; D. ii. 166; Bu. xxviii. 4; UdA. 402; A. ii. 37; AA. ii. 505; DA. ii. 607, 609

69話　A. i. 23; DA. i. 3; Sp. i. 4; Vin. ii. 182; DhA. i. 116; ThagA. i. 360; AA. i. 172; D. ii. 116; Bu. xi. 9; Vin. ii. 306; Mhv. iv. 50, 63; Dpv. xx. 14; Mhv. xxxiii. 34

訳者あとがき

　著者のクサラダンマ長老はインドネシア生まれで、インドネシアは世界一のイスラム教徒を抱える国です。宗教省統計（2010 年）では人口の 9 割近くがイスラム教を信仰、仏教徒はわずかに 0.6％、約 2 百万人です。だからクサラダンマ長老のような方がインドネシアに現れ、しかもミャンマーに渡って修行し、ヤンゴンの国際上座仏教大学（ITBMU）に入学、首席卒業（金メダル授与）されて、本書を執筆されたのは奇蹟のように思います。長老が執筆にいたったいきさつは本書の冒頭「はじめに」で、ご自身が説明されているので、ここではくり返しません。ただ、翻訳にいたったいきさつは、明らかにしておいたほうがよいかと思います。

　直接のきっかけは、クサラダンマ長老が大阪・岸和田のアラナ精舎で、2013 年 12 月 22 日（日）に「度暴流経」の講義をされたことでした。この講義の報告を日本テーラワーダ仏教協会の月刊機関誌「paṭipadā」に寄稿するように、と同精舎運営委員会委員長で、日本テーラワーダ仏教協会責任役員、同精舎パーリ語セミナー講師でもある木岡治美さんから翻訳者（奥田）が依頼されたのです。木岡さんにはパーリ語の個人指導を何年も前から受けていて、恩師の依頼をお断りすることは考えられませんでした。とはいえ長老についてほとんど何も知らず、かつ、何を講義するのかも知りませんでした。

　パーリ仏典相応部（有偈篇）第一の「度暴流経」はたいへん短い経典で、片山一良訳（有偈篇 I、大蔵出版）では本文わずか 2 ページ、24 行。度暴流とは「暴流（激流）」を渡る、という意味です。暴流とはいったい何か、どのように渡るか、が講義の主題でした。以下、「paṭipadā」誌（2014 年 3 月号）に掲載された報告「四暴流を渡る——悪に沈まず、善に溺れず」をもとに、かいつまんで紹介してみます。
長老は講義の前置きで、こう問いかけられました。「日本に仏教徒を名乗る人は、どれだけいて、その中でどれだけの人が真にブッダの教えを実践しているのでしょうか？」

　長老は出家前、母国のインドネシアで会社勤めをしていたころ洪水に遭い、避難しなければならなくなったそうです。洪水のさなか、どうやって安全な場所に行けばよいのか。水の中を一歩一歩、もがきながら、立ち止まって用心しつつ、進むしかありませんでした。

　ブッダが説かれたのは、そうではありませんでした。
　「尊師よ、あなたはどのようにして暴流を渡ったのですか」

「友よ、私は、実に止まることなく、求めることなく、暴流を渡りました」
「尊師よ、それでは、あなたはどのようにして止まることなく、求めることなく、暴流を渡ったのですか」
「友よ、私は、実に止まるとき、沈みます。友よ、私は、実に求めるとき、溺れます。友よ、このように私は、実に止まることなく、求めることなく、暴流を渡りました」（片山一良訳）

「度暴流経」の核心は、この二つの問答です。問いかけたのは「麗しい容色をそなえた」神、つまり美しい天神です。一番目の答えは謎めいています。実はこの神はうぬぼれで高慢、自分は何でも知っている、と思いこんでいたのでした。それを見抜かれた世尊は、たしなめるために、あえてこんな答え方をされたのでした。

天神は重ねて質問し、決定的な答えを得ます。天神は輪廻を重ね、波羅蜜にみちていたので、これによって預流果にさとりました。天界の美神といえども、さとってはいなかったのです。では、その暴流とは何か？

クサラダンマ長老はミャンマーで比丘出家され、アビダンマを学ばれましたが、ミャンマーで「小指サイズの註釈書」といわれ、同国版でたった67ページ、10歳ぐらいの沙弥が丸暗記するのが「アビダンマッタサンガハ」です。その邦訳解説書（戸田忠氏ら訳註）の206ページに「四暴流は、欲暴流、有暴流、見暴流、無明暴流である」とあります。ちなみに暴流、漏、軛とも、自性は同じものです。

長老はこの四暴流を一つひとつていねいに、詳しく説明されました。その骨子は、欲暴流＝眼耳鼻舌身の五欲への渇愛。有暴流＝色界・無色界の禅定への執着。見暴流＝常見、断見、そして非有、無因、無作用非業の各論に代表され、長部第一の「梵網経」にリストアップされた62の邪見に固執。無明暴流＝四聖諦への無知・無理解です。

四暴流のこの説明で、いわば仏説全体の概観をされたのです。ミャンマーの伝統的な註釈を踏まえたものと見られ、まことに明快で、あざやかな説明に驚嘆しました。

さてブッダの答えは、

「止まるとき沈み、求めるとき溺れる。止まることなく、求めることなく、暴流を渡りなさい」

というものでした。暴流のさなか、止まるときとは悪行為をしているとき、求めるときとは幸福を求めて、本人は善かれと信じて誤った道を歩んでいるときです。しかし、真の善行為とは何か、理解しにくいのです。善行為には二つ特徴があって幸福をもたらし賞賛に値するものである一方、不善行為は苦しみをもたらし非難に値するもの、というのが長老のご説明でした。

訳者あとがき

　ここからは誤解を恐れず、あえてわたし個人の理解を申し上げると、ブッダの教え以外の全宗教、西洋東洋を問わずあらゆる思想哲学、さらにいえば、ブッダの教えより、祖師の遺言を大切にしがちな宗派仏教など、そうしたものの信者の大半は、ほぼすっぽり、これに当てはまると見られます。つまり、「善に溺れている」のではないか、と。

　暴流を渡った向こう岸は、涅槃です。聖八正道として示された善悪の行作を超えた中道（超越道）を歩んで涅槃に達することが、暴流を渡り、真の幸せに到る道です、と長老は講義を締めくくられました。

　「真にブッダの教えを実践していますか？」という最初の問いかけは、暴流を渡る教えをあなたは実践していますか、という厳しい問いかけだったのです。長老は声低く控えめ、つねにほほえみを絶やさず、小春日和の陽だまりのような温もりを感じさせるお人柄で、あっという間の3時間の講義でした。

　長老は同年10月末から3か月間ご滞在されましたが、この講義が直接のきっかけで、長老の著作をぜひ読んでみたいと思い、立堀尚子さんにお願いして「南伝ブッダ年代記」の元の英文を入手したのでした。長老の訪日はこのとき2回目で、立堀さんは初訪日（2010年3月）当時から長老と親しくされ、講義の通訳もされた方です。翻訳に当たって長老と何度もメールをやりとりして、2014年夏には長老を訪ねてインドネシアに行くなど、この翻訳プロジェクトの連絡・調整では絶大な役割を果たしていただきました。

　翻訳を進めるに当たって、なるだけ誤訳をなくし、また仏教の教理に反しないようにするため、木岡さん、西澤卓美さんらに監修をお願いしました。具体的には69話の翻訳が仕上がるたびに同報メールで届け、そのつど目を通していただき、問題点などを指摘していただきました。西澤さんは1996年にミャンマーのマハーシ冥想センターで比丘出家し、10年間の修行後、帰国、ウ・コーサッラ長老の法名でアラナ精舎を拠点としてヴィパッサナー冥想指導やアビダンマ基礎講座を全国で開かれ、2014年還俗、大阪市に西澤綜合研究所を開設された方です。ヤンゴンの国際上座仏教大学（ITBMU）ではクサラダンマ長老と同窓で、両者ともミャンマーでは「外国人」であったこともあって、親友づきあいされたようです。翻訳者はウ・コーサッラ長老当時から指導を受け、還俗後も変わりなく、相談に乗っていただいています。

　ともあれ、立堀さん、木岡さん、西澤さんらのご協力がなければ、この翻訳をやり遂げることはとうてい不可能で、心より感謝申し上げます。また、東方出版の今東成人会長はじめ編集者の方々は、細部まで精読してくださり、貴重なご指摘をいただきました。心より感謝申し上げます。

翻訳のいきさつが少し長くなりました。最後に、この『南伝 ブッダ年代記』の五大特長を挙げてみます。

①ブッダの生涯を69のストーリーで人物エピソード中心にまとめ、初期仏教の全体像を俯瞰して見渡せるパノラマ風の生彩ある読み物。波瀾万丈の連載読み切り風で、"小説ブッダ"として読んでも楽しい。筆者のクサラダンマ長老は、中国系インドネシア人。ミャンマーの国際上座仏教大学（ITBMU）主席卒業直後の30代半ばに執筆。

②ブッダの年齢と南伝の暦年をリンクし「雨安居」の場所から時期を特定。口伝から始まった上座仏教の伝統的な暦年の真正性が、近年、ユネスコのルンビニー遺跡発掘調査などから見直される中、日本ではこれまで類例のないスタイルで、年号を整理して歴史表記した画期的な初のブッダ年代記。ブッダの教えの実践こそ最重要だが、そのための理解を深める仏伝である。

③万人向けの読みやすく親しみやすいブッダの真理ガイドブック。もともと青少年向けに構想・執筆され、こどもからお年寄りまで、また仏教の初心者から専門家まで、誰にでも分かりやすい簡潔な表現を駆使し、複雑な教えの内容を的確にすっきりまとめている。将来的には長編コミックやアニメの原作として格好の資料になることも期待され、仏教の更なる普及一般化のきっかけとなり得る。

④その一方で膨大なパーリ三蔵経典から精選した仏教の真理が、縦横無尽に博引旁証され、仏教の基本書、"教科書"として読んでも高度な内容。ブッダの特に大切な経典や教えが随所にちりばめられ、読み進めるうち、いつのまにか自然に身につく。人格向上の指針として、とても役に立つ。

⑤それぞれの物語の情景を彷彿とさせるイラスト付きの"ブッダ絵本"。ミャンマーの著名な水彩画家が、滋味あふれる絵によって場面を再現。

　じつは、この五大特長は翻訳開始時に作成したものですが、翻訳終了後も同じ感想をもっています。5番目のイラストは、本書では掲載できませんでしたが、それぞれの場面の情景がわかるものです。3番目に「将来的には、長編コミックやアニメの原作として格好の資料になることも期待され、仏教の更なる普及一般化のきっかけとなり得る」としましたが、それがどれほどの「将来」なのか、わかりませんが、なるだけ早く実現すればいいな、と切に願っています。

　　　クサラダンマ長老3度目の訪日中の仏暦2561年（西暦2017年）1月1日記す
　　　　　　　　　　　　　　　　　　　　　　　　　　　奥田昭則

編集協力者プロフィール

立堀尚子（たちぼり・しょうこ＝通訳）
追手門学院大学・基盤教育機構・日本語教育コーディネーター、留学生向け日本語関連科目、日本語教育実習担当講師。青年海外協力隊日本語教師としてマレーシアに通算5年滞在。台湾、日本の中等学校、予備教育課程、日本語学校、大学などの教育機関で日本語教育に従事。専門はマレーシア地域研究、留学生教育。名古屋大学大学院博士課程修了。

木岡治美（きおか・はるみ＝監修）
1948年大阪府生まれ。アラナ精舎（大阪府岸和田市）運営委員会委員長。日本テーラワーダ仏教協会責任役員。アラナ精舎パーリ語セミナー講師。大阪大学文学部中退。法名アミタチャーリー（無量行者）。法名は、平成18年4月（仏暦2549年）、四方サンガにアラナ精舎を布施した際、スリランカのテーラワーダ仏教大寺派僧王ウドゥガマ・ブッダラッキタ大長老より下賜された。
著書に「日常読誦経典パーリ語ノート」、「転法輪経 無我相経 パーリ語ノート」（いずれも非売品）、「読めばわかるパーリ語文法」（山喜房佛書林）。

西澤卓美（にしざわ・たくみ＝監修）
1966年長崎県生まれ。1996年ミャンマーのマハーシ瞑想センターで比丘出家。出家名ウ・コーサッラ。法話や瞑想センターのインタビューの通訳をつとめるかたわら、法話集の翻訳に携わる。2004年国際テーラワーダ仏教宣教大学（B.A）取得、ミャンマー各地の瞑想センターで修行。2007年、10年間の修行を終えて帰国。大阪のアラナ精舎を拠点とし、ヴィパッサナー瞑想指導やアビダンマ基礎講座を全国各地で開催。2014年、17年間の出家生活を終え大阪市に西澤綜合研究所を開設。
著書に「仏教先進国ミャンマーのマインドフルネス」、「アビダンマ基礎講座用テキスト」（非売品）、翻訳「Vipassanā Q&A マハーシサヤドーと現代のヴィパッサナー瞑想法」（施本）、電子書籍[Kindle版]「いろいろ悩みがあったので、西澤さんに訊いてみた。」

著者・訳者プロフィール

アシン・クサラダンマ長老（Ashin Kusaladhamma）

1966年11月21日、インドネシア中部のジャワ州テマングン生まれ。中国系インドネシア人。テマングンは近くに3000メートル級の山々が聳え、山々に囲まれた小さな町。世界遺産のボロブドゥール寺院やディエン高原など観光地にも２，３時間で行ける比較的涼しい土地という。インドネシア・バンドゥンのパラヤンガン大学経済学部（経営学専攻）卒業後、首都ジャカルタのプラセトエイヤ・モレヤ経済ビジネス・スクールで財政学を修め、修士号を取得して卒業後、2年弱、民間企業勤務。1998年インドネシア・テーラワーダ（上座）仏教サンガで沙弥出家し、見習い僧に。ヴィパッサナー修習（観察冥想）実践、仏教の教理を学び、先輩僧指導の下、2000年までジャワ島、スマトラ島で布教に従事。同年11月、ミャンマーに渡り、チャンミ・イェッタ森林冥想センターで修行し、2001年、導師チャンミ・サヤドーのもとで比丘出家。同年、ミャンマー・ヤンゴンの国際仏教大学（ITBMU）入学、2004年首席（金メダル授与）卒業。同年以降2006年まで、パンディターラーマ冥想センター（ヤンゴン）、パンディターラーマ森林冥想センター（バゴー）でヴィパッサナー冥想修行。さらに2008年までマハーガンダーヨン僧院（ミャンマー・アマラプラ）、イワマ学問僧院（ミャンマー・ヤンゴン）で仏教研究後、スン・ルン・グーヴィパッサナー冥想センター（同）で論蔵と律蔵（アビダンマと戒律）研究。2010年パオ森林僧院（ミャンマー、モウラミャイン）でサマタ冥想修行。2011年母国インドネシアに帰国し、ケルタラジャサ仏教大学（東ジャワ・バトゥ）でアビダンマ講義。同大学の教科書として「アビダンマッタサンガハ」を編集。インドネシア・サティパッターナ冥想センター（西ジャワ、プンチャック、バコム）や他の僧院で、在家信者、修行者に対してアビダンマ講義、法話、冥想指導。著書は本書のほか講義録として『アビダンマ「法集論」義釋品 三法及び二法の要点講義』などがある。

奥田昭則（おくだ・あきのり＝翻訳）

1949年徳島県生まれ。日本テーラワーダ仏教協会会員。東京大学仏文科卒。毎日新聞記者として奈良、広島、神戸の各支局、大阪本社の社会部、学芸部、神戸支局編集委員などを経て大阪本社編集局編集委員。1982年の1年間米国の地方紙で研修遊学。2017年ミャンマーに渡り、比丘出家。
著書にヴァイオリニスト五嶋みどり、五嶋龍の母の半生を描いた「母と神童」、単一生協では日本最大のコープこうべ創立80周年にともなう流通と協同の理念を追った「コープこうべ『再生21』と流通戦争」、新聞連載をもとにした梅原猛、今出川行雲、梅原賢一郎の各氏との共著「横川の光 比叡山物語」。

南伝 ブッダ年代記

2017年3月24日	初版第1刷発行
2020年7月15日	初版第2刷発行

著 者	アシン・クサラダンマ
訳 者	奥田昭則
発行者	稲川博久
発行所	東方出版(株)
	〒543-0062 大阪市天王寺区逢阪2-3-2
	Tel.06-6779-9571 Fax.06-6779-9573
装 幀	濱崎実幸
印刷所	シナノ印刷(株)

乱丁・落丁はおとりかえいたします。　　　ISBN978-4-86249-278-4

書名	著訳者	価格
古典から学ぶアーユルヴェーダ　幸福な人生のために	クリシュナ・U・K	2000円
サンスクリット原典から学ぶ般若心経入門	真下尊吉	1800円
ハタヨーガからラージャヨーガへ	真下尊吉	1800円
入門サンスクリット　改訂・増補・縮刷版	A・ヴィディヤーランカール／中島巖編訳	7000円
ヨーガ・スートラ　パタンジャリ哲学の精髄　原典・全訳・注釈付	A・ヴィディヤーランカール著　中島巖編訳	3000円
基本梵英和辞典　縮刷版	B&A・ヴィディヤーランカール／中島巖	8000円
バガヴァッド・ギーター詳解	藤田晃	4500円
人間ガンディー　世界を変えた自己変革	E・イーシュワラン著／スタイナー紀美子訳	2000円

＊表示の値段は消費税を含まない本体価格です。